中国数字经济人才发展报告

（2024）

ANNUAL REPORT ON DEVELOPMENT OF
CHINA'S DIGITAL ECONOMY TALENTS (2024)

中国重庆数字经济人才市场管委会
中国重庆人力资源服务产业发展研究院　　主编
中国长江经济带发展研究院

社会科学文献出版社
SOCIAL SCIENCES ACADEMIC PRESS (CHINA)

编委会人员

编委会主任

谢礼国　重庆市人力资源和社会保障局党组书记、局长

袁羽钧　中国长江经济带发展研究院院长

编委会副主任

夏杨松　重庆市人力资源和社会保障局党组成员、副局长

胡　京　重庆市人力资源和社会保障局党组成员、副局长

何振国　重庆市人才研究和人力资源服务协会会长

编委会成员

宋　成、刘　杨、董　涛、魏　建、陈　峰、刘　畅、朱　明

编者

赖长利、刘大豪、罗　潇、于晓彤、邓　君、郝　健、阳　亮、
姚　望、蒋　莹、张　敏、侯赟慧、汪　浩、姜农娟

主编单位简介

中国重庆数字经济人才市场管委会：是中国重庆数字经济人才市场（以下简称"市场"）的运营管理机构，主要负责编制市场规划、审定市场年度计划、筹集市场建设运营经费、制定数字经济人才支持政策、研究决定促进市场建设发展的重大举措和重大事项、协调整合相应资源等事宜。市场成立于 2021 年 11 月 16 日，是全国唯一部、市共建的国家级数字经济人才市场，市场坚持"立足重庆、辐射西部、面向全国"的总体定位，以建设"功能突出、效益显著、示范引领的国家级人才市场"为目标，聚焦助力成渝地区双城经济圈建设，不断丰富完善与数字经济同频共振、协同发展的人力资源市场体系，突出综合性、专业性全国性的建设方向，致力于为数字经济人才、数字经济企业（单位）提供人力资源服务解决方案。

市场自成立以来，邀请了 88 家市内外重点单位成立重庆数字经济人才联盟，并分别在重庆市南岸区、永川区、两江新区等数字经济产业集中的区县设立了 6 家分（市级）市场，在数字经济重点企业（高校）设立了 48 家工作站，初步形成"市场+联盟+分（市级）市场+工作站"的市场工作体系雁阵格局。截至 2024 年 7 月，已累计引进数字经济人才 1.2 万余人，培训数字技能人才 9 万余人次，培育数字技术工程师 4000 余人，开展数字技能类职业评价 2.2 万余人次。通过对数字经济人才"引、育、留、用、转"等关键环节持续发力，加快建设一支素质高、结构优、数量足的数字经济人才队伍，为推动经济社会高质量发展作出积极贡献。

中国重庆人力资源服务产业发展研究院：于 2021 年 7 月由人社部批准筹建，是全国人力资源服务领域唯一的国家级产业研究院。研究院定位为打造"一库四中心两平台"，即组建一个专家智库，打造人力资源产业理论研究中心、人力资源产业技术研发中心、人力资源产业协同创新中心和人力资源创新企业孵化中心四大中心，建设人力资源服务业人才培训基地和国家级博士后科研工作站两大协同发展平台。目前，研究院已建立一个由全国人力资源服务业知名专家学者组成的 100 人规模的"专家智库"，连续三年开展人力资源服务领域科研课题"揭榜挂帅"活动，承接和发布行业课题 30 余项，报送决策资政报告 15 篇，推动成果转化近 10 项，在行业刊物上发表文章 20 余篇；建成国家级博士后科研工作站，招收博士后 3 名；与西南政法大学共建全国首个"人力资源服务微专业"，首批招收在校本科生 50 名，升级打造"人力资源服务线上商学院"，服务从业人员 2 万余名；中标人社部 2024 年度重大科研课题，完成一系列有全国影响力的研究成果，为政府部门出台政策、企事业单位制定规划提供了有力支持。

中国长江经济带发展研究院：是国家发展改革领域的核心战略智库，同时也是国家发改委报送中宣部"出版智库高质量建设计划"的培育单位。中国长江经济带发展研究院（以下简称长江院）聚集了各级政府部门及相关领域的重要创新资源，以遵循全面推动长江经济带发展和共建"一带一路"的融合战略为宗旨，以区域战略及产业发展研究为特色，深入开展长江经济带发展、长三角一体化发展、京津冀协同发展、粤港澳大湾区建设、黄河流域生态保护和高质量发展等国家重大战略课题研究，以服务党和政府决策为核心任务，积极开展理论研究和成果实践。特别是在决策咨询、战略规划、产业发展等方面，取得了丰硕的理论研究和实践成果，得到了国家相关部门的高度评价与表彰。长江院受国家发改委指定参与"国家重大战略规划、重大政策、重大工程项目"的评估督导工作，并提供了相关技术和评价报告及建议。在理论研究和成果转化方面，注重指导总结提炼各地践行国家战略所涌现出的优秀典型做法及经验，以形成发展模式。长江院为相关政府部门全方位提供区域战略、产业经济、社会发展及新质生产力等方面的高品质解决方案，助力中国式现代化全面推进。

前　言

近年来，以大数据、人工智能为代表的新一代信息技术迅猛发展，数字经济发展速度之快、辐射范围之广、影响程度之深前所未有，已经成为引领全球经济社会变革、重塑全球经济结构与竞争格局、推动我国经济高质量发展的重要引擎。当今时代，数字技术作为世界科技革命和产业变革的先导力量，日益融入经济社会发展各领域全过程，深刻改变着生产方式、生活方式和社会治理方式。党的二十大对加快建设数字中国作出重要部署。2023 年 2 月，中共中央、国务院印发了《数字中国建设整体布局规划》，指出，建设数字中国是数字时代推进中国式现代化的重要引擎，是构筑国家竞争新优势的有力支撑。加快数字中国建设，对全面建设社会主义现代化国家、全面推进中华民族伟大复兴具有重要意义和深远影响。

十年来，我国数字经济取得了举世瞩目的发展成就，数字经济正成为"底座的底座"，总体规模连续多年位居世界第二，数字生态发展居全球第一梯队，对经济社会发展的引领支撑作用日益凸显。我国深入实施网络强国战略、国家大数据战略，先后印发数字经济发展战略、"十四五"数字经济发展规划，有关部门认真落实各项部署，加快推进数字产业化和产业数字化，推动数字经济蓬勃发展。2023 年，我国数字经济规模达到 53.9 万亿元，2025 年有望达到 70.8 万亿元。①

---

① 中国信息通信研究院：《2022 中国数字经济发展研究报告》，2023。

数字经济的创新驱动实质是人才驱动。数字经济高创新性、强渗透性、广覆盖性的本质特征，决定了数字经济人才是做强做优数字经济的第一资源。为真实、准确了解我国数字经济人才现状，深入分析我国数字经济人才国内发展特点及国际发展优劣势，围绕产业链布局人才链，为数字经济人才发展战略规划以及人才的"引育留用转"提供数据支撑，项目组开展本课题的研究和编制。

当前，全国数字经济人才供求圈与整体循环生态初步形成，但数字经济人才缺口持续扩大。中国共产党第二十次全国代表大会报告中强调，教育、科技、人才是全面建设社会主义现代化国家的基础性、战略性支撑。根据项目组数据估算，截至 2023 年，中国数字经济人才从业数量约为 3144 万人，数字经济人才需求数量约为 5500 万人，数字经济人才缺口约为 2500 万人。根据国务院《"十四五"数字经济发展规划》，到 2025 年，中国数字经济产业规模将超过 60 万亿元，吸纳就业人数将达 3.79 亿人，中国数字经济人才从业数量约为 4500 万人，中国数字经济人才需求总数将超过 7500 万人。从总体供需来看，数字经济人才供不应求，到 2025 年数字经济人才缺口将接近 3000 万人。

为进一步践行党的二十大关于深入实施科教兴国战略、人才强国战略、创新驱动发展战略的要求，《中国数字经济人才发展报告（2024）》在对我国数字经济人才发展最新态势量化分析的基础上，对我国数字经济人才发展的战略发展阶段及战略政策落地体系进行了系统梳理，形成中国数字经济人才发展历程图谱；描绘中国数字经济人才画像，提出治理型人才需求趋势，并对我国数字经济人才进行分类、分级并细化评价标准，为各地人才管理提供决策参考；对我国数字经济人才的总量现状及人才分布现状进行详细刻画，形成中国数字经济人才空间分布图；对我国数字经济人才发展的"四带两区一线"的产业集聚脉络进行生动描画，形成中国数字经济人才产业集聚脉络图；基于数字经济核心产业分类，形成中国数字经济人才重点行业分布图，并细化五大城市群人才分布特点；系统盘点我国数字经济人才供需现状趋势及人才流动情况，形成数字经济人才储备情况报告，研判当前供需对比结果及发展瓶颈，并收录当前缓解供需矛盾的有益性探索案例，供各地参考；从重点城市数实融合角度对数字经济人才融合生态现状进行深度剖析，构建数实融合人才发展生态评价体系；从典型省（市）——重庆市数字经济人才协同探索角度对数字经济人才协同生态进行研习总结，梳理数字经济人才协同发展生态体系建设经验，以期为做强做优做大我国数字经济、推进中国式现代化、推动经济社会高质量发展提供实践参考。

本书具有一定的学理性，更注重目标、任务、需求和问题的导向性，适用于广大读者了解中国数字经济发展战略部署和工作成效，了解中国数字经济人才的特征、供需现状及未来需求趋势，力求服务科学民主决策，助推中国数字经济人才高质量发展。

- **提供数字经济人才高质量发展的新指南**

精准把握国家"十四五"规划和数字经济政策、人才强国战略方向，为数字经济人才高质量发展提供指引和导航。

- **助力打造中国式现代化的数字经济时代人才支撑**

深入领会十九届五中全会国家治理体系和治理能力现代化精神和要求，学习贯彻中国式现代化的本质要求，剖析中国数字经济人才的画像、区域分布、产业分布、供需情况、流动情况，聚焦治理型人才，助力打造中国式现代化时代人才支撑。

- **研究数字经济人才生态建设的实践模式与典型经验**

从数字经济人才融合及人才协同生态建设着手，选取典型城市深入分析，研究数字经济人才在数字中国建设的赋能实践中的新思路、新模式、新特点、新经验，为全国数字经济人才生态建设提供实践案例参考。

- **描绘中国数字经济人才生态建设参与国际竞争的新路径**

深刻理解数字经济人才在提升治理水平以及高质量发展中的重要作用，明确中国数字经济人才的国际比较优劣势，探索中国数字经济人才生态建设、参与国际竞争的新路径。

编委会

2024 年 7 月

目 录

CONTENTS

第二篇　分报告

【01】2023年中国数字经济人才分类及评价报告

【02】2023年中国数字经济人才需求分析报告

【03】2023年中国重点产业/行业数字经济人才发展报告

【04】2023年中国重点城市数字经济人才发展报告

绪　论

　　数字经济发展速度之快、辐射范围之广、影响程度之深前所未有，正推动生产方式、生活方式和治理方式深刻变革，成为重组全球要素资源、重塑全球经济结构、改变全球竞争格局的关键力量。伴随着数字中国、网络强国战略的深入实施，我国数字经济全面发力，发展势头迅猛。数字经济已成为中国经济社会发展的稳定器、加速器、倍增器，成为应对不确定性的最大确定性。2023年，我国数字化发展继续保持强劲势头，数字技术创新日新月异、数实融合广度深度持续拓展，数字经济产业集群加速发展，已成为新时代我国培育新质生产力、促进经济高质量发展、构建新发展格局的核心变量。

　　数字未来呼唤时代人才！人才是第一资源、创新是第一动力，数字经济创新驱动的实质是人才驱动，而人才短缺已成为当前制约数字经济发展的重要因素之一。为进一步践行党的二十大关于深入实施科教兴国战略、人才强国战略、创新驱动发展战略的要求，《中国数字经济人才发展报告（2024）》在对我国数字经济人才发展最新态势量化分析的基础上，对当前数字经济人才生态存在的问题进行深入考察，对其发展趋势作出科学研判，以期为做强做优做大我国数字经济、推进中国式现代化、推动经济社会高质量发展提供实践参考。

一　对中国数字经济人才进行科学定义

　　充分考虑贯彻2021年中央人才工作会议精神、深刻理解国家推动数字经济发展的重大战略、严格执行国家出台的相关指导性文件三方面因素，对数字经济人才做出科学定义，分为研发型人才、应用型人才与管理型人才，并细化分级、评价标准。

数字经济人才（简要定义）：具有数字化创新思维和交叉学科知识，能创造性进行劳动，为数字经济发展进步作出较大贡献的人。

数字经济人才（详细定义）：以建设数字中国为目标，服务于数字经济核心产业及相关领域，利用数字技术推动数字产品制造与服务、数字要素驱动与应用快速发展，以及具有数字化创新思维、熟悉业务领域且能将数据与业务创新融合进而转化成为有价值的信息和知识，推动数字技术与实体产业深度融合，促进我国经济高质量发展的人才总和。

二　中国数字经济人才发展历程

数字经济人才发展 1.0 阶段：1994~2002 年。以中国接入国际互联网为标志，以电子信息专业为主的学科人才成为我国初代数字经济人才。

数字经济人才发展 2.0 阶段：2003~2015 年。以电子商务迅猛发展为标志。电子商务专业技术人才和复合型人才成为我国第二代数字经济人才。

数字经济人才发展 3.0 阶段：2016~2021 年。以"数字中国"建设为主要标志，以大数据人才为主的专业创新人才成为我国第三代数字经济人才主力军。

数字经济人才发展 4.0 阶段：2022 年至今。以"数字未来"建设为主要标志。拥有数字专业和补充技能，具有跨界、创新、融合能力的新时代人才是我国第四代数字经济人才的主体。

三　中国数字经济人才的存量、需求预测与缺口预测

当前，全国数字经济人才供求圈与整体循环生态初步形成，但数字经济人才缺口持续扩大。截至 2023 年，中国数字经济人才从业数量为 3144

万人，数字经济人才需求数量为 5500 万人，数字经济人才缺口为 2500 万人。根据国务院《"十四五"数字经济发展规划》，到 2025 年，中国数字经济产业规模将超过 60 万亿元，将吸纳就业人数将达 3.79 亿人，中国数字经济人才从业数量约为 4500 万人，中国数字经济人才需求总数将超过 7500 万人。

从总体供需来看，数字经济人才供不应求，到 2025 年数字经济人才缺口将接近 3000 万人。人才缺口在高低两端集中凸显，技能型人才缺口形势严峻，数字经济人才供需缺口在各行业存在差异。

需求端瓶颈：数字经济人才需求逐年递增，人才短缺瓶颈突出。集中痛点：人才短缺、人员流失、招人难。

供给端瓶颈：数字经济人才增量持续上升，供给效率瓶颈突出。集中痛点：培养周期与供给周期长；面临人才外流挑战；供给效率、供给质量与需求存在差距。

四　新时代中国数字经济人才画像

基础特点：年轻化、学历高、薪酬高、分布广

基础职能：驱动底层技术向应用技术进行转化，推动应用场景策划落地

基础素养：既包括数字资源的接受能力，也包括数字资源的给予能力

画像关键词：复合型人才、融合型人才、创新型人才、能力型人才、治理型人才

五　中国数字经济人才的分布情况

空间分布：基于城市群的人才循环空间格局已经形成：以北京、上海、深圳三大一线城市为轴心的级联牵引空间格局；以广州、杭州、成都、苏州、南京、重庆等城市为代表的多级联动牵引空间格局。

区域分布：中国数字经济人才近七成集聚在京津冀、长三角、粤港澳、

成渝、长江中游五大城市群，五大城市群在数字经济产业上人才占比差距不大，均是数字化效率提升业人才占比最大，比例均接近40%，研发人才占比最高。

行业分布：在城市圈的产业引领下，进一步构成了中国数字经济产业集聚效应，综合形成了"四带两区一线"的数字经济人才产业脉络。包括智慧工业人才带、智慧文化人才带、电商人才繁荣带、智慧零售人才分布带、行业工具数字化人才集聚区、数字金融人才典型区、智慧医疗人才延伸线。

六　中国数字经济人才的流动情况

中国数字经济人才供求圈初步形成，人才有序流动；中国数字经济人才近七成流向五大城市群；中国数字经济人才跨区域流动减少，城市群内互流特色明显；中国数字经济人才向较发达城市聚集，出现反向人才流。

行业流动特征：行业成熟度及技能专业度引导数字经济人才行业聚集；数实融合加速人才跨界流动；人才流动方向与区域产业发展程度相吻合。数字产品制造业数字经济人才流动程度最高，数字技术应用业、数字要素驱动业、数字化效率提升业人才流动水平相近，数字产品服务业人才流动程度最低。

中国数字经济人才发展重点城市（11个）中，净流出城市：北京、南京、广州、西安；微流入城市：上海、苏州、重庆、武汉；净流入城市：深圳、杭州、成都。

七　城市数实融合的人才发展生态

生态结构：数实融合的人才发展生态由数字基础设施人才、数据资源要素人才、数字技术产业人才、数字融合应用人才、数字经济治理人才五个要素组成，产业治理、产业运营、产业供应三大环节和政府、园区、企业三大主体共同构成。以产业治理人才、产业运营人才、产业供应人才为支撑体系，通过数字基础设施人才，强化数字技术产业支撑，激发数据资源要素活力，完善数字经济治理，构建数实融合人才支撑赋能生态，推动数字技术与实体经济深度融合，大力发展数字融合应用，走出一条以数实融合人才生态推动城市数字经济高质量发展道路。

生态评价：基于城市规划数实融合度、人才政策数实融合度和人才供需数实融合度的分析，得出数实融合城市人才发展生态评价指数的结果。第一梯队中，北京的分值最高（0.86），其次是深圳（0.83）、杭州（0.80），之后是第二梯队的上海（0.79）、成都（0.76）、重庆（0.71）等。相对而言，苏州的数值较低（0.65）。

典型城市实践

北京：加快培育数据要素市场与人才建设；

深圳：引进和培育数字经济人才，推动"人城产"融合发展；

上海：促进城市数字化转型，加大人才引育培育"元宇宙"新赛道；

成都：聚力培育数字经济治理人才，打造中国网络信息安全之城。

八　数字经济人才协同发展生态的重庆实践

构建"创新链""政策链""产业链""人才链"的协同发展生态。

数字经济人才政策协同经验与模式：探索了一区两群、供需环境、创新主体和梯队建设的协同发展路径。

九　国际数字经济人才发展趋势

全球人才跨领域、跨行业向数字经济领域流动的趋势明显；数字人才培养和数字技能提升被全球各国纳入国家数字经济战略；全球数字经济就业人数逐年增加，数字产品服务业人才需求旺盛；数字经济人才趋于需求高端化，前沿技术人才缺口不断扩大；新兴数字经济领域人才紧缺，关键技能缺乏成为全球共识。

十　国际前沿数字技术人才发展趋势

对标国际：中国前沿技术高层次人才储备少、流出多。

十大前沿数字技术：人工智能、区块链、物联网、云原生、隐私计算、量子计算、边缘计算、数字孪生、AR/VR、云网融合十大前沿数字技术呈现快速演进趋势，成为国际前沿数字技术人才发展热点。

十一　我国数字经济人才发展的政策建议

人才战略：完善数字经济人才战略布局，构筑人才成长空间雁阵格局；人才培育：启动人才全生命周期培养，提升人才培养质效，探索协同培养机制；人才引进：加大数字经济各要素人才引进力度；人才使用：建立持续性的人才服务制度，完善数字经济人才评价激励机制；人才协同：促进区域数字经济人才合作交流；人才融合：推动数字经济与实体经济深度融合；人才共享：探索国际人才开放合作新路径。

第一篇 **总 报 告**

2023 年中国数字经济人才发展报告

摘　要：近年来，以大数据、人工智能为代表的新一代信息技术迅猛发展，数字经济发展速度之快、辐射范围之广、影响程度之深前所未有，已经成为引领全球经济社会变革、重塑全球经济结构与竞争格局、推动我国经济高质量发展的重要引擎。当今时代，数字技术作为世界科技革命和产业变革的先导力量，日益融入经济社会发展各领域全过程，深刻改变着生产方式、生活方式和社会治理方式。党的二十大对加快建设数字中国作出重要部署。2023 年 2 月，中共中央、国务院印发了《数字中国建设整体布局规划》，指出，建设数字中国是数字时代推进中国式现代化的重要引擎，是构筑国家竞争新优势的有力支撑。加快数字中国建设，对全面建设社会主义现代化国家、全面推进中华民族伟大复兴具有重要意义和深远影响。

数字经济的创新驱动实质是人才驱动。数字经济高创新性、强渗透性、广覆盖性的本质特征，决定了数字经济人才是做强做优数字经济的第一资源。为进一步践行党的二十大关于深入实施科教兴国战略、人才强国战略、创新驱动发展战略的要求，本报告在对我国数字经济人才发展最新态势量化分析的基础上，对当前数字经济人才生态存在的问题进行深入考察，对其发展趋势作出科学研判，以期为做强做优做大我国数字经济、推进中国式现代化、推动经济社会高质量发展提供人才实践参考。

关键词：数字经济　人才生态　高质量发展　中国式现代化

第一章

做强做优做大中国数字经济的
战略布局呼唤时代人才

一 党和国家高度重视数字经济发展

党的十八大以来，党和国家高度重视发展数字经济，以习近平同志为核心的党中央审时度势、运筹帷幄，为数字经济发展谋篇布局、把舵定向。发展数字经济、建设数字中国已上升为国家战略。当前，新一轮科技革命和产业变革加速演进，数字技术与数据要素正在深刻地改变着人类的生活，开启重大的时代转型。

《中华人民共和国国民经济和社会发展第十四个五年规划和2035年愿景目标纲要》提出"加快数字化发展，建设数字中国。"2021年10月，习近平总书记在中央政治局第三十四次集体学习时强调，发展数字经济是把握新一轮科技革命和产业变革新机遇的战略选择，要促进数字技术与实体经济深度融合，赋能传统产业转型升级，催生新产业新业态新模式，不断做强做优做大我国数字经济。2022年1月，国务院印发了《"十四五"数字经济发展规划》，明确了我国"十四五"时期推动数字经济发展的指导思想、基本原则、发展目标和保障措施。党的二十大报告在明确"坚持把发展经济的着力点放在实体经济上"的同时，提出建设数字中国，加快发展数字经济，促进数字经济与实体经济深度融合，打造具有国际竞争力的数字产业集群。

十三届全国人大常委会第三十七次会议上发布《国务院关于数字经济发展情况的报告》，强调要不断做强做优做大我国数字经济。

二　中国数字经济成就为人才发展提供时代舞台

（一）中国数字经济成就世界瞩目

数字经济正成为推动全球经济发展的新动能，世界各国尤其是发达国家竞相将数字经济作为抢抓新一轮科技革命和产业变革新机遇、构建国家竞争新优势的战略重点，不断推动数字技术创新突破、产业融合应用、数字治理完善、数字技能提升，全球数字经济快速增长。全球数字经济逐渐成为应对经济下行压力的稳定器、加速器。

1.中国数字经济总体规模连续多年位居世界第二

近年来，数字经济在全球新冠疫情蔓延中表现出了发展韧性和活力，在全球经济发展中实现逆势增长。中国数字经济总体规模连续多年位居世界第二。2022年，美国和中国数字经济规模分别位列全球第一、第二，分别为17.2万亿、7.5万亿美元，德国、日本分别位列第三、第四，数字经济规模均超过2万亿美元（见图1）。2023年，美国、中国、德国、

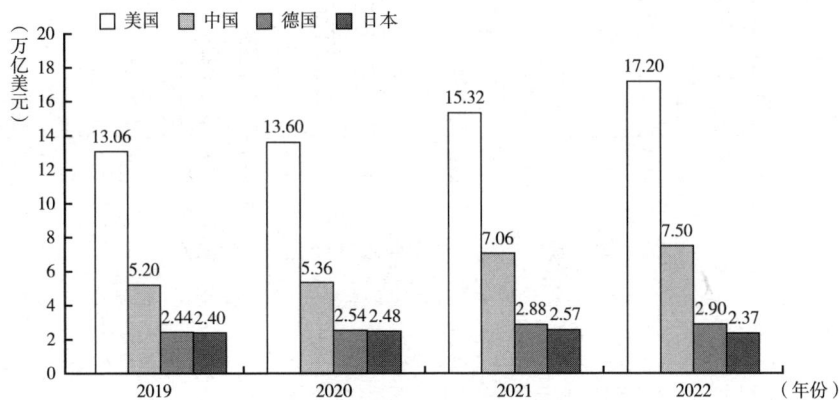

图1　全球主要国家数字经济规模

资料来源：根据历年中国信息通信研究院《全球数字经济白皮书》整理。

日本、韩国 5 个国家的数字经济总量超过 33 万亿美元，同比增长率超过 8%，数字经济占全球 GDP 比重为 60%[①]。中国数字经济规模仅次于美国，拥有全球最大的数字市场，数字经济顶层设计日益完善，数据资源领先全球，数字产业创新活跃，数字中国建设成效显著。

2. 中国数字经济生态发展水平居全球第一梯队

当前全球数字经济多极化趋势进一步深化，从占比看，英国、德国、美国数字经济占 GDP 比重均超过 65%。从增速看，沙特阿拉伯、挪威、俄罗斯数字经济增长速度位列全球前三位，增速均在 20% 以上。北京大学大数据分析与应用技术国家工程实验室发布的《数字生态指数 2022》（见图 2）显示，通过对 41 个国家的数字基础、数字能力、数字应用、数字规制进行客观评价，国际数字经济生态发展水平呈现英美领先格局，中国数字经济生态发展水平居全球第一梯队。英美在数字基础方面居于领先。这反映出其在数字基础领域的持续投入。欧美主要国家的数字能力优势明显，具备强大的数

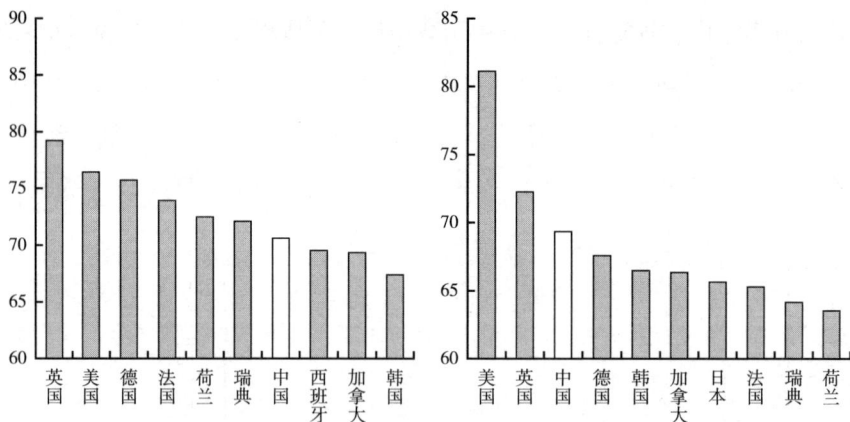

图 2　国际数字经济生态发展水平排名前十的国家

资料来源：北京大学数据分析与应用技术国家工程实验室：《数字生态指数 2022》，2022。

注：左图为用数字基础、数字能力、数字应用、数字规制四个一级指标加权聚合的得分结果；右图为剔除数字规制后的三个一级指标加权聚合的得分结果。

①　中国信息通信研究院：《全球数字经济白皮书（2024 年）》，2024。

字人才培养与数字科技创新能力。中国在数字能力方面虽已进入全球前十之列，但距离第一梯队国家还有较大提升空间。中国的数字应用得分仅逊于美国，数字应用的创新发展有利于数字技术在数字经济、数字社会和数字政府领域落地，带动数字基础的潜力释放与数字能力的创新发展，从而推动数字生态的整体蓬勃发展。

（二）中国数字经济高质量发展格局

2014~2023 年，我国数字经济规模由 16.2 万亿元增长至 53.9 万亿元，数字经济增长对 GDP 增长的贡献率达到 66.45%。特别是自 2019 年末全球新冠疫情暴发以来，在全球经济衰退、中国经济增速明显下降的背景下，数字经济发展速度仍然保持两位数以上的增长率。2023 年，我国数字经济规模达到 53.9 万亿元，同比增长 7.39%，高于同期 GDP 名义增速 2.76 个百分点；数字经济核心产业增加值占国内生产总值的比重达 10% 左右。预计2024 年我国数字经济规模将达 63.8 万亿元，2025 年有望达到 70.8 万亿元。同时，以数字技术为代表的新技术应用，促进千行百业加快转型升级，数字经济对我国经济发展的放大、叠加、倍增作用凸显，为中国经济高质量发展注入新动能。截至 2023 年 9 月，中国经营范围涉及云计算、大数据、人工智能等数字技术的企业超过 53 万家。

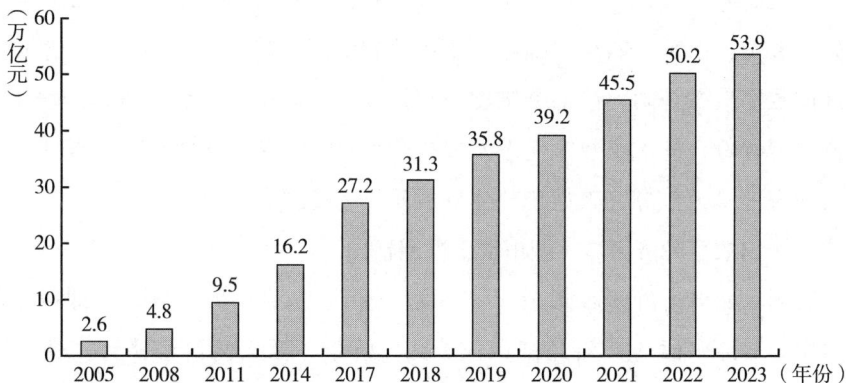

图 3　2005~2023 年我国数字经济规模

资料来源：中国信息通信研究院。

1. 中国数字经济整体发展情况

十年来，我国数字基础设施实现跨越式发展，我国的信息通信网络建设规模全球领先，信息通信服务能力大幅提升，算力基础设施达到世界领先水平；数字产业创新能力加快提升，数字经济关键核心技术取得突破，产业创新活力不断提升，数字产业快速成长，数字产业化发展正经历由量的扩张到质的提升；产业数字化转型提档加速，深入推进企业"上云用数赋智"，加快推动工业互联网、数字商务、智慧农业发展，促进传统产业全方位、全链条转型升级。我国制造业数字化转型持续向纵深加速发展；公共服务数字化深入推进，"互联网+政务服务"取得显著成效，数字惠民水平不断提升，数字城乡建设纵深推进；网络安全保障和数字经济治理水平持续提升；数字经济国际合作行稳致远。

从经济贡献看，北京、上海、天津等省市，数字经济已成为拉动地区经济发展的主导力量，数字经济 GDP 占比已超过 50%。此外，浙江、福建、广东、江苏、山东、重庆、湖北等省份数字经济占比也超过全国平均水平。

从发展速度看，贵州、重庆、江西、四川、浙江、陕西、湖北、甘肃、广西、安徽、山西、内蒙古、新疆、天津、湖南等省份数字经济持续快速发展，增速超过全国平均水平，其中，贵州、重庆数字经济同比增速均超过 20%。

从发展质量看，北京、广东、上海、浙江、江苏属于数字经济发展全面领先型省份；山东、四川、福建、重庆等省份属于赶超壮大型，已经形成了良好的数字生态基础，但部分维度还有待发展；湖南、广西、贵州等属于发展成长型省份，进入了数字生态发展成长期；以海南、黑龙江、内蒙古等为代表的省份属于蓄势突破型，整体发展质量有待提升。

2. 中国数字经济区域（城市群）发展格局

我国区域城市群逐步形成了"一轴三带"数字经济新格局，即以京津冀为中心贯穿东西的黄河经济带、长江经济带、泛大湾区经济带三条"数字经济带"，以及南北联动贯通"一条主轴"。粤港澳大湾区数字化程度保持区域领先，数字经济引领区域发展；京津冀和长三角紧随其后，数字经济不断加速发展；成渝地区双城经济圈近年来发展迅猛，增速达到 79.4%。此外，山东半岛城市群、呼包鄂乌城市群、以郑州为核心的中原城市群、以武汉为核心的武汉都市圈、以南宁为核心的北部湾城市群以及东南沿海城市群多个区域快速成长。

在城市群的带动下，中国国家级五大城市群中，粤港澳大湾区、京津冀、长江三角洲城市群稳居中国数字经济发展区域格局第一大阵营。成渝、长江中游、关中平原成为中国数字经济发展区域格局第二大阵营。第三大阵营由呼包鄂榆、中原城市群组成，北部湾城市群、哈长城市群、兰州-西宁城市群数字经济发展相对较弱（见图 4）。值得关注的是，以长江中游、中原和关中平原为代表的中部区域 2022 年数字经济增长尤其突出，并且增长势头呈现向南、北延伸的趋势，代表增长新动能的中部数字经济带正在逐渐成形。在数字经济整体区域发展格局中，长江经济带上中下游城市群形成了整体联动，均位于前五位。长江经济带的数字经济整体发展情况稳居三条"数字经济带"之首。

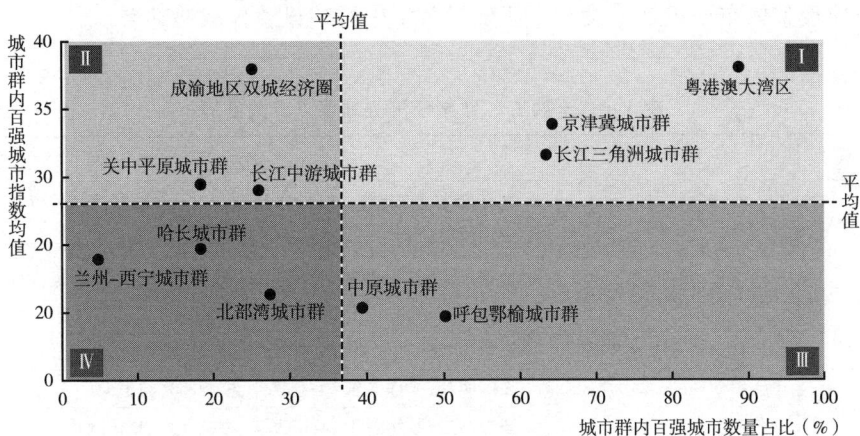

图 4　中国数字经济区域发展阵营

资料来源：赛迪研究院，项目组整理。

（三）中国数字经济发展顶层设计和体制机制建设不断完善

数字经济事关国家发展大局。充分激发数字经济发展潜能，需要做好我国数字经济发展顶层设计和体制机制建设，充分发挥海量数据和丰富应用场景优势，促进数字技术与实体经济深度融合，赋能传统产业转型升级，推动数字经济更好地服务和融入新发展格局。

1. 国务院及各部委数字经济政策发布情况

从全局性战略看，2016年《国民经济和社会发展"十三五"规划》首次提出实施国家大数据战略，推进数据资源开放共享。"十三五"期间，党中央、国务院出台了《国家创新驱动发展战略纲要》《"十三五"国家信息化规划》等重要文件，将数字经济作为发展的主攻方向之一。2018年8月，中办、国办印发《数字经济发展战略纲要》，这是首个国家层面的数字经济整体战略，数字经济发展被摆在更加重要的战略位置。2021年，《"十四五"大数据产业发展规划》发布，促进了我国数字经济底层技术的发展。2022年，《"十四五"数字经济发展规划》发布，从顶层设计上明确了我国数字经济发展的总体思路、发展目标、重点任务和重大举措。2023年，《数字中国建设整体布局规划》发布，明确了数字中国建设整体战略部署。

表1 "十四五"数字经济规划要点及关键词

序号	规划要点	关键词
1	优化升级数字基础设施	光纤网络、5G网络、IPv6、空间信息技术、算力、算法、数据、应用资源协同
2	充分发挥数据要素作用	数据标注、数据清洗、数据脱敏、数据脱密、数据聚合、数据分析
3	大力推进产业数字化转型	农业、水利、工业、商务、物流、金融、能源、产业园
4	加快推动数字产业化	高端芯片、操作系统、工业软件、核心算法与框架
		智能制造、数字孪生、城市大脑、边缘计算、脑机融合
		下一代移动通信技术、量子信息、神经芯片、类脑智能、DNA存储、第三代半导体
		基础软硬件、核心电子元器件、关键基础材料
		共享经济、智能经济、新个体经济、在线服务
5	持续提升公共服务数字化水平	政务
		社会服务、文化教育、医疗健康、会展旅游、体育健身
		智慧教育、数字健康、数字文旅、智慧社区、社会保障

序号	规划要点	关键词
6	健全完善数字经济治理体系	政府、社会公众、协同治理、平台、行业组织、企业
7	着力强化数字经济安全体系	网络安全、数据安全
8	有效拓展数字经济国际合作	跨境电商、境外数字基础设施、跨境光缆

资料来源：中国长江经济带发展研究院根据公开资料整理。

从战略落地看，2017 年至今，"数字经济"已经连续七年被写入政府工作报告。2017 年政府工作报告提出，推动"互联网+"深入发展、促进数字经济加快成长。2018 年政府工作报告提到，加大网络提速降费力度，实现高速宽带城乡全覆盖，扩大公共场所免费上网范围，为数字中国建设加油助力。2019 年政府工作报告提出要壮大数字经济。2020 年政府工作报告提出打造数字经济新优势。2021 年政府工作报告再次强调，加快数字化发展，打造数字经济新优势。2022 年政府工作报告要求加强数字中国建设整体布局，提出完善数字经济治理，培育要素市场，更好地赋能经济发展、丰富人民生活。2023 年政府工作报告要求大力发展数字经济，加快传统产业和中小企业数字化转型，着力提升高端化、智能化、绿色化水平，提升常态化监管水平，支持平台经济发展。2023 年，《数字经济核心产业分类与国际专利分类参照关系表（2023）》以及《数字经济和绿色发展国际经贸合作框架倡议》发布，数字经济发展进入国际化阶段。2024 年政府工作报告要求着力推进现代化产业体系建设，加快发展新质生产力，努力提升全要素生产率，关注传统产业的技术改造升级以及数字经济的创新发展。

近十年来，国务院及相关部委累计发布数字经济政策超过千份。从本项目组收集到的公开资料分析，2016 年和 2021 年，政策出台数量最多。政策涉及较多的领域是新业态新模式、新技术基础设施、社会服务数字化、重点产业数字化转型和通信网络基础设施。

其中，工业和信息化部发布数字经济相关政策最多，累计达到 176 个，国家发展和改革委员会累计发布政策约 90 个，财政部累计发布政策约 70

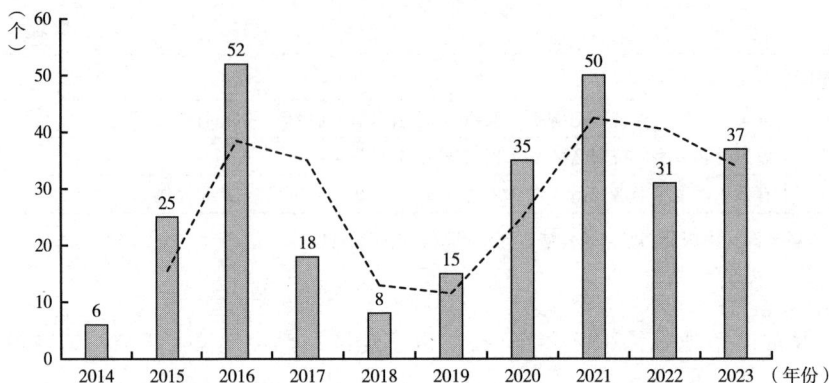

图 5 2014～2023 年国务院发布的数字经济政策统计

资料来源：中国长江经济带发展研究院根据公开资料整理。

个。此外，国家互联网信息办公室、商务部累计发布政策均超过 50 个。中华人民共和国人力资源和社会保障部累计出台政策约 20 个，聚焦数字经济人才发展。

2.行业和地方数字经济政策发布情况

按照"十四五"规划纲要部署的数字经济发展蓝图，各行业、各地方正在抢抓建设数字经济新赛道。从行业领域看，我国围绕信息通信技术、制造业数字化、服务业数字化、农业数字化、数字政府等领域，先后出台《国务院关于印发促进大数据发展行动纲要的通知》《国务院关于深化制造业与互联网融合发展的指导意见》等一系列具有引领作用的指导性文件，对行业融合发展和数字化转型进行了系统部署。

从地方层面看，各地纷纷加大数字经济布局力度。北京、浙江、重庆、江苏、四川等地在今年的《政府工作报告》中提出，要加快发展数字经济。据统计，近十年来，广东省数字经济相关政策数达到 50 个，位于全国数量首位，北京、上海、浙江次之，江苏、重庆位于第三梯队（见图 6）。数字经济发展需要较强的经济实力作支撑。数字经济政策发布数量与当地 GDP 经济总量高度正相关，相较于长三角和粤港澳地区，东北和西部地区出台的数字经济政策较少。

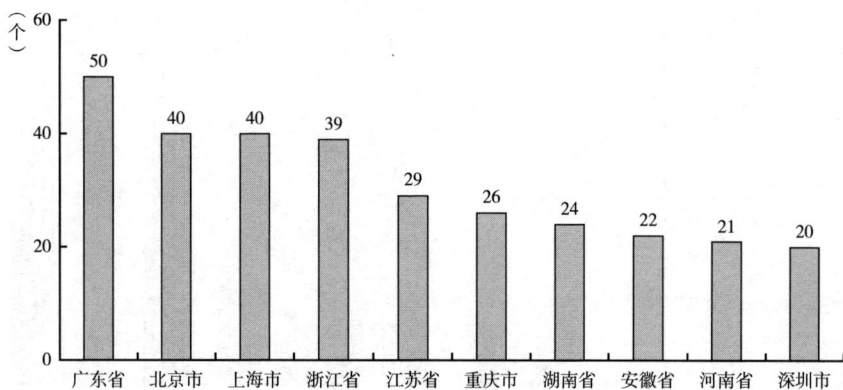

图 6　各省市近十年发布的数字经济政策统计（TOP10）

资料来源：中国长江经济带发展研究院根据公开资料整理。

3. 近十年数字经济政策变化及战略落地情况

根据《"十四五"数字经济发展规划》，到 2025 年，我国数字经济迈向全面扩展期，数字经济核心产业增加值占 GDP 比重达到 10%，数字经济治理体系更加完善。

近十年，国家及地方数字经济相关政策颁布数量逐年上升，其中 2021年出现爆发式增长，较 2020 年增长近 150%，80%左右的政策是近 5 年颁布的，发展数字经济已成为趋势和共识。

《"十四五"数字经济发展规划》提出了优化升级数字基础设施、充分发挥数据要素作用等八大发展方向。从各地数字经济具体政策类型来看，近年来我国在产业数字化转型方面，政策数量较多，战略落地情况较好。中国信息通信研究院发布的《中国数字经济发展研究报告（2024 年）》数据显示，2023 年，我国数字经济规模达到 53.9 万亿元，同比增长 7.39%，已连续 12 年显著高于同期 GDP 名义增速，数字经济占 GDP 比重达到 42.8%，超过第二产业占国民经济的比重。我国数字经济结构优化促进质的有效提升。2023 年，我国数字产业化规模与产业数字化规模分别达到 10.09 万亿元和 43.84 万亿元，占数字经济比重分别为 18.7%和 81.3%，数字经济的二八比例结构较为稳定。其中，第三、第二、第一产业数字经济渗透率分别为

	2014年	2015年	2016年	2017年	2018年	2019年	2020年	2021年	2022年	2023年
☐ 数据要素市场体系	4	24	20	15	21	28	48	138	50	82
☐ 产业数字化转型	3	11	43	41	71	71	130	304	61	288
☐ 数字产业化水平	1	13	27	27	34	39	66	122	55	185
☐ 数字化公共服务	5	16	50	40	76	87	115	371	58	291
■ 数字经济治理体系	3	24	35	37	34	48	48	164	55	189

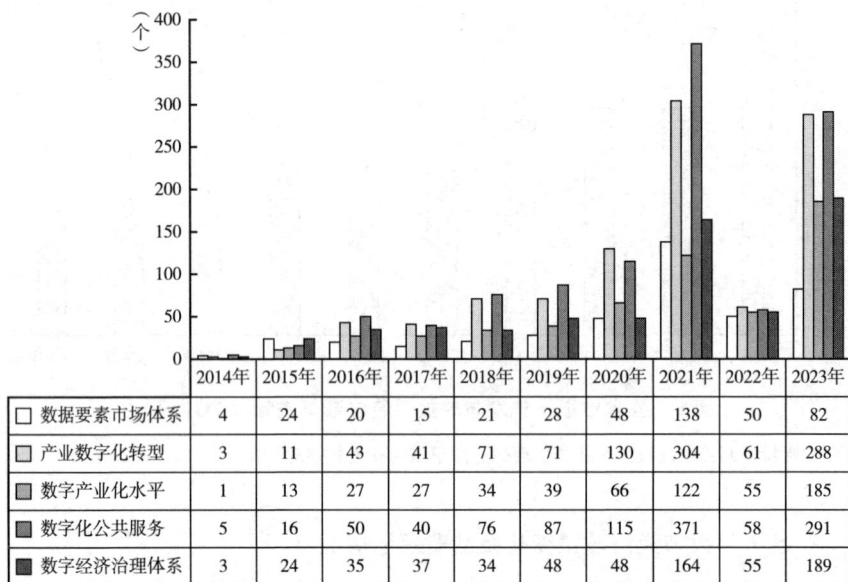

图7　2014~2023年全国发布的数字经济政策类型统计

资料来源：中国长江经济带发展研究院根据公开资料整理。

45.63%、25.03%和10.78%，同比分别提升0.91个、1.03个和0.32个百分点，第二产业渗透率增幅与第三产业渗透率增幅差距进一步缩小，形成服务业和工业数字化共同驱动发展的格局。但当前数字经济全要素生产率有待进一步提升，我国数据生产要素价值有待进一步释放。数据要素市场体系建设、数字产业化水平提升、数字经济治理体系建设方面，政策数量较少，战略落地情况有待进一步加强。数据产权、流通交易、收益分配、安全治理等基础制度需要进一步加快建设，破解数据价值释放过程中的系列难题。

三　做强做优做大中国数字经济必须强化人才支撑

数字经济的创新驱动实质是人才驱动。数字经济高创新性、强渗透性、广覆盖性的本质特征，决定了数字经济人才是做强做优做大中国数字经济的第一资源。

（一）筑牢中国式现代化建设的人才基石

2022年10月16日，中国共产党第二十次全国代表大会在北京隆重开幕，习近平代表第十九届中央委员会向大会作报告时宣告："从现在起，中国共产党的中心任务就是团结带领全国各族人民全面建成社会主义现代化强国、实现第二个百年奋斗目标，以中国式现代化全面推进中华民族伟大复兴。"[1]

在推进中国式现代化的进程中，要把推进人才发展现代化摆在更加突出的位置。中国是一个人口和经济大国，人才资源总量达2.2亿人，研发人员总量稳居世界第一[2]。我国拥有世界上最为完整的产业体系，是全世界唯一拥有联合国产业分类中全部工业门类的国家，为人才创新创业提供了广阔的舞台。人才供给和需求的规模都很大，这决定了我们所需要的人才要依靠自主培养，要系统有效地把人才组织起来，形成人才红利、创新优势、规模优势和制度优势的聚变效应，为中国式现代化强基赋能。

（二）做强做优做大中国数字经济的人才支撑

2022年我国数字经济规模达到50.2万亿元，2023年达53.9万亿元，2025年有望达到70.8万亿元。当前，全国数字经济人才供求圈与整体循环生态初步形成，但数字经济人才缺口持续扩大。本项目组参照联合国、OECD、IMF、世界银行等权威机构关于估算就业的"规模-劳产率"通用计算方法，根据估算，截至2023年底，中国数字经济人才从业数量为3144万人，数字经济人才缺口2500万人。根据国务院《"十四五"数字经济发展

---

[1]　《以中国式现代化全面推进中华民族伟大复兴》，http://www.locpg.gov.cn/jsdt/2022-10/18/c_1211693495.htm，最后检索日期：2024年4月30日。

[2]　中共中央组织部：《我国人才资源总量达到2.2亿人》，https://baijiahao.baidu.com/s? id=1737029002370447503&wfr=spider&for=pc，最后检索日期：2024年4月30日。

规划》，到 2025 年，中国数字经济产业规模将超过 60 万亿元，吸纳就业人数将达 3.79 亿人。通过构建 GM（1，1）模型①，综合测算结果显示，到 2025 年，中国数字经济人才从业数量约为 4500 万人，数字经济人才需求总数将超过 7500 万人。从总体供需来看，数字经济人才供不应求，到 2025 年数字经济人才缺口将接近 3000 万人②。

人才短缺已经成为制约数字经济发展的重要因素之一。因此，要加快形成结构多元、层次合理的人才队伍；要打造一批科技领军人才和创新团队，优化领军人才发现机制和项目团队遴选机制；要坚持教育优先发展、科技自立自强、人才引领驱动，加快建设教育强国、科技强国、人才强国，提升全民全社会数字素养和技能。

（三）数字经济人才是推动新质生产力发展的重要引擎

2024 年的政府工作报告将"大力推进现代化产业体系建设，加快发展新质生产力"列为 2024 年政府工作十大任务之首。新质生产力是创新起主导作用，摆脱传统经济增长方式、生产力发展路径，具有高科技、高效能、高质量特征，符合新发展理念的先进生产力质态。数字经济不仅改变了传统生产方式，提高资源配置效率，还创造了全新的产品和服务模式，形成新的经济增长点。因此，数字经济本身就是新质生产力的具体体现，作为一种新型经济形态，其核心特征与新质生产力高度契合，成为推动新质生产力发展的重要引擎。

习近平同志在中共中央政治局第十一次集体学习时强调，"要按照发展新质生产力要求，畅通教育、科技、人才的良性循环，完善人才培养、引进、使用、合理流动的工作机制。"③ 这为推动数字经济人才生态建设、促

---

① 本次数字经济人才需求预测使用的是 GM（1，1）模型，该模型是灰色系统理论中针对"小数据、弱信息"的不确定性问题的一种灰色预测模型，在人才数量变化的量化研究方面有着广泛应用。

② 基于全国数字经济产业规模以及全国数字经济带动就业人数等相关数据测算。

③ 《畅通教育、科技、人才良性循环》，光明网，https：//baijiahao.baidu.com/s？id＝179699 9025963542865&wfr＝spider&for＝pc，最后访问日期：2024 年 11 月 10 日。

进新质生产力发展提供了基本遵循。

新质生产力的特点是创新，数字经济人才与创新紧密联系。作为创新的根基，人才是创新活动中最活跃、最积极的因素，创新驱动实质上是人才驱动。发展新质生产力，归根结底要靠人才实力。在新质生产力的发展过程中，数字经济人才既是创新的发起者，也是数字经济技术应用的实践者，更是数字经济制度变革的推动者，是新质生产力的核心要素。

加快形成新质生产力，需要集聚高水平创新型人才，特别是需要构建起人才链支撑产业链、创新链、资金链的关键路径，即拔尖创新人才的自主培养、全球顶尖创新人才的吸引与集聚、人才链与"三链"的深度进阶融合，从而为新质生产力的形成注入人才动能，提供人才支撑，发挥人才红利。

千秋基业，人才为本。面对新一轮科技革命和产业变革的新形势，我们更加迫切地需要人才，数字经济人才是推动新质生产力发展的重要引擎。唯有全方位培养、引进、使用人才，倾心引才、悉心育才、真心爱才，厚植人才成长的沃土，方能推动传统生产力向新质生产力跃升。

（四）数字经济时代催生新的就业市场，数字未来呼唤时代人才

随着数字经济的蓬勃发展，其对就业市场的扩容和收入增长效应日益显著。这一趋势激发了越来越多的劳动者通过新型就业模式实现自主创业和自主择业，依托数字经济找到职业发展新路径，成为创造新增就业机会的重要推动力。

2021年11月20日，在2021重庆英才大会上，中国重庆数字经济人才市场正式揭牌成立，这是经人力资源和社会保障部批复设立的我国首家数字人才市场，旨在助力重庆加快聚集数字人才，优化数字人才流动和配置，打破数字经济产业创新发展瓶颈，引领西部数字经济人才高地建设。到2025年，该市场将力争打造成为高端数字人才培育基地、全国数字人才输送交流平台。

2022年9月，《中华人民共和国职业分类大典（2022年版）》发布。新版国家职业分类大典中，新增职业168个，取消10个，净增158个。本

次国家职业分类大典中，首次标注了数字职业。新标注的 97 个数字职业，占新增职业总数的 57.74%，进一步释放经济人才发展的信号。

中国式现代化的本质要求是：坚持中国共产党领导，坚持中国特色社会主义，实现高质量发展，发展全过程人民民主，丰富人民精神世界，实现全体人民共同富裕，促进人与自然和谐共生，推动构建人类命运共同体，创造人类文明新形态①。世界各国虽国情不同、互联网发展阶段不同、面临的现实挑战不同，但推动数字经济发展的愿望相同、应对网络安全挑战的利益相同、加强网络空间治理的需求相同。

数字未来已来，网络空间命运共同体正在逐步形成。在全球数字互联互通的大趋势下，数字经济人才的结构性短缺成为制约数字经济发展的关键因素，世界各国政府针对这一问题在教育培训和人才引进制度等方面制定相应政策，以构建本国数字经济人才体系，保障数字经济的持续健康发展。

---

① 习近平：《高举中国特色社会主义伟大旗帜　为全面建设社会主义现代化国家而团结奋斗——在中国共产党第二十次全国代表大会上的报告》，http://www.news.cn/politics/cpc20/2022-10/25/c_1129079429.htm，最后检索日期：2024 年 4 月 30 日。

第二章

做强做优做大中国数字经济的
时代人才画像

综合借鉴业界研究结论，充分考虑贯彻 2021 年中央人才工作会议精神、深刻理解国家推动数字经济发展的重大战略、严格执行国家出台的相关指导性文件三方面因素，本报告对数字经济人才作如下定义：以建设数字中国为目标，服务于数字经济核心产业及相关领域，利用数字技术推动数字产品制造与服务、数字要素驱动与应用快速发展，以及具有数字化创新思维、熟悉业务领域且能将数据与业务创新融合进而转化成为有价值的信息和知识，进而推动数字技术与实体产业深度融合，促进我国经济高质量发展的人才总和。

一　新时代中国数字经济人才发展历程

（一）数字经济人才发展1.0阶段：1994~2002年

以中国接入国际互联网为标志。这一阶段的数字经济以信息内容服务为主要特征，以新闻门户网站和搜索引擎为代表的互联网企业迅速涌现并发展壮大。

1997 年，《1996—2010 年全国人才资源开发规划纲要》提出：要大力培养电子信息等紧缺人才及交叉学科人才。以电子信息专业为主的学科人才成为我国初代数字经济人才。

（二）数字经济人才发展2.0阶段：2003~2015年

以电子商务迅猛发展为标志。以第三代移动通信（3G）为代表的互联网技术快速发展，带动新产业新模式大量涌现，互联网开始向以商贸为代表的多个领域扩展应用，社交网络开始出现。

2007年6月25日，《电子商务发展"十一五"规划》提出：培养适应电子商务发展需要的专业技术人才和复合型人才。2010年6月6日，《国家中长期人才发展规划纲要（2010—2020年）》提出在装备制造、信息等重点领域建成一批人才高地。电子商务专业技术人才和复合型人才成为我国第二代数字经济人才。

（三）数字经济人才发展3.0阶段：2016~2021年

以"数字中国"建设为主要标志。2016年，中国作为G20主席国，首次将"数字经济"列为G20创新增长蓝图中重要议题。2017年，"数字经济"首次被写进了中国政府工作报告；同年，党的十九大首次提出建设"数字中国"、发展数字经济，并指出要培养和造就战略科技人才、科技领军人才、青年科技人才和高水平创新团队。中国数字经济进入快速发展阶段。2021年11月20日，我国首家数字经济人才市场在重庆正式揭牌成立。以大数据人才为主的专业创新人才成为我国第三代数字经济人才主力军。

（四）数字经济人才发展4.0阶段：2022年至今

以"数字未来"建设为主要标志。党的二十大明确提出"大力发展数字经济"，培养造就更多大师、战略科学家、一流科技领军人才和创新团队、青年科技人才、卓越工程师、大国工匠、高技能人才。2022年11月9日，2022年世界互联网大会提出：聚焦数字未来，携手走出全球数字发展道路，加快构建网络空间命运共同体。拥有数字专业和补充技能，具有跨界、创新、融合能力的新时代人才是我国第四代数字经济人才的未来主体。

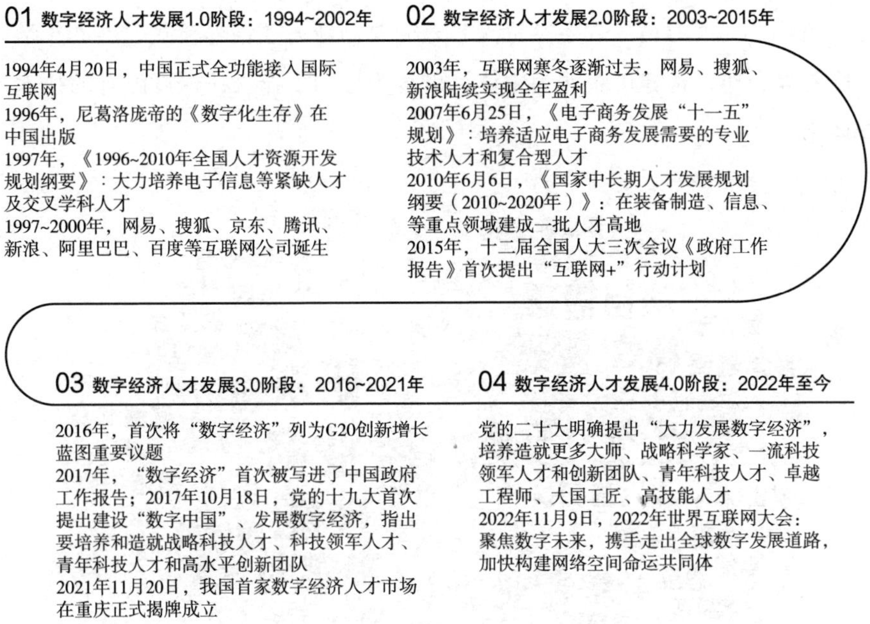

01 数字经济人才发展1.0阶段：1994~2002年

1994年4月20日，中国正式全功能接入国际互联网
1996年，尼葛洛庞帝的《数字化生存》在中国出版
1997年，《1996~2010年全国人才资源开发规划纲要》：大力培养电子信息等紧缺人才及交叉学科人才
1997~2000年，网易、搜狐、京东、腾讯、新浪、阿里巴巴、百度等互联网公司诞生

02 数字经济人才发展2.0阶段：2003~2015年

2003年，互联网寒冬逐渐过去，网易、搜狐、新浪陆续实现全年盈利
2007年6月25日，《电子商务发展"十一五"规划》：培养适应电子商务发展需要的专业技术人才和复合型人才
2010年6月6日，《国家中长期人才发展规划纲要（2010~2020年）》：在装备制造、信息、等重点领域建成一批人才高地
2015年，十二届全国人大三次会议《政府工作报告》首次提出"互联网+"行动计划

03 数字经济人才发展3.0阶段：2016~2021年

2016年，首次将"数字经济"列为G20创新增长蓝图重要议题
2017年，"数字经济"首次被写进了中国政府工作报告；2017年10月18日，党的十九大首次提出建设"数字中国"、发展数字经济，指出要培养和造就战略科技人才、科技领军人才、青年科技人才和高水平创新团队
2021年11月20日，我国首家数字经济人才市场在重庆正式揭牌成立

04 数字经济人才发展4.0阶段：2022年至今

党的二十大明确提出"大力发展数字经济"，培养造就更多大师、战略科学家、一流科技领军人才和创新团队、青年科技人才、卓越工程师、大国工匠、高技能人才
2022年11月9日，2022年世界互联网大会：聚焦数字未来，携手走出全球数字发展道路，加快构建网络空间命运共同体

图1　新时代中国数字经济人才发展历程

资料来源：公开资料，中国长江经济带发展研究院整理绘制。

二　新时代中国数字经济人才内涵

（一）新时代中国数字经济人才的基本特征

数字经济人才是复合型人才，具有年轻化、学历高、薪酬高、分布广等基本特点，并能驱动底层技术向应用技术进行转化，推动应用场景策划落地。

数字经济人才不仅包括传统意义上的信息技术专业技能人才，还涵盖能够与信息技术专业技能互补协同、具有数字化素养的跨界人才。当前，大多数数字经济人才分布在传统的产品研发和运营领域，而数字战略管理、深度分析、先进制造、数字营销、数字化场景设计与应用等领域的数字经济人才总量还较少。大力培养数字经济人才，需要创新人才培养模式，推进产学研深度跨界合作，构建以企业为主体、市场为导向、产学研深度融合的技术创新体系。

图 2　中国数字经济人才内涵

资料来源：公开资料，中国长江经济带发展研究院整理。

（二）新时代中国数字经济人才的基本类型

沿用国际人才分类标准、借鉴我国主要省市数字经济人才分类情况，结合数字经济的特点，本报告从职能上将数字经济人才分为以下三类：研发型人才、应用型人才与管理型人才（见表 1）。

在充分研究珠海、深圳数字经济人才分类标准的基础上，结合数字经济特点，对人才进行了分级，分为顶尖、领军、精英、新锐四类（见表 2）。

表 1　中国数字经济人才分类

人才类型	概述
研发型人才	数字经济领域的产品经理、硬件开发人员、软件开发人员、架构设计师、视觉分析师、算法工程师、系统工程师、制造工程师、机器人与自动化工程师等
应用型人才	数字经济领域产品与服务的营销、推广、商务服务、租赁、质量测试、技术支持、维修人员等
管理型人才	数字经济领域推动数字化转型领导者、数字化商业模型战略引导者、数字化解决方案规划者、数字战略顾问等。

资料来源：中国重庆数字经济人才市场"数字经济人才分类及评价规范项目"课题研究成果。

表 2　中国数字经济人才分级标准

类别	分级			
	顶尖	领军	精英	新锐
研发型人才	取得优秀的学术职位（如学术组织高级成员）和学术称号（如院士）等	具备优秀的专业知识、职业技能、职业素养和工作经历等	具备良好的专业知识、职业技能、职业素养和工作经历等	拥有良好的学历和较高的薪资（比如年薪金收入达到 20 万元人民币以上）等
应用型人才	作为 COO、CMO 且所在公司的行业排名和市值领先（如世界 500 强企业、市值超过 300 亿元人民币的企业）等	作为 COO、CMO 且所在公司的行业排名和市值优良（如中国互联网企业 100 强、市值超过 60 亿元人民币的企业）等	作为 COO、CMO 且所在公司的行业排名和市值领先（如市值或估值超过 10 亿元人民币的企业）等	拥有良好的学历、较高的薪资（比如年薪金收入达到 25 万元人民币以上）以及数字经济岗位经验等
管理型人才	作为董事长、总经理且所在公司的行业排名和市值领先（如世界 500 强企业、市值超过 300 亿元人民币的企业）等	作为 COO、CMO 且所在公司的行业排名和市值优良（如中国互联网企业 100 强、市值超过 60 亿元人民币的企业）等	作为 COO、CMO 且所在公司的行业排名和市值领先（如市值或估值超过 10 亿元人民币的企业）等	拥有良好的学历、较高的薪资（比如年薪金收入达到 25 万元人民币以上）以及管理岗位经验

资料来源：中国重庆数字经济人才市场"数字经济人才分类及评价规范项目"课题研究成果。

（三）新时代中国数字经济人才的发展需求

综观当前全国各地发布的各类数字经济类规划、行动方案和实施意见，可以看出在发展数字经济过程中，各地方充分结合实际，选定拟发力的关键产业环节，次第布局。因此，各地方对于数字经济人才的需求也与此密切相关。

表3　全国及各地方数字经济人才需求现状及种类

全国及各地方数字经济人才需求的现状与种类	资料来源	年份
干部队伍数字意识和数字素养有待提升	《国务院关于加强数字政府建设的指导意见》（国发〔2022〕14号）	2022
以多种方式吸引数字经济相关人才和创新创业人才，吸引海外高端专业人才来京发展	《北京市促进数字经济创新发展行动纲要（2020－2022年）》	2020
重点产业领域"候鸟型"人才和"云端"工程师，数字经济领域学科带头人、技术领军人才和高级管理人才	《成都市"十四五"数字经济发展规划》	2022
"高精尖缺"人才、领军型、复合型、高技能人才，集成电路、核心软件、基础电子元器件人才，核心基础数字产品领域人才	《广东省数字经济发展指引1.0》	2022
全省数字经济人才规模、质量、结构与数字经济产业高质量创新发展要求匹配度低，高层次领军型人才相对匮乏。高层次创新创业人才、数字产业化、产业数字化、数字化治理领域人才	《贵州省"十四五"数字经济人才发展规划》	2021
高精尖数字经济人才，数字经济领域学科带头人、技术领军人才和高级经营管理人才，数字经济青年创新人才，数字经济产业急需的各类适应型人才	《国家数字经济创新发展试验区（福建）工作方案》	2021
国际顶尖人才，数字经济基础学科人才和团队，数字经济产业发展所需的技能型人才，高层次人才、产业紧缺人才、创新创业人才	《南京市"十四五"数字经济发展规划》	2021
数字经济高层次人才、硕士以上学历人才、高级职称和高技能人才，数字战略管理人才，以及数字营销运营人员、数字研发人员	《宁波市数字经济人才发展三年行动计划（2020－2022年）》	2020
集成电路和软件产业研发设计人员，基础软件、工业软件、新型技术软件、信息安全软件等企业研发设计人员，数字经济领军和青年人才，以及优秀人才团队	《上海市数字经济发展"十四五"规划》	2022
"智改数转"领域创新创业团队、高层次人才、复合型专业与技能人才，数字化产业工人，制造业数字化人才	《苏州市制造业智能化改造和数字化转型2022年行动计划》	2022

续表

全国及各地方数字经济人才需求的现状与种类	资料来源	年份
数字经济领域学科带头人、技术领军人才和高级经营管理人才，数字经济领域高层次人才，应用型、技术技能型数字经济技术人才	《广东省建设国家数字经济创新发展试验区工作方案》	2020
数字经济领域领军人才及创新创业人才团队、职业经理人团队，数字化转型工程技术和应用技能型"数字工匠"和卓越工程师，知识技术和科研人才以及专业技术人才	《杭州市数字经济发展"十四五"规划》	2021
数字经济领军人才和高水平创新团队，高端技术技能人才，国际一流人才和科研团队	《江苏省关于深入推进数字经济发展的意见》	2020
数字经济专项人才与核心产业人才，高端数字经济人才，海外柔性引才，集成电路、人工智能、软件等数字经济核心产业应用型人才，各类管理人员	《南京市数字经济发展三年行动计划（2020—2022年）》	2020
制造业数字化专业人才，智能制造应用型人才，企业高管、首席信息官和信息化工作者，跨学科、复合型、具有实际操作技能的智能制造人才	《南京市制造业智能化改造和数字化转型实施方案（2022—2024年）》	2022
数字经济人才特别是跨界融合的高端人才供给缺口较大	《苏州市数字经济"十四五"发展规划》	2022
数字经济领域优秀科学家、名家名师、创新创业领军人才、技术技能领军人才、青年拔尖人才和创新团队等	《中国重庆数字经济人才市场建设方案》	2022
贵州省2019年的数字经济人才缺口比例为26.54%，短缺严重，其中电子技术、通信、大数据、人工智能等方面人才尤其紧缺	《贵州省数字经济人才发展白皮书》	2019
在信息技术领域，全省缺少影响力较强的研发机构和知名高等学校，高端人才聚集水平低，尤其缺乏精通信息化与生产制造的复合型人才	《河北省数字经济发展规划（2020—2025年）》	2020
缺乏有影响力的研发机构、创新平台和知名高校，大数据、云计算、人工智能等领域拥有核心技术的高端人才和团队数量较少	《河南省"十四五"数字经济和信息化发展规划》	2021
既懂政府业务又懂互联网技术的复合型人才，信息化领域高水平技术人才和管理人才	《"数字江淮"建设总体规划（2020—2025年）》	2020
数字经济高端复合型人才、科技人才和科研团队，以及具有智能化、数字化技术和制造业背景的复合型人才	《黑龙江省"十四五"数字经济发展规划》	2022

资料来源：公开资料，中国长江经济带发展研究院整理。

综合上述研究，地方对于数字经济人才的需求呈现以下特征：

（1）数字化领军人才方面，"高精尖缺"、优秀人才团队、创新创业领军人才等成为主流；

（2）数字化管理型人才方面，既懂业务又懂技术、既懂经营又懂管理的高端复合型人才受欢迎；

（3）数字化应用型人才方面，具有智能化、数字化技术和制造业背景的技术型人才，应用技能型"数字工匠"，以及跨学科、复合型、具有实际操作技能的智能制造业人才较为紧缺；

（4）数字化专业人才方面，大数据、云计算、人工智能等领域拥有核心技术的高端人才和团队，卓越工程师、知识技术和科研人才以及专业技术人才等是各地方数字经济专业化人才引进的重点。

三　新时代中国数字经济人才画像

（一）画像关键词：复合型人才

从整体来看，数字经济人才是具备"拥有 ICT 相关专业技术、数字化思维和能力"的复合型人才。数字经济的基本专业是计算机科学，在此基础上延伸出来利用计算机科学技术发展的机械、信息、软件、电气等专业，综合管理、营销等领域，是支撑数字经济发展的专业技术基础。

（二）画像关键词：融合型人才

从行业人才专业背景来看，传统专业与数字技术融合人才是主角，数字经济与实体经济的融合性发展是未来的人才主要发展方向。这类人才擅长将数字新技术应用到不同的业务场景，助力各行各业实现数字化转型。

（三）画像关键词：创新型人才

数字经济的创新驱动实质是人才驱动，数字经济时代需要创新型人才。

数字经济创新型人才至少包括三项"子技能",分别是批判性思考与解决问题的能力、沟通与协作的能力,以及创造与改革的能力。

(四)画像关键词:能力型人才

从数字经济岗位要求的词频来看,数字技能和素养成为数字经济人才核心竞争力。数字技能与经验等硬实力是相关岗位的硬性要求,如 Java、CAD、Python、PHP、SEO 等热门技能。岗位对人才的社交能力、心理素质等软实力也同样重视。从数字经济人才能力需求来看,各行业不同层次人才具体能力要求存在差别,但核心仍然是数字能力。

(五)画像关键词:治理型人才

未来,数字经济的治理型人才将成为主要职业需求趋势之一。人工智能时代模糊了物理现实、数字和个人之间的界限,带来了一定的伦理问题。数字经济治理引领生产关系深刻变革,是数字经济发展的保障,也是巩固提升城市核心竞争力和软实力的关键之举。要培养相关的数字治理人才,从人类价值观角度,建立道德的人工智能,以规避发展人工智能的风险。同时,随着数字生态的发展,按照《数字中国建设整体布局规划》,数字经济治理体系将越发重要,在科学、高效、有序的管网治网格局要求下,治理型人才缺口将进一步扩大。

基础职能
驱动底层技术向应用技术进行转化，推动应用场景策划落地

基础特点
年轻化，学历高，薪酬高，分布广

基础素养
既包括对数字资源的接受能力，也包括对数字资源的给予能力。具体包括：数字获取、数字交流、数字创建、数字安全、数字伦理、数字规范、数字消费、数字健康等方面

新时代背景下的中国数字经济人才画像

复合型人才：以计算机科学与技术为基础，在此基础上延伸出来利用计算机科学技术发展领域的机械、信息、软件、电气等专业，综合管理、营销等领域的跨专业的复合型人才

融合型人才：数字经济人才的主角是传统专业与数字技术融合人才。数字经济与实体经济的融合性发展是未来的人才主要发展方向。这类人才擅长将数字新技术应用到不同的业务场景。助力各行各业实现数字化转型

创新型人才：数字经济人才至少包括三项"子技能"，分别是批判性思考与解决问题的能力，沟通与协作的能力，以及创造创新的能力

能力型人才：包括数字技能与经验等硬实力，如Java、CAD、Python、PHP、SEO等热门技能，同时也需要社交能力、心理素质等软实力

治理型人才：即运用数字技术，实现行政管理的制度化、创新服务监管方式，建立健全行政决策、行政执行、行政组织、行政监督等体系制度更加优化的新型治理型人才

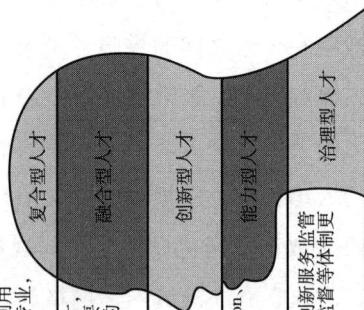

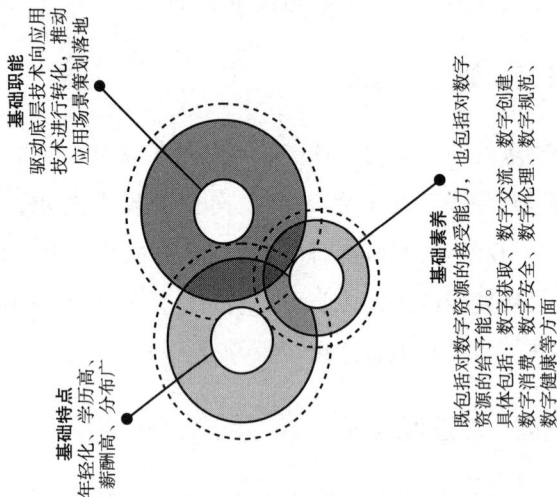

图 3 中国数字经济人才总体画像

资料来源：中国长江经济带发展研究院。

第三章

做强做优做大中国数字经济的人才分布格局

一　中国数字经济人才的空间分布

（一）基于城市群的人才循环空间格局

五大城市群数字经济人才总量超过全国总量的七成。从全国数字经济人才的城市群具体分布来看，长三角数字经济人才储量丰富，人才占比达到三成，优势明显。其次是京津冀和粤港澳大湾区，三大城市群的人才总量占比达到69.5%。成渝地区双城经济圈成为全国数字经济人才发展的第四极，长江中游城市群增长势头强劲。

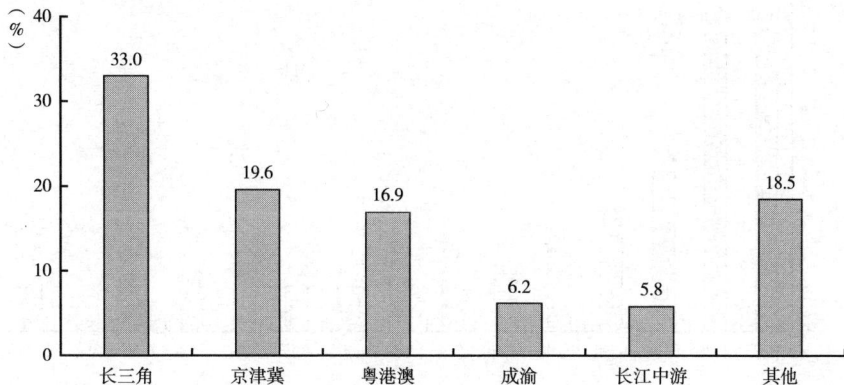

图1　2023年中国数字经济人才城市群分布

资料来源：猎聘及智联招聘平台数据，中国长江经济带发展研究院整理绘制。

在区域发展国家战略的引领下，以及一线、新一线数字经济人才城市的牵引下，我国分别在京津冀、长三角、粤港澳、成渝、长江中游城市群中形成了数字经济人才区域循环生态体系。西安依托其强大的高校资源，在数字经济人才培养和供给上，与五大数字经济人才区域循环生态体系形成良性互动，共同构成我国数字经济人才发展的整体循环生态。

（二）以一线城市为轴心的级联牵引空间格局

在"一轴三带"整体数字经济空间布局下，我国数字经济人才分布已经形成了以北京、上海、深圳三大一线城市为轴心的级联牵引空间格局。北京、上海、深圳数字经济发展势头强劲，通过技术、人才、产业、管理等多种形式，对全国范围内城市形成强大的牵引带动作用。北上深作为一线城市，在数字经济人才总量上表现突出，优势显著。

（三）以新一线城市为代表的多级联动牵引空间格局

在当前全国数字经济人才分布较多的城市中，广州、杭州、成都、苏州、南京等新一线城市数字经济人才所占比重在全国城市中排名前十，体现了良好的数字经济人才储备能力，并成为城市发展的核心驱动力。

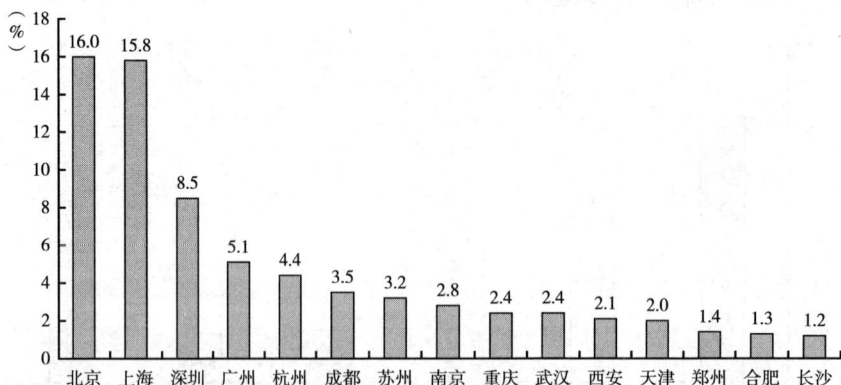

图2　2023年中国数字经济人才城市分布情况（TOP15）

资料来源：猎聘及智联招聘平台数据，中国长江经济带发展研究院整理绘制。

二　中国数字经济人才的区域分布

（一）五大城市群数字经济人才类型分布特色

从京津冀、长三角、粤港澳、成渝、长江中游五大城市群角度，对我国数字经济人才的区域分布特色进行进一步分析。按照数字经济人才定义及分类，本报告将猎聘及智联招聘平台大数据统计的前十大数字经济人才热招职能岗位归类为研发型、应用型和管理型数字经济人才，前十大数字经济人才热招职能属于研发型数字经济人才的岗位最多，各行业三类数字经济人才需求如图 3 所示[①]。

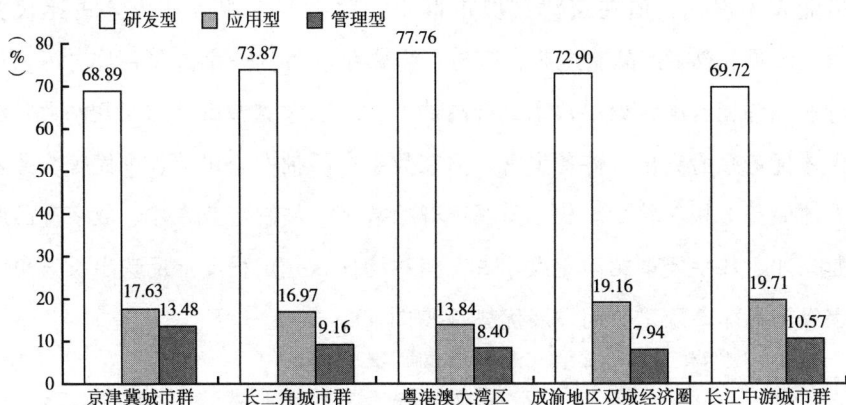

图 3　2023 年五大城市群数字经济人才类型占比

资料来源：猎聘及智联招聘平台数据，中国长江经济带发展研究院整理绘制。

截至 2023 年底，五大城市群均对研发型数字经济人才的需求最高，对应用型数字经济人才的需求也较高，对管理型数字经济人才的需求相对较

---

① 按照本报告对数字经济人才定义及分类，将猎聘及智联招聘平台大数据中五大城市群前十大数字经济人才热招职能中的产品经理、Java、后端开发、测试工程师、工艺/制程工程师、机械工程师、电气工程师、平面设计师、室内装潢设计师归类为研发型数字经济人才；将运营经理/主管、市场总监、运营总监归类为应用型数字经济人才；将首席执行官 CEO/总裁、副总裁/副总经理、咨询顾问/咨询员归类为管理型数字经济人才。

低。在应用型数字经济人才中，需求主要来自市场类和运营类职能岗，说明行业未来有较大的运营人才需求潜力。2018～2023 年，技术类职能需求从31.0%增长到 36.1%，且主要来自电子通信和互联网两大行业。

（二）五大城市群数字经济人才产业分布特色

整体来说，京津冀、长三角、粤港澳、成渝、长江中游五大城市群在五大数字经济产业上人才占比差距不大，均是数字化效率提升业人才占比最大，比例均接近 40%。

数字产品服务业在各大城市群中人才占比差别较大，在粤港澳、成渝、长江中游城市群中，该产业数字经济人才占比为 15% 左右，高于数字产品制造业人才占比。但在京津冀城市群中，数字产品服务业人才占比仅为9.78%，低于数字产品制造业，这与京津冀在金融、医疗、数字政府等领域的行业优势相匹配，聚集数字经济高端人才，京津冀城市群的互联网数字经济人才优势最为突出，储备丰富，但在数字产品批发、租赁、维修等服务业的人才储备上相对较少。长三角城市群的数字产品制造业人才、数字产品服务业人才、数字要素驱动业人才占比相对均衡，一定程度上反映出长三角的数字经济人才高质量协同发展优势（见图 4）。

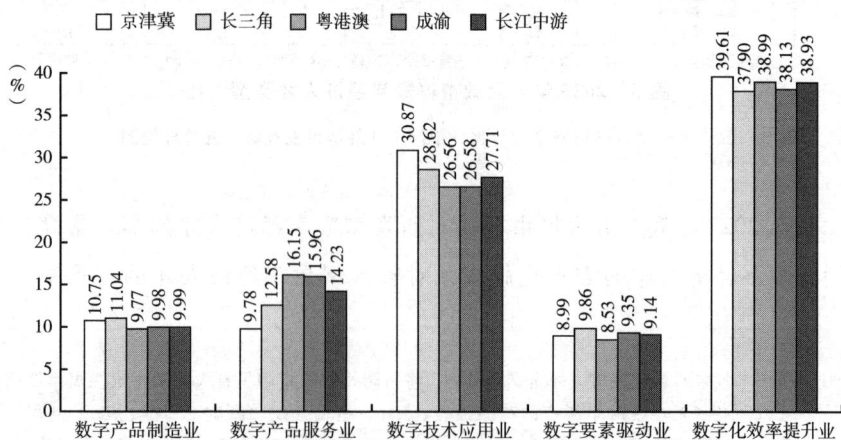

图 4　2023 年五大城市群数字经济人才产业分布

资料来源：猎聘及智联招聘平台数据，中国长江经济带发展研究院整理绘制。

三 中国数字经济人才的产业分布

（一）中国数字经济人才总体产业分布格局

在我国数字经济进入加速创新和深度融合的时代背景下，产业的数字化转型迈入了从需求端向供给端扩展的新阶段，数字经济的发展重心从消费领域向生产领域转移。与消费领域数字化转型主要依靠海量互联网用户的"人口红利"相比，生产领域的数字化转型将更加依赖"人才红利"。当下各高校新商科纷纷将深化信息技术与传统行业的融合发展作为数字经济战略布局的重心，具有专业数字技能人才的需求正在急剧增长，吸引和培养新阶段所需要的人才，是各高校新商科建立竞争优势的重要基础。

根据平台数据分类整合测算，总体来说，数字化效率提升业占比最高，2023年数字化效率提升业人才占数字经济五大核心产业总人才的46.44%；数字技术应用业2023年的人才占比为27.11%；数字产品制造业人才占比略有下降，为11.29%；数字产品服务业人才占比下降较多，降至7.92%（见图5）。其中，数字化效率提升业人才招聘信息最多，意味着该重点行业人才最为紧缺，也反映出传统行业数字化转型的需求。数字要素驱动业的人才占比最低，与近年来数据要素市场体系建设、数字产业化水平提升、数字经济治理体系建设方面政策数量较少有一定关联，也反映出数据要素驱动业的整体产业发展质效有待进一步加强。

此外，从近五年的五大核心产业人才分布趋势来看，数字化效率提升业人才占比逐年上升，数字产品服务业人才占比有所下降，数字产品制造业、数字技术应用业、数字要素驱动业的人才占比则相对平稳。

根据智联、猎聘平台数据，本报告在数字经济的五大核心产业分类中选取关键词对职位名称进行筛选，按照研发型人才、应用型人才与管理型人才分类，进一步开展数字经济人才行业细分统计。从图6可见，在五个重点产业内均是研发型数字经济人才占比最大，其中在数字产品制造业中占比最高，

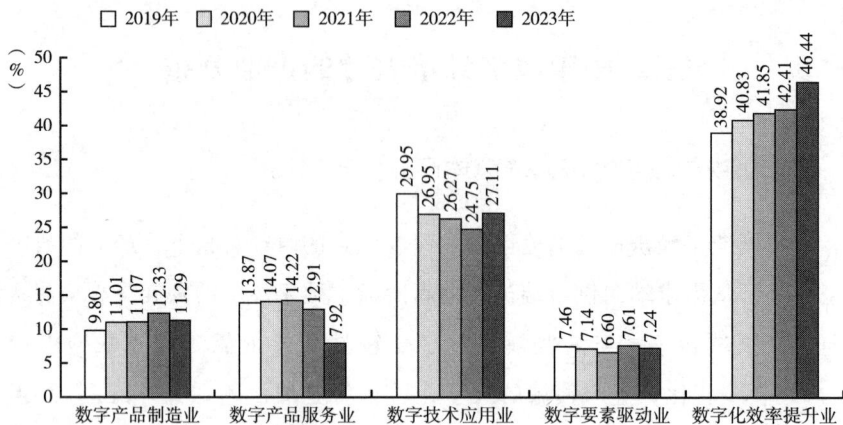

图5 2019～2023年中国数字经济人才五大核心产业分布

资料来源：智联、猎聘平台数据，中国长江经济带发展研究院综合测算。

达84.72%，在数字要素驱动业中占比最低，但也达72.54%。在五大产业中占比第二的均是应用型数字经济人才，其中在数字产品制造业中占比最低，仅9.85%；在数字要素驱动业与数字化效率提升业中均占比较高。在五大产业中占比最低的是管理型数字经济人才（见图6）。

（二）中国数字经济人才"四带两区一线"的产业集聚脉络

智慧工业、智慧文娱、电子商务、行业工具数字化、智慧金融、智慧零售、智慧医疗领衔的七大数字经济典型产业，已初步形成区域协同发展态势。在城市群的产业引领下，中国数字经济产业集聚效应初显，综合形成了"四带两区一线"的数字经济人才产业脉络。

（1）智慧工业人才带：以沿海、沿江为分布特色，形成两条智慧工业人才集聚带。沿海工业人才带：以上海、福建为代表的东部沿海省份，工业数字化本地占比普遍较高；沿江工业人才带：以上海、重庆、四川、云南等为代表的沿江省份，工业数字化增长较快。

（2）智慧文娱人才带：南北两块分布，形成两大智慧文化集聚带（文体娱乐产业集聚）。

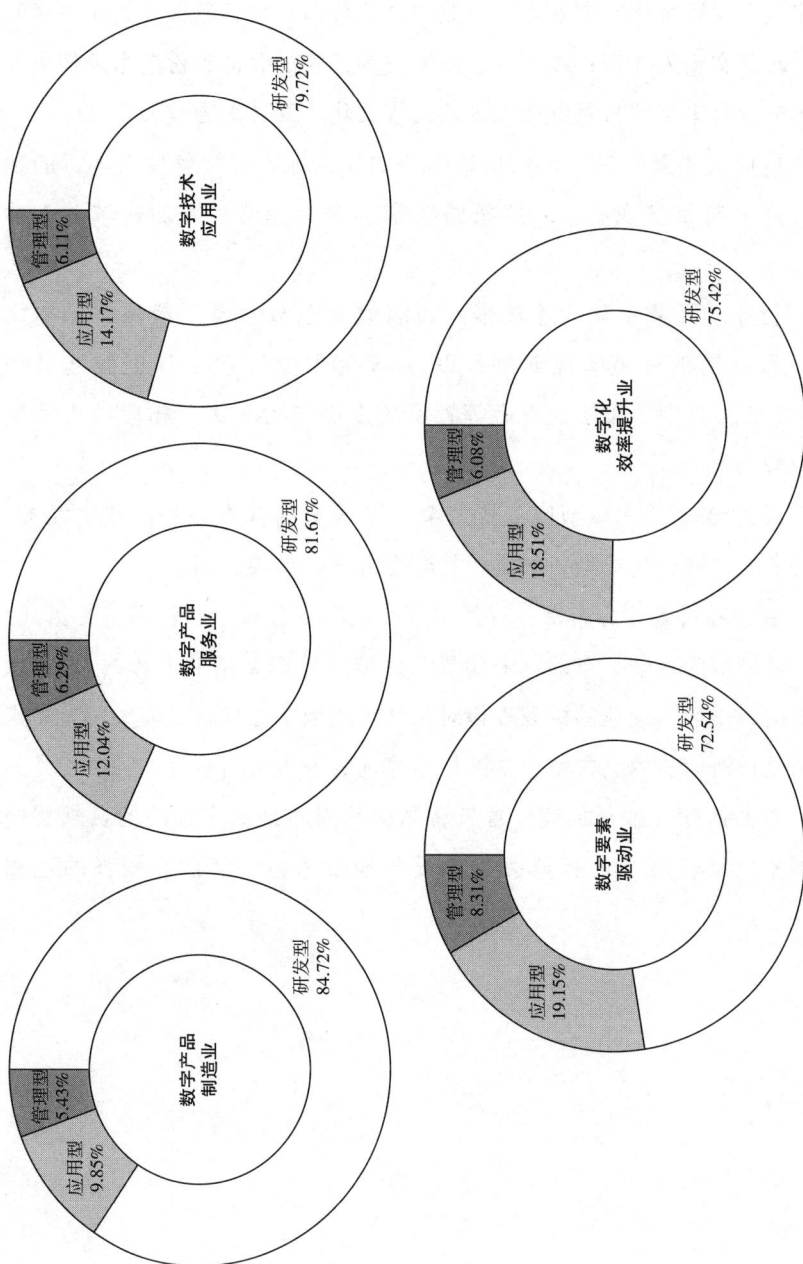

图 6 2023 年中国数字经济核心产业人才分类占比

资料来源：猎聘及智联平台数据，中国长江经济带发展研究院整理绘制。

南部文娱人才带：以广东、湖北为代表的南部省份向西延伸成大片区，四川文体娱乐业数字化在本省数字产业中占比较高且增长较快，人才集聚效应明显；北部文娱人才带：以北京、内蒙古为代表的北部省份向东延伸成大片区，内蒙古有丰富的自然资源和少数民族文化，发展潜力较大。

（3）电商人才繁荣带：长三角是电商的发源地，持续彰显大本营的地位，同时自东向西呈现南、北两条路线带动繁荣趋势，并加速带动人才集聚。

（4）行业工具数字化人才集聚区：国家"东数西算"战略推动更多数据中心和云基础设施落地西部，以 SaaS 为主的行业工具也随之呈现"西迁"特征。其中，重庆、青海等省份的发展潜力较大，相应的人才发展空间也较大。

（5）智慧金融人才典型区：智慧金融形成全国普惠态势，其中江苏、山东、辽宁的发展较为典型，形成智慧金融人才典型集聚区。

（6）智慧零售人才分布带：智慧零售产业集中分布于长江经济带沿线，并以长江经济带为主轴，东部、中部节点区域延伸两条南北人才线。其中，江苏、重庆、安徽、湖北的智慧零售对长江沿线数字经济贡献较大，人才集聚效应明显；海南、内蒙古增速全国排名靠前，发展潜力较大。

（7）智慧医疗人才延伸线：各省智慧医疗对本地数字经济的贡献普遍处于低水平，反映出当前智慧医疗建设与地方人口、经济有较强的正相关性。

第四章

做强做优做大中国数字经济的
人才供需分析

一　中国数字经济人才需求分析

（一）中国数字经济人才就业特点

就业是最大的民生工程、民心工程、根基工程，是社会稳定的重要保障。数字经济就业是指以数字技术创新应用为核心技能，依托信息网络进行研发、生产、服务、管理等工作任务的相关就业。

数字产品制造业	数字产品服务业	数字技术应用业	数字要素驱动业	数字化效率提升业
·工业互联网工程 ·计算机、通信和其他电子设备制造 ·智能制造工程技术 ·智能终端产品及设备制造等	·信息系统运行维护工程技术 ·信息通信网络运行 ·信息通信网络终端维修 ·档案数字化 ·导航与位置服务等	·集成电路和软件产业研发设计 ·信息系统分析 ·数据分析处理 ·工业互联网 ·机器人等	·计算机网络 ·信息通信网络、集成电路 ·物联网 ·数据安全 ·密码工程 ·供应链管理等	·金融科技 ·电子商务 ·数字出版 ·数字媒体艺术 ·区块链应用等专业技术及经营管理 ·智慧农业 ·智能交通 ·数字社会 ·数字政府等

图 1　中国数字经济人才就业框架

资料来源：中国长江经济带发展研究院整理绘制。

近年来，数字经济蓬勃发展，促进市场主体快速增长，创造了大量的就业岗位，助力大众创业万众创新带动就业，对我国保就业保民生保市场主体发挥了重要的作用。数字经济助力我国经济提质增效，深刻影响了我国就业结构与就业质量，催生了新就业形态。数字经济人才就业情况，从总体结构上看，呈现以下特征。

1. 岗位需求多元，就业吸纳能力较强

低、中、高学历岗位分布均衡，提供相对公平的就业机会，伴随着数字经济的发展，以及劳动者技能提升渠道的不断丰富，数字经济就业门槛逐步降低，岗位要求呈现多元化特征。项目组根据智联招聘数据研究发现，在数字经济人才高端就业中，本科以上学历岗位占全部岗位的 37.8%，专科占比 27.8%，高中及中专占比 5.5%。而在对学历要求较少的就业中，初中及以下学历占比达 28.9%，其中有 19.0% 的招聘信息不要求学历，显著拉低了就业门槛。另外，部分招聘信息提出了学历上限要求，如"高中及以下""中专及以下"等。对工作经验要求也较为宽松，甚至有 36.7% 的招聘信息中没有最低工作年限要求。

2. 就业薪酬普遍较高，人才吸引力大

人工智能、大数据、云计算、物联网等新兴产业领域成为求职新热点，技术岗位就业需求快速增加，吸引了大批优秀从业者进入，拉高了数字经济就业薪酬和教育回报水平，助推了就业结构优化。

3. 数字经济人才的就业教育回报率较高

高中（或中专）、专科劳动者平均月薪较初中及以下学历的劳动者分别提升 135 元和 1822 元。相较于初中及以下学历，本科、硕士、博士的工资增幅依次达到 120%、209%、345%。

4. 数字经济引发人才劳动方式的变革

数字经济促使就业发生了从线下到线上、从固定到灵活、从单一到多元的转变，数字经济人才的劳动方式、就业方式相应转变，同样也反映了数字技术进步下生产组织形式的变革。例如，生产力进一步提升，创意创造性工作增多；传统岗位逐步数字化，私域营销等新模式逐渐普及；"平台+个人"

等新型组织模式涌现，新就业形态快速发展等。

5.高端就业吸纳能力强

高端就业吸纳能力强，从薪资来看，数字产业化领域平均月薪达9211.9元，高于产业数字化平均月薪1097.1元。相同学历条件下，数字产业化领域薪资也总体高于产业数字化领域，如数字产业化领域专科及以上岗位平均月薪达13057.5元，产业数字化领域为12366.6元。

（二）中国数字经济人才需求的区域特征

近年来，数字经济创造了大量新增岗位，尤其是在面向消费端的产业数字化领域，以低门槛、广覆盖的优势吸引了大量农村和城镇劳动力向大中型城市转移，成为加速我国城镇化步伐的重要力量之一，为数字经济人才的跨区域流动创造了新的就业空间。

当前我国数字经济人才需求区域分布不均，华东地区集聚效应明显。从总体分布上看，人才需求呈现东中西部逐渐减少的特征，东部沿海经济发达地区数字经济岗位需求量较大。数字经济的蓬勃发展一方面降低了就业的信息交易成本，促进了跨地区人员招聘渠道的畅通，促进了人才就业的跨地区流动；另一方面，共享经济、平台经济的蓬勃发展催生出大量无需本地化就业的新型灵活就业形式，极大地拓展了企业招聘区域范围。华东、华南数字经济发达地区人才流动活跃。

（三）中国数字经济人才需求的职位特征

（1）人才需求的技术职能偏好趋势明显

通过对典型城市的数字经济人才职位发布情况进行分析，参考猎聘及智联招聘平台数据，数字经济人才的职能需求主要集中在连续三年需求量最高的职位中。猎聘及智联招聘平台数据显示，2020~2023年，技术类职能需求连续四年呈现增长态势，数字经济人才需求的技术职能偏好趋势明显。从近4年企业发布的数字经济新职位看，产品经理和Java需求量最多，近4年占比均为4%以上。嵌入式软件开发、硬件工程师、电气工程师、C++职能需求近几年有较明显的增加。

从行业分布上看，互联网、房地产、服务外包、文教传媒、金融、消费品、制药医疗等行业都出现了技术职能需求增长的态势，大量技术人才加入企业将带动传统企业实现数字化转型，推动当地数字经济发展。

从总量上看，不论是中小企业还是规模以上企业，整体数字经济人才技术职能需求呈明显上升趋势。

从规模上看，不同规模企业数字化进程有快有慢，主要取决于技术、平台和行业发展等因素，2020~2023年，5000人以上规模企业数字化进程中对技术类人才需求出现了明显的增长，说明大型企业正在不断加强技术人才的储备，加快数字化进程。中小企业面临着人才短缺等诸多困难，加强技术人才储备也成为中小企业数字化转型的重中之重。

（2）人才需求的职能领域特色鲜明

数字经济时代，利用互联网、云计算、大数据、人工智能等技术，诞生出新产品、新业态、新商业模式的行业，以及为这些行业提供服务的行业，也相应延伸出数字经济人才需求职能行业领域特色（见图2）。

以职位供给量的环比增长率统计，新能源发电、新能源汽车、智能制造、新生物医药、电子商务与新零售为数字经济人才需求增速最快的领域。在这十大领域中，技术类岗位需求量最大。

二 中国数字经济人才储备情况

（一）院校人才培养及储备情况

1. 中国数字经济人才培养院校分布

在教育部最新公布的全国高等学校名单中（截至2023年6月15日），全国高等学校共计3072所。其中：普通高等学校2820所，含本科院校1275所、高职（专科）院校1545所；成人高等学校252所（未包含港澳台地区）。

图2 2023年中国数字经济人才需求职能行业领域特色

资料来源：猎聘及智联平台数据，中国长江经济带发展研究院整理绘制。

总体上看，中国高等院校呈现区域分布失衡的特点。一方面，我国高校在地域上呈阶梯状分布，东部地区高校在数量上遥遥领先，西部地区的高校资源最为匮乏，区域经济与高校布局呈正相关。另一方面，高校分布在各城市之间也呈现不均衡现象，我国重点院校（"985"与"211"院校）共有116所，仅在北京（26所）、江苏（11所）和上海（10所）就聚集了40.52%的重点院校，而河南、山西这样的人口大省却仅有一所重点院校。具体来看，共有105所重点院校分布在省会城市和直辖市，占总数的90.52%。仅有11所重点院校分布在地级市，占总数的9.48%，而这些有重点院校的地级市基本为数字经济实力较强的城市，如青岛、苏州、无锡等。

中国本科院校呈现阶梯状分布，仍然是经济发达的东部地区占据本科院校资源优势。从城市的教育资源聚集程度来看，本科院校主要集中在省会、中心城市。中国专科院校分布整体较为均衡。

截至2022年底，中国普通高等学校本科专业中，共有46所高校单独开设数字经济专业，培养具有深厚经济学基础和熟练数字技能的数据分析与决策人才，以及产业数字化人才，帮助企事业单位更好地完成数字化转型，提升管理运营效率。但开展数字经济相关方向教学的高等院校远超过这个数量。本报告将综合类院校与理工类院校视为泛数字经济类院校并分析其分布情况，从整体上看，多数数字经济类院校集中在东部地区。具体而言，主要分布在传统教育强省和数字经济产业较为发达的地区，如四川、江苏、山东等。

2.数字经济人才院校培养及储备情况

高校扩招导致毕业生规模迅速扩大，数字经济人才基数逐年增加。自高校扩招政策实施以来，中国高等教育入学率逐渐提高，高等教育普及程度持续扩大，2023年全国普通高校毕业生规模达1158万人，较上一年增加82万人，毕业生人数创历史新高，数字经济人才基数逐年增加。

高校毕业生工科占据主导，数字经济人才基础广泛。我国已经拥有500

多个学科专业，覆盖的门类广泛，为各类人才的培养提供了基础条件。工科类专业是就业率、薪资和就业满意度等综合指标较高的专业，信息安全、软件工程、计算机科学与技术等数字经济相关专业更是近年来院校、人才、企业多方关注的热门专业，数字经济人才基础广泛。

2023年3月，教育部举办介绍2023年全国教育事业发展基本情况的新闻发布会，2023年，全国有6000多所职业学校开设数字经济相关专业，专业布点超过2.5万个[①]。职业学校和高等学校都在积极培养数字经济相关专业的人才。本报告统计了38所高等院校内电子信息与通信学院、人工智能与自动化学院、计算机科学与技术学院、软件学院和网络空间安全学院下的相关专业，仅这部分专业的人数占比已达到18.7%，主要来自计算机科学与技术学院、软件学院。对于专科类院校，电子信息类学生的占比基本维持在8%~11%。将数字经济产业与细分行业、专业、职业进行映射，结合泛样本数据和统计模型核算，高校总体数字经济相关专业人才分布占比接近20%。

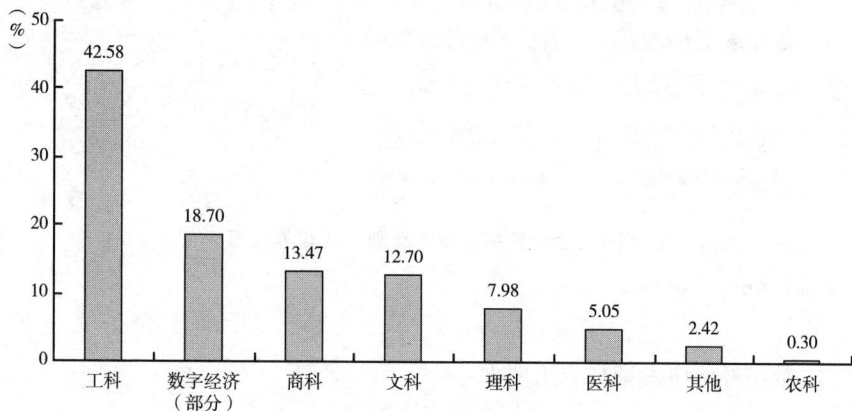

图3　2023年中国高校数字经济人才（部分专业）培养人数占比

资料来源：公开资料，中国长江经济带发展研究院整理绘制。

[①]　教育部：《6000多所职业学校布点超2.5万个数字经济相关专业》，https：//baijiahao.baidu.com/s？id=1792302672006146933&wfr=spider&for=pc。

（二）企业人才培养及储备情况

1.数字经济管理型人才

企业的数字经济管理型人才培养注重数字化领导力，并肩负企业转型中组织体系建设的重任。作为企业数字化转型坚强有力的领军人才，数字化管理者往往是懂业务、懂技术、懂管理的复合型人才。

企业内部通过建立数字化部门、设立数字化专员等岗位来牵头负责组织体系和人才队伍的建设，而外部的原生数字化企业、高校研究院、咨询公司等也可基于企业调研提供针对性的专业服务（见图4）。

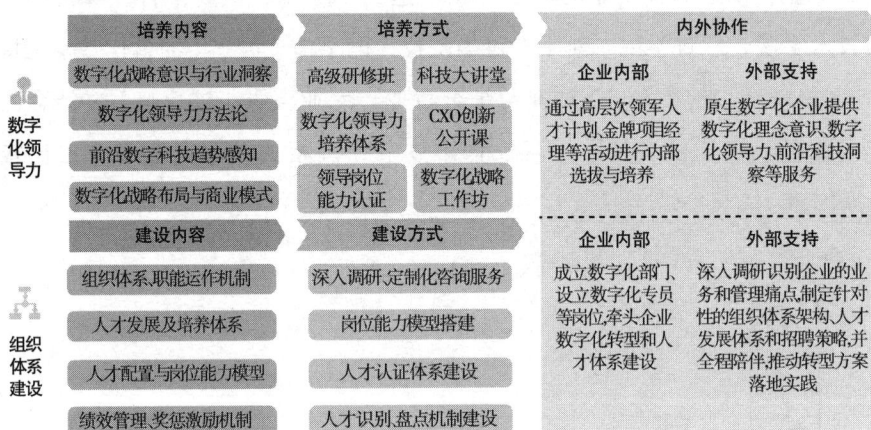

图4 企业数字经济管理型人才培养体系

资料来源：艾瑞咨询。

2.数字经济研发型与应用型人才

企业的数字经济研发型与应用型人才培养在能力上独立专精，在实践中复合交织。企业数字化转型中，任何业务的转型落地都需依靠技术能力的支撑，同时传统企业转型对于研发团队的建设和敏捷开发的需求也更高。从培养方式来看，企业内部的"以工代训"是提升员工技术能力的最佳方式，还可邀请表现突出的员工进行内部培训，促进内部技术能力的流转和传承。

同时，外部专业科技公司可提供定制化技术培训，以及联合企业开展技能竞赛、技能认证等活动以促进人才队伍建设。

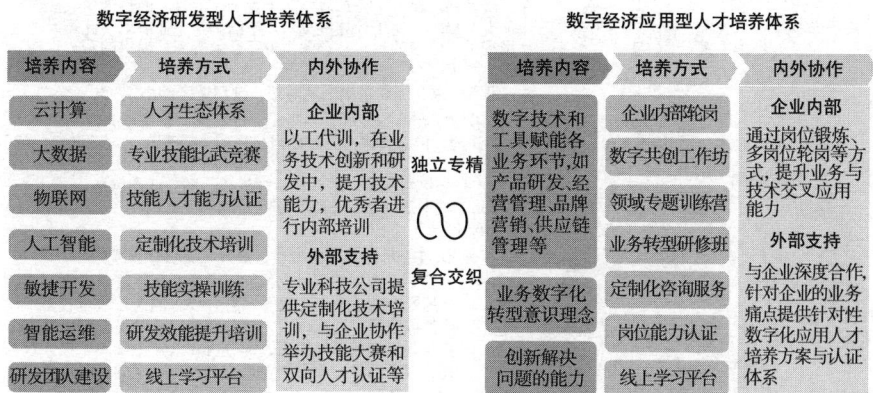

图 5　企业数字经济研发型人才与应用型人才培养体系

资料来源：艾瑞咨询。

三　中国数字经济人才供需对比与发展瓶颈

（一）中国数字经济人才供需对比分析

1. 总体供不应求，人才缺口在高低两端集中凸显

根据项目组测算，从总体供需来看，数字经济人才供不应求。截至2023 年底，中国数字经济人才从业数量为 3144 万人，数字经济人才需求数量为 5500 万人，数字经济人才缺口较大。

现阶段中国数字经济人才呈现高端人才供不应求，低端人才供过于求的现状。一方面，经过十几年的人才培养，数字经济通用技术人才储备较为充足；另一方面，以 2018 年为节点，企业对于 ICT 人才的需求量相对有所放缓，因此近年来中端数字经济人才缺口逐渐缩小，低端人才进而出现供过于求的情况。而具有数字化转型领导能力、创新能力，对业务有深刻理解、能进行跨领域技术融合的高端人才则缺口进一步增大。

实际情况 VS 理想情况

8% 高端人才
掌握新一代技术
或从业经验丰富

供不应求，竞争激烈，薪资大幅上涨
· 数字技术日新月异，云计算、大数据、人工智能等新一代信息技术快速发展落地，企业需要能够引领时代的数字经济高端人才（掌握新一代技术或从业经验丰富）。但是，院校端培养的人才仍大多局限于通用计算机技术，不能满足企业需求。此类人才呈现供不应求的现状，企业为争夺有限资源，提供的薪资也在逐年大幅上升

41% 中端人才
通用技术人才

缺口缩小

供不应求，但需求端增速放缓，缺口逐渐缩小
· 随着数字经济的发展，各高校纷纷设置了数字经济相关专业和课程，但总体来看，现阶段供需双方还存在一定的缺口。但随着行业转型的推进、数字经济与实体经济的进一步融合，人才自我更新加速。院校仍持续扩招，向行业内输送人才、因此中端人才的缺口在逐年缩小，此部分的供需压力也在相对减轻

51% 低端人才
较低专业素养
或无工作经验

供过于求，但吸引力弱，部分企业也存在难题
· 对于一些维护和测试岗位，不需要数字经济人才拥有较高的专业知识和职业素养，符合要求的人才数量较多。从整体来看，此部分人才招聘较为容易。但受限于薪资和职业发展的低吸引力，部分行业人才更偏向于提升自我，因而部分行业和企业也会遇到招聘难的情况

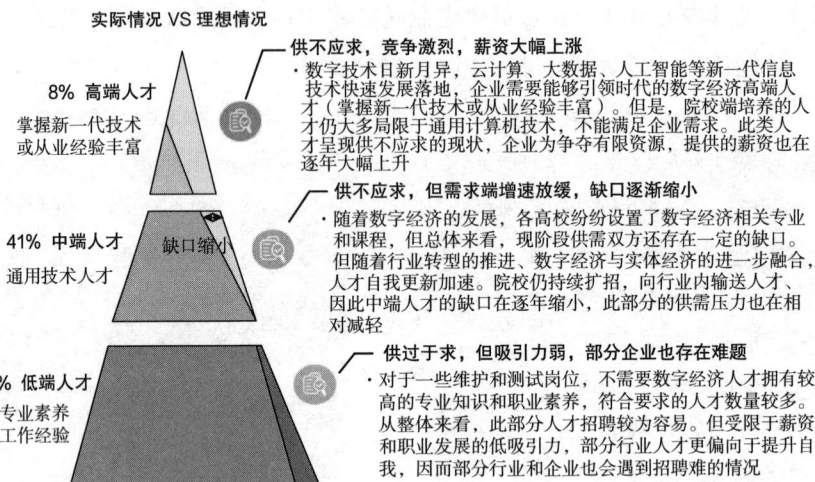

图 6　中国数字经济人才供需对比

资料来源：艾瑞咨询，中经智策信息科技研究院整理。

从供需双方匹配程度来看，市场存在高端和低端两头招聘难的困境。数字经济高端人才因稀缺而招聘难，企业纷纷提高薪资来吸引优秀人才；低端人才虽然供给充沛，但岗位价值不高，薪资较低，求职者因心理落差更愿意选择自我提升、推迟就业，也导致出现了部分地区、部分企业招人难的情况。

2. 2025年数字经济人才缺口将接近3000万人，技能缺口形势严峻

根据世界经济论坛的《2020年未来就业报告》，有相当比例的人才在就职初期个人技能水平与岗位要求存在明显的差距，尤其是在新兴技术领域，如人工智能、自然语言处理、数据科学、信号处理等。伴随着数字技术的快速发展，数字技能的更新迭代远远超越了传统知识技能。到2025年，未被淘汰的岗位中平均约44%的技能要求会发生改变，这意味着存量就业群体现在所掌握应用的近一半技能，在三年内将被逐步淘汰。因此，在职人员需要不断学习和应用全新的技能，这些技能大部分与数字技术相关。

从全球技术发展趋势可以看出，社会在常规性事务和体力劳动方面的人才技能需求将逐步下降，而数字专业技术和解决复杂问题的技能需求不断上升。这种人才技能需求趋势的变化在中国尤其显著。在全球化发展趋势下，

中国产业链布局向高附加值环节延伸，对于人才技能的水平及复合性提出了更高的要求。具备复合的专业技术技能与行业洞察力，能在持续变革中实践融合再造，是从事高端制造业和提供服务的基本条件。未来数字经济人才技能重塑应主要聚焦在两大方向：综合变革能力与专业技术技能。

3. 数字经济人才供需缺口在各行业存在差异

从数字经济人才供需情况对比来看，当前，数字经济人才供不应求行业分别为互联网、电子通信、机械制造、房地产、文教传媒、金融、能源化工以及交通贸易，行业发展势头较为强劲；供大于求行业分别为消费品、制药医疗、服务外包及其他，人才相对过剩（见图7）。我国正在利用产业转型升级发展机遇期，聚集资源，推进国民经济数字化进程，预计未来各行业数字经济人才需求量会整体迈上新台阶。

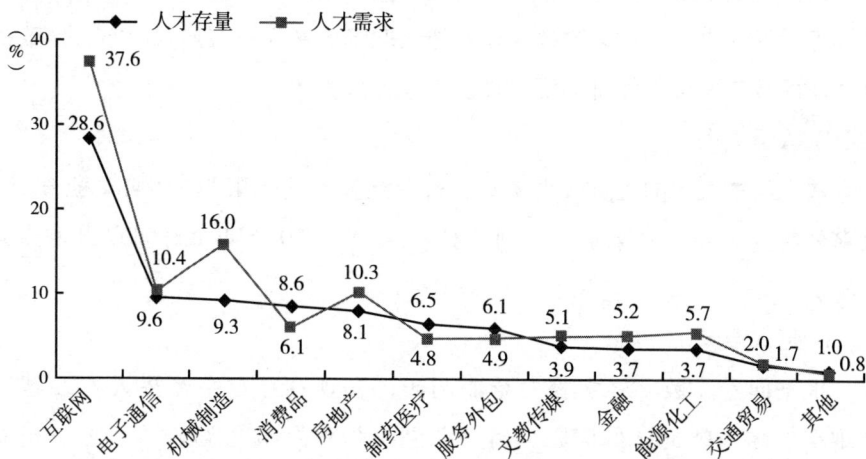

图7　2023年数字经济人才需求及存量行业分布情况

资料来源：猎聘平台数据，中国长江经济带发展研究院整理绘制。

（二）需求端发展瓶颈——缺口

整体来看，数字经济人才的需求量呈递增趋势。就需求端而言，中国数字经济人才的发展瓶颈主要是人才缺口问题。具体而言，有三大集中痛点。

1. 人才短缺

一是数字经济顶尖人才供不应求。数字经济顶尖人才是推动数字技术进步的原动力，目前一场针对顶尖人才的争夺战已经打响，国际与国内之间，二三线城市与一线城市之间，互联网科技公司与传统行业公司之间，甚至是企业与高校之间，都在进行着激烈的人才争夺。

二是具备数字技术与行业经验的跨界人才供不应求推动 ICT 在传统行业的融合发展需要既有行业深耕经验，又对"互联网+"的运作方式有深刻理解的跨界人才，具备这样素质的人才数量远远不能满足当前 ICT 融合产业的发展需求。

三是初级技能数字经济人才的培养跟不上需求的增长。一方面，大学生在校期间的数字技能培养存在诸多问题，其毕业后的技能水平难以满足企业的要求；另一方面，许多科技企业对初入职场的新人没有培养耐心，导致初级技能的数字经济人才难以快速成长为高技能人才。

2. 人员流失

数字经济人才的人员流失率大，行业从业平均年限为 1.5 年。据统计，数字经济人才主要在入职 3 个月、1 年、3 年、10 年四个时间点出现流失高峰。

3. 招人难

根据问卷及数字经济相关企业调研，发现存在数字经济人才"越来越难招、越来越贵"的问题。出于"到岗即用"的思路，数字经济相关企业的人才主要来自社招，占比达到 70%。数字经济整体薪资水平高于大多数行业。出于"摊薄成本"的思路，数字经济相关企业同时会设置部分校招岗位，比例约占 30%，并通过实习的方式前置培训，缩短上岗时间。

（三）供给端发展瓶颈——效率

从理工科（普通本科+研究生）毕业生人数看，数字经济人才供给端的数量保持稳步上升，其中数字经济相关专业毕业生占总体毕业生比例超过20%，我国数字经济人才储备日趋丰富，但瓶颈依然存在。

1. 培养周期与供给周期

大学本科生的直接就业率普遍低于其他高等院校，继续深造是毕业生重要的选项之一，本科生倾向于考研或留学，而非直接就业，拉长了数字经济人才的培养周期。学院与高专、高职学生的直接就业率在80%上下浮动，职业化的教学内容使得毕业生更加倾向于直接就业。

2. 面临人才外流挑战

根据艾瑞咨询的统计分析，本科生和研究生将出国就业作为就业去向的重要考量。其中，"985""211"院校的出国人数明显高于其他一本普通院校，人才外流现象明显。近几年受到新冠疫情影响，有较高比例的毕业生选择直接就业或在国内升学，出国留学率下降。根据上海软科教育信息咨询有限公司发布的"软科中国大学排名——2022届本科毕业生深造率排名"，出国留学率排名第一的是对外经济贸易大学，41.5%的学生选择出国深造，排名第二的是上海科技大学，占38.5%，排名第三的是北京外国语大学，30.8%的人选择出国，排名第四的是中国人民大学，有30.4%的学生选择出国深造。《清华大学2022年毕业生就业质量报告》指出，选择中国国内深造的学生比例为28.3%，选择出国（境）深造的比例为7.1%。

3. 供给效率与供给质量

对公开招聘信息中岗位经验要求的分析发现，目前人才市场中，数字经济相关岗位对工作经验的要求集中在3~5年（占比超过50%）。这也进一步说明通过学校培养的人才供给模式无法持续满足现阶段行业对基层技术人才的需求。此外，在相关的调研中，企业高管普遍表示基层技术人才职业准备度较低，一般难以满足"具备行业认知、熟悉产业价值创造全流程、能够'理解业务场景'和'掌握ICT技术技能'"的复合型要求。基层专业人才晋升为中层骨干的过程漫长，再加上大量基层专业人才流失，企业缺乏中层技术骨干成为普遍现象。

四 做强做优做大中国数字经济缓解供需矛盾的探索实践

（一）区域人才储备的高等教育融合性探索

总体上看，我国高等院校在数字经济人才培养方面存在供给不足与教育不足并存的现象。也存在一些共性难题亟待解决，比如，学科布局难以匹配经济社会创新发展需求，大量高校学生接受的知识技能培训与实际从事的工作匹配度不高；数字经济产业发展更新快，课程教学内容与产业需求存在脱节；政府、企业与大学协同耦合程度有待增强，高水平产学研互动的效果有待提升；教师数字化实践经验不足，岗位适应能力有待进一步增强；创新研发与高层次应用型人才供给不足；等等。为加快人才培养速度、提高人才培养质效、解决数字经济人才供需矛盾，我国以城市群为主体，已经开始了区域数字经济人才储备的高等教育融合性探索。

1. 京津冀区域高等教育融合性探索

2019 年是京津冀协同发展 5 周年，京津冀区域高等教育一体化的主要方式是通过合作办学和合并办学，推动高等教育协调发展。经历了五年的发展，京津冀区域高等教育一体化取得了一定的成效。2019 年 1 月，京津冀三地联合发布《京津冀教育协同发展行动计划（2018—2020 年）》，这有利于进一步推动京津冀高等教育协同发展。但是，京津冀区域内高等教育发展水平依然存在较大差异，北京高等教育资源在全国名列前茅，天津高校也有一定的地位，而河北高校在全国排名靠后，从影响力来看，与北京、天津相比也较弱。

2. 长三角区域高等教育融合性探索

推动长三角一体化发展，是新时代引领全国高质量发展、完善我国改革开放空间布局、打造我国发展强劲活跃增长极的重大举措。教育高质量协同发展是区域一体化的重要内容和支撑，而高等教育在服务长三角一体化发展进程中更发挥着关键和引领作用。长三角区域高等教育具有一定的时空范围，从国家战略角度来看，它的提出有利于整合区域内的资源并提升区域发展水平；从高等教育需求来看，它的提出有利于促进高等教育内涵式发展；从经济发展角度看，它的提出有利于形成新的经济增长点。

3.粤港澳大湾区高等教育融合性探索

2020年12月，教育部和广东省共同研究编制的《推进粤港澳大湾区高等教育合作发展规划》正式印发，明确在人才合作培养方面，三地根据人才培养、课程资源特点与优势，持续深化合作。粤港澳大湾区高等教育合作有助于更好地落实"一国两制"基本国策，促进创新驱动发展，也为整合、配置区域内高等教育资源、促进高等教育发展奠定了基础。这一举措既是培养创新型、应用型、国际化高素质人才，构建开放互通的协同创新体系，为大湾区发展提供不竭人力资本和创新动力的题中之义，也是贯彻区域高等教育"引进来""走出去"战略，培育我国开放竞争新优势，实现中华民族伟大复兴和构建人类命运共同体的客观需要。

4.成渝地区双城经济圈区域高等教育融合性探索

从2011年的"成渝经济区区域规划"到2016年的"成渝地区双城经济圈发展规划"，再到2020年的"成渝地区双城经济圈战略"，成渝地区区域发展已经上升到国家战略。成渝地区双城经济圈建设要完成共同的发展目标和重点任务，就需要进一步提高高等教育质量，推动城市群内的科教协同、产教融合，走出一条"共建共生型"的多维联盟式协同发展新道路。为国家"一带一路"、长江经济带以及西部大开发建设储备人才、开发人才，实现科教协同、产教融合。发挥教育兴城、城乡融合作用，努力凝聚人气、提升区域人口素质和生活品质。

（二）以高校联盟形式推动城市数字经济人才培育

1.以隶属关系为牵引的高校联盟

全国高校联盟主要以隶属关系为牵引，结成联盟体系，往往联盟发展方向有较为明显的隶属主体特色。例如，国内以教育部直属高校为主体的有九校联盟（C9）、卓越大学联盟、北京高科大学联盟、高水平行业特色大学优质资源共享联盟。以工信部直属高校为主体的有国防七校联盟。以省属高校为主体的有中西部"一省一校"国家重点建设大学（Z14）联盟、全国九所地方综合性大学协作会、全国地方高水平大学联盟、应用技术大学（学院）联盟等。

2.以区域联动为牵引的高校联盟

据不完全统计，例如长三角高校技术转移联盟、长三角高校智库联盟等融合性探索已超过10例。"十四五"时期，我国数字经济转向深化应用、规范发展、普惠共享的新阶段，数字化浪潮正向更大范围、更高层次、更深程度拓展。数字战略，人才先行。作为新兴经济模式，数字经济要做强做优做大，人才是第一要素。高校作为人才培养的摇篮、科技创新的阵地，应以区域联动形式探索数字经济人才的协同培养模式。

表 1　长三角高校联盟汇总

成立年份	联盟名称	合作高校
2005	长三角高校合作联盟	浙江大学、浙江工业大学、浙江理工大学、南京大学、东南大学、复旦大学、上海交通大学、同济大学
2014	长三角地区应用型本科高校联盟	上海理工大学、上海应用技术大学、上海立信会计学院、上海商学院;常熟理工学院、徐州工程学院、常州工学院、南京工程学院;宁波工程学院、宁波财经学院、台州学院;合肥学院、安徽科技学院、合肥师范学院、皖西学院、黄山学院、滁州学院等
2015	长三角高等工程教育联盟	上海理工大学、南京工业大学、浙江工业大学、江苏大学、安徽工业大学
2017	长三角高校新媒体联盟	复旦大学、上海交通大学、南京大学、上海财经大学、中国科学技术大学、浙江大学等
2018	长三角地区高校书院联盟	复旦大学、华东政法大学、上海科技大学、苏州大学、温州大学等
2019	长三角高校技术转移联盟	复旦大学、上海交通大学、浙江大学等
2019	长三角民办高校教学发展联盟	上海济光职业技术学院、无锡太湖学院、浙江师范大学行知学院、安徽信息工程学院等
2019	长三角医学教育联盟	复旦大学上海医学院、上海交通大学医学院、上海中医药大学、南京医科大学、苏州大学、南京中医药大学、浙江大学、温州医科大学、中国科学技术大学、安徽医科大学

成立年份	联盟名称	合作高校
2019	长三角研究型大学联盟	浙江大学、复旦大学、上海交通大学、南京大学、中国科学技术大学
2019	长三角高校智库联盟	复旦大学、上海交通大学、南京大学、浙江大学、中国科学技术大学
2021	长三角可持续发展大学联盟	东南大学、复旦大学、华东师范大学、南京大学、上海交通大学、同济大学、浙江大学、中国科学技术大学
2022	长三角科技传播联盟	复旦大学、浙江大学、南京大学、中国科学技术大学、上海交通大学、上海大学、苏州大学、华东师范大学、上海市科学研究所、上海科技馆、浙江自然博物馆以及合肥科技馆
2022	长三角G60科创走廊高水平应用型高校协同创新联盟	上海工程技术大学、浙江师范大学、苏州科技大学、安徽工程大学、嘉兴学院、湖州师范学院、合肥学院、浙大城市学院、宣城职业技术学院
2023	长三角高等院校（建筑设计类联盟）	上海交通大学、浙江大学、同济大学、东南大学等34所成员高校

资料来源：公开资料，中国长江经济带发展研究院整理。

3. 以城市资源牵引的高校联盟

为了充分发挥城市教育资源优势，助力城市经济社会发展，以城市资源为牵引的高校联盟，在城市数字经济人才储备的进程中将发挥更大的作用。

武汉七校联盟，是在中国湖北省武汉地区的七所教育部直属高校之间实施的一种联合办学模式，由武汉大学、华中科技大学、华中师范大学、武汉理工大学、中国地质大学（武汉）、华中农业大学和中南财经政法大学组成。依据资源共享、优势互补、平等互利、互相促进的原则，七校从1999年开始联合办学，学生可以跨校跨学科辅修第二学位。武汉地区重点大学之间的七校联合办学是中国大陆持续时间最长、实质性参与高校最多、合作范围最广、受益学生最多的一种联合办学模式，也成为武汉数字经济人才培养的主要动力源。

重庆市大学联盟，由重庆大学、西南大学、中国人民解放军陆军军医大学、西南政法大学、重庆医科大学、四川外国语大学、重庆邮电大学七所高校联合发起并成立。据统计，2023 年重庆市各高校共设立数字经济相关本科专业点 517 个、硕士点 122 个、博士点 26 个。硕士点、博士点建设是高水平数字经济人才培养的重要途径，本科专业建设是数字经济人才培养的主要途径。在所有数字经济相关专业中，计算机类的专业数占比最高，重庆市本科院校开设计算机类的数量达 80 个，占全部数字经济相关专业的 15.47%，计划招生人数达 14775 人，计算机领域的数字经济人才培养力度远超其他领域，是重庆市数字经济人才培养的重中之重。

（三）重点城市的数字经济人才储备特色

1. 重点城市院校人才供给的数字经济专业特色

本报告参考相关文献，根据数字经济核心产业分类对应行业、专业、职业的比对结果，将高校专业目录进行进一步细分，从基础专业、关联专业、应用专业三个角度，对十一个重点城市的高校数字经济相关专业设置情况进行统计分析。高校数字经济专业开设热度方面，参考掌上高考指导网站公布的内容，共搜集重点城市 2726 所高校与职业院校的专业设置情况。结果显示，深圳的高校及职业院校的数字经济专业开设热度最高，苏州、杭州次之（见图 8、图 9）。

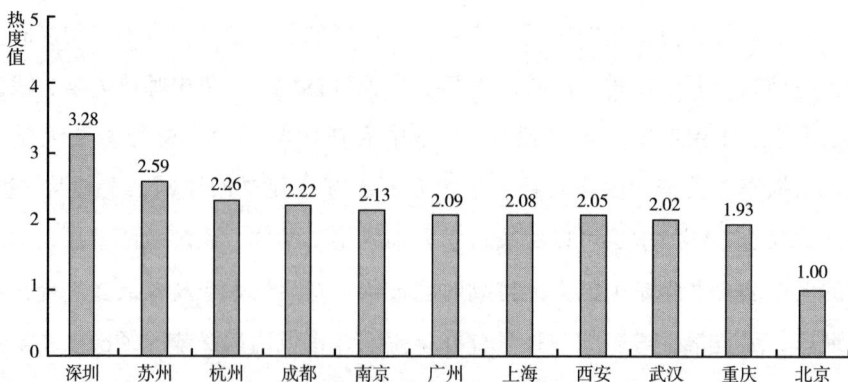

图 8　2023 年重点城市高校数字经济专业开设热度

资料来源：中国长江经济带发展研究院。

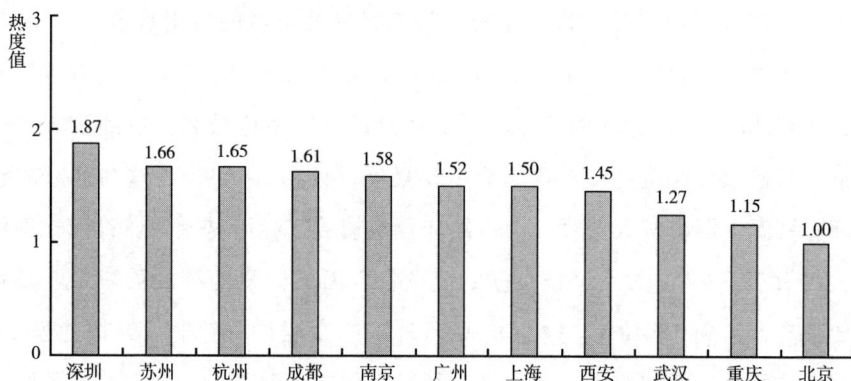

图9 2023年重点城市职业院校数字经济专业开设热度

资料来源：中国长江经济带发展研究院。

　　排在首位的是深圳。深圳的大学数量并不多，但是积极发展面向数字经济的新兴专业。2022年《教育部关于公布2021年度普通高等学校本科专业备案和审批结果的通知》的新增备案专业中，深圳技术大学共新增备案本科专业4个（中药学、市场营销、财务管理、集成电路设计与集成系统），南方科技大学新增备案本科专业2个（新能源科学与工程、自动化），深圳大学新增了1个（供应链管理）。新增审批专业中，南方科技大学新增1个（光电信息材料与器件）。从深圳高校专业的布局趋势来看，既有服务国家战略、解决"卡脖子"问题的集成电路，也有服务区域经济和地方产业的新能源、自动化，还有粤港澳大湾区建设需要的市场营销、财务和供应链管理等，显示出深圳高校紧贴需求、引领发展的人才培养思路。

　　2.重点城市数字经济相关专业设置特色

　　总体来说，11个重点城市中高等院校和职业院校数字经济基础专业、关联专业、应用专业的设置较为平均。其中，数字经济应用专业的设置比例最高，高等院校设置比例达到34.88%，职业院校设置比例达到38.24%。数字经济关联专业高校设置比例为33.29%，职业院校设置比例为33.91%。数字经济基础专业高校设置比例为31.86%，职业院校设置比例为28.15%。这也反映出11个重点城市数字经济人才培养以应用型人才为主，尤其是职业院校，以满足数字经济发展及市场的应用需求。

具体来看，数字经济基础专业设置中，苏州的高校基础专业设置占比最高，达到 36.84%，深圳的职业院校基础专业设置占比最高，达到 35.29%。北京的高校数字经济基础专业设置占比最低，仅为 27.59%，这与北京的整体教育资源丰厚有较大关系。上海的职业院校数字经济基础专业设置比例最低，仅为 22.06%。数字经济关联专业设置方面，杭州的高校关联专业设置占比最高，达到 35.48%，这与杭州近两年"互联网+产业"的快速发展，数字经济行业人才包容性、多样性特征基本相符。重庆的职业院校在关联专业设置占比上在 11 个重点城市中居第 1 位。

在数字经济应用专业设置上，北京的高校数字经济应用专业占比最高，达 39.08%，北京是全国最大的数字经济人才输出城市，应用专业的高比例设置为数字经济人才输出提供强力支撑。上海的数字经济活跃度较高，上海的职业院校数字经济应用专业设置比例最高，也是数字经济人才输出大市。重庆的高校数字经济人才应用专业设置比例最低，重庆的高校在数字经济人才的培养创新力度方面有待进一步加强，数字经济相关专业设置结构上有待优化（见图 10、图 11）。

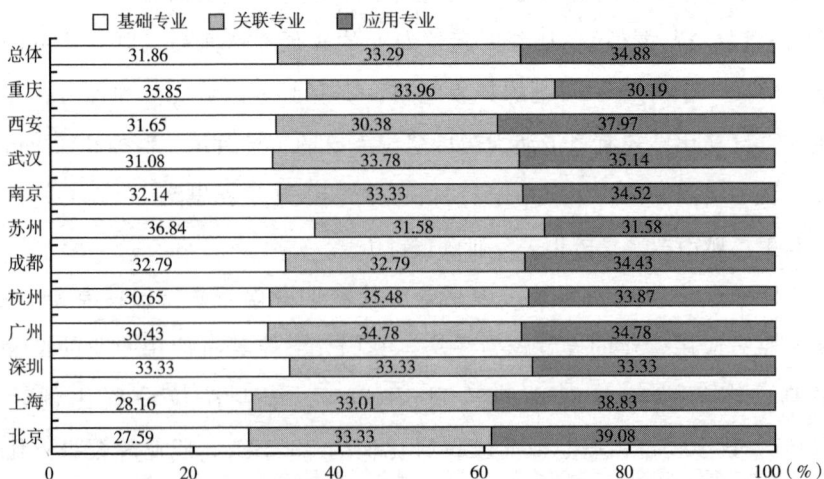

图 10　2023 年重点城市高校数字经济相关专业类型占比

资料来源：中国长江经济带发展研究院。

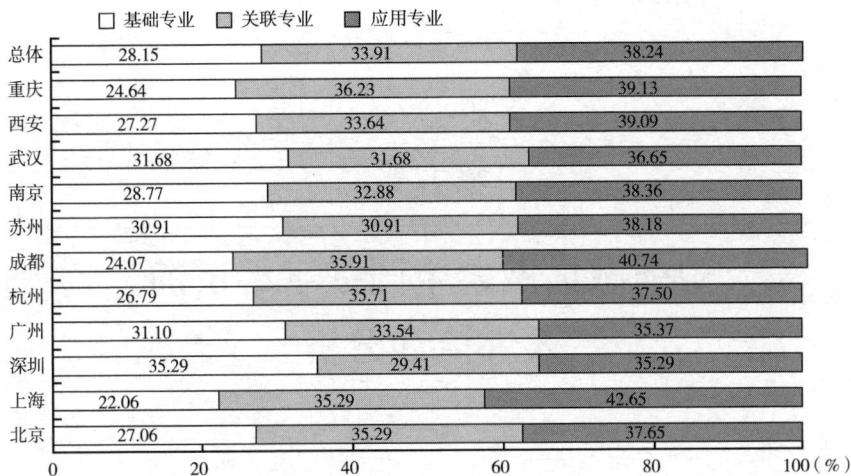

图 11　2023 年重点城市职业院校数字经济相关专业类型占比

资料来源：中国长江经济带发展研究院。

3.重点城市学科交叉发展的数字经济供给新格局

在第四次科技革命和产业变革加快推进的背景下，学科深度交叉融合是解决重大科学问题和取得关键核心技术革命性突破的重要途径，也是高校未来重点布局的方向。从 2021～2023 年高校自设交叉学科名单来看，智能、文化、医学等是热门交叉方向，我国高校正加紧在人工智能、数据科学、文化等重点学科领域布局交叉学科。

第五章

做强做优做大中国数字经济的
人才流动分析

一　中国数字经济人才流动情况

（一）中国数字经济人才供求圈初步形成，人才有序流动

从数字经济人才整体流动情况来看，各城市群圈层之间已经开展了人才交流与人才互通，初步形成了中国数字经济人才供求圈。我国的数字经济人才向粤港澳、京津冀、长三角城市群集中，三大城市群的人才流动也最为集中。成渝地区双城经济圈、长江中游城市群成为数字经济人才流动的第二阵营。

通过对 2023 年数字经济相关专业的应届毕业生开展抽样调查，对毕业流向进行统计分析，在五大城市群中，已经初步形成了人才供求互动循环体系。数字经济相关专业毕业生的本地就业留存率相对较高。京津冀城市群中，北京的数字经济相关专业毕业生除本地就业外，主要流向上海、深圳。长三角及珠三角城市群中，数字经济相关专业毕业生主要在城市群内部流转。成渝地区双城经济圈中，重庆与成都的人才相互流动趋势明显，重庆的数字经济人才本地留存率远低于成都。长江中游城市群的数字经济相关专业毕业生，主要流向长三角及珠三角城市群。

（二）中国数字经济人才近七成流向五大城市群

从城市群看，近七成数字经济人才流向五大城市群，长三角、珠三角、京津冀城市群人才流动性下降，成渝、长江中游城市群人才流动性小幅增加；2023年长三角、珠三角人才持续集聚，京津冀人才净流出趋势继续放缓，成渝基本平衡，长江中游人才持续净流出。从人才流入流出情况看，2021~2023年，长三角人才流入占比从23.7%降至20.9%，人才流出占比从19%降至13.4%；珠三角人才流入占比小幅下降，流出占比从12.2%降至8.9%；京津冀人才流入流出占比均呈下降趋势，2023年小幅上升；成渝和长江中游人才流入占比和人才流出占比较为稳定。

（三）中国数字经济人才跨区流动减少，城市群内互流特色明显

受新冠疫情因素影响，近几年五大城市群人才跨区流动性下降，2021~2023年五大城市群合计人才流入占比从64.7%降至61.0%，人才流出占比从60.7%降至51.0%。从人才净流入占比看，2021~2023年长三角人才净流入占比从4.6%增至7.4%，人才净流入且占比高于其他城市群，人才大量向长三角集聚；珠三角从2.0%增至4.1%，人才净流入且逐年上升；京津冀人才保持净流出但占比有所缩小，北京人才净流入占比增加带动京津冀整体净流出占比下降；成渝人才流入流出基本平衡；长江中游人才呈净流出，2021年由于流出人才占比下降，净流出占比略有下降。

同时，数字经济的人才在区域内的流动整体集中在城市群内部，区内互流特色明显。

（四）中国数字经济人才向较发达城市聚集，出现反向人才流

1. 一线城市是我国数字经济人才供需的集中区域

无论从供需体量（数字经济相关专业毕业生数量与市场数字经济人才需求量），还是城市就业吸引力来看，北京、上海、广州三地位列全国前三

位，是我国数字经济人才的核心聚集地，同时也是区域人才培养基地，为周边城市的经济发展提供智力支撑。

2.二线城市数字经济人才需求增长，承接一线城市过剩人才

二线城市本地就业率表现较好，北上广不再是二线城市数字经济人才的第一选择。从城市本地就业率来看，北上广三地并不具备绝对优势，反而是二线城市，如天津、石家庄、合肥、南京等地有较好的数字经济人才留存表现。

3.出现从一线城市向二线城市的反向人才流

整体来看，现阶段数字经济人才的主要流动趋势仍是"二线城市→一线城市"，但许多地区也出现了"一线城市→二线城市"的反向流动。根据调研数据，2023年数字经济相关专业毕业生中有3.3%的北京毕业生流向天津，2.7%的上海毕业生流向杭州，5.4%的深圳毕业生流向南京。

二 中国数字经济人才重点行业流动状况

（一）重点行业数字经济人才流向分析

1.行业成熟度及技能专业度引导数字经济人才行业聚集

行业成熟度是构成岗位吸引力的另一大因素，是影响数字经济人才流向的重要原因。整体上数字经济人才的就业和产业数字化水平的程度是相呼应的。数字化水平越高，对数字经济人才的需求也就越大。在传统行业中，制造、金融、消费品、医药、企业服务等行业数字化程度相对较高，数字经济从业人员也相对最多。

行业间不同类型的数字经济人才由于其技能差异，流向也有所差异。数字产业化领域由于其专业性较强，往往需要更高的数字技能。一般来说，就研发型数字经济人才而言，从事数字产业化领域的人才往产业数字化相关行业发展较容易，而传统行业的数字经济人才往数字产业化领域流动相对困难。而针对管理型数字经济人才和应用型数字经济人才，具有复合背景的人才可能更受数字产业化相关行业的青睐，从传统行业流向数字产业化领域具有一定优势。

2. 数实融合加速人才行业跨界流动

重点行业数字经济人才呈现跨界流动特征，表现为各行业间和区域内人才流动频繁。数实融合加速人才跨界流动。

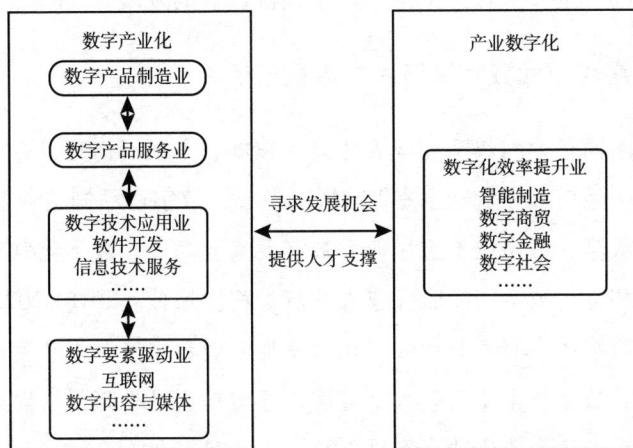

图1　五大数字经济产业间人才跨界流向

资料来源：中国长江经济带发展研究院整理绘制。

当前，数字经济和实体经济融合发展成为大势所趋。互联网、大数据、云计算、人工智能、区块链等数字技术加速创新，日益融入经济社会发展各领域全过程。在数实融合的过程中，产业数字化、数字产业化不断推进，在数字产业化和产业数字化领域，数字经济人才流动频繁，并跨界相互输送数字经济人才。一方面，数字产业化的数字经济人才为产业数字化发展提供部分人才支撑。另一方面，随着产业结构的调整，传统行业中具备数字技能的人才积极寻求转型，为数字产业化发展带来重要的人才供给。

3. 人才流动方向与区域产业发展程度相吻合

重点行业数字经济人才在区域间的流动方向与地域产业发展程度相吻合，区域内优势数字经济产业更容易吸引外地数字经济人才流入。比如，在粤港澳大湾区，香港和澳门服务业较发达，在一些数字经济产业上不具备优势，而深圳在数字经济产业需求、成本方面具备明显优势，且数字经济研发型和应用型人才储备丰富，近年来许多香港和澳门的数字化相关企业把一部分研发和应用开发的业务转移到深圳，比如云计算的开发和运营、银行业的信息科技数据中心及互联网和电子商务的运营等，带动数字经济人才向深圳相关产业流动，进一步促进了深圳数字经济产业的发展。

（二）重点行业数字经济人才流量分析

为量化不同行业间数字经济人才流动程度，本项目构建引力模型衡量数字行业间数字经济人才流动水平[①]。总体来看，数字产品制造业数字经济人才流动程度最高，数字技术应用业、数字要素驱动业、数字化效率提升业人才流动水平相近，数字产品服务业人才流动程度最低。2018~2023年数字产品制造业、数字产品服务业和数字化效率提升业数字经济人才流动水平总体呈上升趋势，数字技术应用业数字经济人才流动水平先降低后提升，数字要素驱动业数字经济人才流动水平呈逐年下降趋势（见图2）。

数字化效率提升业	0.41	0.37	0.42	0.39	0.46	0.47
数字要素驱动业	0.53	0.46	0.47	0.50	0.41	0.39
数字技术应用业	0.55	0.46	0.42	0.42	0.44	0.44
数字产品服务业	0.16	0.28	0.27	0.29	0.30	0.33
数字产品制造业	1.00	0.93	1.05	1.10	1.16	1.20
	2018	2019	2020	2021	2022	2023 （年份）

图2　2018~2023年数字经济五大类产业人才流动水平

资料来源：根据同花顺数据，中国长江经济带发展研究院整理测算。

---

① 重点行业数字经济人才流动水平引力模型详见附录。

分行业对数字经济人才流动情况具体分析，2023年数字经济人才在五大类产业间的流动情况如图3所示。从数字产品制造业流向其他数字经济产业的人数最多，在流向行业中，流向数字化效率提升业的人数最多，其次是数字产品服务业和数字要素驱动业。从数字产品服务业流向其他行业的人数最少，在流向行业中，主要流向数字化效率提升业，流向数字产品制造业的人才数量最少。从数字技术应用业和数字要素驱动业流向其他行业的人才数量相当，数字化效率提升业为人才流入第一大行业，数字化效率提升业的人才主要流向数字技术应用业和数字要素驱动业，流向数字产品制造业的人才数量最少。

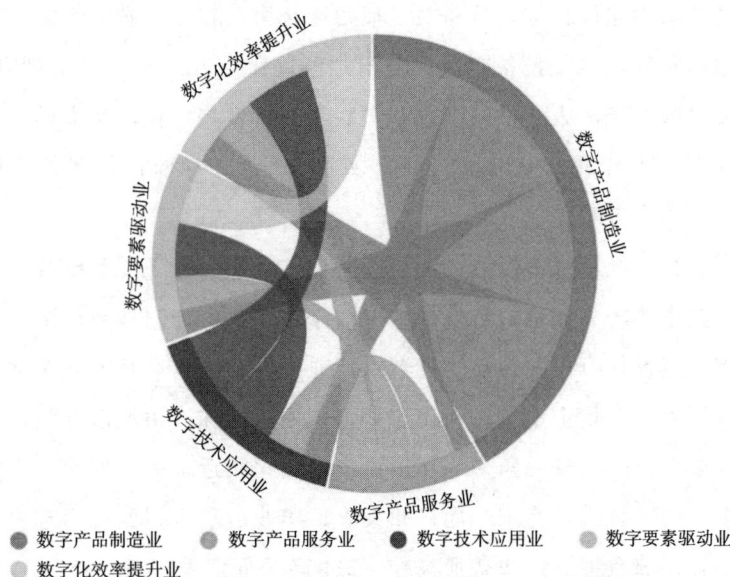

图3 2023年数字经济人才在五大类产业间流动情况

资料来源：根据同花顺数据，中国长江经济带发展研究院整理测算。

三 重点城市数字经济人才流动状况分析

本项目选取北京、上海、深圳、南京、广州、重庆、成都、西安、武汉、苏州、杭州11个典型城市进行样本分析。

（一）北京、南京、广州、西安呈现明显的数字经济人才净流出趋势

北京定位于建设全球数字经济标杆城市，也是我国数字经济人才最大的输出城市，北京在我国数字经济的发展中发挥着人才与技术的双重牵引作用。北京的创新要素丰富，数字经济人才输出与技术输出方面领先全国。在人才牵引方面，北京拥有 90 多所高校、1000 多家科研院所、128 家国家重点实验室和近 3 万家国家高新技术企业，这些组织机构培育并向全国各个城市输送了大量的数字经济人才。

南京市数字经济人才发展以数字经济人才输出为特色，以建设全球一流数字经济名城为建设目标。从自身发展角度来讲，在核心数字产业方面，计算机、通信和其他电子设备制造业的增加值逐年上升。从牵引带动方面讲，南京主要以数字经济人才供给支撑我国数字经济发展。据清华大学经管学院联合测算，2019 年北京与南京是中国数字经济人才净流出排名前 2 位的城市，南京是国内数字经济人才流出/流入比最高的城市。

广州市数字经济发展以数产融合为特色，基于自身工业基础与产业集群优势，以数字经济为驱动经济发展的双引擎之一，努力打造数产融合的全球标杆城市，建设具有国际影响力的数字产业集群与数字经济人才高地。广州市数字经济人才总量上呈现净流出态势，人才流向珠三角城市群的比重明显更高。一方面是因为珠三角多为粤语城市、文化相近，另一方面是广州高校数量较多，广东省人才为求学向广州集聚，毕业后从广州回流至省内其他城市。根据教育部数据，广州普通高校、211 高校分别为 37 所、6 所，分别排在第 5、第 6 名；根据国家统计局数据，2020 年广州普通本专科在校生人数为 130.7 万、位列全国第一。

西安市将以推进数字产业化、产业数字化为主线，以强化数字基建、数据要素、数字技术三大要素供给为基础，全面推动数字经济与实体经济深度融合。整体来看，西安的数字经济人才呈现净流出状态。此前多年，西安因为高校毕业生"孔雀东南飞"的情况颇受关注，但近年来类似的情况多有改善。面对高校人才外流的局面，坐拥 30 万名大学生的西安也喊出五年内

留住百万大学生的口号，西安市政府多措并举希望增强西安的"西"引力，将人才留在西安。

（二）上海、苏州、重庆、武汉呈现数字经济人才微流入趋势

上海定位于建设成为国际数字之都，近年来数字经济人才集聚效应明显，且以高端人才集聚为主要优势，在我国数字创新要素的人才结构优化与技术融合推进中，发挥着引领示范作用。上海依托其数字融合应用优势，在技术积累转化方面拥有许多先进成果，同时也是国内数字经济人才流动的枢纽，在数字经济人才总量上呈现微流入状态，并且呈现人才流动的"低入高出"态势，即上海市依托其产业格局和数字经济人才培养体系，在人才流动中往往吸收更多的初级职位人才，输出中高级职位人才，为全国的数字经济人才结构优化做出重要贡献。

苏州市以建设"全国数字化引领转型升级标杆城市"为目标，高水平构建数字经济和数字化发展新体系，制定实施"12345"数字化转型推进策略。从整体看，苏州的数字经济人才呈微流入趋势，人才集聚持续，主要得益于苏州经济实力雄厚且发展快、创新发展领先，且区位优势明显，地处长三角腹地、距离上海最近，是资源外溢最大受益者，吸引人才集聚。

重庆正在举全市之力打造西部（重庆）科学城，深入推进国家数字经济创新发展试验区和国家新一代人工智能创新发展试验区建设，加快建设"创新之城、开放之城、便捷之城、宜居之城、生态之城、智慧之城、人文之城"。在产业发展方面，重庆将制造业高质量发展放到更加突出的位置，推出"2+6+X"产业规划，并且在数字经济人才协同生态建设方面已经摸索出经验与模式。重庆市全力打造"芯屏端核网"全产业链、集聚"云联数算用"全要素群、塑造"住业游乐购"全场景集，并积极营造"近悦远来"的人才生态，吸引数字经济人才集聚，整体呈现人才微流入状态。

重庆市丰富并完善与数字经济同频共振、协同发展的人才建设体系。通过构建人才政策体系、人才产业体系、人才创新体系、人才空间布局体系、人才效能"五大体系"，大力助推"一区两群"协同发展，推进主城都市区

和渝东北、渝东南城镇协调发展部署，发挥两江新区所长，重点推动与区县对口协同发展。

武汉以建成国内重要的数字经济技术策源地、数字产业集聚地、数字经济一线城市为目标，推进数字经济发展。武汉提出了基础设施、数字产业、数字融合、数字治理、数据资源五大重点任务，数字核心技术攻关、数字应用场景开放、数字安全防护构筑、数字创新人才培养、数字区域特色发展五大工程。武汉实施"百万大学生留汉"政策，2021年武汉落户门槛继续放宽，推动人才净流入不断增加。

（三）深圳、杭州、成都呈现明显的数字经济人才净流入趋势

深圳定位于建设成为全球数字经济先锋城市，数字经济体量巨大、创新要素齐全，基础设施完备、数字业态丰富、数字需求旺盛、政策配套完善、数字经济带动作用明显，全国数字经济人才净流入量最多的城市。深圳市核心数字产业发展位居全国前列，依托头部企业集群优势，成为国内对数字创新要素最具全球吸引力的城市之一。此外，深圳依托自身完善的数字经济产业体系以及信息集散功能，承担了为其他类型城市提供数字经济双招双引平台的作用。

杭州市数字经济发展以数字产业化为特色，以打造"全国数字经济第一城"为目标，将数字经济视为一号工程，以数字产业化、产业数字化与城市数字化相融合为主要路径，最终实现"一城五地"，即将杭州建设成为具有国际一流水平的全国数字经济理念和技术策源地、企业和人才集聚地、数字产业化发展引领地、产业数字化变革示范地和城市数字治理方案输出地。依托"一号工程"的政策优势，吸引了大量数字经济人才聚集，整体呈现数字经济人才净流入状态。在数字经济人才集聚方面，根据清华大学经管学院测算，早在2018年杭州就已经是国内对数字经济人才最具吸引力的城市，人才流入/流出比达到1.74。目前，杭州对于国内数字经济人才的吸引力位居全国第二位，仅次于深圳。

成都市数字经济发展以数字产业集群建设为特色，以建设国家数字经济

创新发展试验区，新一代人工智能创新发展试验区和国家人工智能创新应用先导区为契机，大力发展数字经济。从自身发展角度讲，成都市数字经济有以下特征：一是互联网、软件行业增长强劲并形成产业集群；二是数字化助力"三城三都（世界文创名城、世界旅游名城、世界赛事名城、国际美食之都、国际音乐之都和国际会展之都）"建设成绩喜人，并集聚了大量数字经济人才。整体上，成都市数字经济人才呈现净流入状态，并深度服务于成都市数字经济产业发展，成都是我国城市间数字产业牵引协同发展的典型代表之一。

第六章

中国城市数字经济人才融合及协同发展生态分析

一 数字经济人才融合发展生态分析：以重点城市为例

习近平总书记在中央政治局第三十四次集体学习时指出："要推动数字经济和实体经济融合发展，把握数字化、网络化、智能化方向，推动制造业、服务业、农业等产业数字化，利用互联网新技术对传统产业进行全方位、全链条的改造，提高全要素生产率，发挥数字技术对经济发展的放大、叠加、倍增作用。"发展数字经济是把握新一轮科技革命和产业变革新机遇的战略选择，推动数字经济和实体经济融合发展是推动我国经济高质量发展的重要方面。

（一）以数实融合推动数字经济做强做优做大

党的二十大报告在明确"坚持把发展经济的着力点放在实体经济上"的同时，提出建设数字中国，加快发展数字经济，促进数字经济和实体经济深度融合（即数实融合），打造具有国际竞争力的数字产业集群。数实融合即"数字技术和实体经济深度融合"，既是新时代顺应新一代技术革命和产业变革的必然选择，也是新阶段激发城市经济发展动能、推动城市高质量发展的内在要求。

数实融合是正视我国数字经济大而不强、与数字强国差距较为明显的现状的战略布局；是区分中国在不同领域扮演的角色，从跟跑者、并跑者再到领跑者的战略举措；是对中国式现代化底座的有机概括，数字中国是这些底座的落点。

以数实融合推动城市数字经济的发展具有现实意义，是推进城市治理体系和治理能力现代化的必由之路；是构建城市现代化经济体系的重要引擎；也是促进城乡协同实现共同富裕的现实选择。数实融合的核心在于：发挥数字经济人才的核心优势，通过数字化手段，大幅提升企业尤其是实体企业的竞争力，实现"以数强实"。

（二）重点城市数实融合的人才发展生态现状

1. 城市数实融合的人才发展生态结构与模型

中国的城市数字经济发展历程充分体现了数字化进程与城镇化进程的交融，城市数字经济"数实融合"总体架构中包含了五大要素和三大环节[①]。其中，五大要素是指数字基础设施、数据资源要素、数字技术产业、数字融合应用、数字经济治理，三大环节是指产业治理、产业运营、产业供应。本报告将"数实融合的人才发展生态"定义为由数字基础设施人才、数据资源要素人才、数字技术产业人才、数字融合应用人才、数字经济治理人才五个要素组成，产业治理、产业运营、产业供应三大环节和政府、园区、企业三大主体共同构成。

以产业治理人才、产业运营人才、产业供应人才为支撑体系，通过数字基础设施人才，强化数字技术产业支撑，激发数据资源要素活力，完善数字经济治理，构建数实融合人才支撑赋能生态，推动数字技术与实体经济深度融合，大力发展数字融合应用，走出一条以数实融合人才生态推动城市数字经济高质量发展的道路（见图1）。

---

① 数实融合，指的是 AI 新型基础设施建设需求增长，数字技术与实体经济深度融合。

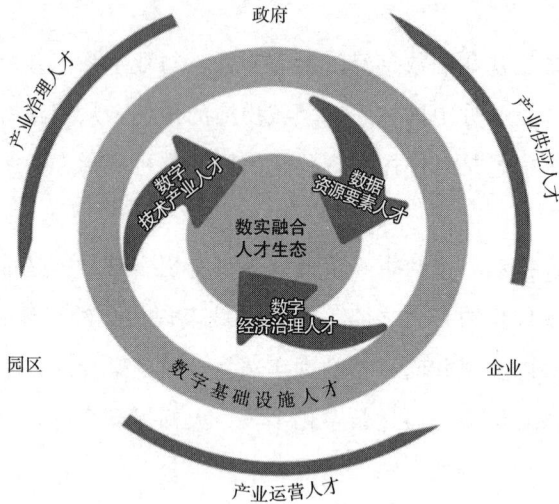

图 1　城市数实融合人才发展生态结构

资料来源：中经智策信息科技研究院。

依托城市数实融合人才发展生态的总体框架，结合国家数字经济发展规划、国家信息化规划、国家通信业规划及各省（区、市）数字经济相关规划及人才发展规划，本报告设计了城市数实融合人才发展生态评价指标体系（见表1）。

表 1　城市数实融合人才发展生态评价模型

序号	一级维度	序号	二级维度
1	城市规划数实融合度	1.1	数字基础设施
		1.2	数据资源要素
		1.3	数字技术产业
		1.4	数字融合应用
		1.5	数字经济治理
		1.6	产业治理
		1.7	产业运营
		1.8	产业供应

续表

序号	一级维度	序号	二级维度
2	人才政策数实融合度	2.1	人才吸引与保障政策
		2.2	人才培养与发展
		2.3	人才管理与维护
		2.4	人才评价与考核
3	人才供需数实融合度	3.1	数字基础设施人才供需
		3.2	数据资源要素人才供需
		3.3	数字技术产业人才供需
		3.4	数字融合应用人才供需
		3.5	数字经济治理人才供需

资料来源：中国长江经济带发展研究院。

2. 城市数实融合的人才发展生态总体评价结果

基于城市规划均衡度、人才政策均衡度和人才供需均衡度的分析，得出城市数实融合人才发展生态评价指数的结果。

第一梯队中，北京的分值最高（0.86），其次是深圳（0.83）、杭州（0.80），第二梯队有上海（0.79）、成都（0.76）、南京（0.73）等。相对而言，苏州的数值最低（0.65）（见图2）。

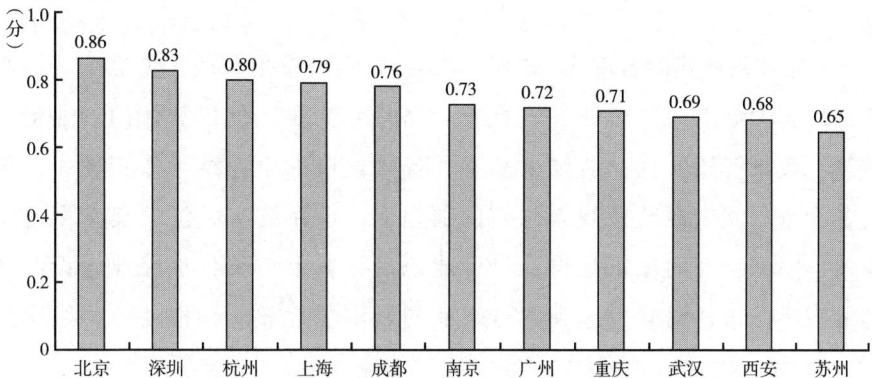

图 2　各重点城市数实融合人才发展生态评价指数得分

资料来源：中国长江经济带发展研究院。

3.城市数实融合的人才发展生态分项评价结果

具体看，杭州在人才政策、人才供需、城市规划方面的整体实力均衡，位列第3。成都的人才政策均衡度和人才供需均衡度排名均靠前，整体评价位列第五。重庆近年来积极构建"近悦远来"的人才生态，人才政策均衡度排名靠前，但人才供需均衡度得分较低，人才缺口较大，拉低了整体排名（见图3）。

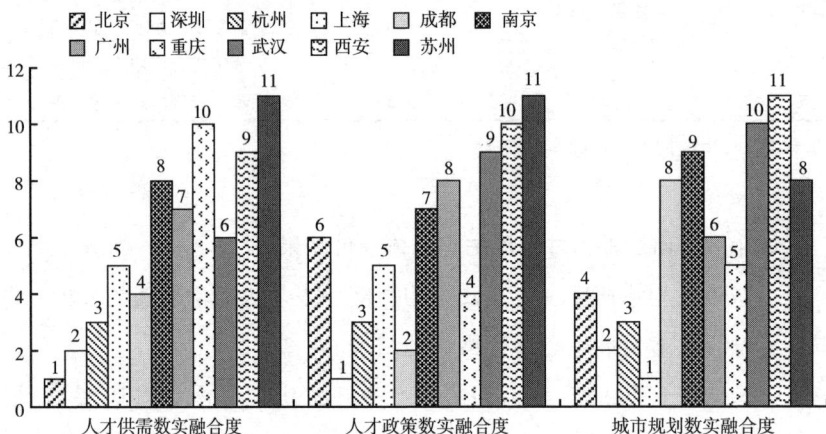

图 3　重点城市数实融合二级维度排序

资料来源：中国长江经济带发展研究院。

城市规划数实融合度①，选取了11个重点城市出台的大型数字经济政策，以各大城市的"十四五"数字经济规划为主，辅以具体的产业促进政策、政策解读文件。从结果来看，各大城市的累计结果差距较小。国内各大重点城市在政策规划均衡的前提下，也在数字经济的浪潮中逐步摸索、明确自身的城市定位，尽可能地发挥城市特长，更好地建设有特色的数字城市，同时也起到以点带面的城市辐射效应，推动中国数字经

---

① 在分析方法上，根据《城市数字经济发展实践白皮书》提出的数实融合的八个分析维度提炼出每个分析维度的关键词。对不同城市的政策文本进行分词预处理后，采用改进的 TF-IDF 算法提取文件的前 200 个关键词，将各个政策文本中提取出的关键词与八个分析维度的关键词进行相似度匹配计算，得出每个政策文本在各项分析维度中的倾向程度。

济的飞跃发展。整体来看，11 个城市中，北京得分偏低，考虑其特殊的城市定位，其制定的政策主要聚焦数字经济治理、数字产业运营以及数字产业供应三个方面。上海排在首位，而其他城市的数实融合城市规划均衡度的差异性较小。从地区角度来看，长三角地区的三城（上海、南京、苏州）政策的数实融合规划均衡度较好，珠三角、成渝地区紧随其后。

人才政策数实融合度，本报告将人才政策分为四类：人才吸引与保障政策、人才管理与维护政策、人才培养与发展政策和人才评价与考核类政策。整体来看，11 个重点城市在四类人才政策上侧重程度大致相当。相对来说，各城市最为偏重的是人才吸引与保障政策（29.46%），即通过物质和精神奖励、建设有吸引力的基础设施等方式吸引人才向本地区聚集。其次，是人才管理与维护政策（25.33%），即通过构建数据库、数据平台等方式来加强人才管理。再次，人才培养与发展政策（24.46%），即提供各类培训提升人才意识、能力与素质等。相对不太侧重的是人才评价与考核类政策（20.75%），即制定人才能力、绩效、贡献等客观公正评价、考核方面的政策。其中，深圳的人才政策数实融合度最高，成都、杭州、重庆次之。相对来说，武汉、苏州的人才政策数实融合度较低。

人才供需数实融合度，基于报告爬取的 83000 多条猎聘网的人才招聘数据，按照数字基础设施人才供需、数据资源要素人才供需、数字技术产业人才供需、数字融合应用人才供需、数字经济治理人才供需五大要素进行分类归纳与统计。综合来看，重点城市对于数实融合五个核心领域的人才供需情况不一。首先，数字技术产业人才需求占比最高（33.83%），为全部需求的 1/3；其次是数据基础设施人才需求（21.09%）、数字融合应用（20.77%），两者大致相等；再次，是数据资源要素领域的人才需求（16.19%）；相对来说，人才需求度最小的是数字经济治理领域（8.12%）。其中，北京的人才供需数实融合均衡度最高，其次是深圳、杭州、成都等。

（三）重点城市数实融合人才发展生态的典型实践

1.北京：加快培育数据要素市场与人才建设

近年来，北京市大力促进数字技术与实体经济深度融合，致力于打造中国数字经济发展"北京样板"、全球数字经济发展"北京标杆"，加快建设全球数字经济标杆城市。

以北京市朝阳区为例，以"用最好的生态，服务全球顶尖人才"为主题，以高品质人才社区建设为主线，为助力北京高水平人才高地和国际科创中心建设，朝阳区正在持续优化人才发展环境，建设独具特色的国际化数字经济生态圈和数实融合人才生态圈。

朝阳区围绕构筑国际化数字经济生态圈，打造数实融合人才生态圈，着力培育高质量国际化创新创业生态：依托"未来论坛"国际高端科创交流平台有力地吸引顶尖科学家、全球青年领袖、创新创业人才汇聚朝阳，成功推动政府与科学界、产业界、投资界跨界交流与合作，形成良好的示范效应。由政府发起，与社会组织和创新创业头部企业联合打造人才培训平台"凤凰学院"，提供支持人才成长的国际化、专业化培育环境。已连续九年举办海外人才创业大会（OTEC），建立起"政府搭台、多元参与"投入机制，促进人才、项目、资本、空间、服务等要素的全面对接，搭建国际人才创新创业综合服务平台。朝阳国际创业投资集聚区面向全球吸引高端人才、创新团队，为创新创业企业快速成长搭建服务平台，积极打造北京面向世界的国际创投窗口。截至 2023 年底，已有高瓴资本、红杉资本、中金资本、真格基金等 25 家国际知名创投机构参与，吸引 24 个创投项目入驻办公，并与 14 家服务机构合作，为企业提供全方位的管家服务。高标准建设国家级人力资源服务产业园，出台《朝阳区促进人力资源市场发展的意见》，实施全国首个人力资源服务机构的分类分级评价办法，根据机构评定的等级给予人力资源服务机构多方面支持。

2.深圳：引进和培育数字经济人才，推动"人城产"融合发展

为全面建设"数字龙华、都市核心"，推动"人城产"融合发展，深圳市龙华区制定《深圳市龙华区重点企业（机构）优秀青年人才集聚工程实施办法》等特色政策，探索数实融合的人才发展生态特色路径。主要举措包括：

（1）数字经济人才引进。对新引进来区重点企业（机构）工作的世界大学前300强博士、硕士、本科应届毕业生给予一次性生活补贴。对毕业于世界大学前300强知名院校，具有博士研究生学历、博士学位的人才给予20万元人才津贴。鼓励区重点企业（机构）优秀青年骨干通过自身努力提高创新创业效率和工作质量，按照其上年度应纳税工资薪金收入额给予不同的薪酬奖励。

（2）数字经济人才培育。鼓励区重点企业（机构）优秀青年骨干参与在职学历晋升，对被数字经济等区重点产业方向相关专业录取，在国内外高校、科研院所按规定学制学习，最终取得高一级学历晋升的区重点企业（机构）优秀青年骨干，给予学费50%的补贴，学费补贴最高不超过5万元。鼓励区重点企业（机构）优秀青年骨干积极参加权威机构或企业推出的数字经济领域专业资格认证项目。对获得数字经济领域高水平证书的，给予一次性3万元数字经济证书奖励。包括：国家信息安全水平考试（NISP）二级及以上证书、华为认证ICT高级工程师（HCIP）证书、思科认证网络高级工程师（CCNP）证书、红帽认证工程师（RHCE）证书、区块链技术软件开发师中级及以上证书，并相应制定证书考取补贴标准。

（3）数字经济人才发展。经批准在龙华区新设立且正常开展青年科研人才培养工作的博士后工作站、流动站、创新基地及其他博士后招收培养平台，给予资助与补贴。

3. 上海：促进城市数字化转型，加强人才引育，培育"元宇宙"新赛道

上海市发改委发布《上海市促进城市数字化转型的若干政策措施》。在数实融合的人才发展生态创新探索方面主要举措有：

（1）实施积极开放的数字化转型人才政策：在部分发改委办局和国有企事业单位试点"首席数字官"制度，建立数字化转型和公共数据开放的勤勉尽职和容错机制。支持数字化转型事业单位设置创新性特设岗位，不受

本单位岗位总量、结构比例和岗位等级限制。对数字领军人才等高级专家，聘用为正高级专业技术岗位的（含"双肩挑"人员），可不占所在单位的名额。允许高校、科研院所自主认定数字化转型高层次人才，采取年薪制、协议工资等办法自主决定薪酬水平，经费自筹，不受单位绩效工资总量限制。

（2）广泛开展数字化转型技术技能培训：研究实施"百万家庭数字行"工程，争取将其纳入"十四五"期间上海市年度实事工程并分阶段推进。实施上海市专业技术人员数字化技术知识更新工程，开展专业技术人员公需科目培训；研究引进国内外优质数字化技术培训项目，将其纳入本市专业技术人员继续教育体系。将数字化基本技能培训纳入各部门、各区初任公务员的单位内部培训范围。

此外，2022年7月，《上海市培育"元宇宙"新赛道行动方案（2022-2025年）》发布，在人才引育上，扩大市集成电路和软件产业研发人员、核心团队等专项奖励适用范围，鼓励相关技术人才在沪创业就业，推进数实融合人才发展生态建设。

4.成都：聚力培育数字经济治理人才，打造中国网络信息安全之城

成都市委组织部、市委网信办等9部门联合印发了《成都市加快网络信息安全产业高质量发展的若干政策》。该政策从提高产业创新能力、建设产业人才高地、提升产业服务能级、实施应用示范工程、营造产业发展环境五个方面提出了18条支持政策，推动数实融合特色人才培育，促进数实融合特色产业发展。其中，在建设产业人才高地方面，成都市出台了三项特色政策：

（1）吸引高端人才团队：鼓励网络信息安全领域国家级领军人才、获得各类国家级网络安全竞赛的高层次人才及优秀团队在蓉创新创业，对入选"蓉漂""蓉贝"等人才项目的专家人才给予补助。对于落户团队按照区（市）县政策，在住房、创业、资金等方面给予政策支持。

（2）鼓励共建人才基地：支持在蓉高校和职业（技工）院校根据成都产业发展需要调整学科（专业）设置，给予最高不超过2000万元的补贴。对在蓉高校和职业（技工）院校与在蓉规模以上企业合作建设学生实训

（实习）基地的给予最高不超过 100 万元的补贴。

（3）支持专业资质认证：对取得国际注册信息系统安全专家（CISSP）和国家注册信息安全专家（CISP）等信息安全类认证的专业人员，按不超过认证考试费用的 50% 给予一次性补助。

二　数字经济人才协同发展生态分析：以重庆市为例

构建数字经济人才协同发展的生态对于促进数字经济做强做优做大意义重大。本报告以重庆为分析样本，通过分析重庆数字经济人才协同发展生态，为全国数字经济人才的协同发展提供样本和经验参考。

（一）与数字经济同频共振、协同发展的人才生态

近年来，重庆市深入学习贯彻习近平新时代中国特色社会主义思想和党的二十大精神，全面落实习近平总书记对重庆所作重要讲话和系列重要指示批示精神，切实加强党的领导和党的建设，推动数字经济与实体经济深度融合，加快数字产业化和产业数字化步伐，推动创新链、产业链、人才链深度融合，协同发展，加快建设全国重要人才高地，深入实施重庆英才计划，深化人才发展体制机制改革，引育战略科技人才、一流科技领军人才和创新团队，培养大批卓越工程师，弘扬科学家精神和工匠精神，让更多人在创新创造中奉献价值、成就梦想。2021 年 11 月，人社部批复在重庆设立我国首家数字经济人才市场，2022 年 1 月 21 日，我国首家数字经济人才市场在重庆正式启动运营，数字经济人才市场将以"立足重庆、辐射西部、面向全国"的总体定位，围绕数字经济人才的"引育留用转"，建设国内一流、国际知名的专业性创新型国家级人才市场。

重庆市初步构建了与数字经济同频共振、协同发展的人才生态。通过构建人才政策体系、人才产业体系、人才创新体系、人才空间布局体系、人才效能"五大体系"，大力助推"一区两群"协同发展，推进主城都市

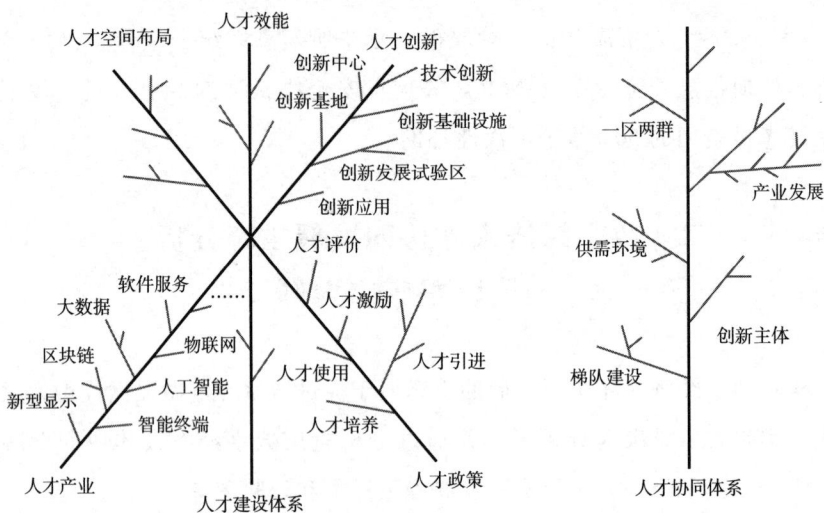

图 4　重庆市数字经济人才协同发展生态

资料来源：公开资料整理，中国长江经济带发展研究院绘制。

区和渝东北、渝东南城镇协调发展部署，发挥两江新区所长，重点推动与区县对口协同发展；强化产业发展协同，深化重点企业产业链合作；加强供需环境协同发展，积极引进共建高水平科研平台，引进培育高层次人才（团队），提升科研能力，支撑高水平学科建设；强化创新主体协同发展，积极引进独角兽、瞪羚等创新企业，强化企业创新实力；加强梯队建设协同，引进培养数字经济领域尖端领军人才及团队，集聚一批高层次复合人才。

（二）产业链、政策链、创新链、人才链协同发展

重庆市构建了"芯屏器核网"全产业链，同时构建了软件服务、人工智能、先进计算、数字内容、区块链、网络安全、5G技术、大数据、物联网、集成电路、新型显示、智能终端、智能网联汽车等数字产业协同发展的产业链；人才引进、人才培养、人才评价、人才使用、人才激励、人才服务、人才保障、人才培训、人才支持等促进人才队伍建设的措施和战略科学

家、创新团队、高层次复合型人才、青年人才、一流科技领军人才等人才梯队共同构建了促进重庆市数字经济人才队伍发展和壮大的人才链；创新基础设施、创新中心、技术创新、创新发展试验区、创新基地、创新应用等创新手段和政府、高校、企业、科研机构、园区等创新主体共同构建了促进重庆市数字经济人才创新发展的创新链；人才产业政策、人才环境政策、人才梯队政策、人才创新政策等构建了促进重庆市数字经济人才发展的政策链，打造了政策链、人才链、产业链、创新链协同发展的数字经济人才建设体系（见图5）。

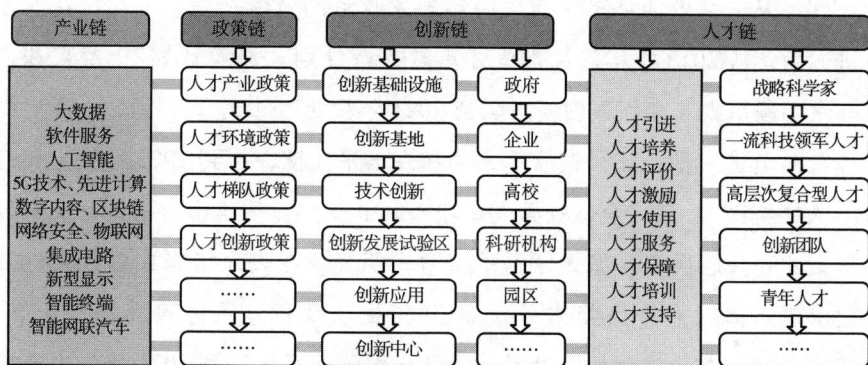

图5　重庆数字经济人才建设体系

资料来源：公开资料整理，中国长江经济带发展研究院绘制。

（1）从人才产业体系来看，重庆市紧跟数字产业关键技术和产业发展需求，实施产业人才精准引育培养，推出"一重点产业集群—人才政策"，提高人才队伍与产业发展的融合度、匹配度，完善数字经济人才服务体系，推动了"人才链"与"产业链"的深度融合。其中，重点关注的产业主要是大数据产业和软件服务产业；其次是区块链、网络安全、智能终端、智能网联汽车、物联网、集成电路等产业；新型显示、先进计算和数字内容等产业人才政策强度相对较低。

（2）从人才政策体系来看，重庆市在"十四五"时期积极打造数字化转型促进中心。围绕优势数字产业，整合相关资源，打造集产业链、资金链、人才链、政策链、创新链等于一体的一站式数字化转型综合服务平台，以此来推动重庆市数字化转型进程，实现数字经济的高速发展。

（3）从人才创新体系来看，重庆市以数字技术创新应用为驱动力，以"夯实新基建、激活新要素、培育新动能、加强新治理、强化新支撑、融入新格局"为主线，努力将重庆打造为全国领先的数字经济创新发展试验区和全球数字经济创新发展高地。数字经济核心产业成为全市支柱产业，数字技术创新体系更加健全，建成创新人才高度聚集、优势创新要素不断汇聚的现代化数字产业体系。

（4）从人才效能体系来看，历年人才政策的效能在发生变化。在人才引进方面，从2018年实施高端人才重点支持计划"鸿雁计划"，凝聚和造就高水平领军人才和优秀创新团队到2021年聚焦"卡脖子"领域，面向海内外靶向引进一批一流科技领军人才和高水平团队，再到2022年提出要打造"人才特区"，集聚全球优秀人才和团队的变化。重庆市对引进一流科技领军人才和高层次复合型人才的重视愈发明显。在人才培养方面，从2018年提出建立梯级人才培养体系到2019年提出要创新人才培养体制机制，2020年提出要推动产教协同发展，建设合作培养平台，到2021年提出要培育多层次数字经济人才，到2022年提出在关键核心技术领域培养一大批战略科技人才、一流科技领军人才和创新团队，重庆市对于人才的培养方式在创新，培养的人才类型也在发生转变。在人才平台的建设方面，由2018年支持产教融合工程、校企合作示范等项目到2019年开始搭建科研、人才、产业的协同发展平台，到2020年加强校企合作、校地合作，深化产教融合，再到2021年加快打造高端人才集聚地、打造国际化人才集聚高地、搭建高层次人才服务平台，到2022年提出建设一批战略性新兴支柱产业和未来产业高技能人才培训基地的平台建设的转变，重庆市也正着力于建设"吸引集聚人才平台"。从历年人才政策重点方向的变化可以看出五年来重庆市数字经济人才政策成效显著，促进了重庆市数字经济产业的发展和数字经济人才队伍的壮大。

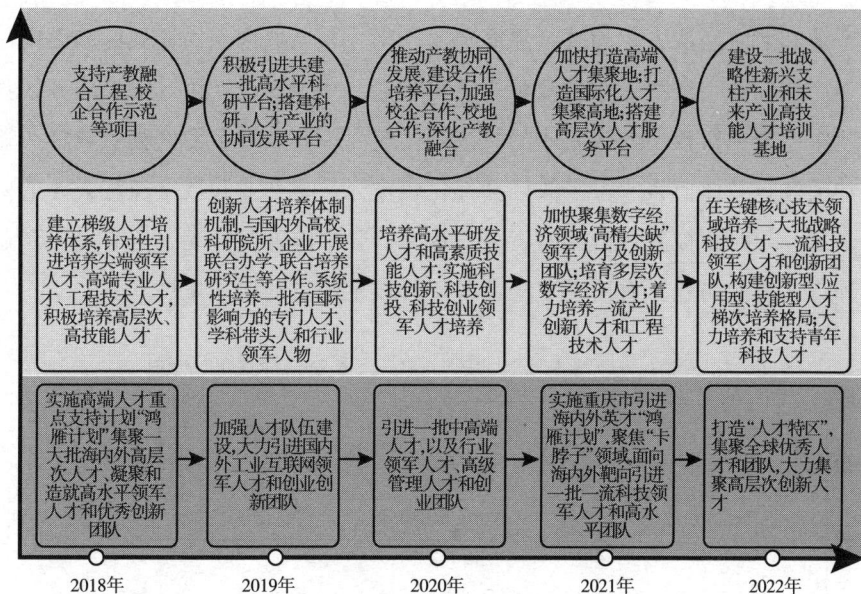

图 6 重庆市数字经济人才政策效能演进

资料来源：公开资料，中国长江经济带发展研究院整理绘制。

（三）重庆市数字经济人才政策协同经验与模式

重庆市在数字经济人才政策协同生态的发展上，探索了一区两群、供需环境、创新主体和梯队建设的协同发展路径，打造了重庆市数字经济人才协同发展生态。

1. 数字经济人才政策一区两群协同路径

从一区两群①协同来看，重庆市各区县政策强度呈现不同的空间分布。重庆市各区县在产业人才的布局上关注点不同，各个区县所关注数字产业人才的种类和数目均有差别，形成了各具特色的产业链、人才链体系，有助于各区县发展自己的特色产业人才，发挥自己的区位优势，初步形成协同发展趋势。

---

① "一区两群"：重庆提出"一区两群"城镇发展空间格局划分区域，"一区"指重庆主城都市区，"两群"指渝东北三峡库区城镇群和渝东南武陵山区城镇群。

　　同时，"重庆主城都市区"中，南岸区、渝北区、渝中区和涪陵区的数字产业和数字经济人才的政策强度都比较高，九龙坡区、沙坪坝区和巴南区数字产业和数字经济人才的政策强度也都趋于中游；"两群"中少部分区县在政策制定中对数字经济人才的关注度比较高，其余大多数区县对数字产业更加关注。总体而言，大多数区县都比较重视数字产业和数字经济人才的协同发展，同时积极发挥自己的特色产业，加强强链补链行动，这有助于产业链和人才链的构建，有助于重庆市各区县数字经济的协同发展。

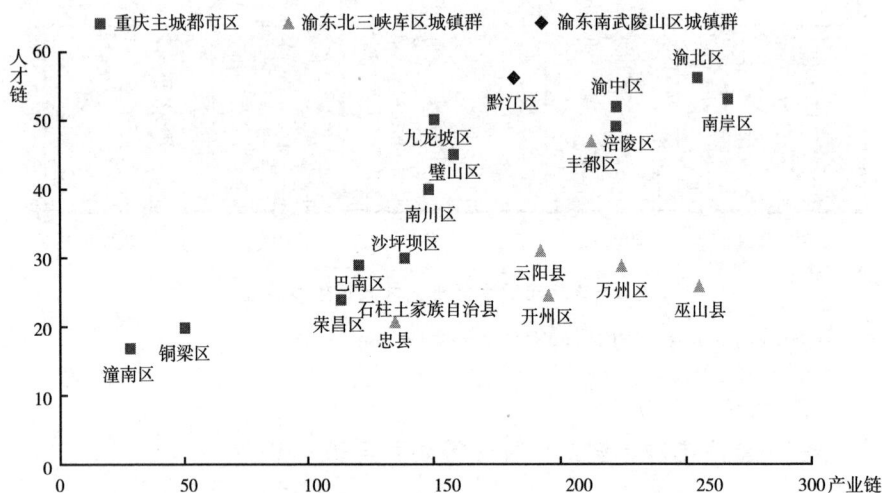

图 7　重庆市数字经济人才政策—区两群协同

数据说明：以各项数据的编码节点作为政策强度进行绘制。

资料来源：中国长江经济带发展研究院。

2. 数字经济人才政策供需环境协同路径

　　从供需环境协同来看，重庆市提出要创新人才培养体制机制，与国内外高校、科研院所、企业开展联合办学、联合培养研究生等合作；积极引进共建一批高水平科研平台，引进培育高层次人才（团队），提升科研能力，支撑高水平学科（专业）建设；完善产学研协同创新机制，推动与国内外高水平科研团队联合开展科学研究。在人才环境政策的应用上，人才引进和人才培养处于第一梯度，是建设数字经济人才队伍的主要手段；人才评价政策和人才激励政策处于第二梯度，是建设人才队伍的重要手段；人才使用、人才服务、人才保障、人才培训和人才支持等政策处于第三梯度，是处理数字经济人才问题的辅助手段。重庆市在数字经济人才队伍的建设上形成了以人才培养政策和人才引进政策为主的人才供需环境，促进了重庆市数字经济人才队伍的发展和壮大。

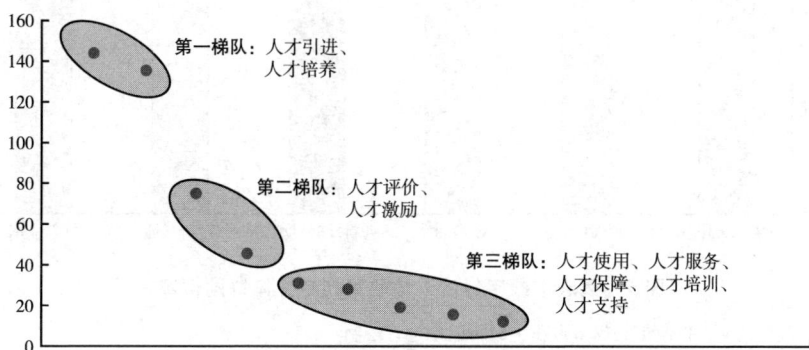

图 8　重庆市数字经济人才政策供需环境政策梯度

数据说明：以各项数据的编码节点作为政策强度进行梯度划分。
资料来源：中国长江经济带发展研究院。

3. 数字经济人才政策创新主体协同路径

从创新主体协同来看，在人才创新政策的使用上，重庆市各个创新主体更重视技术创新，其政策强度都比较高，其次是创新中心和创新基地等手段的使用，对创新基础设施、创新发展试验区和创新应用等手段的使用相对较少。与此同时创新基础设施、创新中心、技术创新、创新发展试验区、创新基地、创新应用等创新手段和政府、高校、企业、科研机构、园区等创新主体共同构建了促进重庆市数字经济人才创新发展的创新链，实现了各创新主体的协同发展，促进了重庆市创新体系的构建。

4. 数字经济人才政策梯队建设协同路径

从梯队建设协同来看，重庆市更重视创新团队、高层次复合人才和青年人才队伍的培养和建设，对一流科技领军人才、战略科学家等的政策关注度不足。重庆市在"十四五"时期提出要发挥青年作为创新创业的主力军作

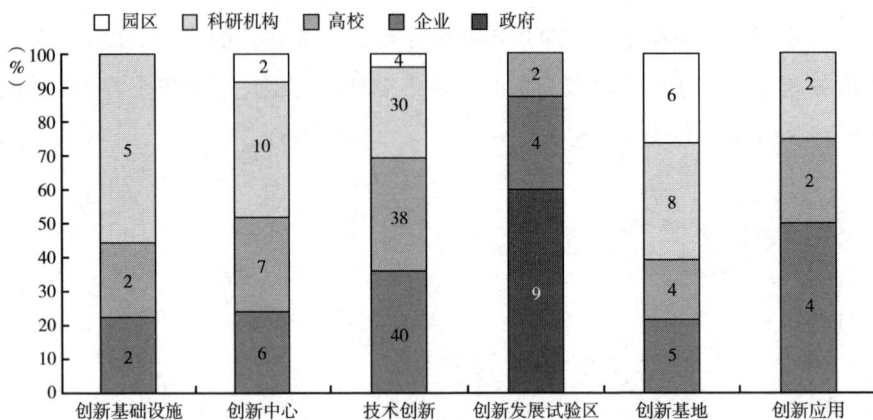

图9　重庆市数字经济人才政策创新主体协同情况

数据说明：以政策编码节点作为政策强度进行绘制。

资料来源：中国长江经济带发展研究院。

创新团队　　数量：38个
以团队带头人为核心，团队协作为基础，有明确目标任务，依托一定平台和项目，进行持续创新创造的人才群体

高层次复合型人才　　数量：29人
受过高等教育中的专业教育和跨专业教育的人

青年人才　　数量：22人
35岁以下、具有一定专业知识技能，对于财富创新和社会发展的贡献或潜能较突出的人

一流科技领军人才　　数量：9人
科技人才中的核心力量

战略科学家　　数量：4人
具有深厚科学素养、长期奋战在科研第一线，视野开阔，前瞻性判断力、跨学科理解能力、大兵团作战组织领导能力强的群体

图10　重庆市数字经济人才政策梯队建设协同

数据说明：以政策编码节点作为政策强度进行绘制。

资料来源：中国长江经济带发展研究院。

用，健全完善青年创新创业服务体系，激发青年创新创业热情，加快培育储备青年人才；同时通过利用重庆市布局建设的国家级研发平台，加快聚集数字经济领域"高精尖缺"领军人才及创新团队。创新团队、高层次复合型人才、青年人才、战略科学家、一流科技领军人才等人才梯队的协同发展促进了重庆市数字经济人才队伍发展和壮大。

第七章

国际数字经济人才发展的趋势及经验借鉴

一 国际数字经济人才供求趋势

（一）全球人才跨领域、跨行业向数字经济领域流动的趋势明显

随着数字经济的快速发展，数字产业化和产业数字化进程明显加快，模糊了传统工业经济时代固定的行业边界，全球人才跨领域、跨行业向数字经济领域流动的趋势愈发明显。根据世界经济论坛（WEF）的《未来就业报告2020》，到 2025 年需求增加的前 20 个工作角色中，绝大部分与数字经济相关。

表 1　全球数字经济行业间需求增加的前 20 个工作角色

数据分析师与科学家	项目经理
人工智能与机器学习专家	商业服务与行政经理
大数据专家	数据库和网络专业人员
数字营销与战略专家	机器人工程师
过程自动化专家	战略顾问
商务开发专业人员	管理与组织分析师
数字转型专家	FinTech 工程师
信息安全分析师	机械与机械修理工
软件与应用程序开发人员	组织发展专家
物联网专家	风险管理专家

资料来源：世界经济论坛，*The Future of Jobs Report 2020*。

（二）数字经济人才培养和数字技能提升被全球各国纳入国家数字经济战略

美国、英国、德国等发达国家均已将数字经济人才培养和劳动力数字技能提升纳入国家数字经济战略。欧盟提出《2030数字指南针》计划，希望到2030年，培养2000万名信息技术领域的专业工作人员，让80%的成年人具备基本的数字技能。日本推出《数字新政》，把学校的信息通信化作为重要内容，计划到2024年，让所有中小学生每人拥有一台电脑，以加强对青少年IT知识的培养。中国公布的《"十四五"数字经济发展规划》提出实施全民数字素养与技能提升计划，以保障数字经济发展。

（三）全球数字经济就业人数逐年增加，数字产品服务业人才需求旺盛

ICT产业的创新发展带动全球数字经济就业人数逐年增加。中国信通院发布的《ICT产业创新发展白皮书（2020年）》显示，1995~2018年，全球ICT产业主要经济体的制造业和服务业增加值逐年增长，且ICT服务业增加值增长速度较快，全球ICT产业趋于向增加值更高的服务业转型。2010~2018年，全球ICT雇员数增加834万人，2018年达到4366万人。其中ICT制造业全球雇员数复合年均增长率为2%，ICT服务雇员数增长速度则明显高于ICT制造业，复合年均增长率达到3%，一定程度上反映出ICT服务业正在不断扩大产业规模，人才需求旺盛。对应到我国的《数字经济及其核心产业统计分类（2021）》，未来数字产品服务业的从业人数将大幅增加。

（四）数字经济人才趋于需求高端化，前沿数字技术人才缺口不断扩大

2020年以来，数字化人才呈现向非ICT行业（制造、金融、消费品等22个传统行业）加速渗透的趋势。据调研统计，2022年，65.6%的企业在数字化人才方面的培训需求快速增长，数字化技术、应用和管理三类数字化

人才供不应求。以金融行业为例，根据课题调研结果显示，从市场需求来看，96.8%的金融机构存在金融科技的人才缺口，54.8%的机构认为新员工的金融科技技能和经验不足。体现了传统产业的数字化转型趋势以及该领域对数字化人才的需求。

（五）新兴数字经济领域人才紧缺，关键技能缺乏成为全球共识

中国人力资源和社会保障部相关报告显示，2020年中国人工智能人才缺口超过500万人，国内的供求比例为1∶10，供需比例严重失衡。《人工智能顶尖人才数据图鉴2022》显示出人工智能行业技术人才紧缺，包括语音识别、自然语言处理、深度学习和计算机视觉在内的四个细分方向，均出现不同的人才缺口，其中以计算机视觉方向的"人才荒"最为严重，供需比仅有0.38。

二 全球典型经济体数字经济人才发展政策与举措

（一）全球典型经济体数字经济人才发展政策

数字化进程越快，对人才的需求越强。为增强本国教育系统数字经济人才培养能力，缓解劳动力市场数字经济人才供需不匹配的问题，近年来，各国政府相继从教育理念、基础设施、教师培训、制度设计等多个方面推动教育数字化改革，希望通过教育数字化战略行动提高各级各类学生的数字素养和数字技能水平，从培养端提升数字经济人才供给的规模和质量。

表2　全球典型经济体数字经济人才发展政策

国家	数字经济人才政策	主要方向
美国	《外来移民与国籍法修正案》（1965年）	每年分配2.9万个移民名额给全球各国的高级人才
	《人工智能、自动化与经济》《规划未来，迎接人工智能时代》《国家人工智能研究与发展战略计划》	全面阐释了美国人工智能方面的发展计划，人工智能技术的教育应用是报告的内容之一
日本	《2020年版制造业白皮书》	将系统思维和数学能力指定为制造业数字化所需的人力资源能力

续表

国家	数字经济人才政策	主要方向
日本	《数字新政》	提高民众对数字经济的认知水平,引导社会资本进入;设立专门的年轻研究人员支持基金,为数字经济发展提供标准和人才储备
英国	《英国数字战略》	确保英国科技企业获得创新、发展和成长所需的技能和资金,与大学、继续教育机构和企业合作,提供实体经济实际需要的数字技能,实行学徒制和贯穿职业生涯的技能培训
欧盟	《数字教育行动计划(2021—2027)》《欧洲技能议程:促进可持续竞争力、社会公平和抗逆力》(2020年)	持续提升欧洲公民数字素养,促使欧盟成员国的教育培训系统能够持续有效地适应数字时代,并提出了更新欧洲公民数字能力框架、建立数字教育中心、制定欧洲数字技能证书等具体措施
俄罗斯	《俄联邦数字经济规划》(2017年7月)	确定了推动数字经济发展的一大方向为:数字教育与人才培养
澳大利亚	《数字经济战略:在2030年实现领先的数字经济与社会》	点明高等教育将如何促进国家数字化进程,并提出继续扩大高校数字技能培训规模这一目标,培养未来劳动力的数字化能力
中国	《"十四五"数字经济发展规划》《2022年提升全民数字素养与技能工作要点》	重视数字化人才队伍建设,确保数字人才队伍的建设跟上国家数字经济发展要求

资料来源:公开资料,中经智策信息科技研究院整理。

(二)全球典型经济体数字经济人才吸引与培育举措

1.数字经济人才吸引的举措

各国竞相出台政策,通过扩大签证、签证优待、完善技术移民政策、鼓励人才回流等方式,在全球范围内吸引和招揽信息通信技术领域的数字经济人才。

英国为数字企业提供了综合签证路线套件,推出个人签证和扩大签证,从世界各地招聘人才;建立全球人才网络以吸引人才,全球人才网络计划于2022年启动,将与英国企业合作,确定海外校园、创新中心和研究机构的技能需求和人才来源,该网络还将在美国和印度推出,2023年扩展到全球。

德国2020年3月1日生效的《技术劳动移民法》,进一步放宽了对技术工人移民的教育资格约束,取消了此前对非大学教育专业引进技术人员的限制，并针对信息通信技术等特殊行业人才制定了"绿色通道"，极大地简化了其申请移民的流程条件。

印度作为传统移民输出国，有大量高层次人才流向发达国家，从事计算机软件开发、互联网等战略性新兴产业的研发创新工作；为了吸引海外数字经济人才回国发展，印度外交部在海外设立了侨民服务中心，主动联络动员在当地学习就业的印度侨民；印度政府设立国家风险基金，向回国创业的科技人员、企业提供税收优惠等资助政策，吸引了大量国际软件公司进入印度建立开发中心。

2. 数字经济人才培育的举措

越来越多的国家重视数字经济核心技术的高素质创新人才，并加强各个领域的数字人才培养。

英国加大人才培育力度，设立 AI 硕士研究项目、设立全球图灵奖学金计划；培养更多的 AI 及相关学科博士；AI 学生可通过 EPSRC 博士培训中心项目进行分配，政府为此提供 1 亿英镑的支持；投资 4.06 亿英镑用于技能发展，重点是数学、数字化和技术教育。承诺投资 6900 万英镑支持极端环境中的机器人与 AI 开发，并预期至少投资 1200 万英镑支持下一代服务产业战略挑战。

俄罗斯高校每年培养 12 万名信息通信技术相关专业毕业生，高等与中等职业教育机构每年培养 80 万名掌握先进信息技术的毕业生，提高掌握数字技能的居民比例达到 40%。建立国家技术创意大学，简称"20.35 大学"，这是俄罗斯的数字人才库①。它利用强大的网络平台，网罗全俄及世界范围内的教授、专业人士及行业精英，根据俄罗斯劳动市场需求为学生提供最现实和最迫切的知识及专业技能培训。

澳大利亚就数字人才发展提出一系列措施。比如：大学生就业一揽子计

---

① "20.35 大学"的全名为国家技术创意大学，它不是传统意义认定的大学，没有教学楼，不颁发国家认定的毕业证书，不按照俄罗斯联邦科技和高等教育部批准设置的专业进行授课。它利用强大的网络平台，网罗全俄及世界范围内的教授、专业人士及行业精英，根据俄罗斯劳动市场需求为学生提供最现实和最迫切的知识及专业技能培训。2017 年 11 月俄罗斯成立历史上第一所培养数字经济及技术创意人才大学——20.35 大学，该大学创始团队认为人的一生中最积极的发展和改变发生在 20~35 岁这一年龄段，大学名字就来于此。

划（Job-Ready Graduates Package）。该计划旨在鼓励大学生进入 IT 等国家重点领域工作。为此，高等教育提供者将每位学生获得的资助由 11015 澳元增加至 13250 澳元，以进一步鼓励开设信息技术课程。提出数字技能组织（Digital Skills Organization）与数字雇主密切合作，它的重点是推动雇主和培训提供者的有效合作，以快速培养个人的数字技能。它的第一个项目是重点培养 100 名数据分析师，以满足新兴的数字技能需求。

法国政府于 2017 年 9 月启动了为学生全面配备可移动数字化学习设备的行动计划，并在 2021 年推出"教育数字领地"项目，对教师和学生家庭的数字设备、教育内容进行全方位部署。

教师培训方面，各国教育主管部门普遍将教师数字素养提升纳入学校发展规划和教师培训内容之中，例如印度政府要求教师升至高学段任教或从事新教学任务之前，需要相应参加包括计算机应用技能、网络运用及维护、教学与技术融合应用等与数字技能相关的培训项目。

三　国际前沿数字技术人才发展趋势

数字化浪潮下，前沿数字技术持续创新，衍生出诸多细分门类，并加速应用落地进程，成为带动经济可持续发展的强劲动力。其中，人工智能、区块链、物联网、云原生、隐私计算、量子计算、边缘计算、数字孪生、AR/VR、云网融合十大数字技术呈现快速发展趋势，成为国际前沿数字技术人才发展热点[①]。其中，人工智能、区块链、物联网、AR/VR、云网融合等数字技术已得到普遍应用落地。

（一）对标国际：中国前沿数字技术高层次人才储备少、流出多

近年来，数字经济已成为推动全球经济发展新动力，各国纷纷出台战略规划，依托数字化技术实现新一轮产业变革，抢占全球价值链制高点。中国

---

① 智联招聘：《2022 十大前沿数字技术人才发展报告》，https：//www.sgpjbg.com/baogao/104487.html，最后检索时间：2024 年 4 月 30 日。

也作出重大战略部署，全面推进数字科技发展，并明确提出建设"数字中国"战略。

对标全球其他典型经济体，中国数字经济人才基数大，但存在高层次人才少、净流出数量多以及人才集中在高校而不是企业等问题，在前沿技术领域尤其突出。

以具有高端技术和创新能力的高层次数字经济人才为例，中国高层次数字经济人才数量全球领先，达12.8万人，占全球的17%，分别是美国的1.5倍、日本的8.3倍。但是中国在该领域拥有较高学术成就的高层次人才仅有7000多人，占全球的9%[①]。

从全球数字科技人才机构分布看，总数位列世界前十的包括中国科学院、中国科学院大学和清华大学三家中国机构。其中，中国科学院以4722人排名第一，领先第二名美国加州大学（2623人），且优势较为明显。在高层次人才方面，全球前十由6家美国机构和4家中国机构组成。分析发现，中国科学院是中国数字科技人才储备结构的缩影：虽然人才基数大幅领先，但高层次人才发展明显落后（占其人才总数的3%）。另外，值得注意的是，美国谷歌、微软公司的高层次人才数量排名，分别位居全球第二名和第四名，而中国位于这一榜单前十的机构均为高校和科研机构。美国高科技企业的高层次人才储备实力强于中国，是美国数字技术持续创新发展相对中国的优势所在。虽然中国高层次人才数量排在全球第二，但仅为位居第一的美国的35%[②]。人才基数大，但高层次人才储备不足，是当前中国数字科技人才的现状。

（二）十大前沿数字技术人才成为国内争夺战焦点

智联招聘数据显示，2022年1~8月，十大前沿数字技术中，数字孪生领域技术岗位招聘规模同比增速最高，达252.5%。其次是区块链，以

---

① 《2023全球数字科技发展研究——科技人才储备实力研究报告》，https://www.renrendoc.com/paper/238104825.html，最后检索时间：2024年4月30日。
② 基于AMiner科技情报平台的数据，对研究文献进行统计计量。

131.3%的招聘需求增速紧随其后。除两大技术招聘需求实现3位数的超速增长外，其余前沿技术的表现也十分亮眼。量子计算、物联网、云网融合、隐私计算，分别以97.6%、90.5%、79.7%、78.8%的同比增速排名第3位至第6位。此外，发展相对成熟的人工智能招聘规模同比增长45.5%，云原生、边缘计算两项"超前"技术同比增速分别为39.3%、28.3%。在多领域得到充分应用的AR/VR技术招聘需求，同比增速为26.2%，排名十强之末。总体来说，随着数字孪生、量子计算等"超前沿"技术从技术概念演变为新的转型路径和变革动力，人才需求增长也呈现迅猛之势。而人工智能、AR/VR等技术发展及应用时间较久，市场竞争充分、格局相对稳定，因此对人才的招聘需求增速相对较低。

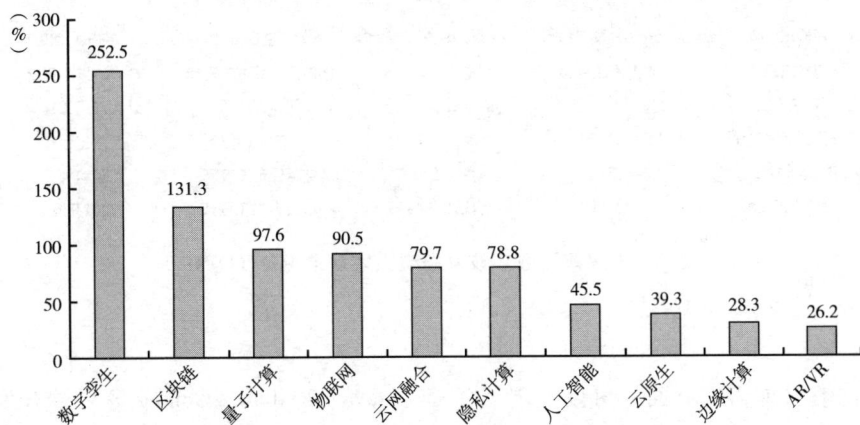

图1　2022年1～8月十大前沿数字技术领域招聘规模同比增速

资料来源：智联招聘。

（三）十大前沿数字技术领域的人才需求

分析十大领域招聘量前十的技术岗位，可以发现C/C++、Java、Python等是通用的开发岗，除此之外，每个领域有具备符合自身特性的岗位，如量子计算的光电子技术、云网融合的核心网工程师，数字孪生的虚拟引擎开发工程师等（见图2）。

量子计算	云原生	边缘计算	云网融合	隐私计算
算法工程师	Java开发工程师	Java开发工程师	核心网工程师	算法工程师
Python开发工程师	架构师	嵌入式软件开发	云计算工程师	架构师
激光/光电子技术	Golang开发工程师	架构师	通信技术工程师	Java开发工程师
仿真应用工程师	.NET开发工程师	C++开发工程师	架构师	Golang开发工程师
射频工程师	Python开发工程师	算法工程师	Java开发工程师	Python开发工程师
C++开发工程师	前端开发	硬件工程师	C++开发工程师	数据开发工程师
Java开发工程师	全栈工程师	Golang开发工程师	电信网络工程师	C++开发工程师
全栈工程师	数据开发	云计算工程师	系统集成	机器学习算法工程师
通信技术工程师	C++开发工程师	通信技术工程师	嵌入式软件开发	数据分析师
半导体技术工程师	云计算工程师	前端开发	C开发工程师	深度学习算法工程师
人工智能	区块链	物联网	AR/VR	数字孪生
算法工程师	Java开发工程师	Java开发工程师	U3D	U3D
Java开发工程师	前端开发	嵌入式软件开发	C++开发工程师	UE4
嵌入式软件开发	Golang开发工程师	硬件工程师	UE4	前端开发
C++开发工程师	PHP开发工程师	前端开发	算法工程师	GIS
硬件工程师	Android开发工程师	Android开发工程师	电器研发	Java开发工程师
电气工程师	iOS开发工程师	电气工程师	图像识别算法工程师	C++开发工程师
前端开发	C++开发工程师	嵌入式硬件开发	硬件工程师	仿真应用工程师
机器视觉算法工程师	数据分析师	C++开发工程师	C#开发工程师	算法工程师
Android开发工程师	全栈工程师	算法工程师	仿真应用工程师	架构师
自动化工程师	架构师	自动化工程师	Java开发工程师	数据开发

图 2　十大前沿数字技术领域人才需求岗位 TOP10

资料来源：智联招聘。

在技能需求方面，可以发现 C/C++、Java、Python、Golang 等后端开发语言，JavaScript、PHP 等前端开发语言，Spring、SpringBoot、SpringCloud 等框架，Linux 等操作系统，是十大前沿数字技术领域较为通用的技能。除此之外，各领域有自身特性的技能与上文提到的岗位密切相关。如量子计算的机器学习等算法、光电子/微电子技术，数字孪生的 Unity3d、虚拟仿真技术。

量子计算	云原生	边缘计算	云网融合	隐私计算	人工智能	区块链	物联网	AR/VR	数字孪生
Python	Java	C/C++	核心网	Python	C/C++	Java	Java	C/C++	C++
C++	Spring	Java	Linux	Java	Java	MySQL/SQL	C/C++	C#	C#
TensorFlow	MySQL	Python	IMS	C/C++	Python	Vue	JavaScript	Unity3D	Java
机器学习	SpringBoot	Linux	5G	机器学习	Linux	JavaScript	MySQL	虚拟仿真	Vue
Java	MyBatis	架构设计	C/C++	TensorFlow	JavaScript	CSS	Vue	Shader	Unity3D
深度学习	SpringCloud	嵌入式软件开发	TCP/IP	深度学习	图像处理	C++	Spring	UE4	JavaScript
pytorch	微服务架构	通信技术	Python	架构设计	MySQL/SQL	HTML	嵌入式软件开发	游戏引擎开发	Python
视觉图像算法	数据库	MySQL/SQL	通信技术	数据挖掘	嵌入式技术	Python	CSS	Python	WebGL
密码技术	架构设计	Spring	Java	Golang/Go	Vue	PHP	电路设计	SDK	UE4
HFSS	Linux	Golang	网络协议	MySQL	深度学习	Linux	PCB设计	OpenGL	CSS
光电子技术	Dubbo	深度学习	云计算架构	Hadoop	电路设计	Golang	嵌入式硬件开发	Java	HTML
算法基础	Python	数据库	NFV	数据分析	Spring	Spring	HTML	架构设计	MySQL
数字	Oracle	JavaScript	架构设计	密码解析	机器视觉	React	Linux	Android	Shader
电磁仿真	Redis	5G	网络交换技术	Flask	CSS	MyBatis	Python	图像处理	Three.js
web架构	JavaScript	Docker	Openstack	Rust	PCB设计	架构设计	MyBatis	MySQL	后端开发
量子算法	JVM	TCP/IP	EPC	分布式技术	QT	数据库	SQL	WebGL	架构设计
Comsol	分布式技术	机器学习	5GC	双联学习	HTML	微服务架构	单片机开发	UGUI	GIS
半导体设计	多线程	图像处理	PCRF	密码学	机器学习	分布式技术	STM32	Linux	虚拟仿真
微电子	J2EE	微服务架构	SDN	密码学	PLC	多线程	数据库	视觉图像算法	Cesium
架构设计	Docker	TensorFlow	Unix	同态加密	单片机开发	Node.js	原理图设计	NGUI	OpenGL

图3　十大前沿数字技术领域的技能要求 TOP20

资料来源：智联招聘。

101

第八章

中国数字经济人才发展的建议

一　人才战略：构筑人才成长空间雁阵格局

（一）以城市群为牵引，构筑数字经济人才成长空间雁阵格局

以城市群为牵引，构建区域数字经济人才生态，推动形成横向打通、纵向贯通、协调有力的数字经济人才成长空间雁阵格局。以城市群为主体，争取建设数字经济领域国家级重大科技基础设施和国家技术创新中心、国家工程研究中心，建设城市数字经济"最强大脑"。加强顶层设计，提升数字人才政策体系整体效能。

（二）以产业为引领，建设数字经济人才发展高质量载体

突出产业"头雁引领"作用，围绕空天互联网、电子信息、装备制造、新型材料、航空航天、生物医药等数字经济重点产业和重点领域，优化实施人才计划，制定产业人才支持政策，构建高水平数字经济人才平台体系，积极承接更多国家人才政策改革试点，打造高品质人才发展生态环境，在全球范围内加快汇聚创新人才和创新资源。吸引数字经济平台型头部企业入驻，加大对数字经济"专精特新"等企业的培育力度，营造"数实融合"的数字经济产业发展新生态，促进数字经济科技、人才、资本、产业深度融合。

（三）以平台为依托，打造数字人才高质量发展新生态

把科技创新作为做强做优做大中国数字经济的战略支撑，面向世界科技前沿、面向经济主战场、面向国家重大需求、面向人民生命健康，加快数字经济人才队伍建设，深化科技体制改革，搭建创新平台，努力提升数字经济科技成果转化效率。围绕重点领域，以学科建设、基础研究布局带动数字技术升级，培育数字经济战略科学家队伍。探索在政府及相关单位进行"首席数据官"试点。营造数字"极客""创客"创新创业氛围，启动"数字工匠"培养计划，为数字经济人才搭建发展新空间，打造数字经济人才高质量发展新生态。创新设立数字经济发展引导基金，加快推动数字经济科研成果所有权改革试点，加大人才评比表彰力度。推动建设国家级专业化创新型数字人才市场，借鉴中国重庆数字经济人才市场经验，构建数字人才服务综合体，促进数字经济发展需求与人才供给的精确对接。

二 人才培育：探索政产学研人才培养协同模式

（一）持续优化学科布局，对院校传统专业进行"数字经济+"改造

一是积极增设数字经济相关学科专业。积极鼓励在教育部高校和省属、市属"双一流"大学增设大数据智能化专业，重点围绕以新一代信息技术和新技术革命创新融合为主的交叉专业，进一步落实高校专业设置自主权，加快培养战略性新兴产业发展所需的紧缺人才。二是明确要求高校对传统专业进行"数字经济+"改造。围绕十大重点领域[①]23个优先发展方向和"互联网+"行动计划的11个重点领域，建立跨学科、跨产业、跨领域的交叉培养模式。加入数字经济人才技能需求要素，力求培养出适应"数字经济"

---

① 《中国制造2025》是国务院于2015年5月印发的部署全面推进实施制造强国的战略文件，是中国实施制造强国战略第一个十年行动纲领。

时代的复合型人才，并且要理论与实践相互协调，建立双证融通的课程体系。将职业资格证书和学历证书相互沟通与衔接，以适应岗位需求为目标，将社会实践中的岗位职业技能认证要求与教学大纲的内容深度融合，提升学生的专业技术能力。三是要推进"数智化"人才培养。数字经济人才培养不仅要注重数字技能，更要关注数字思维和素养的形成，构建"数字产业—数字行业—数字企业—数字职业—数字专业"链条的互动耦合机制，以便应对未来的革新和挑战。

（二）贯通三大体系，打通数字经济技术人才培育项目落地"最后一公里"

国家人力资源和社会保障部将数字经济人才培养列为 2021～2030 年全国专业技术人才知识更新工程的重点项目。当前，虽然各地已经在探索数字经济人才培育落地政策，但对数字经济人才的评价缺乏统一标准。按照《数字中国建设整体布局规划》要求，要增强领导干部和公务员数字思维、数字认知、数字技能。统筹布局一批数字领域学科专业点，培养创新型、应用型、复合型人才。构建覆盖全民、城乡融合的数字素养与技能发展培育体系。综合各地的数实融合人才发展实践，数字经济技术技能人才培育建议贯通三个工作体系：

第一，贯通继续教育体系。数字经济人才培育项目的培训学时可登记为继续教育专业课学时，全国有效。天津市人力资源和社会保障局与财政局在 2022 年 12 月 6 日联合发布《数字经济领域技术技能人才培育项目实施方案》，已经在全国率先开展数实融合人才培养创新探索。

第二，贯通职称体系。获得数字人才培育项目初级、中级、高级专业技术等级证书的，可相应认定或评审为助理工程师、工程师、高级工程师，其中，高级工程师可作为数字经济卓越工程师。建议借鉴江苏的数实融合人才发展做法：为助推数字经济高地建设，江苏制定数字经济人才发展规划，实施数字经济卓越工程师职业领航工程，建立数字经济卓越工程师继续教育基地，每年培养产生 1000 名数字经济卓越工程师。根据数字经济卓越工程师职称制度，开展数字经济专业人才高级职称评审认定，打通高技能人才成长为卓越工程师的职业发展通道。

第三，贯通职业技能培训体系。将数字人才培育项目纳入职业技能提升行动目录，并针对性地开展职业技能补贴，提升数字人才职业技能水平。建议借鉴深圳龙华区的做法，在全国率先明确数字经济领域高水平证书目录①，包括：国家信息安全水平考试（NISP）二级及以上证书、华为认证ICT高级工程师（HCIP）证书、思科认证网络高级工程师（CCNP）证书、红帽认证工程师（RHCE）证书、区块链技术软件开发师中级及以上证书，并相应制定证书考取补贴标准，促进数字经济企业从业人员完成知识更新与能力提升。推荐借鉴天津的数字经济人才培养做法，天津在全国首次公布大数据等10个数字经济新职业的培训补贴标准，打通数字经济领域技术技能人才培育项目实施落地的"最后一公里"。

（三）关注终身职业教育，启动人才全生命周期培养，切实提升全民数字素养

要加强终身职业教育理念的普及和宣传，提升全民数字素养。增强领导干部和公务员数字思维、数字认知、数字技能。统筹布局一批数字领域学科专业点，培养创新型、应用型、复合型人才。构建覆盖全民、城乡融合的数字素养与技能发展培育体系。

第一，加强终身职业教育理念的宣传。职业教育的终身性是面向更广泛年龄段人群的终身教育，针对不同年龄段在职业认知、体验、职业规划等方面的需求服务尚存市场空白，内容、工具、服务的创新有很大提升空间。尤其是面向青少年的职业体验教育，促进对职业方向的判断和认知提前，帮助青少年找到自己的兴趣所在，提前规划设计自己的多彩人生，而不是随大流"无效"竞争。

---

① 《深圳市龙华区重点企业（机构）优秀青年人才集聚工程实施办法》附件《数字经济领域高水平证书》。

第二，加强企业内部的职业培训。目前，企业培训成为职业教育中重要的发展方向，一方面企业培训的数字化升级提升了人才培养的速度和效率，另一方面在职业培训的内容供给、技术支持、需求匹配等能力全面提升后，不同类型的企业培训都在专业性方面不断提升。对于有付费能力和培训意愿的中大型企业来说，企业培训的目的和必要性也随之发生变化，从E-learning到E-training，由早期的培训福利和辅助管理横向延伸出更为必要的人才培养、打造雇主品牌、建立企业上下游人才生态的诉求。

第三，促进职业培训政策的发布与实施。聚焦劳动者技能素质提升，突出抓好技术技能人才培养培训，推动形成劳动力市场更高水平的供需动态平衡。同时，坚持市场主导、政府调控。推动有效市场和有为政府更好地结合，既要坚持市场化社会化就业方向，加快破除制约就业的体制机制障碍，充分发挥市场配置劳动力资源的决定性作用，又要强化政府责任，优化整合各类资源，为促进就业提供强有力的政策支持和基础性服务保障。促进创业环境更加优化，政策服务体系更加完备，创业机会更多、渠道更广，更多人可以通过创业实现人生价值。就业领域风险监测预警和应对处置机制不断健全，失业人员保障范围有效扩大、保障水平进一步提高，困难群体得到及时帮扶，就业安全保障更加有力。

（四）探索政产学研人才培养协同机制，提升质效培养时代人才

发挥政府主导作用，深化数字经济人才培养机制，创新数字经济人才培训、就业、产业三方联动模式，提升质效培养时代人才。突出精准施策，健全分类支持体系。遵循科技自身发展规律，把握基础研究、应用研究、技术创新等不同创新活动的特点，完善人才分类组织、分类管理、分类支持机制，改进科研项目组织实施与管理方式，促进人才链、产业链、创新链紧密融合。借鉴重庆、武汉等城市的经验与做法，以城市资源为牵引，区域联动为特色，通过高校联盟、产教融合特色教育等形式，探索政产学研人才培养协同机制，推动产教深度融合，实施数字人才倍增工程。支持企业与院校共建，探索数字经济教学和实践基地，打造数字人才订单式、定制化培养平

台。鼓励专业机构和企业开展数字经济在职培训，开展企业新型学徒制培训，支持企业建立数字人才内部体系。

三　人才引进：加大数字经济人才引进力度

（一）提升高校、科研院所、科技园区综合实力

在特定专业领域具有国际影响力的高校和科研机构对国际优秀科研人员、学者和海外留学生有较强的感召力。各地应围绕重大科技攻关项目、学科发展规划和人才培养计划，加快建设世界一流大学、科研机构和具有国际水平的实验室等，提升高等教育和科研机构的国际化水平，同步建立以学术为主导的资源配置和学术发展模式，吸引和带动高端数字经济人才的引入。

（二）加快形成以供给创造需求、需求牵引供给的数字经济引才体系

以全球相关领域"高被引科学家""获奖科学家""关键领域专利科学家"等名单为基础，绘制全球高层次人才地图。建立国际化职业社交平台，建设全球高精尖缺人才联系库，进一步争取在全球人才竞争中的主动权。聚焦企业需求招揽数字经济人才，构建市级、区级、企业之间层次合理的数字经济人才计划体系和统筹协调的治理体系，建立引进人才的职业清单制度，划分引进优先级。

（三）加强本地人才的培养和开发

学习上海、福建等地区人才培养和开发举措，结合各地紧缺人才目录，采取培训一批、挂职一批、培养一批的办法，实施人才培养和开发。学习深圳、天津等地区人才培养和开发举措，以企业为主体开展数字经济人才技能提升与知识更新，选择高价值、适用性强的培训考试体系进行重点激励，避开"抢人大战"，扎实推进人才本地储备与技能、素养提升。

（四）重视数字经济国际人才回流

正视我国数字经济人才外流严重的现状，借鉴印度等其他国际典型经济体的人才回流政策，制定有针对性的国际人才回归计划与国际人才回流政策，吸引海外数字经济人才回国发展。如在海外设立专门的数字经济人才服务中心，主动联络动员在当地学习、就业的中国籍数字经济人才及侨民；设立国家风险基金，向回国创业的科技人员、企业提供税收优惠等资助政策。

四 人才使用：建立持续性服务制度与评价激励机制

（一）优化数字经济人才公共服务环境

围绕数字经济发展重点领域，编制数字人才专项发展规划，推进数字经济人才列入各省（区、市）急需紧缺人才引进指导目录，绘制紧缺人才图谱。将数字人才发展列为经济社会综合评价指标，考核结果作为领导班子评优、干部选拔任用的重要依据。采用关键要素评定和专家评审等办法，提高数字人才认定的精准度。在"333""双创"等各类人才工程中加大对于数字人才的关注和倾斜力度，或出台各省数字人才培育使用的专项政策，进一步优化数字人才公共服务环境。

（二）完善数字经济人才评价机制

一是从注重输入性要素评估向注重输出性结果评估转移。学习先进省市成功经验，结合各地发展的特点和优势，以数字人才的产出结果和人才实际贡献为导向，从注重输入性要素评估向注重输出性结果评估转移，引入"多主体评价"，评价主体从"一元"到"多元"，针对不同类型、不同层次、不同行业的特点和对人才的不同需求，引入企业、行业协会、中介组织等多元主体评价。分领域建立操作性强、持续动态和可落地的多元人才评价标准体系。二是将数字人才发展实绩、技术创新贡献等作为主要评价标准，构建分类评价标准体系。健全数字经济卓越工程师职称制度，探索数字经济龙头企业开展职称自主评审工作，实现专技人才与技能人才评价的双向贯通。三是探索新型人才评价方式。依托政策，在相关的职业领域，建立职称与职业资格对应关系，通过大数据平台分析人才应用范围、评审（鉴定）条件，统筹结合，共同规划，探索、创新人才评价体系，对数字经济复合型人才进行评价，结果互认，避免交叉，减少重复。

（三）完善数字经济人才激励机制

一是发挥协同体的积极性和创造性，注重物质激励与非物质激励并重。面向市场，引导全社会多渠道、多层次增加人才培养投入，形成以财政投入为引导、企业投入为主体、社会投入为补充、优惠政策作扶持的全社会人才培养激励机制，进一步激发人才的主动性和创造性，用"软环境"留住人才。二是完善有利于激发创新活力的激励保障机制。推动用人单位切实改进人才分类评价制度，破除将薪酬待遇等与人才"帽子"简单挂钩的做法，完善基于绩效考核的收入分配机制，落实好科技成果转化奖励政策，加强公共服务资源统筹，为数字经济人才提供住房、子女入学、医疗健康、后勤服务等有效保障。三是鼓励知识更新与技能提升。在延续现有专业技术人才知识更新工程高级研修项目、数字技术工程师培训班等形式的基础上，持续开展职业技能培训，学习先进省市成功经验，梳理数字经济领域高水平证书目录，并纳入职业技能提升补贴政策体系，推动数字经济技能型人才的集聚与能力提升。

五　人才融合：推动数字经济与实体经济深度融合

（一）聚焦城市战略，制定有效的数实融合人才政策体系

各个城市要发挥自身的人才特点和人才优势，制定人才专项政策、推出

含金量高、针对性强的政策举措，升级人才服务体系，从传统的人才保障服务向赋能人才发展、助力产才融合升级，服务深度不断拓展。聚焦自身的数字发展战略，引进在数字驱动发展方面具有引领、推动作用的数字战略管理人才、数字技术人才、数字化运营人才。在城市数字经济人才发展战略制定上，借鉴成都聚力培育数字经济治理人才，打造中国网络信息安全之城以及上海培育"元宇宙"新赛道的做法，立足城市特色、找准城市定位，差异化发展。

（二）以前瞻性、全球性视野推动建设规制体系，加大治理型人才的培养力度

数字经济将创新监管模式，需要数字经济人才在数实融合的探索中，以前瞻性、全球性视野推动建设全新的规制体系。未来几年内，数字经济领域有可能迎来监管规则创制的高峰期，现行监管架构有可能面临全面重构，构建起全方位的新监管体系、新法律框架、新政策体系。在重点解决数字经济高、低两端人才缺口、加大技能人才培养的基础上，建议关注数字经济治理型人才的培养，按照国家《"十四五"数字经济发展规划》要求，着力健全完善数字经济治理体系和数字经济安全体系，推动数字经济更好地服务和融入新发展格局。《数字中国建设整体布局规划》进一步强调了全面提升数字中国建设的整体性、系统性、协同性，促进数字经济与实体经济深度融合，以数字化驱动生产生活和治理方式变革，为以中国式现代化全面推进中华民族伟大复兴注入强大动力。数字经济治理型人才队伍的培养和建设任重道远。

（三）培养高层次、复合型人才促进数字经济与实体经济深度融合

推动数字经济与实体经济深度融合，以数字经济发展提升实体经济发展水平、增强实体经济综合竞争力，成为抢抓新一轮科技革命机遇，推动新一轮产业变革的关键环节。

有针对性地培养高层次人才，突破关键核心技术"卡脖子"问题。涉

及的技术领域包括 5G、集成电路芯片、量子通信、导航、遥感、大数据、算法、超级计算等。

全面培养不同产业的数字化人才，推动制造业全产业链实现生产模式、运营模式、企业形态的根本性变革。涉及的制造业领域包括研发设计、生产流程、企业管理、用户关系等。同时，还应加快推动数字化农业、数字化服务业的人才培养，加强均衡发展。

加快数字营商环境的建设，运用数字化、智慧化技术，创造适应数字经济发展、适合数字技术人才成长、保障数字信息安全、推动数字经济与实体经济深度融合的体制环境、政策环境。

积极开展跨界人才培育的教学试点示范工作。以前瞻性培育既具备数字化思维和能力，又熟悉制造业发展模式及流程的跨界人才为导向，在持续完善科技创新、成果转化等体制机制的同时，以本科生教育为主，适度适时地向研究生教育延伸，并根据实践需要再向继续教育、成人教育、远程教育延伸，形成多层次、全方位、立体化的跨界人才教学培养体系。

六 人才协同：促进区域数字经济人才合作交流

（一）以城市群为主体共同推进"双一流"建设

以区域为主体，共同争取更多国家"双一流"学科，推动"双一流"高校与省市政府之间的战略合作，鼓励校校结对共建"双一流"学科，形成大数据智能化人才教育高地，具有较强的人才吸引力，保障区域人才储备和人才供给。

（二）推动建设高校创新生态圈

依托城市高校联盟、区域高校联盟等资源，联合培养基础学科拔尖人才，推动高校学生跨校交流与培养，保持大数据智能化人才的创新活力。

（三）推进教育资源共建共享

支持行业企业、科研院所与高等学校联合建立创新型科技人才"三方双向"交流兼职制度，推行产学研联合培养人才的"双导师制"，培养创新型科技人才和团队。满足不同学生多方面、个性化需求，研制学分转换机制，推进高校课程资源的共享。

七　人才共享：探索国际人才开放合作新路径

（一）构建开放共赢的数字经济人才国际合作格局

统筹谋划数字经济人才国际合作，建立多层面协同、多平台支撑、多主体参与的数字经济人才国际交流合作体系，以人才战略助力高质量共建"数字丝绸之路"，积极发展"丝路电商"。拓展数字经济人才国际合作空间，探索联合国、世界贸易组织、二十国集团、亚太经合组织、金砖国家、上合组织等多边框架下的数字经济领域合作平台的人才共享路径。

（二）搭建数字经济人才国际合作开放平台

以论坛峰会为主要载体，鼓励有条件的省市积极承办数字经济高峰论坛，开办集引资、引技、引智于一体的高端峰会和创新、创业大赛，打造国际化、国家级、专业性的业内嘉年华，建设服务当地、辐射周边、面向全球的数字经济成果转化平台。引导创新主体与国内外数字经济领域优势院校、领军企业、组织机构的全方位合作，积极参与国内外大数据智能化研发合作和重大科研专项、重大产业项目的布局建设，开展数字经济创新创业大赛。

（三）人才互动促进数字产业国际合作

依托全国已建的中新、中德、中日、中国-东盟等产业园，积极承接国际高端产业和创新资源，培育壮大 IT 微企孵化园、国际科技企业孵化园、留学生创业园等国际创新创业孵化平台，加快国际高端产业和创新资源聚集。加强各地与数字经济一线城市，如北京、上海、广州、深圳等地区在数字经济领域的合作与交流，完善互动机制，以项目和科研实验室等为媒介，实行柔性引才机制，保障人才能最大限度地发挥其才能。

附录一

中国数字经济人才存量、需求、缺口数据的测算方法说明

第一步　统计全国数字经济产业规模（增加值）及平均劳动生产率。基于全国数字经济产业规模以及就业人数，计算全国数字经济劳动生产率。

第二步　测算 2017~2021 年全国数字经济人才从业人数。参照联合国、OECD、IMF、世界银行等权威机构关于估算就业的"规模-劳产率"通用计算方法，测算出全国数字经济人才从业人数。

第三步　使用 GM（1，1）模型，进行全国数字经济人才需求预测。

本次数字经济人才需求预测使用的是 GM（1，1）模型，该模型是灰色系统理论中针对"小数据、弱信息"的不确定性问题的一种灰色预测模型，在人才数量变化的量化研究方面有着广泛应用。GM（1，1）模型的基本原理是使用原始的离散非负数据列，通过一次累加生成削弱随机性的较有规律的新的离散数据列，然后通过建立微分方程模型，得到在离散点处的解经过累减生成的原始数据的近似估计值，从而预测原始数据的后续发展。

GM（1，1）模型的基本原理如下所示：

设 $x^{(0)} = \{x^{(0)}(1)，x^{(0)}(2)，\cdots，x^{(0)}(n)\}$ 为最初的非负数据列，对其进行一次累加操作得到新的生成数据列：$x^{(1)} = \{x^{(1)}(1)，x^{(1)}(2)，\cdots，x^{(1)}(n)\}$。

其中，新数列 $x^{(1)}$ 中的一个元素 $x^{(1)}(k) = \sum_{n}^{k} x^{(0)}(n)$，$k=1，2，\cdots，n$

令 $z^{(1)}$ 为 $x^{(1)}$ 的紧邻均值生成数列，表示为 $z^{(1)} = \{ z^{(1)}(2), z^{(1)}(3), \cdots, z^{(1)}(n) \}$，其中数列 $z^{(1)}$ 中的一个元素 $z^{(1)} = \frac{1}{2}(x^{(1)}(k-1) + x^{(1)}(k))$。

则可以定义 GM（1，1）模型的微分方程模型为：$x^{(0)}(k) + az^{(1)}(k) = b$。其中，$a$ 为发展系数，b 为内生控制系数。

设 $\hat{\beta}$ 待估参数向量，$\hat{\beta} = (a, b)^{T}$，用最小二乘法求解可得其估值解为

$$\hat{\beta} = (B^{T}B)^{-1}B^{T}Y。其中，B = \begin{bmatrix} -z^{(1)}(2) & 1 \\ \vdots & \vdots \\ -z^{(1)}(n) & 1 \end{bmatrix}, Y = \begin{bmatrix} x^{(0)}(2) \\ x^{(0)}(3) \\ \vdots \\ x^{(0)}(n) \end{bmatrix}。$$

将上述灰微分方程转换为白微分方程为：$\frac{dx^{(1)}}{dt} + ax^{(1)} = b$。对其求解可得时间响应函数为：$\hat{x}^{(1)}(k+1) = \left(x^{(0)}(1) - \frac{b}{a} \right)e^{-ak} + \frac{b}{a}, k = 1, 2, \cdots, n-1$。

最终通过累减生成还原可得其预测值为：

$$\hat{x}^{(0)}(k+1) = \hat{x}^{(1)}(k+1) - \hat{x}(k) = (1 - e^{a})\left(x^{(0)}(1) - \frac{b}{a} \right)e^{-ak}$$

由此可以得出之后每个周期的人才需求量预测值，最终获得未来三年的人才需求预测值。

第四步　模型检验。

GM（1，1）的精度检验一般有三种方法，分别为残差检验、后验差检验和关联度检验。结合人才需求数据的情况，此处采用残差检验进行模型的精度检验。具体的检验步骤如下所示：

①残差项：$\varepsilon^{(0)}(k) = x^{(0)}(k) - \hat{x}^{(0)}(k)$，$k = 1, 2, 3, \cdots, n$

②相对误差：$\varphi_{k} = \frac{|\varepsilon^{(0)}(k)|}{x^{(0)}(k)} \times 100\%$

③平均相对误差：$\overline{\varphi} = \dfrac{1}{n}\sum\limits_{k}^{n}\varphi_k$

④对比模型的平均相对误差与残差检验模型精度等级得出模型精度的评价结果，残差检验的模型精度等级如附表1所示。

附表1　残差检验的模型精度等级

精度等级	较好	合格	不合格
$\overline{\varphi}$	<0.10	<0.20	≥0.20

以全国全行业数字经济人才的GM（1，1）模型为例，使用残差检验验证模型精度，部分结果如附表2所示。

附表2　残差检验结果

索引项	原始值	预测值	残差	相对误差（%）
1	7899683	7899683	0	0
2	7044364	7943443	−899079	12. 763
3	8659704	7917454	742250. 2	8. 571
⋮	⋮	⋮	⋮	⋮
58	6531664	6504060	27604. 06	0. 423
59	6326586	6478651	−152065	2. 404
60	5574928	6453252	−878324	15. 755

从附表2可计算出全国数字经济行业的人才需求预测GM（1，1）模型的平均相对误差为：$\overline{\varphi} = 7.39\%$，对照模型精度等级表，模型的拟合结果较好。

第五步　最终测算结果及第三方数据校验。

根据项目组估算，截至2023年，中国数字经济人才从业数量约为3144万人，数字经济人才缺口2500万人。根据国务院《"十四五"数字经济发展规划》，到2025年，中国数字经济产业规模将超过60万亿元，将吸纳就业人数将达3.79亿人，中国数字经济人才从业数量约为4500万人，中国数字经济人才需求总数将超过7500万人。从总体供需来看，数字经济人才供不应求，到2025年数字经济人才缺口将接近3000万人。

附表 3

年份	全国数字经济产业规模（万亿元）	全国数字经济产业规模增加值（万亿元）	全国劳动生产率（元/人）	全国数字经济带动就业人数（亿人）	全国数字经济劳动生产率①	全国数字经济人才就业人数估算②（万人）	全国数字经济人才需求人数估算（万人）	全国数字经济人才缺口人数估算（万人）
2017	27.2	4.1	115104	1.71	159064.372	2577.5728	–	–
2018	31.3	4.5	123248	1.91	163874.346	2746.0064	–	–
2019	35.8	3.4	131109	–	168684.32	2015.5993	–	–
2020	39.2	3.4	134683	–	173494.294（等比预测值）	1959.7186	–	–
2021	45.5	6.3	146380	2.56③	177734.375	3533.6154	–	1100④
2022	50.2	4.7	152977	2.78⑤	180575.540	2602.7888	–	–
2023	53.9⑥	3.7	161615	2.99⑦	187625.418	3144.5633	5500	2500
2025	60⑧	–	–	3.79⑨	–	4512.7395	7500	3000⑩

资料来源：2017~2025 年中国数字经济人才总量测算表。

①计算公式：全国数字经济劳动生产率＝全国数字经济产业规模/全国数字经济带动就业人数。

②计算公式：全国数字经济人才就业人数＝全国数字经济产业规模增加值/全国数字经济劳动生产率。

③数据来源：《2023 中国数字经济前沿：平台与高质量充分就业》：以微信、淘宝、抖音、快手、京东、美团、饿了么等为代表的平台，2021 年为全国净创造就业约 2.4 亿人，为当年约 27% 的中国适龄劳动人口提供就业机会。2030 年数字经济带动就业人数将达到 4.49 亿人。

④数据来源：《当代广西网——以数字经济大发展助力青年稳就业 | 全国两会系列时评》，https：//www.ddgx.cn/show/64090.html。

⑤数据来源：《重磅发布：高校毕业生数字经济就业创业报告》，https：//job.hdu.edu.cn/news/view/aid/373172/tag/xwkd。

⑥数据来源：《中国经济时报：2023 年终特稿 | 数字经济赋能效应持续释放　提升中国经济活力》，https：//baijiahao.baidu.com/s？id＝1786494925979545085&wfr＝spider&for＝pc。

⑦数据来源：《重磅发布：高校毕业生数字经济就业创业报告》，https：//job.hdu.edu.cn/news/view/aid/373172/tag/xwkd。

⑧数据来源：国务院《"十四五"数字经济发展规划》。

⑨数据来源：新民晚报：《培育数字经济就业新动能，中国信息通信研究院数据分析：到 2025 年数字经济带动就业人数将达到 3.79 亿人，截至 2021 年数字化人才缺口 1100 万人》，https：//baijiahao.baidu.com/s？id＝1759147996008831486&wfr＝spider&for＝pc。

⑩第三方数据校验：《2022 中国 ICT 人才生态白皮书》的测算结果：到 2025 年 ICT 人才缺口将超过 2135 万人；2023 年 3 月 17 日，人瑞人才联合德勤中国、社会科学文献出版社在北京发布《产业数字人才研究与发展报告（2023）》，报告估算我国数字化综合人才缺口约在 2500 万人至 3000 万人之间。项目组估算结果与前述研究趋势一致；官方数据：《中共中央组织部：我国人才资源总量达到 2.2 亿人》，https：//baijiahao.baidu.com/s？id＝1737029002370447503&wfr＝spider&for＝pc。2021 年数字经济人才就业人数（存量）3533 万人，占全国人才资源总量约 16%，基本符合逻辑验证。

附录二

指数模型说明

一 行业间数字经济人才流动水平引力模型

为量化不同行业间数字经济人才流动程度，构建引力模型衡量数字行业间数字经济人才流动水平。引力模型从万有引力定律中受启发，两个物体间的作用力大小与两个物体的质量正相关，与物体间的距离负相关，被广泛运用于国际贸易、衡量要素流动等领域[①]，其基本形式为：

$$F_{ij} = k \frac{M_i{}^a M_j{}^a}{d_{ij}^b}$$

其中，F_{ij} 表示两个物体间的作用力大小，M 表示物体质量，d_{ij} 表示两个物体间的距离，k 为经验系数，一般取 1，a 为引力参数，一般取 1，b 为距离衰减系数，一般取 2。参考引力模型，设置以下行业数字经济人才流动模型：

$$FIDET_{ij} = \frac{lnDET_i * lnDET_j}{(w_i / w_j)^2}$$

其中，$FIDET_{ij}$ 衡量行业 i 的数字经济人才向行业 j 流动的程度，$lnDET_i$ 与 $lnDET_j$ 分别为从事行业 i 和 j 的数字经济人才数量，w_i 与 w_j 为行业 i 和 j 的

---

① 白俊红、蒋伏心：《协同创新、空间关联与区域创新绩效》，《经济研究》2015 年第 7 期。

人均薪酬水平，用行业间的人均薪酬之比衡量行业距离。i 的取值范围为 1~5，代表数字经济的五大类产业，数字产品制造业、数字产品服务业、数字技术应用业、数字要素驱动业和数字化效率提升业。将 $FIDET_{ij}$ 按行业加总，即可得到行业 i 数字经济人才的流动程度，如下式所示。

$$FIDET_i = \sum_{j=1}^{5} FIDET_{ij}$$

受限于数据可得性，选取 A 股上市公司 2017~2022 年数据，按照《数字经济及其核心产业统计分类（2021）》，将上市公司所属的国民经济行业重新分类为数字经济产业，按照本报告构建的引力模型测度行业数字经济人才流动程度。为了便于不同行业间人才流动程度的横向比较和年份间的纵向直观对比，将测算得到的 2017 年数字产品制造业人才流动水平定为基数 1，得到 2017~2022 年各行业人才流动水平。

二　城市数实融合的人才发展生态评价模型

人才发展生态是影响人才发展的一切外界条件的总和，是一个由众多复杂因素构成的社会系统。2021 年，浙江大学全球浙商研究院和猎聘等机构共同发布《中国城市人才生态指数报告》，围绕经济生态、科创生态、生活生态、社会文化生态以及自然生态五个主要维度，构建了城市人才生态指标体系，包含发展质量、科创活力、教育投入、空气质量等 23 个二级指标以及人均 GDP、专利授权量、常住人口增长率、地表水优良率等 46 个三级指标，综合分析了每个样本城市的人才生态现状与发展动态。可见，可以从生态的角度去衡量一个城市的人才发展状况。

依托城市数字经济数实融合人才生态的总体框架，结合国家数字经济发展规划、国家信息化规划、国家通信业规划及各省（自治区、直辖市）数字经济相关规划及人才发展规划，设计城市数实融合人才发展评价指标体系。

附表 4　数实融合人才生态评价模型

序号	一级维度	序号	二级维度
1	城市规划数实融合度	1.1	数字基础设施
		1.2	数据资源要素
		1.3	数字技术产业
		1.4	数字融合应用
		1.5	数字经济治理
		1.6	产业治理
		1.7	产业运营
		1.8	产业供应
2	人才政策数实融合度	2.1	人才吸引与保障政策
		2.2	人才培养与发展
		2.3	人才管理与维护
		2.4	人才评价与考核
3	人才供需数实融合度	3.1	数字基础设施人才供需
		3.2	数据资源要素人才供需
		3.3	数字技术产业人才供需
		3.4	数字融合应用人才供需
		3.5	数字经济治理人才供需

附表 5　数实融合总体架构包含的部分概念内涵

序号	概念名称	概念内涵
1	数字基础设施	指以通信信息网络、计算系统、数据平台等为核心,覆盖数据的采集、传输与分发、存储与计算、挖掘与分析,保障城市数字经济活动正常进行的新型基础设施体系
2	数据资源要素	指以电子化形式记录和保存的具备原始性、可机器读取、可供社会化再利用的数据集合,包括公共数据和非公共数据
3	数字技术产业	指数字技术通过市场化应用,形成的电子信息制造业、软件和信息技术服务业、电信广播电视卫星传输服务业、互联网和相关服务业等产业
4	数字融合应用	指利用数字技术对传统产业进行全方位、全角度、全链条的改造,推动数字技术与实体经济深度融合,促进工业、农业、服务业的数字化、网络化、智能化转型
5	数字经济治理	指运用数字技术,建立健全行政管理的制度体系,创新服务监管方式,实现行政决策、行政执行、行政组织、行政监督等体制更加优化的新型政府治理模式

序号	概念名称	概念内涵
6	产业治理	地方政府制定城市发展政策,塑造区域制度环境,集聚生产要素资源,开展产业监测,引导城市产业发展的过程。突出的城市产业治理能力,是地方政府推动产业集聚发展和转型升级的重要地方制度变量。随着云计算、大数据、人工智能等技术在治理中的应用,产业治理模式将由"个人判断""经验主义"向"细致精准""数据驱动"转变
7	产业运营	指地方政府围绕本地特色产业链,搭建产业园区平台,遴选产业赛道,引入企业和培育企业的过程,也是为城市范围内产业的孵化、成长、发展、壮大提供全生命周期服务体系的过程。产业运营既要构建大中小企业融通发展的企业发展体系,也要强化创新资源导入,通过搭建产业公共服务平台和合作孵化平台(众创空间、孵化器、加速器等),为入园企业在政策、资金、技术、人才等方面提供所需要的全生命周期服务
8	产业供应	指地方政府聚焦产业链现代化中"断点""堵点""痛点",引导本地企业推进"产、供、销、研"一体化的过程。借助全方位的数据采集与信息传递,利用人工智能算法,可驱动城市空间内供应链企业与上游、下游成员的连接形成可持续发展的全链条网络结构。产业供应链发展水平能保障资源要素高效流动和合理配置,提高产业供应链安全性和稳定性,促进全产业链供应链优化升级

第二篇 分报告

2023年中国数字经济人才分类及评价报告

摘　要：数字经济已成为我国经济发展的新引擎。人才作为数字经济发展的核心动力，是驱动数字经济发展的关键要素，也是政府、高校、企业及人才本身等多方关注的重点。目前，国家层面对于数字经济人才分类无明确的标准，广东、杭州等地作为国家数字经济创新发展试验区先行先试开展了相关研究，但未形成统一的标准体系，数字经济人才准确定义及分类体系建设迫在眉睫。

为贯彻落实《中共中央关于深化人才发展体制机制改革的意见》和中央经济工作会议精神，积极发挥行业主管部门作用，本项目以数字经济发展需求为出发点，推动解决人才供给的数量与质量问题，加快建设人才培养与产业需求高度匹配的产业体系。结合数字经济的特点，借鉴参考国际人才分类标准、我国其他省市数字经济人才分类，本项目将数字经济人才分为研发型、应用型、管理型，并提出数字经济人才分类标准，构建数字经济人才评价体系，为数字经济人才引、育、留、用、转等各个阶段提供决策依据和理论支撑。

关键词：数字经济　人才评价　人才分类

第一章

党和国家高度重视数字经济发展

发展数字经济战略意义重大。大力发展数字经济是把握新一轮科技革命和产业变革新机遇的战略选择。数字技术、数字经济正成为新一轮科技革命和产业变革的主导力量。数字经济发展速度之快、辐射范围之广、影响程度之深前所未有，正在成为重组全球要素资源、重塑全球经济结构、重构全球创新版图、改变全球竞争格局的关键力量。数字经济事关国家发展大局，推动我国数字经济健康发展，要把握数字经济发展的战略意义。数字经济的蓬勃发展，深刻改变着人类生产生活方式，对各国经济社会发展、全球治理体系、人类文明进程影响深远。

要充分激发数字经济发展潜能。做好我国数字经济发展顶层设计和体制机制建设，充分发挥海量数据和丰富应用场景优势，促进数字技术与实体经济深度融合，赋能传统产业转型升级，催生新产业新业态新模式，不断激发数字经济发展潜能。要加强数字基础设施建设，加快数字转型，努力弥合"数字鸿沟"，推动数字经济全面发展。要主动应变、化危为机，深化结构性改革，以科技创新和数字化变革催生新的发展动能。

要强化数字经济的人才支撑。数字经济是吸纳就业的重要途径，提升全民全社会数字素养和技能有利于缓解就业结构性矛盾，要提高全民全社会数字素养和技能，夯实我国数字经济发展社会基础。同时，数字经济的创新驱动实质是人才驱动，而人才短缺则是制约数字经济发展的重要因素之一。因此，要加快形成结构多元、层次合理的人才队伍；要打造一批科技领军人才和创新团队，优化领军人才发现机制和项目团队遴选机制；要坚持教育优先发展、科技自立自强、人才引领驱动，加快建设教育强国、科技强国、人才强国，提升全民全社会数字素养和技能。

一　习近平同志关于数字经济及数字经济人才的重要论述

➤当今时代，以信息技术为核心的新一轮科技革命正在孕育兴起，互联网日益成为创新驱动发展的先导力量，深刻改变着人们的生产生活，有力推动着社会发展。

——2014 年 11 月 19 日，致首届世界互联网大会的贺词

➤世界经济加速向以网络信息技术产业为重要内容的经济活动转变。我们要把握这一历史契机，以信息化培育新动能，用新动能推动新发展。要做大做强数字经济、拓展经济发展新空间。

——2016 年 10 月 9 日，在十八届中央政治局第三十六次集体学习时的讲话

➤中国数字经济发展将进入快车道。中国希望通过自己的努力，推动世界各国共同搭乘互联网和数字经济发展的快车。

——2017 年 12 月 3 日，致第四届世界互联网大会的贺信

➤要运用大数据促进保障和改善民生。大数据在保障和改善民生方面大有作为。要坚持以人民为中心的发展思想，推进"互联网+教育""互联网+医疗""互联网+文化"等，让百姓少跑腿、数据多跑路，不断提升公共服务均等化、普惠化、便捷化水平。

——2017 年 12 月 8 日，在十九届中央政治局第二次集体学习时的讲话

➤要发展数字经济，加快推动数字产业化，依靠信息技术创新驱动，不断催生新产业新业态新模式，用新动能推动新发展。要推动产业数字化，利用互联网新技术新应用对传统产业进行全方位、全角度、全链条的改造，提

高全要素生产率，释放数字对经济发展的放大、叠加、倍增作用。要推动互联网、大数据、人工智能和实体经济深度融合，加快制造业、农业、服务业数字化、网络化、智能化。

——2018年4月20日至21日，在全国网络安全和信息化

工作会议上的讲话

➤当今世界，正在经历一场更大范围、更深层次的科技革命和产业变革。互联网、大数据、人工智能等现代信息技术不断取得突破，数字经济蓬勃发展，各国利益更加紧密相连。为世界经济发展增添新动能，迫切需要我们加快数字经济发展，推动全球互联网治理体系向着更加公正合理的方向迈进。

——2018年11月7日，致第五届世界互联网大会的贺信

➤中国正在大力建设"数字中国"，在"互联网+"、人工智能等领域收获一批创新成果。分享经济、网络零售、移动支付等新技术新业态新模式不断涌现，深刻改变了中国老百姓生活。

——2018年11月18日，在亚太经合组织第二十六次

领导人非正式会议上的发言

➤数字经济蓬勃发展，深刻改变着人类生产生活方式，对各国经济社会发展、全球治理体系、人类文明进程影响深远。中国高度重视发展数字经济，积极推进数字产业化、产业数字化，引导数字经济和实体经济深度融合，推动经济高质量发展。

——2019年10月11日，致2019中国国际数字经济

博览会的贺信

➤运用大数据、云计算、区块链、人工智能等前沿技术推动城市管理手段、管理模式、管理理念创新，从数字化到智能化再到智慧化，让城市更聪明一些、更智慧一些，是推动城市治理体系和治理能力现代化的必由之路，前景广阔。

——2020年3月31日，在浙江杭州城市大脑运营指挥中心

考察调研时的讲话

➤推动各方分享数字技术抗疫和恢复经济的经验，倡导优化数字营商环境，激发市场主体活力，释放数字经济潜力，为亚太经济复苏注入新动力。数字经济是全球未来的发展方向，创新是亚太经济腾飞的翅膀。我们应该主动把握时代机遇，充分发挥本地区人力资源广、技术底子好、市场潜力大的特点，打造竞争新优势，为各国人民过上更好日子开辟新可能。

——2020年11月20日，在亚太经合组织第二十七次

领导人非正式会议上的发言

➤疫情激发了5G、人工智能、智慧城市等新技术、新业态、新平台蓬勃兴起，网上购物、在线教育、远程医疗等"非接触经济"全面提速，为经济发展提供了新路径。我们要主动应变、化危为机，深化结构性改革，以科技创新和数字化变革催生新的发展动能。

——2020年11月21日，在二十国集团领导人第十五次

峰会第一阶段会议上的讲话

➤希望贵州在实施数字经济战略上抢新机，要着眼于形成新发展格局，推动大数据和实体经济深度融合。

——2021年2月5日，在贵州考察调研时的讲话

➤数字技术正以新理念、新业态、新模式全面融入人类经济、政治、文化、社会、生态文明建设各领域和全过程，给人类生产生活带来广泛而深刻的影响。中国愿同世界各国一道，共同担起为人类谋进步的历史责任，激发数字经济活力，增强数字政府效能，优化数字社会环境，构建数字合作格局，筑牢数字安全屏障，让数字文明造福各国人民，推动构建人类命运共同体。

——2021年9月2日，向2021年世界互联网大会

乌镇峰会致贺信

➤要打造大批一流科技领军人才和创新团队，发挥国家实验室、国家科研机构、高水平研究型大学、科技领军企业的国家队作用，围绕国家重点领域、重点产业，组织产学研协同攻关。要优化领军人才发现机制和项目团队遴选机制，对领军人才实行人才梯队配套、科研条件配套、管理机制配套的

特殊政策。要造就规模宏大的青年科技人才队伍，把培育国家战略人才力量的政策重心放在青年科技人才上，支持青年人才挑大梁、当主角。要培养大批卓越工程师，努力建设一支爱党报国、敬业奉献、具有突出技术创新能力、善于解决复杂工程问题的工程师队伍。要调动好高校和企业两个积极性，实现产学研深度融合。

——2021 年 9 月 27~28 日，在中央人才工作会议上的讲话

➤近年来，互联网、大数据、云计算、人工智能、区块链等技术加速创新，日益融入经济社会发展各领域全过程，各国竞相制定数字经济发展战略、出台鼓励政策，数字经济发展速度之快、辐射范围之广、影响程度之深前所未有，正在成为重组全球要素资源、重塑全球经济结构、改变全球竞争格局的关键力量。数字经济事关国家发展大局。我们要结合我国发展需要和可能，做好我国数字经济发展顶层设计和体制机制建设。要加强形势研判，抓住机遇，赢得主动。各级领导干部要提高数字经济思维能力和专业素质，增强发展数字经济本领，强化安全意识，推动数字经济更好服务和融入新发展格局。要提高全民全社会数字素养和技能，夯实我国数字经济发展社会基础。

——2021 年 10 月 18 日，在十九届中央政治局第三十四次
集体学习时的讲话

➤加强数字基础设施建设，加快数字转型，努力弥合"数字鸿沟"，推动数字经济全面发展。中国提出促进数字时代互联互通倡议，支持加强数字经济国际合作，已申请加入《数字经济伙伴关系协定》。

——2021 年 11 月 12 日，在亚太经合组织第二十八次
领导人非正式会议上的讲话

➤加快发展数字经济，促进数字经济和实体经济深度融合，打造具有国际竞争力的数字产业集群。优化基础设施布局、结构、功能和系统集成，构建现代化基础设施体系。推动货物贸易优化升级，创新服务贸易发展机制，发展数字贸易，加快建设贸易强国。推进教育数字化，建设全民终身学习的学习型社会、学习型大国。实施国家文化数字化战略，健全现代公共文化服

务体系，创新实施文化惠民工程。

——2022 年 10 月 16 日，在中国共产党第二十次
全国代表大会上的报告

➤教育、科技、人才是全面建设社会主义现代化国家的基础性、战略性支撑。必须坚持科技是第一生产力、人才是第一资源、创新是第一动力，深入实施科教兴国战略、人才强国战略、创新驱动发展战略，开辟发展新领域新赛道，不断塑造发展新动能新优势。我们要坚持教育优先发展、科技自立自强、人才引领驱动，加快建设教育强国、科技强国、人才强国，坚持为党育人、为国育才，全面提高人才自主培养质量，着力造就拔尖创新人才，聚天下英才而用之。深入实施人才强国战略。培养造就大批德才兼备的高素质人才，是国家和民族长远发展大计。功以才成，业由才广。坚持党管人才原则，坚持尊重劳动、尊重知识、尊重人才、尊重创造，实施更加积极、更加开放、更加有效的人才政策，引导广大人才爱党报国、敬业奉献、服务人民。完善人才战略布局，坚持各方面人才一起抓，建设规模宏大、结构合理、素质优良的人才队伍。加快建设世界重要人才中心和创新高地，促进人才区域合理布局和协调发展，着力形成人才国际竞争的比较优势。加快建设国家战略人才力量，努力培养造就更多大师、战略科学家、一流科技领军人才和创新团队、青年科技人才、卓越工程师、大国工匠、高技能人才。加强人才国际交流，用好用活各类人才。深化人才发展体制机制改革，真心爱才、悉心育才、倾心引才、精心用才，求贤若渴，不拘一格，把各方面优秀人才集聚到党和人民事业中来。

——2022 年 10 月 16 日，在中国共产党第二十次
全国代表大会上的报告

➤要大力发展数字经济，提升常态化监管水平，支持平台企业在引领发展、创造就业、国际竞争中大显身手。

——2022 年 12 月 15 日，在中央经济工作会议上的讲话

➤要坚持把发展经济的着力点放在实体经济上，深入推进新型工业化，强化产业基础再造和重大技术装备攻关，推动制造业高端化、智能化、绿色

化发展，加快建设制造强省，大力发展战略性新兴产业，加快发展数字经济。

——2023 年 3 月 5 日，在参加十四届全国人大一次会议

江苏代表团审议时的讲话

➤当前，互联网、大数据、云计算、人工智能、区块链等新技术深刻演变，产业数字化、智能化、绿色化转型不断加速，智能产业、数字经济蓬勃发展，极大改变全球要素资源配置方式、产业发展模式和人民生活方式。中国高度重视数字经济发展，持续促进数字技术和实体经济深度融合，协同推进数字产业化和产业数字化，加快建设网络强国、数字中国。中国愿同世界各国一道，把握数字时代新趋势，深化数字领域国际交流合作，推动智能产业创新发展，加快构建网络空间命运共同体，携手创造更加幸福美好的未来。

——2023 年 9 月 4 日，致 2023 年中国国际智能产业

博览会的贺信

➤要以科技创新推动产业创新，特别是以颠覆性技术和前沿技术催生新产业、新模式、新动能，发展新质生产力。完善新型举国体制，实施制造业重点产业链高质量发展行动，加强质量支撑和标准引领，提升产业链供应链韧性和安全水平。要大力推进新型工业化，发展数字经济，加快推动人工智能发展。

——2023 年 12 月 11~12 日，在中央经济工作会议上的讲话

二　党和国家关于数字经济及数字经济人才发展的具体要求

党的二十大报告明确提出，要加快发展数字经济，加快建设"网络强国、数字中国"。当前，全球经济越来越呈现数字化特征，人类社会正在进入以数字化为主要标志的新阶段。数字经济已成为世界主要经济形态和推动

经济社会发展的核心动力。

　　党的二十大报告强调，要加快发展数字经济，促进数字经济和实体经济深度融合，打造具有国际竞争力的数字产业集群，加快建设"网络强国、数字中国"。2024 年的政府工作报告将"大力推进现代化产业体系建设，加快发展新质生产力"列为政府工作十大任务之首。新质生产力是创新起主导作用，摆脱传统经济增长方式、生产力发展路径，具有高科技、高效能、高质量特征。数字经济不仅改变了传统生产方式，提高资源配置效率，还创造了全新的产品和服务模式，形成新的经济增长点。因此，数字经济本身就是新质生产力的具体体现。近年来，《网络强国战略实施纲要》《数字经济发展战略纲要》《"十四五"数字经济发展规划》《"十四五"国家信息化规划》《"十四五"大数据产业发展规划》等出台，形成了推动我国数字经济发展的强大合力，激发和释放了我国数字经济发展的巨大潜能。当前，全球经济越来越呈现数字化特征，人类社会正在进入以数字化为主要标志的新阶段。数字经济已成为世界主要经济形态和推动经济社会发展的核心动力。

　　数字经济是技术驱动的经济，而人才是数字经济发展最重要的基础和推动力量。因此，必须坚持科技是第一生产力、人才是第一资源、创新是第一动力，深入实施科教兴国战略、人才强国战略、创新驱动发展战略，开辟数字经济发展新领域新赛道，不断塑造数字经济发展新动能新优势。2024 年 2 月，中央网信办等四部门印发《2024 年提升全民数字素养与技能工作要点》，部署了包括培育高水平复合型数字人才、培育高水平数字工匠、培育乡村数字人才、壮大行业数字人才队伍；支撑做强做优做大数字经济，加快企业数字化转型升级、扩展数字消费需求空间等 6 个方面 17 项发展数字经济和培育数字经济人才相关的重点任务。2024 年 4 月，人力资源和社会保障部等九部门发布《加快数字人才培育支撑数字经济发展行动方案（2024～2026 年）》，明确紧贴数字产业化和产业数字化发展需要，用 3 年左右时间，扎实开展数字人才育、引、留、用等专项行动，提升数字人才自主创新能力，激发数字人才创新创业活力，增加数字人才有效供给，形成数字人才集聚效应，着力打造一支规模壮大、素质优良、结构优化、分布合理的高水平数字人才队伍，更好地支撑数字经济高质量发展。

2024 年是中华人民共和国成立 75 周年，是我国全功能接入国际互联网 30 周年，提升全民数字素养与技能，要以习近平新时代中国特色社会主义思想为指导，以助力提高人口整体素质、服务现代化产业体系建设、促进全体人民共同富裕为目标，推动全民数字素养与技能提升行动取得新成效，以人口高质量发展支撑中国式现代化建设。

第二章

数字经济及数字经济人才概念

一　数字经济的内涵与解析

被誉为"数字经济之父"的 Don Tapscott 于 1995 年最早提出了数字经济的概念："网络智能时代"已经真实演变成了如今无处不在的互联网，这种全新的、优化的沟通方式和新经济形态正在为用户、企业、社区和国家创造奇迹。

基于学术界对数字经济概念的广泛研究，本报告对数字经济相关概念进行了整合，如表 1 所示。

数字经济的概念：国内目前广为接受并采用的是《"十四五"数字经济发展规划》（国发〔2021〕29 号）和《数字经济及其核心产业统计分类（2021）》（国家统计局令第 33 号）做出的概念界定：数字经济是继农业经济、工业经济之后的主要经济形态，是以数据资源为关键要素，以现代信息网络为主要载体，以信息通信技术融合应用、全要素数字化转型为重要推动力，促进公平与效率更加统一的新经济形态。这也是本研究所采用的关于数字经济的概念界定。

数字经济的内涵：数据资源成为新的关键生产要素，改变了传统的经济生产函数，推动产业链深度融合，催生新业态，实现数据共享和创新驱动，促进经济、社会数字化转型，从而创造出能够更好地发挥数字生产力的新型生产关系和社会治理体系。

表1　数字经济定义

序号	主体	定义
1	2016年G20杭州峰会发布的《二十国集团数字经济发展与合作倡议》	数字经济是指以使用数字化的知识和信息作为关键生产要素、以现代信息网络作为重要载体、以信息通信技术的有效使用作为效率提升和经济结构优化的重要推动力的一系列经济活动
2	中国信息通信研究院：《中国数字经济发展白皮书2017》	以数字化的知识和信息为关键生产要素，以数字技术创新为核心驱动力，以现代信息网络为重要载体，通过数字技术与实体经济深度融合，不断提高传统产业数字化、智能化水平，加速重构经济发展与政府治理模式的新型经济形态
3	中国信息通信研究院：《中国数字经济发展白皮书2020》	以数字化的知识和信息作为关键生产要素，以数字技术为核心驱动力，以现代信息网络为重要载体，通过数字技术与实体经济深度融合，不断提高数字化、网络化、智能化水平，加速重构经济发展与治理模式的新型经济形态
4	国家统计局：《数字经济及其核心产业统计分类（2021）》	以数据资源作为关键生产要素、以现代信息网络作为重要载体、以信息通信技术的有效使用作为效率提升和经济结构优化的重要推动力的一系列经济活动

资料来源：公开资料整理，中国长江经济带发展研究院绘制。

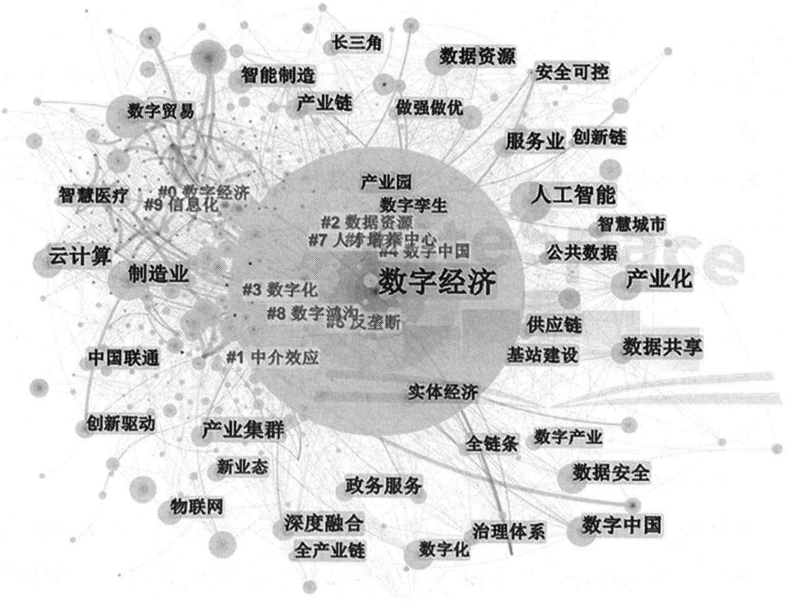

图1　数字经济内涵

资料来源：公开资料，中国长江经济带发展研究院整理绘制。

二 数字经济的产业层次与产业范围

（一）数字经济的产业层次

核心产业层：对应数字产业化，含硬件制造、软件和信息服务、云计算和边缘计算、大数据、人工智能、区块链、虚拟现实等。

狭义的数字经济层：对应产业数字化，含数字经济、共享经济、平台经济、零工经济、算法经济、生态经济等。

广义的数字经济层：对应数字化应用与治理，含电子商务、电子政务、智能制造、数字社会、智慧农业、5G应用、移动互联等（见图2）。

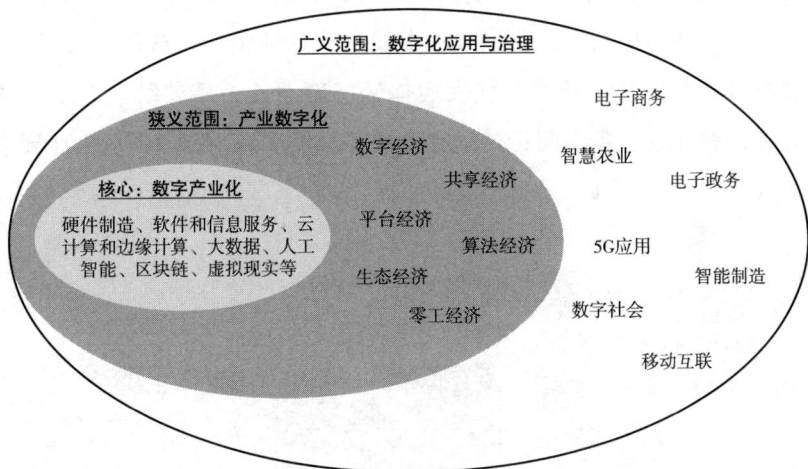

图2 数字经济的产业层次

资料来源：公开资料整理，中国长江经济带发展研究院绘制。

（二）数字经济（核心层）的七大重点产业

《中华人民共和国国民经济和社会发展第十四个五年规划和2035年远景目标纲要》为数字经济发展单设一篇，并进一步明确了数字经济（核心层）

的七大重点产业：云计算、大数据、物联网、工业互联网、区块链、人工智能、虚拟现实和增强现实。数字化应用场景则涵盖了智能交通、智慧能源、智能制造、智慧农业及水利、智慧教育、智慧医疗、智慧文旅、智慧社区、智慧家居、智慧政务等各个领域。

《数字经济及其核心产业统计分类（2021）》将数字经济产业范围确定为：01 数字产品制造业、02 数字产品服务业、03 数字技术应用业、04 数字要素驱动业、05 数字化效率提升业，共 5 大类。

（三）数字经济的新业态

2020 年 7 月，国家发展改革委、中央网信办、工业和信息化部等 13 个部门联合发布《关于支持新业态新模式健康发展 激活消费市场带动扩大就业的意见》（发改高技〔2020〕1157 号），提出数字经济新业态新模式 15 大重点方向，并明确指出：要积极探索线上服务新模式，激活消费新市场；要加快推进产业数字化转型，壮大实体经济新动能；要鼓励发展新个体经济，开辟消费和就业新空间；要培育发展共享经济新业态，创造生产要素供给新方式。

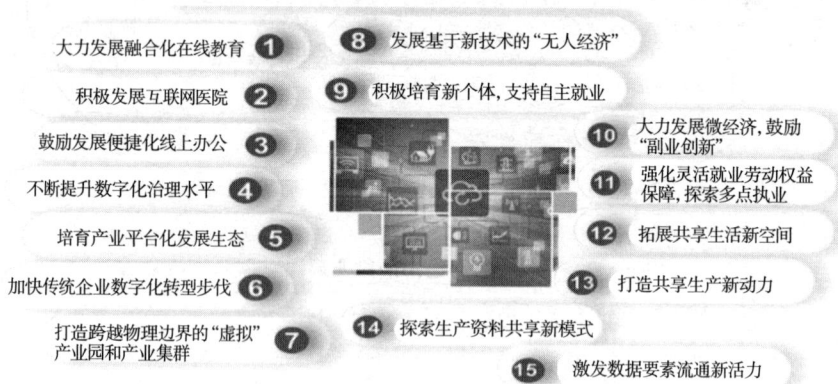

大力发展融合化在线教育 ❶
积极发展互联网医院 ❷
鼓励发展便捷化线上办公 ❸
不断提升数字化治理水平 ❹
培育产业平台化发展生态 ❺
加快传统企业数字化转型步伐 ❻
打造跨越物理边界的"虚拟"产业园和产业集群 ❼
发展基于新技术的"无人经济" ❽
积极培育新个体，支持自主就业 ❾
大力发展微经济，鼓励"副业创新" ❿
强化灵活就业劳动权益保障，探索多点执业 ⓫
拓展共享生活新空间 ⓬
打造共享生产新动力 ⓭
探索生产资料共享新模式 ⓮
激发数据要素流通新活力 ⓯

图 3　数字经济十五种新业态

资料来源：公开资料，中国长江经济带发展研究院整理绘制。

三 人才的内涵与解析

人才是我国经济社会发展的第一资源。在人类社会发展进程中，人才是社会文明进步、人民富裕幸福、国家繁荣昌盛的重要推动力量。根据经济社会发展不同时期的变化及需要，我国对"人才"的解读诠释也有所不同，人才的相关定义如表2所示。

表 2 人才定义汇总

序号	主体	定义
1	《国家教委直属高等工业学校教育研究协作组第二次高等工程教育理论讨论会——关于新时期人才观的讨论综述》（1987年）	在认识与改造自然界、认识与改造社会的实践中，用自己的创造性劳动，为社会和人类的进步做出较大贡献的人
2	《论人才定义与人力资源开发》	非常适合某一领域、某一行业或某一岗位的人，并在此领域、行业和岗位上为社会发展或为人类进步创造出较大的价值或做出较大贡献的人
3	《再论人才定义的实质问题》	具有良好的内在素质，能够在一定条件下通过不断地取得创造性劳动成果，对社会的进步和发展产生较大影响的人
4	《中共中央 国务院关于进一步加强人才工作的决定》（2003年）	只要具有一定的知识或技能，能够进行创造性劳动，为推进社会主义物质文明、政治文明、精神文明建设，在建设中国特色社会主义伟大事业中做出积极贡献，都是党和国家需要的人才
5	《国家中长期人才发展规划纲要（2010~2020年）》	具有一定的专业知识或专门技能，能够进行创造性劳动并对社会做出贡献的人，是人力资源中能力和素质较高的劳动者

资料来源：公开资料，中国长江经济带发展研究院整理绘制。

结合以上的人才相关概念，本研究将人才定义为：内在素质较高，具有专业知识或专门技能，为社会发展和进步创造出较大的价值或做出较大贡献的人。

四　数字经济人才的内涵与解析

（一）数字经济人才的基本定义

关于数字经济人才，目前业界并没有统一的定义。专家学者对数字经济人才的提法较多，国家和各省市发布的相关政策中对数字经济人才的界定也有所不同（见表3）。

表3　数字经济人才的定义

序号	主体	定义
1	猎聘：《数字经济人才白皮书（2021）》	数字经济人才（数字人才）主要指的是数字经济领域具有信息和通信技术（ICT）相关数字技能的从业者，以及其他与信息技术专业技能互补协同的跨界人才
2	赛迪顾问股份有限公司总经理杨桅永：《数字经济人才建设新思路》	数字经济人才是"服务于数字经济领域，负责数字产业化和产业数字化发展的中高层管理人才，以及具有ICT专业技能的人力资源的统称"
3	《贵州省数字经济人才发展白皮书（2019）》	数字经济人才分为数字产业化人才与产业数字化人才两大类。数字产业化人才包括国民经济统计中的"信息传输、软件和信息技术服务业"全行业的人才；产业数字化人才包括除数字产业化人才之外的所有行业中从事"信息化、数字化"建设的人才，主要包括各用人单位中信息中心或网络中心及其他从事数字化、信息化推动工作的人才
4	BCG（波士顿咨询）：《迈向2035：攻克数字经济下的人才战》	数字经济人才为行业业务与数字技术+网络的跨界人才
5	清华大学经济管理学院互联网发展与治理研究中心、LinkedIn（领英）中国：《数字经济时代的创新城市和城市群发展研究报告》	数字经济人才需具备ICT专业技能和ICT补充技能
6	张洪、万晓榆：《重庆市数字经济人才供需研究》	数字经济人才应具备ICT相关专业技术，并能为产业数字化提供重要支撑。具体来看，数字经济人才为具备数字经济核心产业领域大数据智能化12个智能产业的32个相关专业及涉及市场营销、电子商务、行业信息化等相关专业背景人才

资料来源：公开资料，中国长江经济带发展研究院整理绘制。

定义数字经济人才要充分考虑三个主要因素：一是贯彻落实2021年中央人才工作会议精神。习近平总书记提出要坚持面向世界科技前沿、面向经济主战场、面向国家重大需求、面向人民生命健康，培养前瞻性判断力、跨学科理解能力的复合型人才；二是要深刻理解国家推动数字经济发展的重大战略。《中华人民共和国国民经济和社会发展第十四个五年规划和2035年远景目标纲要》指出，迎接数字时代，激活数据要素潜能，推进网络强国建设，加快建设数字经济、数字社会、数字政府，以数字化转型整体驱动生产方式、生活方式和治理方式变革；三是要严格执行国家出台的相关指导性文件。《数字经济及其核心产业统计分类（2021）》明确将数字经济分为数字产业化和产业数字化，其中数字产业化包括数字产品制造业、数字产品服务业、数字技术应用业和数字要素驱动业，产业数字化包括数字化效率提升业。

基于以上，项目组对数字经济人才作基于理论层面的简要定义和基于内涵和外延的详细定义。

数字经济人才（简要定义）：具有数字化创新思维和交叉学科知识，能进行创造性劳动，为数字经济发展进步作出较大贡献的人。

数字经济人才（详细定义）：以建设数字中国为目标，服务于数字经济核心产业及相关领域，利用数字技术推动数字产品制造与服务、数字要素驱动与应用快速发展，以及具有数字化创新思维、熟悉业务领域且能将数据与业务创新融合进而转化成为有价值的信息和知识，推动数字技术与实体产业深度融合，促进我国经济高质量发展的人才总和。

（二）数字经济人才的基本特征

数字经济人才是复合型人才，具有年轻化、学历高、薪酬高、分布广等特点，并能驱动底层技术向应用技术进行转化，推动应用场景策划落地。

（1）具备ICT相关专业技术、数字化思维和能力。数字经济人才是掌握数字技术的通才与专才，可推动数字产业化、产业数字化发展，为数字经济发展提供智力支撑。

（2）具备"年轻化、学历高、薪酬高、分布广"等特征。一是年轻化。《中国数字化人才现状与展望2020》显示，超过50%的数字化应用人才和数字化专业人才年龄处于21~30岁，年轻化趋势明显；二是学历高。猎聘发布的《2021数字经济人才白皮书》显示，全国数字人才拥有相对优质的教育背景，本科及以上学历占82.4%，超过八成；三是薪酬高。知乎联合拉勾招聘发布《2023年度职场洞察报告》，2023年全国数字科技领域人才招聘月薪平均值为13840元，一线城市平均招聘月薪持续领跑，其中北京达到19234元。新一线城市中杭州达到16960元，薪资竞争力强劲；四是分布广。数字人才包含产业数字化和数字产业化等多领域人才，涉及ICT基础产业以及制造、金融、消费品、医药、企业服务、娱乐、教育等重点行业。

（3）具备"能驱动底层技术向应用技术进行转化，推动应用场景策划落地"能力。数字经济人才能把抽象的"底层技术"具象化为数字化、互联网、移动互联网、物联网以及各种智能化的经济社会场景，驱动数字经济技术及应用的加速发展。

（三）数字经济人才的分类

关于数字经济人才的分类，目前业界并没有统一，国际/国家层面暂未提出"数字经济人才"的分类，我国其他省市，如珠海、深圳、宁波、贵州等提出了适合当地产业发展的数字经济人才分类。

1.国际/中国人才分类

按照国际惯例对人才进行划分，一般可以分为4个类型，分别是学术型人才、工程型人才、技术型人才、技能型人才。我国人才类型也遵循国际惯例，大致分为学术型人才、工程型人才、技术型人才、技能型人才。每类人才的详细情况见表4。

表 4　国际/中国人才分类

人才类型	学术型人才	工程型人才	技术型人才	技能型人才
概述	从事学术研究、理论研究的人才	掌握精深的科学原理,并能将其转化为指导生产实践的工程原理或工作原理的人才	掌握和应用技术手段为社会谋取直接利益的人才,介于工程型人才和技能型人才之间	在生产和服务等领域岗位一线,掌握专门知识和技术,具备一定的操作技能,并在工作实践中能够运用自己的技术和能力进行实际操作的人员
常见职业	教授、院士	工程师、设计师、建造师	老师、律师、会计师、护士	一线操作工、轨道列车司机、理发师

资料来源:公开资料,中国长江经济带发展研究院整理绘制。

2. 我国其他省区市数字经济人才分类

发展数字经济,已成为推动传统产业转型升级、实现经济高质量发展的关键动力。目前只有少数地区有详细的数字经济人才分类,如广州琶洲人工智能与数字经济试验区管理委员会发布的《广州市海珠区数字经济紧缺核心产业人才目录（2023 年发布）》将数字经济人才分为技术人才、管理人才、应用人才三类;深圳市龙华区通过综合评审制与行业主管部门举荐制相结合进行数字经济专项人才认定,主要分为数字经济A 类人才、B 类人才、C 类人才;宁波市经济和信息化局在发布的《宁波市数字经济人才发展三年行动计划（2020-2022 年）》中将数字经济人才分为数字战略管理人才、数字研发分析人才、数字技能制造人才、数字营销运营人才 4 类;贵州省大数据发展管理局将数字经济人才分为数字产业化人才、产业数字化人才。其中数字产业化人才包括:经营管理人才、专业技术人才、技能人才;产业数字化人才包括:党政机关信息化人才、事业单位信息化人才、企业信息化人才、信息技术类教师、高校信息技术类在校生（见表 5）。

表 5　我国各省市提出的数字经济人才分类

序号	主体	关键要素
1	广州市海珠区	分为技术人才、管理人才、应用人才 3 类
2	深圳市龙华区	分为数字经济 A 类人才、B 类人才、C 类人才
3	宁波市经济和信息化局	分为数字战略管理人才、数字研发分析人才、数字技能制造人才、数字营销运营人才 4 类
4	贵州省大数据发展管理局	分为数字产业化人才、产业数字化人才两大类。①数字产业化人才包括：经营管理人才、专业技术人才、技能人才；②产业数字化人才包括：党政机关信息化人才、事业单位信息化人才、企业信息化人才、信息技术类教师、高校信息技术类在校生

资料来源：公开资料，中国长江经济带发展研究院绘制。

3. 本项目对数字经济人才的分类

本项目沿用国际人才分类惯例标准，同时参考我国其他省市数字经济人才分类，将数字经济人才分为 3 类：研发型、应用型和管理型，具体见图 4。

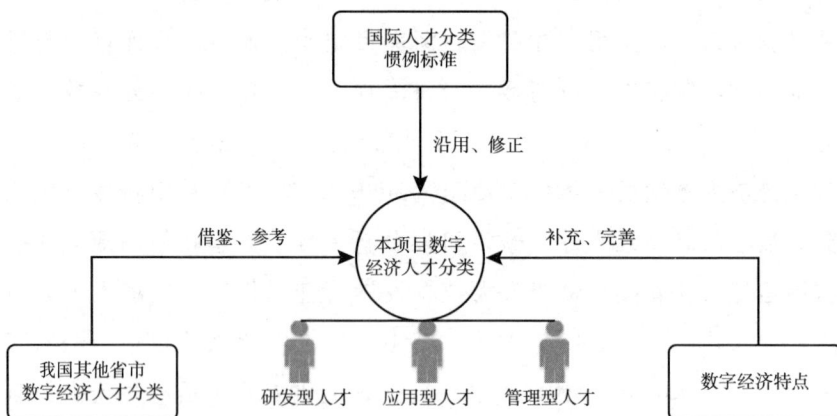

图 4　本项目数字经济人才的分类依据

资料来源：公开资料，中国长江经济带发展研究院绘制。

（1）数字经济人才职能分类

我国的数字经济人才，从职能上分类，是指适合数字经济发展需要的数字战略管理人才、数字研发分析人才、数字技能制造人才和数字营销运营人才。具体分类界定：

➢数字战略管理人才，主要是指数字化转型领导者、数字化商业模型战略引导者、数字化解决方案规划者、数字战略顾问等。

➢数字研发分析人才，主要是指互联网、区块链、大数据、人工智能等领域的产品经理、软件开发人员、视觉分析者、算法工程师、系统工程师、硬件工程师等。

➢数字技能制造人才，主要是指工业4.0实践专家、先进制造工程师、机器人与自动化工程师等。

➢数字营销运营人才，是指从事数字产品运营、质量测试、数字技术支持、营销自动化的专家、社交媒体营销专员、电子商务营销人员等。

（2）数字经济人才产业分类

基于《数字经济及其核心产业统计分类（2021）》确定的数字经济产业范围，并参考《中华人民共和国职业分类大典（2022年版）》，我国的数字经济人才，从产业上分类，是指适合数字经济发展需要的数字产品制造业人才、数字产品服务业人才、数字技术应用业人才、数字要素驱动业人才、数字化效率提升业人才。具体分类界定如下：

➢数字产品制造业人才，主要包括工业互联网工程师，计算机、通信和其他电子设备制造人员，智能制造工程技术人员，智能终端产品及设备制造人员等。

➢数字产品服务业人才，主要包括信息系统运行维护工程技术人员，信息通信网络运行、信息通信网络终端维修、档案数字化、导航与位置服务等工程技术及管理人员。

➢数字技术应用业人才，主要包括集成电路和软件产业研发设计人员，信息系统分析、数据分析处理、工业互联网、机器人等专业及工程技术人员。

➤数字要素驱动业人才，主要包括计算机网络、信息通信网络、集成电路、物联网、数据安全、密码工程、供应链管理等专业及工程技术人员。

➤数字化效率提升业人才，主要包括金融科技、电子商务、数字出版、数字媒体艺术、区块链应用等专业技术及经营管理人员，智慧农业、智能交通、数字社会、数字政府等专业技术及经营管理人员。

（四）新时代数字经济人才内涵解析

综合相关文献资料并通过网络文本数据捕捉，本项目对数字经济人才内涵的热词进行分析，明确了数字经济人才的内涵：作为数字经济发展的核心驱动力，数字经济人才由数字化基础研发人才、数字化交叉融合型人才和数字化治理型人才构成，具备以下几点能力特征：

➤数字经济领导力——包括商业洞察力、数字化感知与意识、数据业务运营管理与战略转型实践能力等。

➤数字经济业务能力——包括数字化办公技能、数字化运营与分析能力、人工智能应用能力、数字化产品研发与运营能力、网络安全维护能力、数字化场景设计与应用能力等。

➤数字经济发展潜能——包括数字化价值观、学习能力、驱动能力、变革能力、人文关怀素养等。

新时代中国数字经济人才中，既包括掌握一般数字专业技能的普通人才，也包括掌握高精尖数字技能的复合型、领军人才。

总体而言，数字经济人才的特征可以用"高""新""专""复合"来概括：

（1）"高"，包括高端、高层次、"高精尖缺"、高技能、高峰、高级等特点；

（2）"新"，表现为创新创业、新技术、新模式、新业态、创新型等；

（3）"专"，可以理解为个性化、差异化、多样化、"数字工匠"、专项英才、技术领军人才、技术型人才、技能型人才等；

（4）"复合"则体现为"数字科技+X"、跨学科、复合型、融合型、科研团队等。

表6　新时代数字经济人才"高""新""专""复合"特征

数字经济人才的特征	资料来源	年份
高、精、尖、缺	《济南市促进先进制造业和数字经济发展的若干政策措施》	2019
稀缺型、复合型、领军型	《北京市数字经济全产业链开放发展行动方案》	2022
领军型、复合型、高技能、高精尖缺	《广东省数字经济发展指引1.0》	2022
个性化、差异化、多样化的高精尖数字人才	《国家数字经济创新发展试验区（福建）工作方案》	2021
高层次人才、产业紧缺人才、创新创业人才	《南京市"十四五"数字经济发展规划》	2021
高端人才、"三新（新技术、新模式、新业态）"人才、"数字创客""数字工匠""甬企名家"	《宁波市数字经济人才发展三年行动计划（2020-2022年）》	2020
数字经济领域高层次创业创新人才	《苏州市推进数字经济和数字化发展三年行动计划（2021—2023年）》	2021
战略科技人才、科技领军人才、青年科技人才、创新创业团队	《无锡市加快推进数字经济高质量发展三年行动计划（2020-2022年）》	2020
"数字工匠"、数字经济高端人才	《广州市建设国家数字经济创新发展试验区实施方案》	2021
数字经济高峰人才、数字创新型企业家、数字产业专项英才、青年数字领军人才	《杭州市数字经济发展"十四五"规划》	2021
高端数字人才、"数字工匠"队伍、企业高层次管理人才	《江苏省"十四五"数字经济发展规划》	2021
人工智能、区块链、云计算和大数据分析（"ABCD人才"）	《数字人才驱动下的行业数字化转型研究报告》	2019
学科带头人、技术领军人才、高级管理人才、复合技能型人才	《无锡市〈关于加快推进数字经济高质量发展的实施意见〉》	2020
"高精尖缺""数字科技+X"	《浙江省数字经济发展"十四五"规划》	2021
高端人才及团队、创新人才和工程技术人才、应用型和技能型人才	《重庆市数字经济"十四五"发展规划（2021—2025年）》	2021

资料来源：公开资料，中国长江经济带发展研究院整理绘制。

第三章

中国数字经济人才发展的
动力机制及评价体系

一　新时代中国数字经济人才发展的
动力机制及影响因素

（一）新时代中国数字经济人才发展的动力机制

通过梳理各省（区、市）及各地方政府发布的与数字经济（人才）发展相关的政策，可以发现，数字经济人才的"供需失衡"是各级政府在推动数字经济建设过程中面临的痛点和难点。为此，各级政府相继出台了一系列推进数字经济人才发展的动力机制，涉及数字经济人才引进、培养和留用等各个领域。

其中，有关人才引进的动力机制包括高端高质高效发展数字经济、加快重点产业培育、建设数字新载体、营造数字技术创新生态、扩大数字经济开放合作能级等；有关人才培养的动力机制包括全民数字素养与技能提升、强化数字经济国内外交流合作、推进数字经济产业集聚发展、深入实施数字经济创新发展工程、打造数字经济创新高地、提升数字产业发展能级、完善数字经济人才开发体系等；有关人才留用的动力机制包括构建数字化转型服务生态、数字经济功能服务平台建设、优化产业生态环境、数据驱动治理能力现代化建设、打造数字化治理高地等。

表1　数字经济人才发展地方驱动力汇总

数字经济人才发展的地方驱动力	资料来源	年份
全民数字素养与技能提升、数字化转型服务生态、网络安全防护能力、数字经济试点示范等	国家《"十四五"数字经济发展规划》	2021
先进制造业和数字经济高端高质高效发展	《济南市促进先进制造业和数字经济发展的若干政策措施》	2019
打造引领全球数字经济发展的"六个高地"	《北京市关于加快建设全球数字经济标杆城市的实施方案》	2021
数字经济全产业链开放发展,释放数据要素价值,激发数字经济活力,构建数据驱动的数字经济新体系,加快建设全球数字经济标杆城市	《北京市数字经济全产业链开放发展行动方案》	2022
数据要素高效汇聚运营、数字经济功能服务平台建设、营造数字技术创新生态、强化数字经济国内交流合作、协同共建数字"双城"经济圈	《成都市"十四五"数字经济发展规划》	2022
建设数字经济重点实验室、激发数字创新活力、加快重点产业培育、推动行业融通发展、优化产业生态环境、促进农村物流电商数字化、推进产业集聚发展	《广东省数字经济发展指引1.0》	2022
数字经济先发优势或将弱化、数字经济产业竞争优势偏弱、数字经济人才创新能力不强、数字经济人才开发体系有待进一步完善	《贵州省"十四五"数字经济人才发展规划》	2021
大力推广数字化应用,深入实施数字经济创新发展工程,以数据要素高效有序流通和新型基础设施建设为驱动,推进数字产业化和产业数字化,加快经济社会各领域数字化、网络化、智能化转型,服务区域发展战略,促进闽台融合发展	《国家数字经济创新发展试验区(福建)工作方案》	2021
要素流动加速数字经济发展、数字技术赋能实体经济转型、数据驱动治理能力现代化建设、数字化生活赋予城市发展新内涵	《南京市"十四五"数字经济发展规划》	2021
数字经济总量规模扩大,数字经济人才集聚产业承载空间拓展,数字经济集聚水平提高,数字企业战略管理能力增长支撑数字经济发展的研发创新机构(园区)能级提升	《宁波市数字经济人才发展三年行动计划(2020-2022年)》	2020
拓展数字新产业、培育数据新要素、提升数字新基建、打造智能新终端、壮大数字新企业、建设数字新载体	《上海市数字经济发展"十四五"规划》	2022
构建全球领先的数字创新体系、打造国内领先的数字基础设施高地、打造具有国际竞争力的数字产业高地、打造具有国际影响力的制造业数字化转型示范高地、打造引领国内的数字化治理高地、打造自主可控的数字安全高地、打造国际一流的数字创新生态	《苏州市推进数字经济和数字化发展三年行动计划(2021—2023年)》	2021

数字经济人才发展的地方驱动力	资料来源	年份
建设数字经济新型基础设施全国标杆、率先形成数据要素高效配置机制、打造数字经济创新高地、特色引领推动重点领域数字化转型、高质量推动"智慧广东"建设、打造数字经济开放合作先导示范区	《广东省建设国家数字经济创新发展试验区工作方案》	2020
强化数字科技创新引领、提升数字产业发展能级、促进产业数字化深度融合、提升数字化治理能力、加速数据要素价值释放、夯实新型基础设施、深化区域数字化开放合作	《江苏省"十四五"数字经济发展规划》	2021
加快数字产业化，培育建设世界级数字产业集群；推进产业数字化，推动实体经济高质量发展；突出数字化改革引领，提升治理数字化水平；强化数字赋能，推进数据价值化；构建数字生态，激发主体创新活力；建设数字基础设施，夯实数字经济发展基石	《浙江省数字经济发展"十四五"规划》	2021
夯实新基建，筑牢数字经济发展基础条件；激活新要素，充分发挥海量数据价值；培育新动能，加速释放高质量发展活力；加强新治理，提升社会和政府数字化水平；强化新支撑，增强数字经济内生发展动力；融入新格局，扩大数字经济开放合作能级	《重庆市数字经济"十四五"发展规划（2021—2025年）》	2021

资料来源：公开资料，中国长江经济带发展研究院绘制。

（二）新时代中国数字经济人才发展的影响因素

从宏观环境影响因素和相关产业环境影响因素两方面对数字经济人才发展的影响因素进行分析。宏观环境影响因素包括：新一轮信息技术革命的兴起、促进数字经济发展的顶层设计、数字资源要素全球范围的自由流动、基于移动互联网的生产和商业模式创新、社会治理体系的数字化转型、各国之间和各国内部的发展水平差异与数字鸿沟等。相关产业环境影响因素则包括：传统产业结构和经济结构的数字化转型能力、数字经济人才流动与市场配置水平、数字经济基础设施支撑能力、数字经济产业协同创新能力、数字经济产业运行安全保障能力、数字化产业链和数字化生态完善程度、数据价值市场化配置水平、数字经济功能服务平台建设水平等。

二　新时代中国数字经济人才发展的评价体系

人才是数字经济高质量发展的核心要素，数字经济产业所蕴含的巨大潜力也让各地政府愈发重视数字经济人才的引进与培养。因此，更准确地判断数字经济人才的相关能力并对其进行分级是地方政府在数字经济人才引进中必须面对的问题。

（一）新时代中国数字经济人才的分级标准

在充分研究珠海、深圳数字经济人才分类标准的基础上，我们结合数字经济特点，对人才进行了分级，分为顶尖、领军、精英、新锐四类（见表2）。

表 2　中国数字经济人才分级标准

类别	分级			
	顶尖	领军	精英	新锐
研发型人才	取得优秀的学术职位（如学术组织高级成员）和学术称号（如院士）等	具备优秀的专业知识、职业技能、职业素养和工作经历等	具备良好的专业知识、职业技能、职业素养和工作经历等	拥有良好的学历和较高的薪资（比如年薪金收入达到20万元人民币以上）等
应用型人才	作为COO、CMO且所在公司的行业排名和市值领先（如世界500强企业、市值超过300亿元人民币的企业）等	作为COO、CMO且所在公司的行业排名和市值优良（如中国互联网企业100强、市值超过60亿元人民币的企业）等	作为COO、CMO且所在公司的行业排名和市值领先（如市值或估值超过10亿元的企业）等	拥有良好学历、较高薪资（比如年薪金收入达到25万元人民币以上）以及数字经济岗位经验等
管理型人才	作为董事长、总经理且所在公司的行业排名和市值领先（如世界500强企业、市值超过300亿元人民币的企业）等	作为COO、CMO且所在公司的行业排名和市值优良（如中国互联网企业100强、市值超过60亿元人民币的企业）等	作为COO、CMO且所在公司的行业排名和市值领先（如市值或估值超过10亿元的企业）等	拥有良好学历、较高薪资（比如年薪金收入达到25万元人民币以上）以及管理岗位经验等

资料来源：中国重庆数字经济人才市场"数字经济人才分类及评价项目"课题研究结果。

（二）新时代中国数字经济人才的认定条件

研发型、应用型、管理型人才根据顶尖、领军、精英、新锐的分级不同，可以从研究经历、头衔职务、成果荣誉、工作经历4个维度进行独立评价（见表3）。

表3　数字经济研发型人才认定标准

分级	认定条件	
	认定维度	具体指标
顶尖	研究经历	1. 国家科技重大专项数字经济领域项目的首席科学家、专家组组长、副组长及成员、项目负责人、课题负责人，且项目（课题）通过验收 2. 国家重点研发计划数字经济领域项目的首席科学家、专家组组长、副组长及成员、项目负责人、课题负责人，且项目（课题）通过验收
	头衔职务	1. 国内外国家最高学术权威机构会员（一般为 member、fellow 或院士） 2. 国际著名学术组织和研究机构高级成员 3. 全国专业标准化技术委员会主任委员 4. 在从事数字经济领域研究的国家实验室担任主任、副主任、学术委员会主任 5. 在从事数字经济领域研究的国家重点实验室、国家工程研究中心或同级别国家创新平台担任主任、副主任前2名、工程学术（技术）委员会主任、学术委员会主任 6. 在从事数字经济领域研究的省、部（重点）实验室、工程实验室、工程研究中心担任主任、学术委员会主任（含筹建1年以上项目） 7. 数字经济领域企业设立、经国家认定的企业技术中心担任主任职务，且任期内考核结果为合格的 8. 在满足以下任一条件的数字经济领域企业担任首席技术官、首席科学家或同等职务：①市值或估值超过300亿元人民币，或营业收入8亿元人民币以上，或年纳税额8000万元人民币以上；②累计获得经证监会或地方政府备案的风投机构1亿元人民币以上风险投资资金；③入围《福布斯》"全球数字经济100强"榜单，或入选《财富》世界500强排行榜；④中国互联网协会、工业和信息化部信息中心联合发布的"中国互联网企业100强"前十名企业
	成果荣誉	1. 国家自然科学奖、国家技术发明奖、国家科学技术进步奖一等奖获得者前3名 2. 中国通信标准化协会科学技术奖一等奖项目的完成人 3. 中国通信学会科学技术奖一等奖项目的完成人 4. 中国电子学会电子信息科学技术奖一等奖项目的完成人 5. 钱伟长中文信息处理科学技术奖一等奖项目前4名完成人 6. 吴文俊人工智能科学技术奖自然科学奖、技术发明奖、科技进步奖科普项目、专项奖芯片项目一等奖项目前4名完成人 7. 中国仿真学会科学技术奖一等奖项目前4名完成人 8. 中国计算机学会王选奖

分级	认定条件	
	认定维度	具体指标
		9. 冯康科学计算奖 10. 云计算中心科技奖人才奖 11. 中国电子技术标准化研究院主办的中国区块链开发大赛特等奖、一等奖的获奖团队带头人 12. 其他数字经济领域同等级别的国家级行业奖项
领军	研究经历	1. 国家科技重大专项子课题负责人、项目骨干前 3 名,且项目(课题)通过验收 2. 国家重点研发计划数字经济领域项目子课题负责人、项目骨干前 3 名,且项目(课题)通过验收
	头衔职务	1. 海外高层次人才引进计划人选 2. "新世纪百千万人才工程"国家级人选 3. 国家杰出青年科学基金获得者 4. 国家有突出贡献中青年专家 5. 卫生部有突出贡献中青年专家 6. "长江学者奖励计划"特聘教授 7. 在从事数字经济领域研究的省、部(重点)实验室、工程实验室、工程研究中心担任副主任、学术委员会副主任(含筹建 1 年以上项目) 8. 在从事数字经济领域研究的市(地级市以上,下同)、厅(重点)实验室、市工程技术研究中心、市工程实验室担任主任职务(含筹建 1 年以上项目) 9. 在数字经济领域企业设立、经省级认定的企业技术中心担任主任职务,任期内考核结果为合格的 10. 在满足以下任一条件的数字经济领域企业担任首席技术官、首席科学家或同等职务:①市值或估值超过 60 亿元人民币,或营业收入 5 亿元人民币以上,或年纳税额 5000 万元人民币以上;②累计获得经证监会或地方政府备案的风投机构 5000 万元人民币以上风险投资资金;③入选《财富》世界 500 强排行榜企业的二级公司或地区总部;④连续 3 年上榜中国互联网协会、工业和信息化部信息中心联合发布的"中国互联网企业 100 强";⑤世界物联网排行榜优秀企业;⑥连续两年中国工业互联网 50 佳企业
	成果荣誉	1. 国家自然科学奖、国家技术发明奖、国家科学技术进步奖二等奖获得者前 3 名 2. 中国通信标准化协会科学技术奖二等奖项目前 4 名完成人 3. 中国通信学会科学技术奖二等奖项目前 4 名完成人 4. 中国电子学会电子信息科学技术奖二等奖项目前 4 名完成人 5. 钱伟长中文信息处理科学技术奖二等奖项目前 4 名完成人 6. 吴文俊人工智能科学技术奖自然科学奖、技术发明奖、科技进步奖科普项目、专项奖芯片项目二等奖项目前 4 名完成人 7. 中国仿真学会科学技术奖二等奖项目前 4 名完成人 8. 其他数字经济领域同等级别的国家级行业奖项

续表

分级	认定条件	
	认定维度	具体指标
精英	工作经历	在数字经济领域企业连续不间断工作 5 年以上，持有华为认证 ICT 专家（HCIE）证书、思科认证互联网专家（CCIE）证书、红帽认证架构师（RHCA）证书、注册信息安全专业人员（CISP）证书或区块链技术软件开发高级证书，所从事领域与所持有证书密切相关，年薪金收入达到 60 万元人民币以上
	研究经历	1. 省级重点领域研发计划项目前 3 名负责人、项目组组长、副组长，且项目（课题）通过验收
	头衔职务	1. 省部级人才计划人选 2. 在从事数字经济领域研究的市（地级市以上）、厅（重点）实验室、市工程技术研究中心、市工程实验室担任副主任职务者（含筹建 1 年以上项目） 3. 在数字经济领域企业设立、经市级认定的企业技术中心担任主任职务，任期内考核结果为合格的 4. 在满足以下任一条件的数字经济领域企业担任首席技术官、首席科学家或同等职务：①市值或估值超过 10 亿元人民币，或营业收入 3 亿元人民币以上，或年纳税额 2000 万元人民币以上；②累计获得经证监会或地方政府备案的风投机构 3000 万元人民币以上风险投资资金
	成果荣誉	1. 中国通信标准化协会科学技术奖二等奖项目的完成人 2. 中国通信学会科学技术奖二等奖项目的完成人 3. 中国电子学会电子信息科学技术奖二等奖项目的完成人 4. 世界技能大赛网络安全、云计算类金牌项目团队带头人 5. 钱伟长中文信息处理科学技术奖三等奖项目前 4 名完成人 6. 吴文俊人工智能科学技术奖三等奖项目前 4 名完成人 7. 中国工业互联网大赛全国总决赛一等奖、二等奖、三等奖项目团队带头人 8. 其他数字经济领域同等级别的国家级行业奖项或省部级奖励
	工作经历	在数字经济领域企业连续不间断工作 5 年以上，年薪金收入达到 40 万元人民币以上
新锐	教育经历	拥有"211""985"院校、"双一流"建设高校的学士或全日制硕士研究生学位
	工作经历	年薪金收入达到 20 万元人民币以上

注：1. 近 5 年，满足任一具体指标即达到认定标准；2. 各国科学院：中国、美国、英国、德国、法国、日本、意大利、加拿大、瑞典、丹麦、挪威、芬兰、比利时、瑞士、奥地利、荷兰、西班牙、澳大利亚、新西兰、俄罗斯、以色列、印度、乌克兰、新加坡、韩国的科学院院士、工程院院士（成员 member 或高级成员 fellow）；3. 国际著名学术组织名单：电气与电子工程师学会（美国）—IEEE（The Institute of Electrical And Electronics Engineers）、电气工程师学会（英国）—IEE（The Institutions of Electrical Engineers）、国际电工委员会—IEC（International Electrotechnical Commission）、美国物理学会—APS（American Physical Society）、美国计算机协会—ACM（Association for Computing Machinery）、美国机械工程师学会—ASME（American Society of Mechanical Engineers）、美国工业与应用数学学会—SIAM（Society for Industrial and Applied Mathematics）。

表4 数字经济应用型人才认定标准

分级	认定条件	
	认定维度	具体指标
顶尖		在满足以下任一条件的数字经济领域企业担任首席运营官、首席营销官或同等职务： ①市值或估值超过300亿元人民币，或营业收入8亿元人民币以上，或年纳税额8000万元人民币以上； ②累计获得经证监会或地方政府备案的风投机构1亿元人民币以上风险投资资金； ③入围《福布斯》"全球数字经济100强"榜单，或入选《财富》世界500强排行榜； ④中国互联网协会、工业和信息化部信息中心联合发布的"中国互联网企业100强"前十名企业
领军	头衔职务	在满足以下任一条件的数字经济领域企业担任首席运营官、首席营销官或同等职务： ①市值或估值超过60亿元人民币，或营业收入5亿元人民币以上，或年纳税额5000万元人民币以上； ②累计获得经证监会或地方政府备案的风投机构5000万元人民币以上风险投资资金； ③入选《财富》世界500强排行榜企业的二级公司或地区总部； ④连续3年上榜中国互联网协会、工业和信息化部信息中心联合发布的"中国互联网企业100强" ⑤世界物联网排行榜优秀企业 ⑥连续两年中国工业互联网50佳企业
精英		在满足以下任一条件的数字经济领域企业担任董事长、总经理或同等职务： ①市值或估值超过10亿元人民币，或营业收入3亿元人民币以上，或年纳税额2000万元人民币以上 ②累计获得经证监会或地方政府备案的风投机构3000万元人民币以上风险投资资金
新锐	教育经历	拥有"211""985"院校、"双一流"建设高校的学士或全日制硕士研究生学位
	工作经历	①在数字经济企业或其他企业数字经济相关部门的数字经济岗位工作3年及以上；②年薪金收入达到25万元人民币以上

注：近5年，满足任一具体指标即达到认定标准。

表5 数字经济管理型人才认定标准

分级	认定条件	
	认定维度	具体指标
顶尖	头衔职务	在满足以下任一条件的数字经济领域企业担任董事长、总经理或同等职务： ①市值或估值超过300亿元人民币，或营业收入8亿元人民币以上，或年纳税额8000万元人民币以上 ②累计获得经证监会或地方政府备案的风投机构1亿元人民币以上风险投资资金 ③入围《福布斯》"全球数字经济100强"榜单，或入选《财富》世界500强排行榜； ④中国互联网协会、工业和信息化部信息中心联合发布的"中国互联网企业100强"前十名企业

分级	认定条件	
	认定维度	具体指标
领军	头衔职务	在满足以下任一条件的数字经济领域企业担任董事长、总经理或同等职务： ①市值或估值超过 60 亿元人民币，或营业收入 5 亿元人民币以上，或年纳税额 5000 万元人民币以上 ②累计获得经证监会或地方政府备案的风投机构 5000 万元人民币以上风险投资资金 ③入选《财富》世界 500 强排行榜企业的二级公司或地区总部 ④连续 3 年上榜中国互联网协会、工业和信息化部信息中心联合发布的"中国互联网企业 100 强" ⑤世界物联网排行榜优秀企业 ⑥连续两年中国工业互联网 50 佳企业
精英		在满足以下任一条件的数字经济领域企业担任董事长、总经理或同等职务： ①市值或估值超过 10 亿元人民币，或营业收入 3 亿元人民币以上，或年纳税额 2000 万元人民币以上； ②累计获得经证监会或地方政府备案的风投机构 3000 万元人民币以上风险投资资金
新锐	教育经历	拥有"211""985"院校、"双一流"建设高校的学士或全日制硕士研究生学位
	工作经历	①在数字经济企业或其他企业数字经济相关部门的数字经济岗位工作 3 年及以上；②年薪金收入达到 25 万元人民币以上

注：近 5 年，满足任一具体指标即达到认定标准。

（三）新时代中国数字经济人才的评价指标

综合相关文献并结合"数字经济人才"的内涵解析，数字经济人才发展的评价指标体系应主要包括四个方面：

1. 数字经济人才发展的总量。包括数字经济人才资源总量、数字创新人才培养水平、重点人才储备、高水平人才和数字人才就业状况、数字经济人才需求状况；

2. 数字经济人才发展的层次结构。包括数字经济人才行业与区域分布、区域数字经济人才供需状况、数字经济人才求职占比和薪酬结构、数字经济人才画像、数字经济人才流动情况、数字经济人才就业情况；

3. 数字经济人才发展的潜力效能。包括数字技术能力、适应与持续创新能力、动态学习与信息处理能力、整体性思维与容错纠错能力、国民基本数字素养、人才流入流出比；

4. 数字经济人才发展的支持环境。包括人才发展环境、人才平台能级、地区与城市数字经济人才吸引力水平、教育培训体系、人才流动与市场配置机制、高端创新创业平台数。

表6　数字经济人才发展影响因素及各省评价指标汇总

数字经济人才发展的影响因素及各省评价指标参考	资料来源	年份
区域数字经济人才供需分析、人才结构分析、人才求职占比和薪酬分析、人才吸引力排名分析	《京沪粤苏浙五省(市)数字经济人才样本研究》	2021
数字基本技能和使用、高级技能与发展	欧盟委员会数字经济和社会指数(DESI)	2014
国民基本数字素养(高等教育入学率)，数字创新人才培养(数学和科学等理工科教育质量)	《全球数字经济竞争力发展报告》	2017
数字经济人才资源总量、人才资源结构、人才资源素质、人才发展环境	《贵州省"十四五"数字经济人才发展规划》	2021
数字经济人才规模、人才结构、人才平台能级、人才效能、人才环境	《宁波市数字经济人才发展三年行动计划(2020-2022年)》	2020
网络信息技术不断向传统领域扩张和融合，带来生产效率、交易效率、外溢效应和资源配置效率的不断改善，一方面改造了劳动力等传统生产要素，另一方面，也吸引了人才在内的全社会要素向新技术、新业态、新模式大量聚集，引发产业结构和经济结构转型	《中国数字经济时代人才流动报告》	2018
人才流动情况、重点人才储备、高水平人才和数字人才就业状况、人才地区及行业分布、教育背景与技能特点、职位等级分布与需求状况、地区与城市数字经济人才吸引力水平	《粤港澳大湾区数字经济与人才发展研究报告》	2019
数字人才政策、人才储备、人才结构、行业结构、人才职能、人才知识与能力体系、教育培训体系、人才流动与市场配置	《数字人才的发展现状与应对策略》	2021
顶尖级、领军级、专家级、精英级、新锐级五级	《数字经济人才标准》	2020
数字经济时代的人才标准更细致，更注重培育人才数字技术的能力、高度适应能力、信息处理能力、持续创新能力、动态学习能力以及整体性思维、容错思维和智能思维能力	《数字经济时代中的人才盘点》	2022

资料来源：公开资料，中国长江经济带发展研究院绘制。

第四章

新时代中国数字经济人才分级评价
推动人才发展的对策建议

当前，我国正处于质量变革、效率变革、动力变革的重要阶段，数字经济成为经济发展新动能。但数字经济人才供给与需求存在很大差距，为推动数字经济人才与产业发展、提升数字经济产业创新驱动能力，本文从数字经济人才评价、培养和交流等方面提出如下建议。

一 完善评价机制，激发人才创新"新活力"

人才评价作为"指挥棒"和"风向标"，影响到人才使用激励的效果。面对人才队伍状况的变化，各级政府部门、科研院所、企业应当进一步完善人才评价机制。一是优化现有政策体系。明确政府、科研院所、高校、用人单位等在人才评价中的职能定位以及评价机制牵头协同单位与职责，在国内率先研究、制定和实施人才评价认定标准和评定办法，凸显集成电路、新型显示、智能终端等数字产品制造核心产业的领先性、主导性。二是构建多元动态评价机制。在政策宏观指导下，发挥科研院所、高校和企业的科研创造力，破除"四唯"倾向，针对5类数字经济核心产业的不同类型、不同层次的人才，采用智能化评价、企业自主评定、"以岗/赛引才"直通车认定、专家评审等多种模式协同的人才评价机制。三是支持企业自主开展人才评价。支持企业自主确定评价范围、自主设置职业技能等级、自主运用评价方法，依托企业开发评价标准规范，激发企业内生动力与创新活力。

二　推动人才梯度培养，构建四链融通"新模式"

促进教育链、人才链与产业链、创新链的有机衔接，全方位培养各领域、各层次、各岗位的数字经济复合型人才。

一是完善产业人才监测及政策服务体系。构建产业人才储备数据库，绘制重点产业人才图谱，编制数字经济领域重点产业集群"高精尖缺"人才目录，摸清产业需求缺口，支撑研判现有人才储备与产业发展需求的匹配程度；完善人才专项一揽子政策，出台《数字经济人才引进措施》等相关政策；适时组建百亿级的数字经济产业发展基金，鼓励支持区县根据区域特色产业成立创业投资引导基金。

二是搭建高品质创新平台。建设国家实验室、国家工程研究中心、前沿数字科学中心等高端创新平台，培养科技创新人才跨领域、跨学科研究能力及创新能力；推动拥有数字经济产业相关学科的"双一流"高校、国家级科研院所、具有突出成绩的科学家及科研团队来渝设立集成电路等核心领域的研发机构，引进外部人才及团队，为本地优秀人才带来前沿技术及创新思路。

三是策划实施重大科技创新项目。以"揭榜挂帅"方式，开展首席科学家负责制等试点，赋予领军人才技术路线决策权、项目经费调剂权、创新团队组建权，聚焦数字经济领域重大"卡脖子"技术问题和重点新产品研发，通过市级科技创新重大项目方式，支持数字经济领军企业联合行业上下游、高校院所组建创新联合体开展协同攻关。

四是建设国家级、市级示范性数字经济学院。与国内外重点高校、科研院所合作开展本科以上联合培养；与职业院校、培训机构共建数字经济重点领域高技能人才培训基地，开展高技能人才培训；与数字经济龙头企业、高校共同建设以"政府引导、高校主导、多元参与"本科生为主的新工科、新商科产业学院，培养产业急需的产品工程师、系统工程师、管理运营经理等高层次技能和应用型人才。

三 搭建平台载体，营造人才交流"新态势"

要营造人才交流高品质环境，搭建人才交流合作平台，促进人才资源有效循环流动。一是打造数字经济人才信息共享服务平台。完善体制机制，汇聚涵盖数字经济人才基本信息、研究领域、科研成果、所在机构、合作关系图谱等数据资源，打造集档案管理、专家查询、成果分享及交流于一体的"人才智库"和"朋友圈"。二是建立数字经济人才发展联合会。联合高校、科研机构、园区、企业等建立数字经济人才发展联合会，并依托全国人力资源服务大赛，跨区域、跨产业打通战略管理、技能及应用型人才交流合作通道。三是建设国际人才交流平台。鼓励国内高校与国外高校围绕数字经济产业新兴技术、颠覆性技术和关键核心技术等建立高端研发平台及技术研究中心等，推动人才国际交流。四是构建开放式人才交流生态。面向市场需求，按照细分产业打造优质雇主品牌，如重庆智能制造产业领域的长安汽车、长城汽车、大江动力等规上企业，建立开放的人才交流循环机制，在产业技术及应用方面开展人才交流共享，助推数字经济复合型人才的培育。

【02】

2023年中国数字经济人才需求分析报告

摘　要：数字经济的蓬勃发展，离不开数字经济发展要素的大力支撑。在诸多要素中，人力资本要素的影响和作用众所周知。在劳动经济理论框架下，人力资本的需求是基于产品需求的派生需求，既受到产品市场变化态势的影响，又需要考虑劳动力市场供求规律，是双重市场机制作用下的结果。

本研究以我国数字经济人才需求为切入点，通过对中国数字经济人才需求现实状况的分析，了解我国数字经济发展状态和未来趋势：一是通过明晰中国数字经济发展整体人才需求状况，把握国内数字经济人才总体规模和行业需求特征，了解人才储备与人才需求之间的差异，发现数字经济人才市场的供求特点，从而揭示影响供求平衡的主要问题和集中矛盾。二是通过对数字经济人才进行不同维度的画像，发现不同类型数字经济人才的群体特征，为数字经济人才培养明确目标和具体内容，也为企业选择人才提供明确指导，为宏观人才储备提供有力支持。三是通过分析影响数字经济人才流动的关键因素和主要动因，揭示数字经济人才的需求偏好与行为动机，为国家和地区在制定人才引进、人才聚集和人才配置等方面相关政策时提供决策参考。本文结合未来人才需求发展趋势，提出建议性对策。

关键词：数字经济　人才特色　人才供需　人才发展

第一章

中国数字经济人才的发展环境

2023 年是全面贯彻落实党的二十大精神的开局之年，也是深入实施数字中国战略的重要推动之年。党中央、国务院高度重视数字中国建设，习近平同志多次作出重要指示批示。各地区各部门在习近平新时代中国特色社会主义思想指引下，认真贯彻落实数字中国战略部署，不断夯实数字中国发展基础，切实提高数字中国发展质量，全面统筹发展和安全，以数字领域高水平对外开放促进高质量发展，数字中国发展呈现良好态势。6 月 30 日，国家数据局正式发布《数字中国发展报告（2023 年）》，对中国数字经济发展的整体情况进行了系统总结。

一 数字中国发展基础更加夯实

数字中国的数据底座更加坚实，数字技术创新更加活跃，数字基础设施发展水平持续领跑全球，数字人才队伍建设步伐加快，数字中国的发展根基更加夯实。

（一）数据制度体系不断健全

数据基础制度建设加快推进。数据要素市场化改革步伐进一步加快，统筹管理、协调发展的体制机制进一步完善。为贯彻落实《中共中央 国务院关于构建数据基础制度更好发挥数据要素作用的意见》，国家数据局等 17 个部门联合印发《"数据要素×"三年行动计划（2024—2026 年）》，提出数据要素发展总体目标和 12 项重点行动，推动数据要素发挥乘数效应，赋能经济社会发展。财政部出台《关于加强数据资产管理的指导意见》，明确了依法合规管理数据资产、明晰数据资产权责关系、完善数据资产相关标准、加强数据资产使用管理、稳妥推动数据资产开发利用、健全数据资产价值评估体系等 12 个方面的主要任务。

各地积极探索推动制度落地。上海、广东、贵州、福建等地积极探索具有地方特色的"数据二十条"，因地制宜规划数据要素市场发展重点任务和目标。北京市启动运行数据基础制度先行区；浙江省发布实施《数据资产确认工作指南》；安徽、海南、成都、青岛等 13 个地区制定出台公共数据授权运营专项制度。

全国数据工作体系初步形成。新组建国家数据局，统筹推进数字中国规划和建设等工作。31 个省（区、市）和新疆生产建设兵团完成相应数据机构的组建工作。上下联动、横向协同的全国数据工作体系初步形成。

（二）数字基础设施扩容提速

网络基础设施进入提速升级新阶段。5G 网络覆盖面更广、技术更先进，并加速向重点场所深度延伸。国家数据局发布的《数字中国发展报告（2023 年）》显示，截至 2023 年底，5G 基站数达 337.7 万个，同比增长 46.1%；平均每万人拥有 5G 基站 24 个，较上年末提高 7.6 个百分点；5G 移动电话用户数达 8.05 亿人，在移动电话用户中占比 46.6%；5G 虚拟专网数量超 3 万个。基础电信企业 IP 骨干网、城域网、接入网 IPv6 改造全面完成，全国网络基础设施已全面支持 IPv6。截至 2023 年底，IPv6 活跃用户数达到 7.78 亿人，移动网络 IPv6 流量占比达到 60.88%，固定网络 IPv6 流量占比达到 19.57%。光纤宽带网络技术不断升级、服务能力增强。具备千兆网络服务能力的 10G PON 端口数达 2302 万个，增幅达 51.2%，已形成覆盖超 5 亿户家庭的能力。1000Mbps 及以上接入速率用户达 1.63 亿人，在固定宽带接入用户中占比达 25.7%，较上年末提高 10.1 个百分点。移动物联网络用户数量持续增加、应用场景更加丰富多样。蜂窝物联网终端用户数达 23.32 亿人，同比增长 26.4%，占移动终端连接总数的比重达到 57.5%。公共服务、车联网、智慧零售、智慧家居等领域蜂窝物联网终端的规模分别达 7.99 亿人、4.54 亿人、3.35 亿人和 2.65 亿人。

算力基础设施达到世界领先水平。截至 2023 年底，全国在用数据中心标准机架超过 810 万架，算力总规模达到 230EFLOPS，居全球第 2 位，算力总规模近 5 年年均增速近 30%，存量总规模约 1.2ZB。8 个国家算力枢纽节点进入落地应用阶段。算力供给结构逐步优化，包括超算中心、数据中心、智算中心等多种类型。截至 2023 年底，智能算力规模达到 70EFLOPS，增速超过 70%。全国累计建成国家级超算中心 14 个，全国在用超大型和大型数据中心达 633 个、智算中心达 60 个（AI 卡 500 张以上），智能算力占比超 30%。

应用基础设施水平实现新突破。5G 行业应用已融入 74 个国民经济大类，应用案例超 9.4 万个。低时延、高可靠、广覆盖的工业互联网网络基本建成。截至 2023 年底，"5G+工业互联网"已覆盖 41 个国民经济大类，全国已创建示范应用项目超 8000 个，5G 工厂 300 个；具有一定区域和行业影响力的综合型、特色型、专业型工业互联网平台数量大幅增加，重点平台连接设备超过 9600 万台（套）。推动北斗系统规模应用和卫星互联网发展。北斗系统正式加入国际民航组织标准，成为全球民航通用的卫星导航系统。"双智协同"基础设施建设全面提速。开展城市级"车路云一体化"示范、智能网联汽车准入和上路通行试点，全国建设 17 个国家级测试示范区、7 个国家级车联网先导区、16 个智慧城市基础设施与智能网联汽车试点城市。累计完成智能化道路改造超过 7000 公里，建设路侧基础设施超 8500 套。

（三）数字技术创新活力涌现

基础数字技术能力持续增强。数字技术领域保持较高的创新热度。国内有效发明专利增速位列前三的信息技术管理方法、计算机技术和基础通信程序领域，分别同比增长 59.4%、39.3% 和 30.8%，远高于行业平均增长水平。2023 年集成电路产量为 3514 亿块，同比增长 8.4%。芯片设计整体水平不断提升，基于 X86、ARM、RISC-V、LoongArch 和 SW64 等的软硬件生态不断丰富。

关键核心技术发展迅速。先进计算、人工智能、5G/6G 等关键技术创新能力不断突破。高性能计算持续位于全球第一梯队。截至 2023 年 11 月，中国和美国在超级计算机 TOP500 榜单上占据了大部分位置，其中美国共有161 台超算上榜，中国有 104 台超算上榜。人工智能技术创新势头迅猛。智能芯片、通用大模型等创新成果加速涌现。生成式人工智能大模型发展迅速，应用场景不断拓展。人形机器人进入提速发展阶段，专利累计申请数量增长较快。人工智能核心企业数量超过了 4500 家。

前沿技术不断取得突破。量子计算机、新型显示、3D 打印、脑机接口等技术研发进度不断加快。我国超导量子计算机产业链基本形成，第三代自主超导量子计算机"本源悟空"搭载的硬件、芯片、操作系统及应用软件的自主研发进程加快。量子信息技术正处于从实验室研发向产业化应用的过渡阶段。2023 年，服务机器人产量 783.3 万套，同比增长 23.3%；3D 打印设备产量 278.9 万台，同比增长 36.2%。

数字技术创新生态持续优化。我国已成为全球开源生态的重要贡献力量，源代码贡献量已经达到世界第二。软件企业积极运用开源软件进行协作开发。开源开发者数量已超过 800 万，总量和年新增数量均位居全球第二。各地区加快建设数字技术创新联合体。据不完全统计，国内已成立 40 余家数字技术创新联合体，涉及人工智能、智能制造、数字交通、数字医疗等重点领域，其中江苏、北京、四川等地出台了推进组建创新联合体的具体政策。

（四）数据要素市场日趋活跃

数据产量保持快速增长态势。2023 年，全国数据生产总量达 32.85ZB，同比增长 22.44%。截至 2023 年底，全国数据存储总量为 1.73ZB。数据交易市场中场外数据交易处于主导地位，场内数据交易规模呈现快速扩大态势。金融、互联网、通信、制造业等领域数据需求较大且交易量增长较快。

数据流量规模持续扩大。2023 年移动互联网接入总流量为 0.27ZB，同比增长 15.2%；月户均移动互联网接入流量达 16.85GB，同比增长 10.9%。数据跨境流动基础设施不断升级。2023 年，我国通向其他国家的国际互联网带宽达到 93.1Tbps，较 2022 年增长 19%，位居全球第 7。其中，我国与美国间的互联网带宽最大，达到 19075.7Gbps，其次分别为越南、新加坡、日本、菲律宾等。

数据要素市场化改革步伐加快。各地区各部门积极开展公共数据授权运营、数据资源登记、企业数据资产入表等探索实践，加快推动数据要素价值化过程。截至 2023 年底，全国已有数十个省市上线公共数据运营平台，有二十多个省市成立了专门的数据交易机构。广东、山东、江苏、浙江的数据交易机构数量位居全国前列。上海数据交易所上线数据产品登记大厅，开展数据产品登记试运行工作。福建大数据交易所交易平台初步实现与省公共数据开发服务平台互联互通，同步公共数据目录 400 多个，数据项 1 万多个，孵化公共数据产品 50 余款。

（五）数字人才队伍不断壮大

全民数字素养和技能稳步提升。"2023 年全民数字素养与技能提升月"活动在第六届数字中国建设峰会开幕式上启动。提升月期间，全国共策划开展各类主题活动 6.4 万场，参与人次超过 5200 万，开放各类数字教学资源 25 万余个，宣传报道稿件近 5.8 万篇，网上点击量近 6.3 亿次。截至 2023 年 6 月，至少掌握一种数字素养与技能的网民占比达 87.5%。截至 2023 年底，全国农民手机应用技能培训活动近三年培训均保持在 4000 万人次以上，7 年累计培训受众超过 1.95 亿人次，有力地促进了农民数字素养与技能提升。

干部队伍数字素养提升工作加快推进。2023 年 6 月，人力资源和社会保障部印发《数字人社建设行动实施方案》，提出分层级组织人社干部开展数字化业务能力培训，把数字素养纳入业务技能练兵比武活动。四川、陕西、福建等省陆续开展干部队伍数字素养培训活动，解读数字中国战略部署，研讨数字经济领域的基础理论。农业农村部实施"耕耘者"振兴计划，面向乡村治理骨干和新型农业经营主体开展免费培训，2023年培训总人数达4.1万人次，已覆盖到全国3.4万个村庄。

数字人才培育力度持续加大。2023年全国有6000多所职业学校开设数字经济相关专业，专业布点超过2.5万个。同时，教育部加快推动数字经济领域学科建设和专业设置，为数字人才培养提供优质教学资源保障。网络安全人才培养工作取得积极进展，全国有90余所高校相继设立网络安全学院，逐步形成本硕博一体化高水平人才培养模式。

二 数字中国赋能效应更加凸显

数字技术深度融入经济、政治、文化、社会、生态文明建设的各领域和全过程，数字中国建设持续赋能经济社会高质量发展，加快构建中国式现代化的强劲引擎。

（一）数字经济发展量质齐升

数字经济规模持续壮大。2023年数字经济核心产业增加值估计超过12万亿元，占GDP比重10%左右。电子信息制造业增加值同比增长3.4%；电信业务收入1.68万亿元，同比增长6.2%；互联网业务收入1.75万亿元，同比增长6.8%；软件业务收入12.33万亿元，同比增长13.4%。以云计算、大数据、物联网等为代表的新兴业务收入逐年攀升。云计算、大数据业务收入较上年增长37.5%，物联网业务收入较上年增长20.3%，远高于同期电信业务收入增速；新兴业务收入占电信业务总收入的比重明显上升，从2019年的10.5%提升至2023年的21.2%。信息通信产品生产和电子元器件生产领域发展较快，围绕"数据资源、基础硬件、通用软件、行业应用、安全保障"的数字产业基础不断夯实，数字产业体系完备性、规模性优势愈发明显。

数字消费新动能更加强劲。连续11年成为全球规模最大的网络零售市场。网民规模连续多年位居世界第一，2023年底已达10.92亿人，庞大的网民规模奠定了超大规模市场优势。2023 年电子商务交易额 468273 亿元，较上年增长 9.4%；网上零售额 15.42 万亿元，近 5 年累计增长 45.1%，其中实物商品网上零售额占比达到 27.6%，创历史新高。数字消费新热点更加多元。在线旅游、在线文娱和在线餐饮销售额合计对网络零售总额增长贡献率为 23.5%，拉动网络零售总额增长 2.6 个百分点。其中在线旅游销售额同比增长 237.5%，哈尔滨冰雪季、贵州村超等旅游亮点频出；在线文娱销售额同比增长 102.2%，其中演唱会在线销售额增长 40.9 倍；在线餐饮销售额同比增长 29.1%，占餐饮消费总额的比重进一步提高到 22.2%。智能化驱动消费升级。智能手机、扫地机器人、智能手表、智能音箱、智能语音空调等智能产品销量全球领先。

数字经济投融资增速持续领跑其他领域。高技术产业投资持续向好。2023 年，高技术制造业、高技术服务业投资分别同比增长 9.9%、11.4%。高技术制造业中，计算机、通信和其他电子设备制造业投资同比增长 9.3%，增速比全部固定资产投资高 6.3 个百分点。2023 年 A 股 IPO 市场中，计算机、通信和其他电子设备制造业上市企业数量和募资金额均排名第一。智能制造领域投融资活跃。智能制造领域投融资事件数量占全部投融资事件总数的比重逐年上升。生成式人工智能（AIGC）成为投资新晋热点。通用大模型、元宇宙/数字人、AI 芯片三个细分领域的融资最为活跃，尤其是通用大模型的融资金额增长较快。2011 年以来，我国一直是全球数字经济投资的重要目的地，也是亚太地区最大的数字经济外国直接投资流入国。

数实融合纵深推进。制造业数字化转型持续深化，中小企业数字化转型步伐加快。2023 年，我国关键工序数控化率和数字化研发设计工具普及率分别达到 62.2% 和 79.6%，较 2019 年分别提高了 12.1 个和 9.4 个百分点。累计建成 62 家"灯塔工厂"，占全球总数的 40%，全年新增 11 家，占全球新增总数的 52.4%。累计培育 421 家国家级智能制造示范工厂。智能制造装备产业规模突破 3.2 万亿，培育主营业务收入 10 亿元以上的智能制造系统解决方案供应商超 150 家。2019～2023 年，工业互联网核心产业增加值从 0.87 万亿元增至 1.35 万亿元，带动渗透产业增加值同期从 2.32 万亿元增至 3.34 万亿元。服务业数字化扩面提质。数字化生产性服务业增加值从 2019 年的 15.1 万亿元增长到 2023 年的 21.2 万亿元，占服务业增加值的比重从 28% 增至 31%。数字化生活性服务业不断扩容升级，电子商务、移动支付规模全球领先，网约车、网上外卖、互联网医疗等市场规模不断扩大，截至 2023 年底，用户规模分别达 5.3 亿人、5.4 亿人、4.1 亿人，持续助力扩大内需。国家电子商务示范基地作用更加凸显，整合培育形成 30 余个数字化产业带。农业数字化稳步推进。农业科技进步贡献率超 63%，全国农作物耕种收综合机械化率已超过 73%。全国安装北斗终端农机超 220 万台（套），植保无人机总量近 20 万架，年作业面积突破 21 亿亩次，作业效率和精度达到国际先进水平。"数商兴农"成效显著。2023 年全国农村网络零售额达到 2.49 万亿元，较 2019 年的 1.70 万亿元实现了年均 10.01% 的增长。2019~2023 年，我国农村网络零售额占乡村消费品零售总额的比重从 28.4% 稳步提升至 38.9%。

平台经济的作用不断增强。消费互联网平台交易活跃，截至 2023 年底，商务部重点监测平台交易额增幅达到 30%。工业互联网平台体系持续健全，加快赋能产业升级。跨境电商平台保持快速增长趋势，不断在全球市场扩大影响力。平台企业茁壮成长，为两亿多灵活就业人员提供就业机会。平台企业在芯片、自动驾驶、新能源、农业等领域投资占比不断提高，产业电商平台交易功能进一步强化。平台经济在扩大需求、创新发展、创业就业、公共服务、国际竞争等方面发挥了重要作用。

（二）数字政务服务提质增效

数字政府制度规则体系不断健全。截至 2023 年底，全国共有 26 个地区建立数字政府建设工作领导小组。印发《国务院办公厅关于依托全国一体化政务服务平台建立政务服务效能提升常态化工作机制的意见》，推动国务院部门与各地"条块"系统高效联动融合，依托全国一体化政务服务平台打造政务服务线上线下"总枢纽"。法律法规体系加快完善。2023 年 5 月，《政务数据共享条例》被列入国务院 2023 年度立法工作计划，为进一步明确数据提供、使用部门的权利义务提供依据。标准规范体系基本形成。《数字政府标准化白皮书（2023）》显示，2023 年我国 "数标指数" 得分为 77.1 分，明显高于 2022 年的 60.4 分。初步形成覆盖国家、省、市、县等层级的政务数据目录体系。累计完成近 200 项电子证照的标准化工作，加快形成全国一体化的电子证照标准体系。政务数据共享清单机制持续完善。印发《国务院部门数据共享责任清单（第六批）》，将 35 个单位的 181 类共享信息中 1292 个数据项纳入共享范围；印发《国务院部门垂直管理业务系统与地方数据平台对接责任清单（第四批）》，将 19 个国务院部门的 33 个垂管系统的 67 个数据项纳入对接范围。全面落实中央层面整治形式主义为基层减负专项工作机制的部署要求。印发《关于防治 "指尖上的形式主义" 的若干意见》，从建设管理、使用管理、安全管理多个维度加强对政务移动互联网应用程序、政务公众账号和工作群组的标准化规范化管理。

数字政府基础支撑明显增强。全国一体化政务服务平台功能持续优化，面向十四亿多人口和一亿多经营主体打造覆盖全国的政务服务 "一张网"，实名用户超过 10 亿人，其中国家平台实名注册用户达 8.68 亿人，政务数据共享服务超 5000 亿次。数字政府在线服务指数继续保持全球领先水平，全国 90% 以上的政务服务实现网上可办，基本实现地方部门 500 万余项政务服务事项和 1 万多项高频事项标准化服务，推动 92.5% 的省级行政许可事项实现网上受理和 "最多跑一次"。共性应用集约建设加快推进。全国近 90% 的地区实现统一用户身份认证，超过 70% 的省份和重点城市电子营业执照应用覆盖税务、社保、不动产登记等方面；全国已汇聚 31 个省（区、市）和 26 个国务院部门 700 余种电子证照，累计提供电子证照共享服务 96 亿次。政务外网和政务云平台功能不断扩展。国家电子政务外网已覆盖中央、省、市、县四级全部行政区域，乡镇街道接入率达到 99.4% 以上，比 2022 年提高了 1.6 个百分点。全国 31 个省（区、市）和 95% 的地市已建设政务云，省级政务云平均计算能力为 27 万核，承载政务应用 1000 余个。政务数据底座功能不断强化。全国一体化政务数据共享枢纽发布国务院部门和地方各类资源总数 27667 个。国家电子政务外网已打通公安、民政、卫健、教育等部门的 1000 余个数据接口，为 1000 余个业务系统提供数据调用服务，累计调用 140 亿次。政务新媒体技术应用不断深入。截至 2023 年底，31 个省（区、市）已全部开通政务机构微博，多个地级行政区政府开通了"两微一端"等新媒体传播渠道，总体覆盖率超过 95%。多个地区运用虚拟现实技术建成虚拟政务大厅，将政务服务大厅以虚拟的形式呈现在互联网上，让用户随时随地通过电脑和手机获取政务服务。

　　数字化履职能力明显提升。国务院印发《关于进一步优化政务服务提升行政效能推动高效办成一件事的指导意见》，聚焦企业群众"急难愁盼"问题，问题提出第一批 13 个重点事项。各地区各部门紧扣企业和群众需求，把问题点、需求点转化为政府数字化履职的着力点，高效推进政务服务高效办成一件事。截至 2023 年底，江苏全省高效办成一件事办件量已达 530 万，减环节、减材料、减时限、减跑动平均达到 60%，办事难、办事慢、多头跑、来回跑等问题得到明显改善。数字民生服务更加普惠公平。深入开展关于互联网应用适老化和无障碍改造的专项行动，2577 家的网站和手机 APP 完成了改造工作，网络"无障碍剧场"分批次上线多部热门经典影视作品的无障碍版本，丰富全国 1700 万视障用户的精神文化生活。数字机关建设深入开展。机关办文、办会、办事全面实现"网上办、掌上办"，不断深化政务机关运转提速提质提效行动。充分汇聚整合多源数据资源，加强无感监测、机器视觉、语义理解、语音识别、算法模型等辅助决策新技术应用，全面提升机关决策水平。生态环境部 29 项行政许可事项全部实现一网通办，在线办件数量年均超过 3.5 万件，好评率达到 100%。数字化智慧化监管加快推进。初步形成了全国统一的监管事项目录清单，针对重点领域的全主体、全品种进行全链条全流程的数字化追溯监管，以一体化在线监管提升监管协同化水平。福建建成全国首个一体化数字化营商环境监测督导平台，实现对营商环境指标体系政府工作执行力和市场主体满意度的实时监测。政务信息公开力度不断强化。运用数字技术推动政务公开模式创新，形成整体联动、高效互动、同频共振的政务信息公开新格局。2024 年《政府工作报告》起草过程中，中国政府网联合 29 家网络媒体平台开展了"@国务院我为政府工作报告提建议"的建言献策活动，累计收到网民建言超过 160 万条，比上年增长 82%。

（三）数字文化建设全面推进

数字文化宣传持续深入。习近平文化思想宣传热潮迅速掀起。中央重点新闻网站纷纷开设解读专栏，从不同维度、不同视角、不同领域对习近平文化思想进行深度阐释。新华网推出"领悟习近平文化思想"系列，央视新闻的《主播说联播》推出习近平文化思想的系列解说视频，"学习强国"推出《习近平文化思想金句》专栏，人民网推出了《时习之》，中国新闻网推出了《习言道》等栏目，通过梳理习近平总书记重要讲话，展现习近平文化思想的丰富内涵和重大理论价值。网络成为传承中华优秀传统文化的重要载体。2023 年"网络中国节·春节"主题活动期间，各地各网站推出形式多样的融媒体产品和网络文化活动，通过线上线下结合、海内外联动的方式，挖掘展示传统节日蕴含的文化内涵和时代价值，促进中华优秀传统文化网上传承发展，推动中华文化更好地走向世界，活动相关内容总传播量达304.5 亿人次。数字文化内容海外传播效果显著。网络视听平台通过打造出海 APP 的方式实现"造船出海"，成为中华文化"走出去"的重要窗口。截至 2023 年底，我国网文出海市场规模突破 40 亿元，海外原创作品约 62万部，网络文学海外用户约 2.3 亿人，覆盖世界 200 多个国家和地区。

数字文化内容供给扩容提质。文化资源数字化采集不断加速。截至2023 年底，故宫博物院保存的 186 万件（套）文物藏品中，已有 90 万件（套）实现了数字化采集，约占 48%。国家博物馆有约 143 万件套藏品，其中 70 万件套实现了数字化采集，约占 49%。中国美术馆有约 13 万件（套）藏品，近 10 万件（套）实现了数字化采集，约占 76.9%。国家图书馆的古籍大约有 317 万册（件），有 61 万册（件）实现了数字化采集，约占19.3%。数字化让古籍、文物"活"起来。"中华古籍资源库"总计 10.3万部（件），2640 万页，1013TB，近三年访问量达 3 亿人次，呈现珍稀性、系统性、快捷性特征。"中华古籍资源库"的建成加快推动全社会共享优质古籍资源。截至 2023 年底，全国累计在线发布古籍及特藏文献影像资源 13 万余部（件），故宫博物院向社会公布超 10 万件文物的高清影像，打造囊括了保护、展示、研究、教育等功能的数字故宫。中国传统村落数字博物馆加快建设。截至 2023 年底，共有六批 8155 个具有重要保护价值的村落被列入了中国传统村落名录。2023 年村落单馆数量已超过 400 个，覆盖全国 31 个省（区、市），在提高村落地位、扩大村落影响、推动村落保护发展方面发挥了积极作用。

数字文化消费呈现爆发式增长。2023 年我国数字阅读用户达到 5.7 亿人，较 2022 年增长 7.55%。网络文学用户群体和市场规模持续攀升。截至 2023 年底，我国网络文学阅读市场规模达 404.3 亿元，同比增长 3.8%。我国网络文学作者规模达 2405 万人，网文作品数量达 3620 万部，网文用户数量达 5.37 亿人，同比增长 9%。2023 年上半年数字出版行业营业收入增速为 16.1%。网络音乐消费活力强劲恢复。截至 2023 年底，网络音乐用户规模达到 7.15 亿人，较 2022 年底增长 3044 万人，增长率为 4.4%；网民使用率为 65.4%，比 2022 年底增长 1.3 个百分点。网络视听行业迈向主流化精品化。截至 2023 年底，网络视听用户规模达 10.74 亿户，网民使用率为 98.3%，2023 年网络视听市场规模首次突破万亿元，达 11524.81 亿元，以网络视听业务为主营业务的存续企业共有 66 万余家。网络直播消费势头强劲。截至 2023 年底，网络直播用户规模达到 8.16 亿人，较 2022 年底增长 6501 万人，增长率为 8.7%。网民使用率为 74.7%，较 2022 年底增长 4.4 个百分点。2023 年前三季度，170 家国家电子商务示范基地中 151 家建立了直播基地，全国直播电商销售额达 1.98 万亿元，同比增长 60.6%，占网络零售额的 18.3%，直播电商拉动网络零售增速 7.7 个百分点，活跃电商主播数为 337.4 万人，同比增长 164.3%。

（四）数字社会更加普惠可及

数字教育优质均衡发展。截至 2023 年 10 月，各级各类学校互联网接入率达到 100%，超过 3/4 的学校实现无线网络覆盖，99.5% 的学校拥有多媒体教室。截至 2023 年底，国家智慧教育平台已汇聚中小学资源 8.8 万条，同比增长 1 倍；职业教育在线精品课程超 1 万门，同比增长近 10 倍；平台累计注册用户突破 1 亿户，浏览量超过 367 亿人次、访客量达 25 亿人次。中国大学 MOOC 平台承接教育部国家精品课程开放任务，向大众提供中国知名高校的 MOOC 课程，目前已与 811 所高校达成合作。

数字医疗健康更普惠便捷。积极完善省—地市—县—乡—村五级远程医疗服务网络，推动优质医疗资源下沉，促进远程医疗服务健康发展，远程医疗服务平台已覆盖 31 个省（区、市）及新疆生产建设兵团，地市级、县级远程医疗覆盖率分别达到了 100% 和 90% 以上，其中脱贫县覆盖率达 90%。截至 2023 年底，互联网医疗用户规模达 4.14 亿人，较 2022 年 12 月增长 5139 万人，占网民整体的 37.9%。截至 2023 年 11 月，已经有 8000 多家二级以上公立医院接入区域全民健康信息平台，20 个省份超过 80% 的三级医院已接入省级全民健康信息平台，25 个省份开展了电子健康档案省内共享调阅，17 个省份开展了电子病历省内共享调阅，204 个地级市开展了检查检验结果的互通共享。推动医保码实现"全国通"，截至 2023 年 11 月，全国统一的医保信息平台用户已超 10 亿人，医保平台日平均结算 2800 万人次，31 个省（区、市）和新疆生产建设兵团均已支持医保码就医购药，接入定点医药机构超过 80 万家。

数字体育发展热度不断提升。体育直播用户规模为 3.45 亿人，占网民整体的 31.6%。启动全民健身线上运动会，全网媒体传播量约 48.9 亿人次，助力赛事实现全面、垂直、立体化的全覆盖式传播。贵州榕江县（三宝侗寨）和美乡村足球超级联赛（村超），球场最高上座数达到 5 万人，全网超过 6 亿人次在线观看村超直播，村超相关内容话题多次冲上全网各平台全国热榜，全网全平台综合浏览量突破 350 亿人次。

数字人社建设取得新成效。截至 2023 年底，我国社保卡持卡人数达 13.79 亿人，其中 9.62 亿人同时领用了手机中的电子社保卡，覆盖了超过 68% 的人口。2023 年电子社保卡服务总量达 151 亿人次，电子社保卡开通全国"一卡通"服务专区，电子社保卡累计访问量约 100 亿人次。服务平台实现对接，应用服务能力不断增强。全国人社政务服务平台、国家社会保险公共服务平台、电子社保卡、掌上 12333 等渠道，开通 154 项全国性服务，全年服务 156 亿人次。全国 12333 热线全年接听总量约 1 亿次。数字化创造了大量新职业、新岗位，成为就业"蓄水池"。《中国电子商务人才发展报告》数据显示，截至 2023 年底，我国电子商务从业人数已超 7000 万人。招聘平台和线上招聘等新模式不断涌现，人社部持续打造"大数据+铁脚板"的就业服务模式，各地普遍建成省级集中的就业信息资源库和就业信息平台，同时发布网络招聘服务规范等行业标准，促进在线招聘更加规范高效和就业环境更加开放公平。

数字交通新场景层出不穷。截至 2023 年 9 月，我国高等级航道电子航道图覆盖率超过 70%，已建和在建的自动化集装箱码头超过 20 个，超过 3500 公里公路完成智能化升级改造。京雄高速河北段、沪杭甬高速、杭州绕城西复线、成宜高速等一批智慧公路建成运行。2023 年底，我国示范性"智慧公路"——京雄高速公路（北京段）全线通车运营。数字出行网络更加便捷高效安全。国内 336 个城市已实现交通一卡通互联互通，网约车平台累计提供"一键叫车"服务超过 1 亿单，北京、上海、广州等城市实现自动驾驶出行服务准商业化运行。

城市全域数字化转型加快推进。数字基础设施更加集约高效。"双千兆"网络建设向中西部地区持续覆盖，算力基础设施建设呈现东西部城市协同发展的新格局。截至 2023 年底，我国新增 97 个城市达到千兆城市建设标准，其中东部地区新增 27 个，中部地区新增 38 个，西部地区新增 32 个，累计建成 207 个千兆城市。从全球来看，北京、上海在移动宽带和固定宽带网速方面位居全球前列。城市信息模型（CIM）基础平台建设向中小城市拓展。城市运行管理"一网统管"加快实现。全国约 50 个城市建设完成三级"一网统管"覆盖体系，十余个城市建设完成四级"一网统管"覆盖体系，"一网通办"率超过 95% 的城市数量快速增长。新技术与城市应用深度融合。世界知识产权组织发布的《2023 年全球创新指数报告》显示，在全球"最佳科技集群"排名中，中国的深圳—香港—广州集群位列第 2，北京集群排名第 4 位，上海—苏州集群排名第 5 位，展现出我国城市集群在全球科技创新领域的显著影响力。

数字乡村发展取得阶段性进展。乡村数字基础设施持续升级。全国农村宽带用户总数达到 1.92 亿户，全年净增 1557 万户，年增长率为 8.8%，增速较城市宽带用户高 1.3 个百分点。5G 网络基本实现乡镇级以上区域和有条件行政村的全覆盖，目前已完成 13 万个行政村光纤网络建设和 7.9 万个农村 4G、5G 基站建设，自然村千兆网络的宽带接入用户已达 637 万户，占固定宽带接入用户总数的 17%。乡村数字产业服务体系基本形成。2023 年，全国支持建设县级电子商务公共服务中心和物流配送中心超 2600 个，脱贫地区农副产品网络销售平台（"832 平台"）交易额超 500 亿元，已有来自 832 个国家级脱贫县近 3 万家供应商入驻，在售名优土特产超 40 万款，助推 320 多万农户巩固拓展脱贫攻坚成果。快递服务不断向乡村基层延伸，全国 95.5% 的建制村实现快递服务覆盖，95% 的行政村实现快递直达，各地建设各类县级物流和寄递配送中心 1500 个，乡镇快递和邮件处理站点 7600 个，农村地区收投快递包裹总量达 370 亿件。农业科技创新能力显著增强。物联网、智能装备、遥感监测、人工智能等数字技术与农业产业进一步深度融合，设施栽培、畜禽养殖、水产养殖和种植业的数字化水平分别达到 41%、32.8%、16.4% 和 21.8%，综合经济效益提高 30%。农业农村部持续实施国家智慧农业建设项目，支持建设了 31 个国家智慧农业创新中心、分中心和 97 个国家智慧农业创新应用基地，遴选认定 94 家农业农村信息化示范基地，精选推介 30 个智慧农业典型案例。全国农业数字化相关企业注册量呈现加速增长，新增农业数字化相关注册企业 4491 家，凸显了行业发展的活跃度和未来潜力。

城乡数字化激发融合发展新动能。信息要素流动加速弥合城乡数字鸿沟。2023 年，我国城镇地区互联网普及率为 83.3%，较 2022 年同期提升 0.2 个百分点；农村地区互联网普及率为 66.5%，较 2022 年同期提升 4.6 个百分点。城乡互联网普及率相差 16.8 个百分点，较 2022 年同期缩小 4.4 个百分点。我国城镇网民规模达 7.66 亿人，占网民整体的 70.2%；农村网民规模达 3.26 亿人，占网民整体的 29.8%。网络支付的城乡差距进一步缩小，使用率差值为 11.4 个百分点，较 2022 年同期缩小 0.5 个百分点。各地区积极打造特色鲜明的移动支付示范镇，加速推进乡镇基层移动支付全覆盖，促进移动支付与智慧交通、智慧生活、智慧医疗、智慧养老等便民场景深度融合，2023 年我国移动支付使用率的城乡差距明显缩小。数字技术促进城乡人才和技术双向流动加速。从 2012 年到 2022 年底，我国返乡入乡创业人员达 1220 万人。据不完全统计，2023 年返乡入乡创业人员突破 1300 万人，其中具有大专以上学历的超过 15%，且大部分从事农村电商、农村第一、第二、第三产业融合等新产业新业态。数字技术加快实现城乡资源高效配置。截至 2023 年 6 月，我国农村在线教育用户规模达到 6787 万人，普及率达 22.5%；农村在线医疗用户规模达到 6875 万人，普及率达 22.8%，较 2022 年同期增长 0.7 个百分点。数字技术拉近了城乡之间的距离，通过城乡空间融合，加快形成城乡产业一体化发展格局，城市数字旅游、社区团购与农村观光农业、制造农业、创意农业深度融合，有效化解了农产品加工粗放、产业融合层次低等瓶颈问题。

（五）数字生态文明成色更足

数字生态文明发展基础不断夯实。生态数据资源体系不断完善。构建生态环境综合管理平台，集成生态环境、气象、水利、交通、电力等多源数据，形成环境质量、污染源、自然生态等九类数据资源，数据总量达到 3.9PB，打造生态环境大数据系统，完成大气、行政许可、土壤、执法等 40 余个专题应用，实现"一图统览、一屏调度"，向相关部门提供 220 余项数据资源共享服务；水利部数字孪生平台实现水库、河道堤防、蓄滞洪区等 55 类 1600 多万个水利对象信息联动更新，动态汇聚业务管理数据 26.2 亿条，专线获取高分、资源、环境等系列 23 颗国产遥感卫星影像资源，接入 4600 多路水利视频资源，不断提升新型感知能力。综合运用高精度卫星遥感、迅捷无人机、地面监测站点、移动测量等先进技术手段，加快推进遥感智能引擎、大数据分布式架构、三维地图可视化应用等多项关键技术应用。

空间数字基础设施建设步伐加快。2023 年我国共发射 200 余颗卫星，推动遥感、通信、导航卫星融合技术发展，加快提升泛在通联、精准时空、全维感知的空间信息服务能力，为"美丽中国"发挥遥感力量，提高我国应对全球气候变化问题的话语权和主导权。2023 年 8 月，世界首颗进入工程实施阶段的高轨合成孔径雷达卫星——陆地探测四号 01 星发射，服务地震监测、国土资源勘查及海洋、水利、气象、农业、环保、林业等行业应用需求，是我国目前行业用户最多的遥感卫星。

数字生态文明治理体系不断完善。加快建设生态环境数字化监测体系，完成国家生态保护红线监管平台竣工验收，汇集了 1.2 亿条台账的生态保护红线监管与台账数据库。西藏自治区建设"三线一单"数据应用、重点企业污染源在线自动监控平台，首度引入大型人工影响天气无人机，数字化绿色化协同发展高原生态文明。数字治理平台建设进度加快。全国已基本建成集预报预警、监测监控、指挥调度、统计分析等功能于一体的生态环境智慧治理平台。生态环境部新增接入高精度全国地形服务、环境应急、红线监管等 27 个系统以及外部数据，数据总量达 46.3TB，累计发布 1590 个资源目录，3116 个数据接口服务，为 53 个部门的 263 个应用提供接口调用服务 18.39 亿次，为地方提供 45 类共计 6800 万余条回流数据。加快实现国土空间规划数字化智能化。在基本建成全国统一规划"一张图"系统、统筹划定落实"三区三线"的基础上，建立以"三区三线"为核心管控内容的国土空间规划实施长效管理机制。数字孪生水利建设实现新突破。2023 年数字孪生水利建设实现了六个"首次突破"，即首次实现天空地多源监测信息在线融合，全方位感知暴雨洪水态势；首次实现落地雨到空中雨预报的转变，预见期延长 3~5 天；首次运用水利部数字孪生平台，为洪水防御提供基础支撑；首次启用多源空间信息融合的洪水预报系统，把预报的精度提高 15%；首次构建 8 个二维水动力学洪水演进模型，有力地支撑蓄滞洪区安全运用；首次开展卫星云图和测雨雷达预警，信息直达一线防御人员，有力地支撑水旱灾害防御取得重大胜利。

数字化绿色化转型按下"快进键"。ICT 行业节能降碳迈上新台阶。5G

基站能耗持续下降，绿色算力水平不断提高。截至 2023 年底，我国已累计建成 196 家国家绿色数据中心，西部地区获得 DC-Tech 数据中心绿色等级测试及认证的数据中心数量增长明显，新增陕西、青海、贵州、甘肃等地区。国家绿色数据中心的平均电能利用效率（PUE）相对较低，为 1.27。数据中心的平均电能利用效率（PUE）为 1.48，与 2022 年相比进一步优化。数据中心平均水利用效率（WUE）为 1.10。数字技术赋能绿色低碳转型成效明显。截至 2023 年底，累计在国家层面创建绿色工厂 5095 家，产值占制造业总产值的比重超过 17%。能源供给加快绿色转型。ICT 制造业化石燃料使用量占比不断下降，ICT 制造业 2020 年煤炭使用量占比为 9.7%，2023 年焦炭、煤油等化石燃料已经完全退出使用。生态环境部在全国范围对石油、化工、建材、钢铁、有色、造纸、民航等行业组织开展年度碳排放核算报告核查工作，收集了 6000 余家企业的数据，上述 7 个行业和发电行业的直接排放总量占全国的比例超过 70%。

绿色化智慧化提升生活品质。积极倡导数字化绿色低碳新理念，加快运用数字技术促进绿色低碳生活方式广泛普及，在绿色生活中融入数字化智能化新元素，推动数字生活与绿色生活融合共生。全国共享单车用户骑行时长同比增长率超过 6%，在北京、上海、广州等超大规模城市里，骑行时长和里程数同比增长率均超过两位数。

三　数字安全和治理体系更加完善

数字安全和数字治理是数字中国建设的基本保障。我国数据安全保障能力和数字治理能力不断增强，数字安全规则体系更加完善，数字治理现代化水平不断提升，数字中国发展环境更加优化。

（一）数字安全屏障更加坚实

网络安全防护工作更加规范标准细化。首个关键信息基础设施安全保护国家标准——《信息安全技术关键信息基础设施安全保护要求》正式实施，为开展关键信息基础设施安全保护工作提供具体细化的工作指引。发布《关于开展网络安全服务认证工作的实施意见》，制定发布《信息安全技术网络安全服务能力要求》《信息安全技术网络安全服务成本度量指南》国家标准，印发《关于调整网络安全专用产品安全管理有关事项的公告》，并更新《网络关键设备和网络安全专用产品目录》，推动网络安全服务认证工作落实落细。工业和信息化、交通运输、金融等领域陆续出台网络安全防护的行业政策。

2023 年国家网络安全宣传周在全国范围内统一开展活动，在全社会营造网络安全人人有责、人人参与的良好氛围。数据安全规则体系日趋完善。行业领域数据安全规则体系加快构建。中央网信办指导发布《信息安全技术大数据服务安全能力要求》《信息安全技术数据安全能力成熟度模型》《信息安全技术个人信息去标识化效果评估指南》《信息安全技术个人信息处理中告知和同意的实施指南》《信息安全技术移动互联网应用程序（APP）个人信息安全测试规范》等数据安全相关国家标准。工业和信息化部出台《工业领域数据安全标准体系建设指南（2023 版）》和《工业领域数据安全能力提升实施方案（2024—2026 年）》。中国人民银行发布《中国人民银行业务领域数据安全管理办法》。数据跨境流动规则体系不断完善。以《中华人民共和国网络安全法》《中华人民共和国数据安全法》《中华人民共和国个人信息保护法》《数据出境安全评估办法》《个人信息出境标准合同办法》为框架的数据跨境流动制度体系基本建立。

新技术新应用安全标准体系基本形成。发布《人工智能安全标准化白皮书（2023 版）》《国家人工智能产业综合标准化体系建设指南》（征求意见稿）以及《网络安全标准实践指南——生成式人工智能服务内容标识方法》。工业互联网安全分类分级管理制度持续推广，分类分级管理制度实施企业数量超 2000 家，覆盖 27 个省（区、市）和 3 个计划单列市。车联网网络安全和数据安全标准化建设持续发力，发布《国家车联网产业标准体系建设指南（智能网联汽车）（2023 版）》。

（二）数字治理效能稳步提升

公共数据治理效能不断提升。全国信用信息共享平台归集企业登记注册、纳税、水电气费、社会保险费和住房公积金缴纳等各类信用信息超过780亿条，21家全国性银行机构与全国融资信用服务平台实现互联互通，实现信用信息安全有序向银行机构开放，支持银行机构对客户精准画像，缓解银企信息不对称难题，促进中小微企业融资。基于大数据每月对全国几千万家企业开展公共信用评价，各地区累计订阅信用分级分类数据30余亿条，国务院有关部门累计订阅约4亿条。

网络平台治理转向常态化。国家市场监督管理总局修订完成《禁止垄断协议规定》《禁止滥用市场支配地位行为规定》《经营者集中审查规定》等反垄断法配套规章。中央网信办推动出台《未成年人网络保护条例》，重点就规范网络信息内容、保护个人信息、防治网络沉迷等作出规定。工业和信息化部推动完善全国一体化反诈技防体系，累计拦截涉诈电话和短信超45亿次，核查处置涉诈高风险互联网账号近2亿个，封堵关停涉诈域名和网址超500万个，织牢反诈技术"防护网"。中央网信办依法查处网上各类违法违规行为，取消违法网站许可或备案。

技术治理制度更加完善。发布《生成式人工智能服务管理暂行办法》，促进生成式人工智能健康发展和规范应用。《人工智能面向机器学习的数据标注规程》《生成式人工智能服务安全基本要求》等文件陆续出台，对人工智能数据标注、语料安全、模型安全等方面提供细化指引。印发《元宇宙产业创新发展三年行动计划（2023—2025年）》，推动建立安全可信的元宇宙产业体系。

基层社会治理增"数"赋"智"。数字技术创新为基层矛盾化解提供线上解决新模式，形成了一系列新的基层矛盾治理方法，极大地提高了基层矛盾化解效率。数字技术赋能社会治安防护网构建，以"天网工程""雪亮工程"为抓手，进一步提升社会治安立体化、智能化管理水平。数字技术让城乡社区治理更"智理"，社区数字服务平台应用更显实效，数字网格管理机制实现精细化服务。数字技术使得乡村治理更"有效"，更好地解决了乡村基层党组织"散"、基层综治负担"重"、村民自治手段"少"等重点难点问题。

四 数字领域国际合作更加深入

我国积极参与和引导数字领域国际规则制定，积极推进数字领域高水平开放，加快推动"数字丝绸之路"国际合作，大力发展数字贸易，数字领域国际合作更加深入。

（一）积极参与和引导规则制定

不断提出数字领域国际合作的中国主张。习近平总书记在多个场合深入阐述数字领域国际合作的中国主张、中国方案。在 2023 年世界互联网大会乌镇峰会上的视频致辞中提出共同推动构建网络空间命运共同体迈向新阶段，倡导发展优先，构建更加普惠繁荣的网络空间；倡导安危与共，构建更加和平安全的网络空间；倡导文明互鉴，构建更加平等包容的网络空间。在亚太经合组织第三十次领导人非正式会议上，习近平总书记提出加速数字化转型，缩小数字鸿沟，支持大数据、云计算、人工智能、量子计算等新技术应用。在第三届"一带一路"国际合作高峰论坛上，习近平总书记提出《全球人工智能治理倡议》，阐述了人工智能治理的中国方案。一系列中国主张、中国方案引发了国际社会的普遍共鸣与热烈反响，有力地增进了数字领域国际合作的全球共识。

积极参与国际数字规则谈判。积极参加 WTO 框架下的电子商务多边谈判，充分展现了中方建设性参与国际数字规则谈判的积极姿态。积极参与全球人工智能（AI）安全峰会，与美国、英国等国及欧盟共同签署了《布莱切利宣言》，为推动形成普遍参与的人工智能安全治理国际机制和具有广泛共识的治理框架积极贡献智慧。在《区域全面经济伙伴关系协定》（RCEP）框架下持续深化区域数字贸易合作，推动与相关国家签署数字贸易合作文件，为各成员加强电子商务领域合作提供制度保障，有力地促进了数字经贸领域合作与交流。

（二）积极推进高水平对外开放

持续深化重点领域改革。印发《关于在有条件的自由贸易试验区和自由贸易港试点对接国际高标准推进制度型开放的若干措施》，聚焦货物贸易、服务贸易、商务人员临时入境、数字贸易、营商环境、风险防控6个方面，推动由商品和要素流动型开放向规则等制度型开放转变。印发《关于进一步优化外商投资环境加大吸引外商投资力度的意见》，提出提高利用外资质量、保障外商投资企业国民待遇、持续加强外商投资保护等6个方面24条政策措施，其中包括探索便利化的数据跨境流动安全管理机制，支持数字经济等领域外商投资企业与各类职业院校、职业培训机构开展职业教育和培训等重要内容，在数字经济领域为外国投资者营造了更加优化的投资与营商环境。

高水平搭建数字领域开放合作平台。成功举办世界互联网大会、全球数字贸易博览会、世界5G大会、世界人工智能大会等具有全球影响力的重要会议，逐渐将其打造为促进全球数字经济合作的开放平台。继续办好中国国际服务贸易交易会、中国国际数字和软件服务交易会、中国国际服务外包交易博览会等重要展会，为数字企业搭建起"引进来"和"走出去"的重要桥梁。

（三）高质量共建"数字丝绸之路"

打造"一带一路"数字经济国际合作平台。成功举办第三届"一带一路"国际合作高峰论坛数字经济高级别论坛，与14个国家共同发布《"一带一路"数字经济国际合作北京倡议》，从基础设施、产业转型、数字能力、合作机制等方面，提出进一步深化数字经济国际合作的20项共识。在第三届"一带一路"国际合作高峰论坛贸易畅通专题论坛期间，中国与阿富汗、阿根廷等35个国家共同发布《数字经济和绿色发展国际经贸合作框架倡议》，内容包括数字领域经贸合作、绿色发展合作、能力建设、落实与展望等四个部分，设置营造开放安全的环境、提升贸易便利化水平、弥合数字鸿沟、增强消费者信任、营造促进绿色发展的政策环境、加强贸易合作促进绿色和可持续发展、鼓励绿色技术和服务的交流与投资合作等七个支柱。

"数字丝绸之路"成果日渐丰硕。不断推进"一带一路"数字基础设施互联互通，加快建设数字交通走廊，多条国际海底光缆建设取得积极进展。截至 2023 年底，构建超 190 套跨境陆缆系统，广泛建设 5G 基站、数据中心、云计算中心、智慧城市等，对传统基础设施如港口、铁路、道路、能源、水利等进行数字化升级改造，"中国–东盟信息港""数字化中欧班列""中阿网上丝绸之路"等重点项目全面推进，"数字丝路地球大数据平台"实现多语言数据共享。"云上大讲堂"已为 80 多个国家开展线上直播培训，成为发展中国家普通民众提升数字素养的优秀平台。数字支付系统在"一带一路"国家得到广泛应用，为 131 个共建国家开通了银联卡业务和银联移动支付功能，为国际贸易提供了便捷的支付方式。

（四）数字贸易增长势头强劲

跨境电商迅猛增长。2023 年跨境电商进出口额达 2.38 万亿元，同比增长 15.6%。其中，出口额 1.83 万亿元，同比增长 19.6%；进口额 5483 亿元，同比增长 3.9%。2023 年跨境电商主体已超 10 万家，建设独立站已超 20 万个。参与跨境电商进口的消费者人数逐年增加，2023 年达到 1.63 亿人。跨境电商快速发展，每个人都能"买全球、卖全球"，成为拉动外贸增长的新动能。一批新一代跨境电商平台在海外市场快速发展，已经成为全球数字经济领域不容忽视的"中国力量"。

数字服务贸易广度不断拓展。2023 年前三季度，可数字化交付的服务贸易额达 20259.5 亿元，同比增长 8.6%，占服务贸易总额的比重达 42%。数字平台企业也形成出海"雁阵"，数字服务平台正成为连接国际贸易的重要枢纽、助力企业深度融入全球供应链的重要载体。据相关智库机构统计，我国独角兽企业数量位居世界第二，头部企业不断增多。短视频平台成为全球互联网的新"蓝海"，国内短视频领军企业基于国内市场研发经验，探索出算法驱动、用户生成、数据高效利用的新型数字服务形态，在国际市场显示出很强的市场竞争力。

第二章

中国数字经济人才需求现状

一 中国数字经济人才需求分布区域特征

近年来，数字经济创造了大量新增岗位，尤其是在面向消费端的产业数字化领域，以低门槛、广覆盖的优势吸引了大量农村和城镇劳动力向大中型城市转移，成为加速我国城镇化步伐的重要力量之一，为数字经济人才的跨区域流动创造了新的就业空间。

（一）数字经济人才需求规模与经济发展水平高度相关

在数字经济人才需求方面，需求较多的省份包括广东、北京、上海、浙江等地（见图1）。以上四省市数字经济人才需求规模分别占全国总需求的25.74%、17.79%、12.25%和8.46%。从区域总体分布上看，需求总量呈现东中西部逐步减少的特征，东部沿海地区数字经济人才需求量较大。中西部地区和东北地区数字经济人才需求量相对较小，东三省数字经济人才招聘总量占全部招聘数量的1.59%。

（二）区域间数字经济人才需求产业集聚度差异呈现第一产业大于第二产业大于第三产业的特征

现阶段，我国数字经济人才供给结构与产业间数字化发展不均衡相对应。总体来看，第三产业数字化发展较为超前，因而数字经济人才供给相对

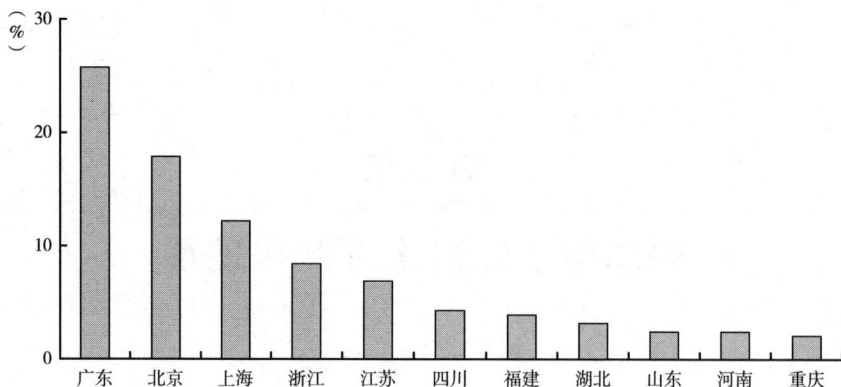

图1　2023年部分省份数字经济人才需求规模占比

资料来源：猎聘大数据。

集中，特别是互联网行业。第一、第二产业数字化发展相对滞后，数字经济人才供给相对较少。

根据中国信息通信研究院的产业研究分类，从产业集聚度类别来看，我国区域产业集聚可以划分为双产业集聚和单产业集聚两类。其中，双产业集聚地区包括：安徽、福建、贵州、河北、湖南、江苏、辽宁、山东、陕西、上海、天津、重庆；单产业集聚地区包括：北京、甘肃、广东、广西、海南、黑龙江、湖北、吉林、江西、内蒙古、宁夏、青海、山西、四川、新疆、云南、浙江、河南。从产业集聚角度，对数字经济人才需求进行分析，第一产业数字经济人才需求在区域间集聚度差异较大，山西、内蒙古、云南等集聚度较高；第二产业差异其次，第三产业集聚度差异最小（见图2）。

（三）东部地区对数字经济高端人才需求较多，区域间人才需求层次差距值得重视

当前我国数字经济人才需求区域分布不均，华东地区集聚效应明显。总体上看，岗位需求规模与经济发展水平高度相关，岗位需求呈现东中西部逐渐减少的特征，东部沿海经济发达地区数字经济需求量较大。

东部地区较好的数字经济发展环境带动更多高端人才集聚，相应释放更

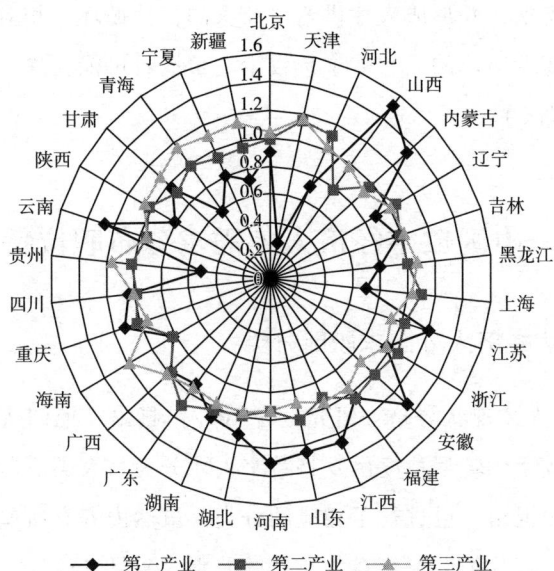

图 2 2023 年各地区数字经济产业岗位产业区位熵

资料来源：中国信息通信研究院。

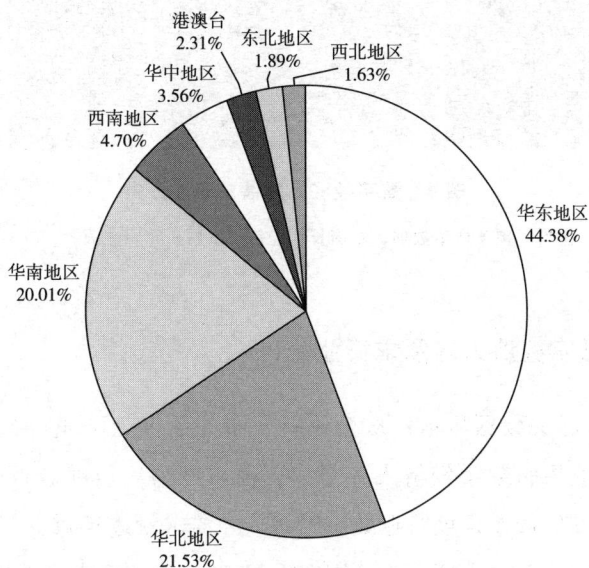

图 3 2023 年各地区数字经济人才需求区域分布

资料来源：猎聘大数据。

多的高端人才需求，并形成人才供给与需求的良性循环。相对而言，中西部省份数字经济高端岗位的人才需求量较少，长期看可能会进一步加大区域间人才差距（见图3）。

二　中国数字经济人才需求分布职位特征

（一）数字经济人才需求职能分类

《中国数字人才现状与趋势研究报告2017》指出，他们从产品与服务价值链供应端的数字化转型角度出发将数字人才分为六大类。后来其他研究者根据不同的研究视角，也进行了相应的分类，虽然内容有所差异，但数字经济人才需求的职位分类并不存在实质性的差别（见图4）。

数字战略管理	深度分析	产品研发	先进制造	数字化运营	数字营销
·数字化转型领导者 ·数字化商业模型战略指导者 ·数字化解决方案规划师 ·数字战略顾问	·商业智能专家 ·数据科学家 ·大数据分析师	·产品经理 ·软件开发人员 ·视觉设计师 ·算法工程师 ·系统工程师	·工业4.0实践专家 ·先进制造工程师 ·机器人与自动化工程师 ·硬件工程师	·数字产品运营人员 ·质量测试/保证专员 ·数字技术支持	·营销自动化专家 ·社交媒体营销专员 ·电子商务营销人员

图4　数字经济人才需求职能分类

资料来源：清华、领英样本数据，中国长江经济带发展研究院整理。

（二）数字经济人才需求行业分布

智联招聘相关数据显示，从企业新发布的数字经济职位数据看，IT/互联网/游戏行业招聘数字经济人才最多，需求旺盛。但随着近几年IT/互联网/游戏行业发展低迷，该行业数字经济人才需求量逐年减少，从2020年的人才需求占比55.12%下降至2023年的43.79%。国家战略性新兴产业，如电子/通信/半导体、机械/制造、医疗健康、科研技术/商务服务、能源/化工/环保、汽车行业的数字经济人才需求则逐年增加（见图5）。

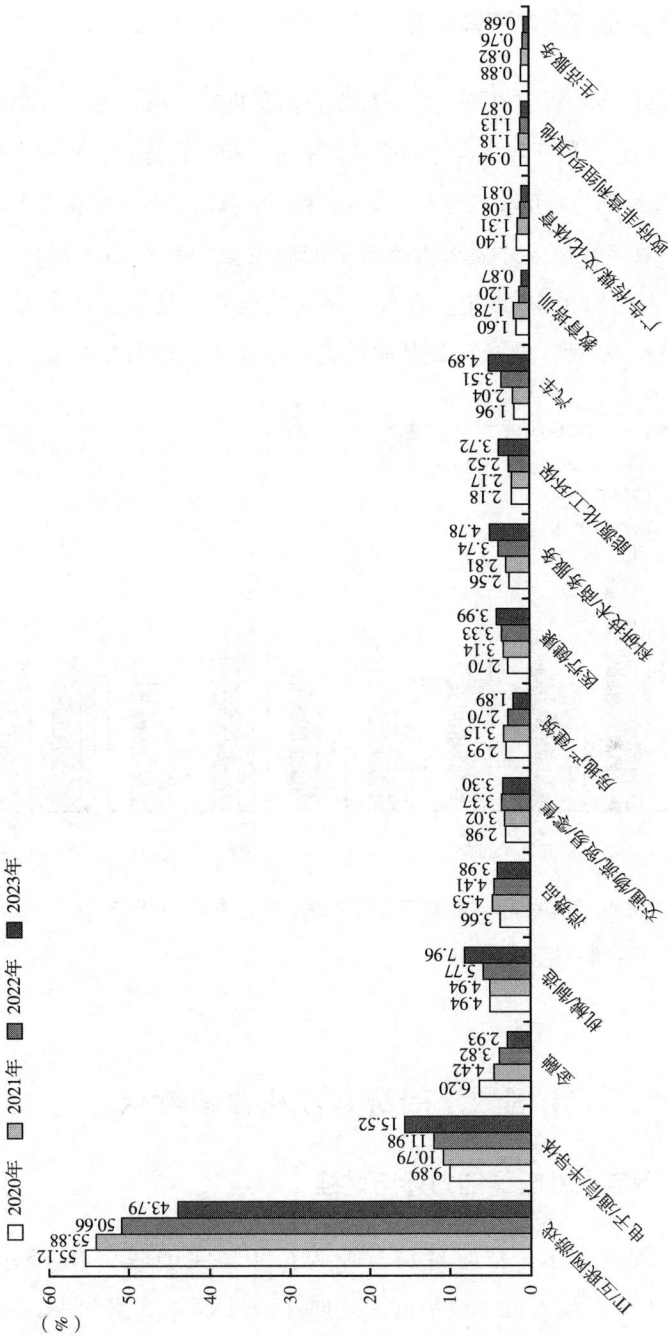

图5 2020~2023年数字经济人才需求行业分布

资料来源：根据智联招聘数据整理。

189

（三）数字经济人才职能需求排名

通过对典型城市的数字经济人才职位发布情况进行分析，参考《2023 中国数字人才发展报告》，数字经济人才的职能需求主要集中在连续三年需求最高的职位中，如产品经理与：Java 工程师，C++工程师、算法工程师职位需求。

2023 年，数字经济人才需求占比最高的职位集中在产品经理与 Java 工程师，近 4 年占比均在 4%以上。此外，嵌入式软件开发、硬件工程师、电气工程师、C++工程师、算法工程师职位需求近几年有较明显增加。

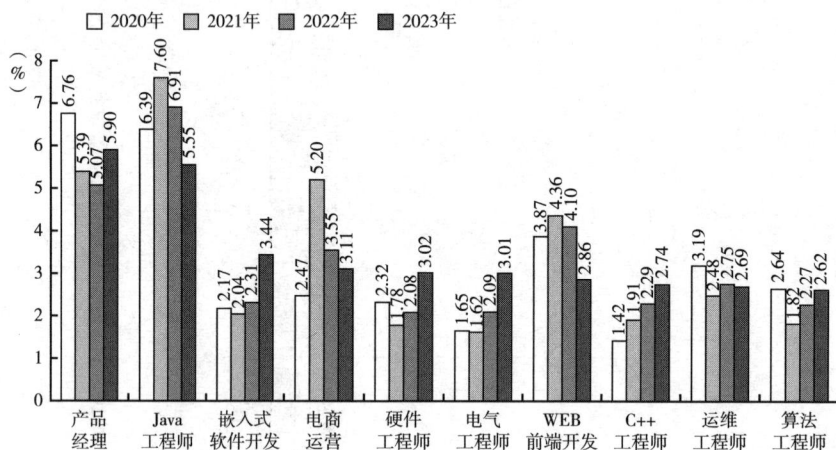

图 6　2020~2023 年数字经济新发布职位需求 TOP10

资料来源：根据智联招聘数据整理。

三　中国数字经济人才从业新特点

（一）中青年人才吸纳能力逐渐增强

智联招聘数据显示，数字经济从业人员年龄主要集中在 25~35 岁（见图7）。近 4 年新流入数字经济的人才同样是以 25~35 岁为主。30 岁以下流入数字经济的人才占比逐年下降，30 岁以上的人才逐年增加。随着行业的发展，企业对人才专业要求越来越高，行业对成熟的人才吸纳能力逐渐增强。

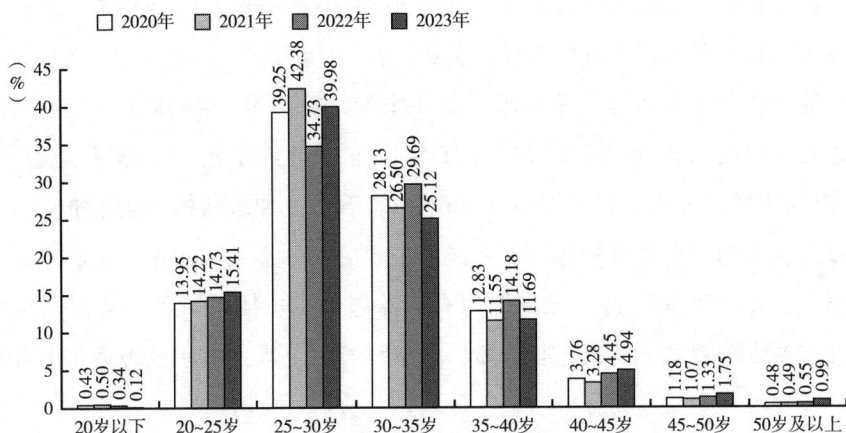

图7　2020~2023年数字经济从业人员年龄分布

资料来源：根据智联招聘数据整理。

数字经济人才从业人员工龄较分散，其中拥有 5~8 年工龄人才最多，其次是 10~15 年工龄人才。拥有 10 年以上工作经验的中青年人才近年来逐渐增加（见图8）。

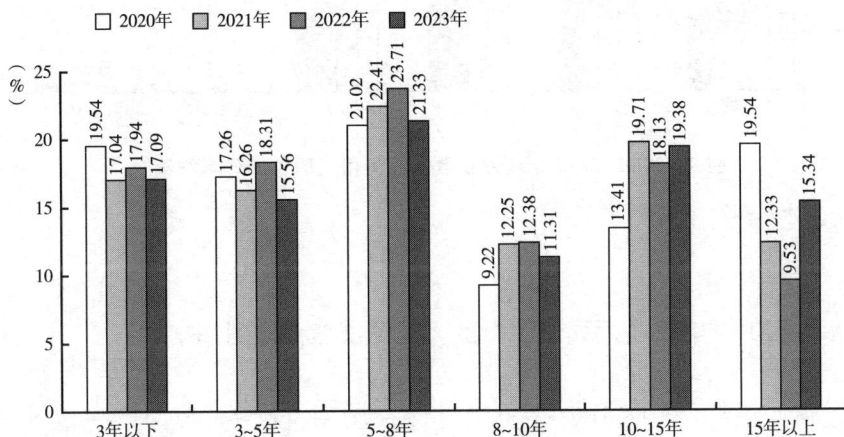

图8　2020~2023年数字经济从业人员工龄分布

资料来源：根据智联招聘数据整理。

（二）两端工龄需求上升，重视人才综合素质

数据显示，发布数字经济职位的企业以 100～499 人规模最多，企业活力逐渐凸显，其次是 10000 人以上企业。

这些企业新发布的人才需求，整体来看，1～3 年工龄需求一直稳居历年之首，但是占比呈现下降趋势；1 年以下工龄需求占比呈现上升趋势，8～10 年工龄人才需求逐渐增多（见图 9）。面对更加激烈的行业竞争，越来越多的企业期待有丰富资源、专业能力过硬的人才加入。无论是工龄还是学历要求，在"不限"这一维度上均有下降趋势，也体现了各企业需求更加精准，愈发重视人才队伍综合素质，对本科及以上人才需求呈现逐年上升趋势（见图 10）。

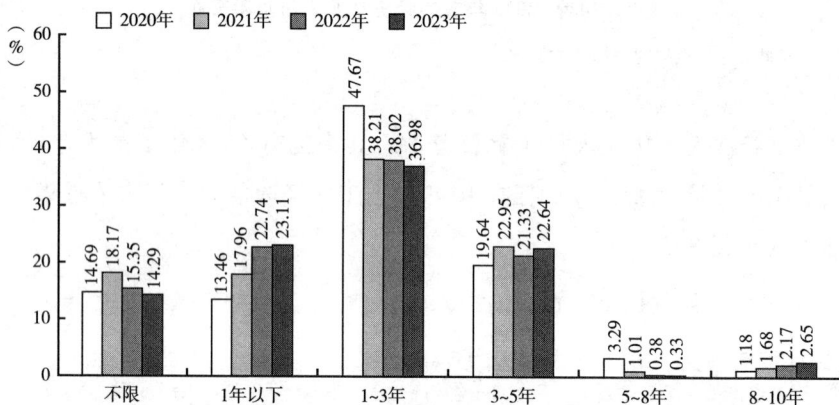

图 9　2020～2023 年新发布数字经济相关职位工作年限要求

资料来源：根据智联招聘数据整理。

（三）平均年薪远高于全行业，年薪涨幅趋于理性

近 4 年来，数字经济人才平均年薪远高于全行业，且薪酬逐年增加，2023 年较 2020 年增长 11.5%；从实际年薪和期望年薪差值来看，人才对年薪涨幅逐渐趋于理性，从 2020 年期望跳槽涨薪 28.84% 下降至 24.77%（见

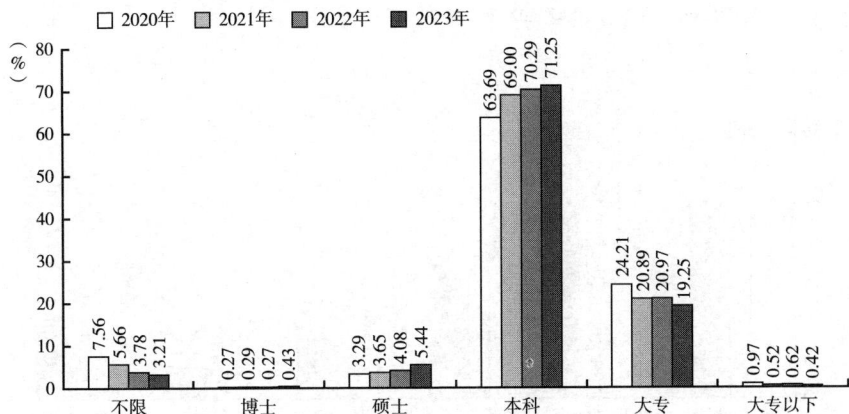

图 10　2020~2023 年新发布数字经济相关职位学历要求

资料来源：根据智联招聘数据整理。

图 11）。从各年薪段人才分布来看，10 万~20 万元年薪段人才占比逐渐降低，30 万元以上年薪段人才占比略有提升（见图 12）。

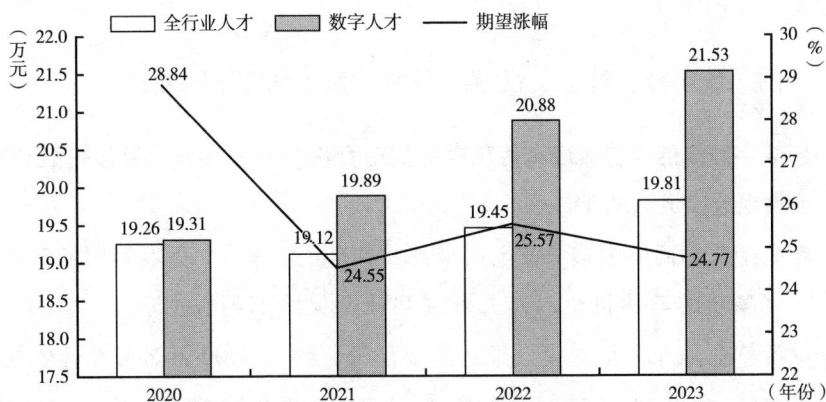

图 11　2020~2023 年数字经济人才与全行业人才平均年薪对比

资料来源：根据智联招聘数据整理。

金融行业薪酬一直领先于其他行业，同样在数字经济人才中最有优势，2023 年平均年薪为 29.61 万元。从近几年数据看，大部分行业数字经济人

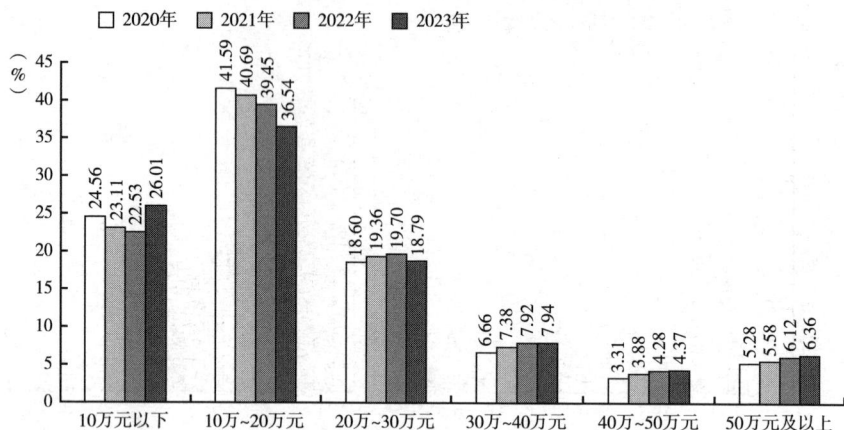

图 12　2020~2023 年数字经济人才年薪分布

资料来源：根据智联招聘数据整理。

才薪酬都有所提升，对比 2020 年，2023 年薪酬涨幅最高的是汽车行业，增长了 22.69%，之后依次是政府/非营利组织/其他、医疗健康、电子/通信/半导体（见图 13）。

（四）数字经济释放女性就业潜力，就业创业不断涌现

1. 数字经济的创造效应和替代效应推动女性劳动力转移，引导超3800万名女性实现数字灵活就业

在数字化的商业模式下，电商平台、共享经济平台、互联网服务等领域催生了许多新的就业机会，人力资源和社会保障部的数据显示，2020 年，中国灵活就业从业人员规模已经达到 2 亿人，约有 8400 万名劳动者依托互联网平台就业，约占全国就业人数的 11%，根据亿欧智库估计，2022 年，女性通过数字平台就业的超过 3800 万人。数字经济的发展也可能改变某些职业的需求，导致一些从业人员的就业岗位被替代或取消。例如，数字经济的发展可能导致传统零售业、媒体产业等领域的就业机会减少，一些传统岗位被机器和自动化所替代。

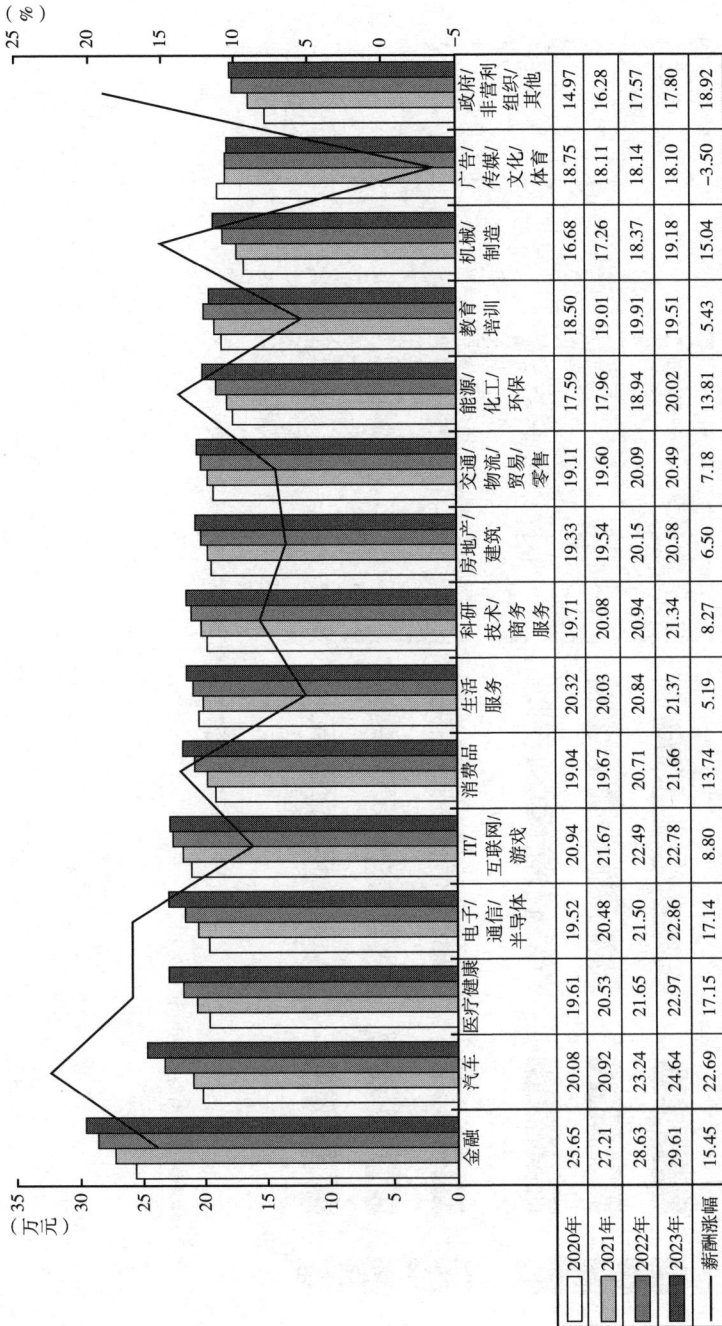

图13 2020～2023年数字经济人才行业平均年薪

	金融	汽车	医疗健康	电子/通信/半导体	IT/互联网/游戏	消费品	生活服务	科研/技术/商务服务	房地产/建筑	交通/物流/贸易/零售	能源/化工/环保	教育/培训	机械/制造	广告/传媒/文化/体育	政府/非营利组织/其他
2020年	25.65	20.08	19.61	19.52	20.94	19.04	20.32	19.71	19.33	19.11	17.59	18.50	16.68	18.75	14.97
2021年	27.21	20.92	20.53	20.48	21.67	19.67	20.03	20.08	19.54	19.60	17.96	19.01	17.26	18.11	16.28
2022年	28.63	23.24	21.65	21.50	22.49	20.71	20.84	20.94	20.15	20.09	18.94	19.91	18.37	18.14	17.57
2023年	29.61	24.64	22.97	22.86	22.78	21.66	21.37	21.34	20.58	20.49	20.02	19.51	19.18	18.10	17.80
薪酬涨幅	15.45	22.69	17.15	17.14	8.80	13.74	5.19	8.27	6.50	7.18	13.81	5.43	15.04	-3.50	18.92

资料来源：根据智联招聘数据整理。

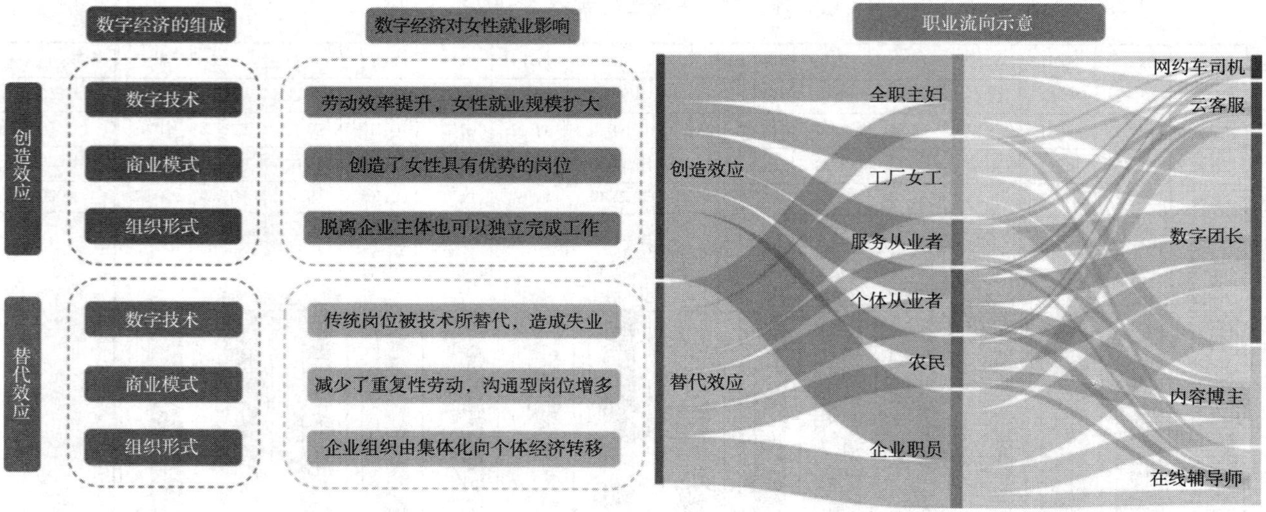

图 14　数字经济对女性就业的影响与职业流向

资料来源：信通院、亿欧智库估算。

2.女性数字就业创业涌现众多新业态、新组织、新职业

数字经济减少了女性在劳动力市场的性别弱势。在传统劳动力市场中，女性工作受到时间和体力等限制，数字经济的出现，打破了时空对女性就业的限制。数字经济塑造了新的经济形态，带来了新个体经济，满足了女性个体从业者的需求。

数字经济凸显女性在劳动力市场的独特价值。在数字经济时代，女性身上的独特优势可以得到更多显现。数字经济强调的"沟通、分享、连接"等特点，使女性从业者更加得心应手。数字经济打破了组织的局限性和固定性，女性可以自建社群，以信赖关系建立新的经济活动组织。女性细腻、沟通能力强等特质天然符合数字经济的联结特征。在数字经济相关领域中，女性获得更多职业机会，如远程医疗、在线教育、直播电商等。

数字经济提升女性劳动者的就业创业能力。在数字经济时代，女性劳动者获取信息资源的能力提高，风险适应能力提高，因而发挥个人价值的空间得到拓展。数字经济为女性劳动者带来了新的"数字工具"，他们的职业角色也发生了鲜明的变化，团长、博主、主播成为热门新职业。

3.政策积极引导数字经济女性就业：新业态创造多元岗位

国家发改委、教育部、科技部、工业和信息化部等19个部门发布《关于发展数字经济稳定并扩大就业的指导意见》，提出大力提升数字化、网络化、智能化就业创业服务能力，不断拓展就业创业新空间，着力实现更高质量和更充分就业。

国家发改委等13个部门联合印发《关于支持新业态新模式健康发展激活消费市场带动扩大就业的意见》，对加快发展数字经济15大新业态、新模式的重点方向提出了19项创新支持政策，线上教育、互联网医疗、无人经济、新个体经济等新业态将孕育大量新职业人才需求。

人力资源和社会保障部中国就业培训技术指导中心数据显示，未来5年，新职业人才需求规模庞大，预计云计算工程技术人员、物联网安装调试员、无人机驾驶员、电子竞技员、人工智能工程技术人员、建筑信息模型技术员、工业机器人系统操作员和运维员、农业经理人等人才缺口近千万。

第三章

中国数字经济人才培养及储备情况

数字经济人才培养主要有高等院校培养、社会机构培训和企业培训三种方式，其中高等院校是人才培养的主要阵地。国家和高校高度重视数字经济人才培养。为推动就业与培养有机联动、人才供需有效对接，帮助用人单位培养和招聘更多实用型、复合型和紧缺型人才，教育部实施供需对接就业育人项目。

一　中国数字经济人才院校培养及储备情况

（一）中国数字经济人才培养院校分布

1.中国高等院校分类

由于办学水平、隶属关系、办学层次等不同，高等院校又可被分为不同的类别。主要包括以招生录取批次划分的本科院校，以职业教育为主的专科院校，根据办学性质及管理模式划分的公办、民办高校，根据不同隶属关系划分的教育部、省（区、市）级直属院校，按照办学水平划分的"985""211"工程高校以及按照专业类型划分的综合类、工科类、师范类等高校（见图1）。

2.中国本科及专科院校分布特点

中国本科院校呈现阶梯状分布。教育部官网数据显示，中国本科院校的数量在十年间增长了8.97%，从2013年的1170所增长到了2023年的1275

根据办学层次分类

本科院校	指进行本科教育的高等院校,根据招生录取批次可继续分为一本、二本、三本
专科院校	指经国家教育部批准设立,进行专科职业教育的普通高等学校。高职和高专都属于普通高等职业教育中的专科层次

根据办学性质分类

公办高校	指以国家政府或地方政府资助创立维持的高等院校
民办高校	指的是企业事业组织、社会团体及其他社会组织和公民个人利用非国家财政性教育经费,面向社会举办的高等学校及其他教育机构

按照隶属关系分类

教育部直属	指教育部直属管理的一批高等学校,是中央部门直属高等学校的重要组成部分
其他部门所属、省(区、市)所属	指其他部门、地区所属的高等学校,大多数靠地方财政提供资金,是我国高等教育体系的主体部分

按照办学水平分类

"985工程"高校	指"985工程"包含的高校。"985工程"是指国务院在世纪之交为建设具有世界先进水平的一流大学而做出的重大决策
"211工程"高校	指"211工程"包含的高校。"211工程"即面向21世纪、重点建设100所左右的高等学校和一批重点学科的建设工程

按照专业类型

综合类、工科类、师范类、财经类、政法类、语言类、医药类、农业类、林业类、民族类、艺术类、体育类、军事类

图 1 中国高等院校分类

资料来源:公开资料,中国长江经济带发展研究院整理绘制。

所,占普通高等院校的 45.21%。2023 年中国本科毕业人数达 688 万。

从区域分布来看,中国本科院校呈现较为典型的阶梯状分布:第一类为北京、上海、广州以及武汉、成都、天津等城市,具有"经济实力强、高校资源丰富"的特点;第二类为南京、西安、长沙、沈阳等城市,具有"高教实力强于经济实力"的特点。

中国专科院校分布整体较为均衡。中国专科院校的数量在十年间增长了16.96%,从 2013 年的 1321 所增长到了 2023 年的 1545 所,整体保持稳步增长态势,且中西部地区增速要快于东部地区。2023 年中国专科毕业人数达470 万,较本科毕业生少 218 万人。从区域分布来看,整体仍呈现东部地区的院校数量多于西部地区的特点。值得注意的是，本科院校和重点院校资源较差的省份，专科院校的数量会相对更多。

3. 中国数字经济人才培养院校分布

在教育部公布的 2023 年度普通高等学校本科专业备案和审批结果中，各高校新增最多的专业是数字经济，共有 80 所高校新增该专业。数字经济专业已经连续 2 年成为新增备案数量最多的专业，2022 年新增该专业的院校共有 77 所。目前，根据资料整理，单独开设"数字经济"本科专业的中国普通高等学校目录详见表 1。

表 1　单独开设"数字经济"本科专业的中国普通高等学校目录

省（区、市）	院校数量（个）	院校名单
北京	6	中国人民大学、对外经济贸易大学、北京交通大学、中央民族大学、中国传媒大学、北京工商大学
天津	2	南开大学、天津财经大学
上海	1	上海立信会计金融学院
重庆	3	西南政法大学、重庆移通学院、重庆对外经贸学院
河北	5	河北经贸大学、河北金融学院、石家庄铁道大学、石家庄学院、邯郸学院
河南	5	河南财经政法大学、河南财政金融学院、河南农业大学、郑州师范学院、南阳师范学院
山东	4	山东石油化工学院、山东农业大学、山东交通学院、山东航空学院
安徽	6	安徽大学、安徽财经大学、安徽师范大学、安徽新华学院、淮南师范学院、铜陵学院
江苏	6	南京大学、南京财经大学、南京信息工程大学、宿迁学院、泰州学院、江苏师范大学科文学院
江西	6	江西财经大学、江西农业大学南昌商学院、东华理工大学、江西科技师范大学、宜春学院、九江学院
浙江	5	浙江财经大学、浙江工商大学、浙江海洋大学、杭州师范大学、浙江万里学院
湖北	6	湖北大学、华中科技大学、中南财经政法大学、中南民族大学、武汉轻工大学、湖北经济学院
湖南	6	湖南大学、湖南工商大学、湖南工程学院、长沙理工大学、湖南女子学院、湖南人文科技学院
广东	7	广东外语外贸大学、广东工业大学、广东财经大学、广州大学、广州南方学院、广东培正学院、广东白云学院

续表

省（区、市）	院校数量	院校名单
广西	7	广西职业师范学院、广西财经学院、广西民族大学、桂林电子科技大学、南宁学院、贺州学院、梧州学院
云南	2	云南师范大学、昆明理工大学
贵州	3	贵州财经大学、贵州商学院、贵阳学院
四川	5	西南财经大学、四川外国语大学、四川大学锦江学院、成都师范学院、绵阳师范学院
黑龙江	3	哈尔滨工业大学、哈尔滨商业大学、黑河学院
吉林	2	吉林工程技术师范学院、长春财经学院
辽宁	5	辽宁大学、东北财经大学、辽宁科技学院、辽宁经贸学院、大连财经学院
新疆	2	伊犁师范大学、新疆财经大学
内蒙古	3	内蒙古师范大学、内蒙古财经大学、呼和浩特民族学院
福建	6	闽南师范大学、福建理工大学、集美大学、福建农林大学、福建江夏学院、三明学院
陕西	3	西安财经大学、西安邮电大学、咸阳师范学院
甘肃	1	兰州财经大学

资料来源：网络平台数据，中国长江经济带发展研究院整理。

本报告将综合类院校与理工类院校视为泛数字经济类院校，即中国数字经济人才培养及供给院校，并分析其分布情况，从整体上看，多数数字经济类院校集中在东部地区。具体而言，主要分布在传统教育强省和数字经济产业较为发达的地区，如四川、江苏、山东等。聚焦北京、上海和广州，虽然其数字经济院校资源较为丰富，但仍跟不上当地数字经济产业发展的速度，呈现供不应求的状态。反而其周围的院校资源都比较充足，能够做到有效的数字经济人才补充。

（二）数字经济人才院校培养及储备情况

1. 高校扩招导致毕业生规模迅速扩大，数字经济人才基数逐年增加

自高校扩招政策实施以来，中国高等教育入学率逐渐提高，高等教育普及程度持续扩大，2023 年全国普通高校毕业生规模达 1158 万人，

较上一年增加 82 万人，毕业生人数创历史新高，数字经济人才基数逐年增加。

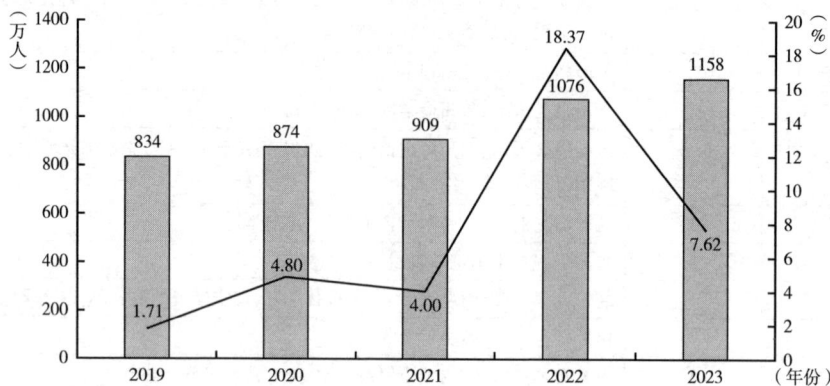

图 2　2019~2023 年中国普通高校毕业生规模

资料来源：教育部数据，中国长江经济带发展研究院整理绘制。

2.高校毕业生工科占据主导，数字经济人才基础广泛

我国已经拥有 500 多个学科专业，覆盖的门类广泛，为各类人才的培养提供了基础条件，但同时也存在学科配置不均的情况。我国现阶段的发展对于工科人才的需求较多，目前院校专业设置以就业为导向，就业需求大的行业开设的相关专业多，所以在普通本科毕业生中工科和商科专业的毕业生持续占据较大份额。

3.高校数字经济相关专业培养人才数量占比超过20%，数字经济人才分布较广

顺应全球经济数字化转型，以及社会对具有深厚数字、经济和管理素养的复合型人才的"井喷"式需求，国内高校紧密贴合新一轮科技革命和产业变革背景下的国家发展重大战略目标，积极申请设立数字经济专业，旨在培养具备扎实的经济学理论功底和数理基础、具有经世济民的职业素养、拥有开阔的全球化视野、深刻理解中国国情并通晓数字经贸规则的复合型人才。

2019~2021 年，人力资源和社会保障部等部门向社会正式发布 4 批 56 个技能人员新职业，如大数据工程技术人员、物联网工程技术人员、数字化管理师等。一些高等院校已经在探索与数字经济相关专业的建设工作，2015 年我国高校开设大数据本科专业，2021 年 2 月共有 730 所高校获批大数据专业。2018 年 35 所高校获教育部批准开设人工智能本科专业，2021 年共有 440 所高校开设了人工智能本科专业。2022 年，教育部新增 218 个普通高等学校本科阶段人工智能和大数据相关专业，包括 77 个数字经济相关专业、59 个人工智能相关专业、38 个大数据管理与应用相关专业等。2023 年，全国共 142 所高校设立数字经济专业，有 6000 多所职业学校开设数字经济相关专业，专业布点超过 2.5 万个。并根据产业发展需求，增设智能网联汽车技术等 314 个数字经济领域新专业，开发相关课程与教材，为数字人才培养提供了优质的教学资源保障。

将数字经济产业与细分行业、专业、职业进行映射①，结合泛样本数据和统计模型核算，高校总体数字经济相关专业人才分布占比接近 20%。此外，在"新增备案本科专业名单"中，出现了大量与数字经济人才培养密切相关的专业类型，如人工智能、网络与新媒体、智能装备与系统、大数据管理与应用、网络空间安全、跨境电子商务等。

（三）高校数字经济人才培养体系的基本轮廓

基于《数字经济及其核心产业统计分类（2021）》做出的数字经济产业分类，参考《中华人民共和国职业分类大典（2022 年版）》为适应数字经济发展需要对数字职业的特别标识，本项目对《学位授予和人才培养学科目录（2018）》《普通高等学校本科专业目录（2021 年）》《职业教育专业目录（2021 年）》《全国技工院校专业目录（2022 年修订）》所列数字经济人才培养相关专业目录进行了梳理，勾勒出我国高校数字经济人才培养体系的基本轮廓（见表 2）。

---

① 参考《2022 数字经济人才研究综述》中我国高校数字经济人才培养体系的基本轮廓。

表 2 我国高校数字经济人才培养相关专业体系

数字经济核心产业	数字经济核心产业分类（中类）	我国高校数字经济人才培养相关专业体系（专业大类）				对应的数字职业目录（数字职业：标注为S；既是绿色职业又是数字职业：标注为L/S）
		研究生（博士/硕士）	本科	技工	中职	
01 数字产品制造业	0101 计算机制造 0102 通讯及雷达设备制造 0103 数字媒体设备制造 0104 智能设备制造 0105 电子元器件及设备制造 0106 其他数字产品制造业	0711 系统科学 0802 机械工程 0803 光学工程 0804 仪器科学与技术 0805 材料科学与工程 0808 电气工程 0809 电子科学与技术 0810 信息与通信工程 0811 控制科学与工程 0812 计算机科学与技术 0835 软件工程 0839 网络空间安全 0854 * 电子信息	0701 数学类 0702 物理学类 0801 力学类 0802 机械类 0803 仪器类 0804 材料类 0806 电气类 0807 电子信息类 0809 计算机类 1207 工业工程类 1305 设计学类	01 技术机械类 02 电工电子类 03 信息类	5101 电子信息类 6303 新能源发电工程类 6601 机械设计制造类 6602 机电设备类 6603 自动化类 6606 航空装备类 6607 汽车制造类 7102 计算机类 7103 通信类 7104 集成电路类	2-02-01-02 地球物理地球化学与遥感勘查工程技术人员 L/S 2-02-02-01 大地测量工程技术人员 L/S 2-02-02-02 工程测量工程技术人员 S 2-02-02-03 摄影测量与遥感测量工程技术人员 L/S 2-02-02-04 地图制图工程技术人员 S 2-02-02-05 海洋测绘工程技术人员 L/S 2-02-02-06 地理国情监测工程技术人员 L/S 2-02-02-07 地理信息系统工程技术人员 L/S 2-02-02-08 导航与位置服务工程技术人员 L/S 2-02-02-09 地质测绘工程技术人员 S 2-02-07-07 自动控制工程技术人员 S 2-02-09-03 雷达导航工程技术人员 S 2-02-09-05 广播视听设备工程技术人员 S 2-02-10-01 通信工程技术人员 L/S 2-02-10-03 计算机软件工程技术人员 S 2-02-10-04 计算机网络工程技术人员 S 2-02-10-05 信息系统分析工程技术人员 S

续表

数字经济核心产业	数字经济核心产业分类（中类）	我国高校数字经济人才培养相关专业体系（专业大类）				对应的数字职业目录（数字职业：标注为S；既是数字职业又是数字职业：标注为L/S）
		研究生（博士/硕士）	本科	技工	中职	
02 数字产品服务业	0201 数字产品批发	0835 软件工程	0201 经济学类	02 电工电子类	7101 电子信息类	2-02-10-06 嵌入式系统设计工程技术人员 S
	0202 数字产品零售	0836 生物工程	0503 新闻传播学类	03 信息类	7102 计算机类	2-02-10-07 信息安全工程技术人员 S
	0203 数字产品租赁	0839 网络空间安全	0807 电子信息类	06 财经商贸类	7103 通信类	2-02-10-08 信息系统运行维护工程技术人员 S
	0204 数字产品维修	0854 电子信息	0809 计算机类		7305 经济贸易类	2-02-14-02 广播电视传输覆盖工程技术人员 S
	0205 其他数字产品服务业	1201 管理科学与工程	1201 管理科学与工程类		7306 工商管理类	2-02-18-05 工程勘察与岩土工程技术人员 S
		1202 工商管理	1202 工商管理类		7307 电子商务类	2-02-22-01 海洋调查与监测工程技术人员 L/S
			1208 电子商务类		7702 语言类	2-02-22-02 海洋环境预报工程技术人员 L/S
					7904 文秘类	2-02-22-04 海洋工程勘察设计工程技术人员 S
						2-02-25-01 气象观测工程技术人员 L/S
						2-02-25-02 天气预报工程技术人员 L/S
						2-02-25-03 气候监测预测工程技术人员 L/S
						2-02-25-04 气象服务工程技术人员 L/S
						2-02-25-05 人工影响天气工程技术人员 S
						2-02-26-01 地震监测预测工程技术人员 S

续表

数字经济核心产业	数字经济核心产业分类（中类）	我国高校数字经济人才培养相关专业体系（专业大类）				对应的数字职业目录（数字职业:标注为S;既是绿色职业又是数字职业:标注为L/S）
		研究生（博士/硕士）	本科	技工	中职	
03 数字经济核心产业	0301 软件开发 0302 电信、广播电视和卫星传输服务 0303 互联网相关服务 0304 信息技术服务 0305 其他数字技术应用业	0503 新闻传播学 0552 新闻与传播 0553 出版 0809 电子科学与技术 0810 信息与通信工程 0811 控制科学与工程 0812 计算机科学与技术 0816 测绘科学与技术 0835 软件工程 0839 网络空间安全 0854 *电子信息 1201 管理科学与工程 1255 图书情报 1205 图书情报与档案管理	0402 体育学类 0503 新闻传播学类 0701 数学类 0702 物理学类 0705 地理科学类 0706 大气科学类 0802 机械类 0803 仪器类 0807 电子信息类 0808 自动化类 0809 计算机类 0812 测绘类 0814 地质类 0821 兵器类 0831 公安技术类 1201 管理科学与工程类 1205 图书情报与档案管理类 1303 戏剧与影视学类 1305 设计学类	6202 地质类 6203 测绘地理信息类 7101 电子信息类 7102 计算机类 7501 艺术设计类 7502 表演艺术类 7504 文化服务类 7602 广播影视类	01 技术机械类 02 电工电子类 03 信息类 08 地质类 14 文化艺术类	2-02-30-02 物流工程技术人员 L/S 2-02-30-08 信息管理工程技术人员 S 2-02-30-09 数据分析处理工程技术人员 S 2-02-30-11 供应链工程技术人员 S 2-02-34-02 工业设计工程技术人员 S 2-02-38-01 人工智能工程技术人员 S 2-02-38-02 物联网工程技术人员 S 2-02-38-03 大数据工程技术人员 S 2-02-38-04 云计算工程技术人员 S 2-02-38-05 智能制造工程技术人员 S 2-02-38-06 工业互联网工程技术人员 S 2-02-38-07 虚拟现实工程技术人员 S 2-02-38-08 区块链工程技术人员 S 2-02-38-09 集成电路工程技术人员 S 2-02-38-10 机器人工程技术人员 S 2-02-38-11 增材制造工程技术人员 L/S 2-02-38-12 数据安全工程技术人员 S 2-02-38-13 密码工程技术人员 S 2-06-07-13 数字化管理师 S 2-06-14-00 金融科技师 2-09-06-07 数字媒体艺术专业人员 S 2-10-02-04 数字出版编辑 S

续表

数字经济核心产业	数字经济核心产业分类（中类）	我国高校数字经济人才培养相关专业体系（专业大类）				对应的数字职业目录（数字职业:标注为S;既是绿色职业又是数字职业:标注为L/S）
		研究生（博士/硕士）	本科	技工	中职	
04 数字要素驱动业	0401 互联网平台 0402 互联网批发零售 0403 互联网金融 0404 数字内容与媒体 0405 信息基础设施建设 0406 数据资源与产权交易 0407 其他数字要素驱动业	0251 金融 0252 应用统计 0254 国际商务 0256 资产评估类 0552 新闻与传播 0553 出版 0802 机械工程 0809 电子科学与技术 0810 信息与通信工程 0812 计算机科学与技术 0835 软件工程 0839 网络空间安全 0854 * 电子信息 0861 * 交通 1202 工商管理 1303 戏剧与影视学	0201 经济学类 0203 金融学类 0204 经济与贸易类 0301 法学类 0303 社会学类 0401 教育学类 0503 新闻传播学类 0701 数学类 0712 统计学类 0802 机械类 0803 仪器类 0804 材料类 0807 电子信息类 0808 自动化类 0809 计算机类 1201 管理科学与工程类 1202 工商管理类 1204 公共管理类 1206 物流管理与工程类 1208 电子商务类 1303 戏剧与影视学类 1304 美术学类 1305 设计学类	6601 机械设计制造类 6603 自动化类 7101 电子信息类 7102 计算机类 7103 通信类 7302 金融类 7305 经济贸易类 7306 工商管理类 7307 电子商务类 7308 物流类 7401 旅游类 7501 艺术设计类 7601 新闻出版类 7602 广播影视类	01 技术机械类 02 电工电子类 03 信息类 04 交通类 06 财经商贸类 14 文化艺术类	2-10-02-05 网络编辑 S 4-01-06-01 电子商务师 S 4-01-06-02 互联网营销师 S 4-02-06-05 供应链管理师 S 4-04-02-01 信息通信网络机务员 S 4-04-02-03 信息通信网络动力机务员 S 4-04-02-05 无线电监测与设备运维员 S 4-04-04-01 信息通信网络运行管理员 S 4-04-04-02 网络与信息安全管理员 S 4-04-04-03 信息通信信息化系统管理员 S 4-04-04-04 信息安全测试员 S 4-04-04-05 数字化解决方案设计师 S 4-04-04-07 密码技术应用员 S 4-04-05-01 计算机程序设计员 S 4-04-05-02 计算机软件测试员 S 4-04-05-04 数据库运行管理员 S 4-04-05-05 人工智能训练师 S 4-04-05-06 区块链应用操作员 S 4-04-05-07 服务机器人应用技术员 S 4-04-05-08 电子数据取证分析师 S 4-04-05-09 信息系统适配验证师 S

续表

数字经济核心产业（大类）	数字经济核心产业分类（中类）	我国高校数字经济人才培养相关专业体系（专业大类）				对应的数字职业目录（数字职业：标注为S；既是数字职业又是数字绿色职业：标注为L/S）
		研究生（博士/硕士）	本科	技工	中职	
05 数字经济效率提升业	0501 智慧农业	0202 应用经济学	0201 经济学类	01 技术机械类	6307 建筑材料类	4-04-05-10 数字孪生应用技术员 S
	0502 智能制造	0251 金融	0203 金融学类	02 电工电子类	6404 建筑设备类	4-04-05-11 虚拟现实产品设计师 S
	0503 智能交通	0255 保险	0301 法学类	03 信息类	6601 机械设计制造类	4-06-01-04 智能楼宇管理员 S
	0504 智慧物流	0301 法学	0303 社会学类	04 交通运输类	6602 机电设备类	4-07-02-05 商务数据分析师 S
	0505 数字金融	0302 政治学	0306 公安学类	05 服务商贸类	6603 自动化类	4-08-01-01 航空气象员 S
	0506 数字商贸	0303 社会学	0402 体育学类	06 财经商贸类	6606 航空装备类	4-08-03-01 大地测量员 L/S
	0507 数字社会	0306 公安学	0502 外国语言文学类	07 农业类	7001 铁道运输类	4-08-03-02 摄影测量员 L/S
	0508 数字政府	0352 社会工作	0503 新闻传播学类	08 能源类	7101 电子信息类	4-08-03-04 工程测量员 S
	0509 其他数字化效率提升业	0401 教育学	0701 数学类	11 建筑类	7102 计算机类	4-08-03-06 海洋测绘员 L/S
		0403 体育学	0705 地理科学类		7103 通信类	4-08-08-23 建筑信息模型技术员 L/S
		0503 新闻传播学	0708 地球物理学类		7205 医学技术类	4-08-08-26 工业设计工艺师 S
		0706 大气科学	0712 统计学类		7207 公共卫生与卫生管理类	4-08-08-29 桌面游戏设计师 S
		0707 海洋科学	0801 力学类		7301 财政税务类	4-09-07-05 碳汇计量评估师 L/S
		0710 生物学	0802 机械类		7302 金融类	4-12-02-03 信息通信网络终端维修员 S
		0713 生态学	0803 仪器类		7303 财务会计类	4-13-01-05 全媒体运营师 S
		0714 统计学	0806 电气类		7304 统计类	4-13-01-07 档案数字化管理师 S
		0801 力学	0807 电子信息类		7305 经济贸易类	4-14-05-07 电子竞技员 S
		0802 机械工程	0808 自动化类		7306 工商管理类	5-05-01-03 农业数字化技术员 L/S
		0803 光学工程	0809 计算机类		7307 电子商务类	6-11-01-03 化工总控工 S
		0804 仪器科学与技术	0810 土木类		7308 物流类	6-18-01-13 增材制造设备操作员 L/S
		0808 电气工程	0811 水利类		7501 艺术设计类	6-31-07-01 工业机器人系统操作员 L/S
		0810 信息与通信工程	0812 测绘类			6-31-07-02 工业视觉系统运维员 S
		0811 控制科学与工程	0814 地质类			6-31-07-03 工业机器人系统操作员 S

续表

数字经济核心产业	数字经济核心产业分类（中类）	我国高校数字经济人才培养相关专业体系（专业大类）				对应的数字职业目录（数字职业：标注为S；既是绿色职业又是数字职业：标注为L/S）
		研究生（博士/硕士）	本科	技工	中职	
		0812 计算机科学与技术 0823 交通运输工程 0824 船舶与海洋工程 0828 农业工程 0829 林业工程 0830 环境科学与工程 0835 软件工程 0836 生物工程 0839 网络空间安全 0854*电子信息 0901 作物学 0905 畜牧学 0906 兽医学 1010 医学技术 1201 管理科学与工程 1202 工商管理 1204 公共管理 1205 图书情报与档案管理 1305 设计学	0815 矿业类 0818 交通运输类 0819 海洋工程类 0820 航空航天类 0823 农业工程类 0828 建筑类 0831 公安技术类 0901 植物生产类 0903 动物生产类 0905 林学类 1010 医学技术类 1201 管理科学与工程类 1202 工商管理类 1204 公共管理类 1206 物流管理与工程类 1208 电子商务类 1209 旅游管理类 1305 设计学类		7702 语言类 7901 公共事业类 7902 公共管理类 7903 公共服务类 7904 文秘类	

资料来源：公开资料，中国长江经济带发展研究院整理。

我国高校目前的数字经济人才培养体系具有以下特点。

1. 体系较为完整

我国高校目前的数字经济人才培养体系不仅覆盖了数字经济核心产业的所有分类，也涵盖了《中华人民共和国职业分类大典（2022年版）》首次标注的97个数字职业（标注为S）以及23个既是绿色也是数字的职业（标注为L/S），构建起较为完整的行业/需求—高校/培养—就业/职业数字经济人才培养体系。

2. 专业较为齐全

与《学位授予和人才培养学科目录（2018）》《普通高等学校本科专业目录（2021年）》《职业教育专业目录（2021年）》《全国技工院校专业目录（2022年修订）》相对应，我国高校目前设置的数字经济人才培养相关专业种类较为齐全，覆盖面广。

3. 层次较为清晰

针对我国高等教育的专科（高职、高专、高技）、本科、硕士研究生、博士研究生等层次，相关高校根据各自的办学资源条件开设了相应的数字经济人才培养专业，形成了错位发展、特色办学、层次分明的数字经济人才培养体系。

4. 衔接较为紧密

一方面，高校在专科、本科、研究生培养阶段的专业设置上具有较强的延续性，另一方面，高校各层次数字经济人才培养体系与数字经济核心产业分类以及社会用人单位数字相关职业之间也表现出较强的关联性，整体衔接较为紧密。

5. 需求匹配度有待进一步提升

现有的教育水平及结构与需求不匹配，人才供给明显不足。随着数字化新兴产业对人才的要求持续提高，从业人员既有技能将不能满足新的工作岗位要求，迫切需要更新从业技能，持续进行学习或接受培训以达到相关岗位要求。而高校现有的人才培养体系显然与相关需求难以匹配，差距较大。

（四）高校瞄准数字经济国家战略开展前瞻性布局

国家战略为高校科技发展与学科建设指明了方向。我国国民经济和社会发展进入新阶段，高校只有关注国家重点战略和现实需求，才能实现学科交叉汇聚的可持续发展。高校瞄准国家重大需求，立足基础前沿领域，实现引领性原创成果突破和颠覆性技术创新，将是高校交叉学科布局与发展的关键和前提，也为我国数字经济人才培养和储备提供前瞻性布局。

表3　高校未来重点布局方向

重点布局	支撑学科	具体研究方向
新一代人工智能	计算机科学与技术、信息与通信工程、控制科学与工程等	前沿基础理论突破、专用芯片研发、深度学习框架等开源算法平台建构，学习推理与决策、图像图形、语音视频、自然语言识别处理等领域创新
量子信息	物理学、数学、计算机科学与技术、光学工程等	自由空间量子通信技术研发、通用量子计算原型机和实用化量子模拟机研制、量子精密测量计算突破
集成电路	电子科学与技术、光学工程、信息与通信工程等	集成电路设计工具、重点装备和高纯靶材等关键材料研发，集成电路先进工艺和绝缘栅双极型晶体管（IGBT）、微机电系统（MEMS）等特色工艺突破，先进存储技术升级，宽禁带半导体发展
脑科学与类脑研究	临床医学、基础医学、生物学、心理学、计算机科学与技术等	脑认知原理解析，脑介观神经联接图谱绘制，脑重大疾病机理与干预研究，儿童青少年脑发育，类脑计算与脑机融合技术研发
基因与生物技术	生物学、生物工程、化学、化学工程与技术、计算机科学与技术等	基础组学研究应用，遗传细胞和遗传克和，合成生物、生物学等技术创新，创新体外诊断、抗体药物等研发，农作物、水产、农业微生物等重大新品种创制，生物安全关键技术研究
临床医学与健康	临床医学、生物医学工程、公共卫生与预防医学、公共管理等	癌症和心脑血管、呼吸、代谢性疾病等发病机制基础研究，主动健康干预技术研发，再生医学、微生物组、新型治疗等前沿技术研发，重大传染病、重大慢性非传染性疾病防治关键技术研究

续表

重点布局	支撑学科	具体研究方向
深空深地深海和极地探测	天文学、物理学、地质学、航空宇航科学与技术、地球物理学、船舶与海洋工程等	宇宙起源与演化、透视地球等基础科学研究，火星环绕、小行星巡视等星际探测，新一代重型运载火箭和重复使用航天运输系统、地球深部探测装备、深海运维保障和装备实验船、基地立体监测平台和重型破冰船等研制，探月工程四期、蛟龙探海二期、雪龙探极二期建设

资料来源：教育部网站，中国长江经济带发展研究院绘制。

二 中国数字经济人才企业培养及储备情况

（一）企业数字经济人才培养体系的搭建

作为管理者，自身的认知变革是第一步，需要对数字化趋势和行业发展有敏锐的洞察力，对前沿科技有一定的感知；在发展规划上，需要运筹帷幄、长远布局，结合业务情况制定发展战略；在战略执行上，需要有强有力的数字化领导力以推动组织人员的协作和战略规划的落地。企业内部的高层次领军人才计划、金牌项目经理等项目都致力于培养和选拔这类人才。

除自身的能力提升外，数字经济管理人才还需肩负起组织体系建设的重任，如搭建更加敏捷高效的职能运作机制、数字化人才发展体系、绩效管理激励机制等。

从技术对业务的赋能来看，需要大量的业务人员基于各类业务场景将数字技术与业务融合，如敏捷研发、全域营销、数字化供应链管理等。企业内部可通过业务人员与技术人员的轮岗，提升交叉应用能力。外部原生数字化公司、咨询公司、高校研究院等可基于企业业务转型痛点提供领域专题训练与定制化咨询服务。

从实际需求来看，数字经济技术人才和数字化应用人才并不是孤立存在的，在各自的应用场景中，两者需要做到深入且专业，而在转型实践中，两者的能力需要复合交织，从而成为企业转型急需的复合型人才。

（二）企业多样化的人才培养方式

1. 面向企业内部开展员工数字专项培训

一方面，在企业内部建设数字文化，在文化融合方面给予员工关怀与鼓励，引导其尽快融入数字化业务。通过在职培训给员工带来数字技能冲击，激发技能更新的热情。在扁平化组织中，以项目带动，团队负责人以身作则，搭建学习型组织，形成齐心合力、奋发向上的数字经济人才团队氛围。

2. 面向高校牵头成立数字人才产教共同体

在政府政策引导下，国内行业龙头企业，如华为、腾讯、百度、京东等纷纷牵头，借力地方高层次科创平台，组建数字经济人才产教共同体，通过产业链上下游组织的通力合作，实现数字技术外溢的扩大化，让企业数字化转型价值可持续释放。

企业的数字化项目涉及企业的业务管理、技术管理、研发管理和项目管理各部门，通过产教共同体的建设，对高校相关学生进行有针对性的岗位培训，提高即将入职学生的专业适配度。

3. 面向社会搭建数字企业大学网络培养平台

2021年开始，人力资源和社会保障部遴选了54个职业技能培训网络平台，向全社会推荐。五八大学、美团大学等"数字企业大学"悉数上榜，涉及人工智能、互联网运营、分销业务、生活服务等领域。依托自身优势，"数字企业大学"正逐步转型为全社会数字化技术技能学习的枢纽平台。

第四章

中国数字经济人才分布及流动情况
（供需角度）

一 中国数字经济人才分布情况（供需角度）

（一）中国数字经济人才空间分布情况

1. 以北京、上海、深圳三大城市为轴心的级联牵引空间格局

在"一轴三带"整体数字经济空间布局下，我国数字经济人才分布已经形成了以北京、上海、深圳三大一线城市为轴心的级联牵引空间格局。北京、上海、深圳数字经济发展势头强劲，通过技术、人才、产业、管理等多种形式，对全国范围内城市形成强大的牵引带动作用。

北京数字经济快速发展，是国家数字产业化的创新策源地和火车头，是国家产业数字化的方案输出地，发展数字经济具备明显优势，数字经济发展对其他二三线城市形成较强的赋能作用，是我国数字经济牵引能力最强的城市，在数字经济牵引力图谱中处于核心地位。上海定位于建设成为国际数字之都，是国内数字人才流动的枢纽，数字人才流动"低入高出"，数字基础设施建设持续领先，近年来更是加快推动制造、商务、金融、科创、航运、农业等领域的数字化升级，广泛辐射带动二三线城市数字经济发展。深圳定位于建设成为全球数字经济先锋城市，积极部署数字基础设施，是国内第一个

实现5G独立组网的城市，是国内半导体产品的消费、集散和设计中心，依托国家第三代半导体技术创新中心深圳平台的建设，跻身世界先进行列，依托华为、腾讯、中兴等数字经济领域领军企业，辐射带动全国数字经济发展。

2. 以广州、杭州、成都、苏州、南京等城市为代表的多级联动空间格局

在当前全国数字经济人才分布较多的城市中，北上深作为一线城市，在数字经济人才总量上表现突出，优势显著。广州、杭州、成都、苏州、南京、武汉、西安等城市数字经济人才所占比重在全国城市中排名前十，体现了良好的数字经济人才储备能力，并成为城市发展的核心驱动力。广州的人才占比在全国数字经济人才城市中排名第4位；杭州依托"互联网+产业"的大力发展，以及创新优厚的人才吸引政策，位列全国数字经济人才城市第5位。

这些城市数字经济发展水平较高，对周边城市产生较强的人才集聚能力，以成都为例，成都自身产业数字化发展形成一定的区位优势，在成渝双城经济圈的中心，牵引带动长江上游城市群的数字经济人才聚集，并辐射武汉、长沙等长江中游城市，在图谱中呈现放射状形态，并形成联动牵引空间。

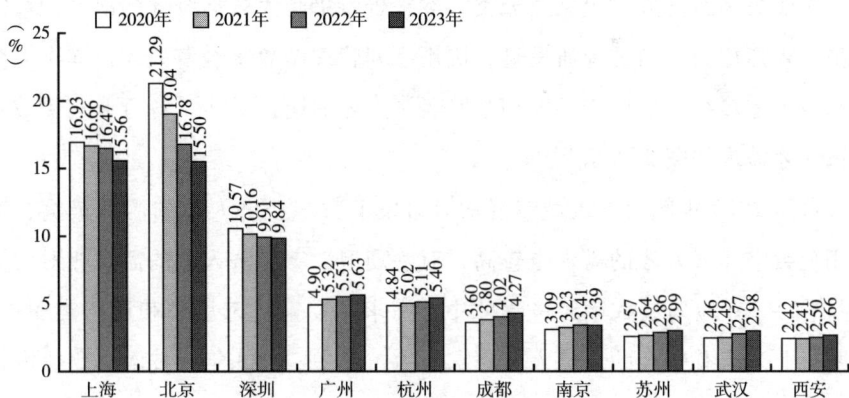

图1　2020～2023年中国数字经济人才城市分布情况

资料来源：智联招聘数据，中国长江经济带发展研究院整理。

3. 我国数字经济人才发展的整体循环生态

在区域发展国家战略的引领以及一线、新一线数字经济人才城市的牵引

下，我国分别在京津冀、长三角、粤港澳、成渝、长江中游城市群中形成了数字经济人才区域循环生态体系。西安依托其强大的高校资源，在数字经济人才培养和供给上，与五大数字经济人才区域循环生态体系形成良性互动，共同构成我国数字经济人才发展的整体循环生态。

五大城市群数字经济人才总量占全国总量的七成。从全国数字经济人才的城市群具体分布来看，长三角城市群数字经济人才储量丰富，人才占比达到三成，优势明显。其次是京津冀和粤港澳大湾区，三大城市群的人才总量占比达到 69.5%。成渝地区双城经济圈成为全国数字经济人才发展的第四极，长江中游城市群增长势头强劲。

（二）中国数字经济人才区域分布特色

从京津冀、长三角、粤港澳、成渝、长江中游五大城市群角度，对我国数字经济人才的区域分布特色进行进一步分析。

1. 城市群数字经济人才类型占比存在差异

按照数字经济人才定义及分类，本报告将猎聘大数据统计的前十大数字经济人才热招岗位归类为研发型、应用型和管理型数字经济人才，前十大数字经济人才热招职位属于研发型数字经济人才的岗位最多，各行业三类数字经济人才需求如图 2 所示①。

截至 2023 年底，五大城市群均对研发型数字经济人才的需求最高，对应用型数字经济人才的需求也较高，对管理型数字经济人才的需求相对较低（见图 2）。在应用型数字经济人才中，需求主要来自市场类和运营类职位，说明行业未来有较大的运营人才需求潜力。2019~2023 年，技术类职位需求从 31.0% 增长到 36.1%，且主要来自电子通信和互联网两大行业。

---

① 按照本项目对数字经济人才的定义及分类，将猎聘大数据中五大城市群前十大数字经济人才热招职位中的产品经理、Java、后端开发、测试工程师、工艺/制程工程师、机械工程师、电气工程师、平面设计师、室内装潢设计师归类为研发型数字经济人才；将运营经理/主管、市场总监、运营总监归类为应用型数字经济人才；将首席执行官 CEO/总裁、副总裁/副总经理、咨询顾问/咨询员归类为管理型数字经济人才。

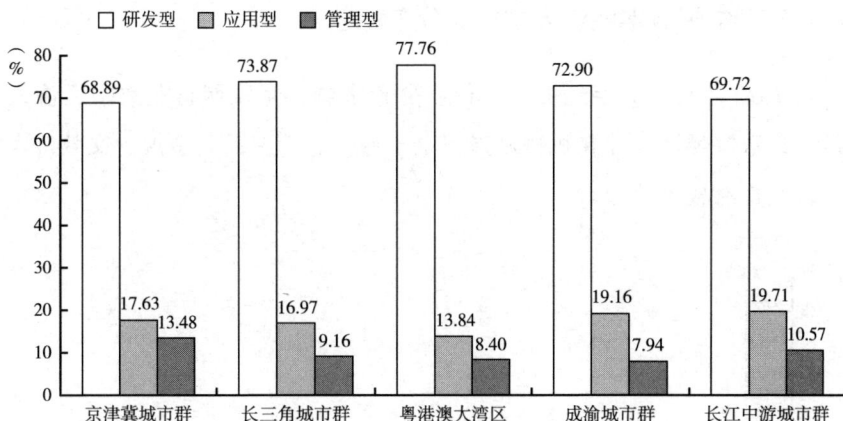

图 2　2023 年五大城市群数字经济人才类型占比

资料来源：猎聘数据，中国长江经济带发展研究院整理。

2. 城市群数字经济人才的教育回报率存在差异

在京津冀、长三角、粤港澳、成渝、长江中游五大城市群中，京津冀数字经济人才的学历优势明显，本科以上学历占比达 90%，其中硕士及以上学历占 30.1%，达到近三成，远高于其他城市群（长三角、粤港澳、成渝、长江中游分别为 27.0%、22.6%、18.9%、17.4%）。

在薪酬分布上，京津冀城市群高段位薪资优势明显，30 万元以上薪资领先于其他城市群，特别是在 50 万元以上薪资段中优势更突出，整体教育回报率高。而在 20 万~30 万元薪资段位中，长三角占比较高。成渝地区双城经济圈整体薪资较低，近三成薪资低于 10 万元，近七成薪资低于 20 万元，成渝地区双城经济圈在数字经济人才吸引力方面存在一定压力。

3. 城市群数字经济人才的职位热度存在差异

从五大城市群数字经济人才的热招职位看出，产品经理、首席执行官 CEO/总裁、运营经理/主管、Java、副总裁/副总经理是较热门的人才。其中，京津冀和长三角城市群对产品经理的需求热度最高，而粤港澳和成渝地区双城经济圈对数字管理类人才首席执行官 CEO/总裁、副总裁/副总经理的需求热度较高。

（三）中国数字经济人才行业分布特色

从 2023 年全国数字经济人才行业分布来看，互联网行业数字经济人才量最大，数字经济人才在机械制造、电子通信、消费品、金融、文教传媒等传统行业也有较多分布。

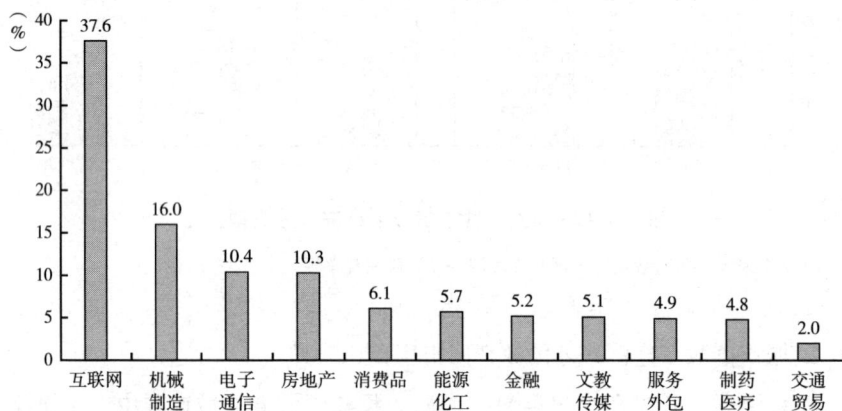

图 3　2023 年中国数字经济人才总体行业分布

资料来源：猎聘数据，中国长江经济带发展研究院整理。

数字管理型人才主要集中在服务外包、消费品、政府及其他等相关行业；数字应用型人才主要集中在互联网、服务外包、消费品三大行业；数字研发型人才主要集中在互联网、电子通信、机械制造三大行业（见表 1）。三类人才的行业分布集中体现了数字人才的特点。

表 1　主要行业数字经济人才占比

单位：%

数字管理型人才占比		数字应用型人才占比		数字研发型人才占比	
服务外包	14.4	互联网	28.3	互联网	24.7
消费品	11.8	服务外包	25.8	电子通信	18.4
政府及其他	11.6	消费品	22.1	机械制造	10.1

续表

数字管理型人才占比		数字应用型人才占比		数字研发型人才占比	
能源化工	10.8	金融	19.9	文教传媒	6.1
交通贸易	10.8	交通贸易	18.1	服务外包	3.5
互联网	10.7	文教传媒	15.5	交通贸易	3.4
文教传媒	8.8	制药医疗	14.3	金融	3.2
金融	8.4	房地产	14.1	消费品	3.1
房地产	8.2	能源化工	13.4	能源化工	2.9
机械制造	7.5	电子通信	13.3	制药医疗	2.5
电子通信	7.5	政府及其他	12.7	政府及其他	1.9
制药医疗	7.3	机械制造	11.8	房地产	1.3

资料来源：猎聘数据，中国长江经济带发展研究院整理。

二　中国数字经济人才流动情况（供需角度）

（一）中国数字经济人才供求圈初步形成，人才有序流动

从数字经济人才整体流动情况来看，各城市群圈层之间已经开展了人才交流与人才互通，初步形成了中国数字经济人才供求圈。在"一轴三带"数字经济新格局下，我国的数字经济人才向粤港澳、京津冀、长三角城市群集中，三大城市群的人才流动也最为集中。成渝地区双城经济圈、长江中游城市群成为数字经济人才流动的第二阵营。

通过对 2023 年数字经济相关专业的应届毕业生开展抽样调查，对毕业流向进行统计分析，发现在五大城市群中已经初步形成了人才供求互动循环体系。根据样本统计，以北京为例，北京院校毕业的数字经济相关专业的学生中，有 68.3% 的毕业生留在本地工作，3.8% 的毕业生流向天津工作，2.3% 的毕业生流向石家庄工作。

表2　2023年数字经济相关专业毕业生就业去向

单位：%

毕业城市 \ 工作城市		京津冀			长三角				珠三角		成渝		长江中游	
		北京	天津	石家庄	上海	杭州	合肥	南京	深圳	广州	成都	重庆	武汉	长沙
京津冀	北京	68.3	3.8	2.3	5.9	4.3	0.8	3.7	5.6	2.7	0.5	0.3	1.2	0.6
	天津	18.2	52.7	3.5	4.5	2.6	0.6	7.2	6.4	1.6	1.1	0.7	0.9	0
	石家庄	33.2	0	56.8	3.7	1.4	0	1.2	2.6	1.1	0	0	0	0
长三角	上海	3.2	0.7	0.7	77.1	3.9		4.6	4.4	2		0.7	0.7	
	杭州	3.1	0	2.7	15.6	56.7	1.8	9.8	4.6	2.1	3.6	0	0	0
	合肥	2.8	0	0	5.6	1.5	38.2	46.3	5.6	0	0	0	0	0
	南京	4.9			16.1	13.8		47.3	14.9			1.5	1.5	
珠三角	深圳	7.6	0	2.7	4.8	2.2	0	5.4	70.5	6.8	0	0	0	0
	广州	4.5	0	0	3			2.8	25.8	60.9	0	0	0	0
成渝	成都	2.5	0.5	1.8	3.7	3.4	0	3.7	7.2	2.5	51.8	21.4	1.5	0
	重庆	2.6	0	0	2.5	4.3	0	2.5	26.7	13.6	15.6	30.4	1.1	0.7
长江中游	武汉	6.3	1.9	0	6.9	3.2	3.4	4.8	13.8	6.9	3.6	6.2	41.2	1.8
	长沙	3.8	1.8	1	4.6	3.2	0	4.6		22.8	2.2	3.8	3.8	45.1

注：数据来源于抽样调研（样本 N = 10000，中国长江经济带发展研究院通过平台调研获得，并自主绘制）；受限于样本数量，可能存在一定的绝对值偏差，但不影响趋势分析。

资料来源：中国长江经济带发展研究院根据调研数据整理。

数据调研结果显示，数字经济相关专业毕业生的本地就业留存率相对较高。京津冀城市群中，北京的数字经济相关专业毕业生除本地就业外，主要流向上海、深圳。长三角及珠三角城市群中，数字经济相关专业毕业生主要在城市群内部流转。成渝地区双城经济圈中，重庆与成都的人才相互流动趋势明显，重庆的数字经济人才本地留存率低于成都。长江中游城市群的数字经济相关专业毕业生，主要流向长三角及珠三角城市群。

（二）中国数字经济人才近七成流向五大城市群

从城市群看，近七成数字经济人才流向五大城市群，长三角、珠三角、京津冀城市群人才流动性下降，成渝、长江中游城市群人才流动性小幅增加；2021 年起长三角、珠三角人才持续集聚，京津冀人才净流出趋势继续放缓，成渝基本平衡，长江中游人才持续净流出。从人才流入流出情况看，2021~2023 年长三角人才流入占比从 23.7% 降至 20.9%，人才流出占比从 19% 降至 13.4%；珠三角人才流入占比小幅下降，流出占比从 12.2% 降至 8.9%；京津冀人才流入流出占比均呈下降趋势，2021 年小幅上升；成渝和长江中游人才流入占比和人才流出占比较为稳定。

（三）中国数字经济人才跨区流动减少，城市群内互流特色明显

猎聘大数据研究院发布的《2021 数字经济人才白皮书》相关数据显示，受新冠疫情影响，2021 年五大城市群人才跨区流动性下降，2017~2021 年五大城市群合计人才流入占比从 64.7% 降至 61%，人才流出占比从 60.7% 降至 51%。从人才净流入占比看，2017~2021 年长三角人才净流入占比从 4.6% 增至 7.4%，人才净流入且占比高于其他城市群，人才大量向长三角集聚；珠三角从 2.0% 增至 4.1%，人才净流入且逐年增加；京津冀人才保持净流出但占比有所缩小，北京人才净流入占比增加带动京津冀整体净流出占比下降；成渝人才流入流出基本平衡；长江中游人才呈净流出，2021 年由于流出人才占比下降，净流出占比略有下降。

以长三角城市群和粤港澳大湾区为例，数字经济人才在区域内的流动整体集中在城市群内部，区内互流特色明显。长三角城市群内，沪杭对人才的吸附力较强，但整体集中在城市群内部，占比达八成以上。粤港澳大湾区的数字人才流动，主要集中在深广两地，流入或流出占比均达到六成以上，其次为东莞、佛山等区域内重点城市。珠海、惠州、中山等大湾区内城市间出现数字经济人才互流现象。数字经济的不断发展，将会使大湾区与区域城市的智力融合更加紧密。[1]

---

[1]　猎聘大数据研究院：《2021 数字经济人才白皮书》，https://www.sgpjbg.com/baogao/45108.html，最后检索日期：2024 年 4 月 30 日。

流入城市		流出城市		流入城市		流出城市	
上海	42.5%	45.5%	上海	深圳	36.4%	38.9%	深圳
杭州	9.6%	10.9%	杭州	广州	25.6%	26.4%	广州
苏州	8.6%	8.7%	苏州	东莞	4.8%	5.7%	东莞
南京	6.2%	6.3%	南京	佛山	4.5%	5.3%	佛山
北京	2.9%	2.7%	宁波	北京	2.5%	2.2%	上海
合肥	2.5%	2.4%	合肥	上海	2.4%	1.9%	珠海
宁波	2.4%	2.3%	无锡	珠海	2.0%	1.7%	惠州
无锡	2.3%	1.8%	常州	惠州	1.7%	1.6%	北京
常州	1.6%	1.6%	北京	中山	1.5%	1.4%	中山
深圳	1.3%	1.4%	深圳	武汉	0.9%	1.2%	武汉

（长三角）（粤港澳）

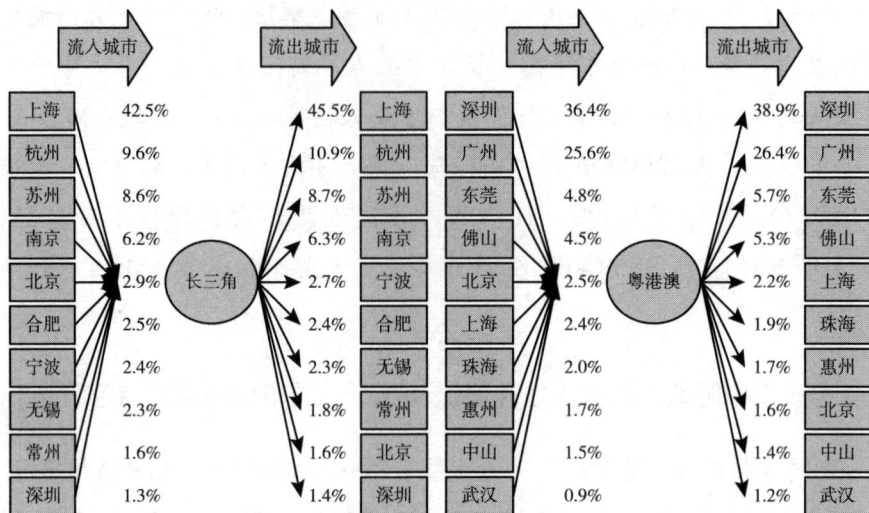

图 4　长三角及粤港澳大湾区数字经济人才流入流出城市分布

资料来源：猎聘数据，中国长江经济带发展研究院整理。

（四）中国数字经济人才向较发达城市聚集，出现反向人才流

1. 一线城市是我国数字经济人才供需的集中区域

无论从供需体量（数字经济相关专业毕业生数量与市场数字经济人才需求量），还是城市就业吸引力来看，北京、上海、广州三地位列全国前三，是我国数字经济人才的核心聚集地，同时也是区域人才培养基地，为周边城市的经济发展作出贡献。一线城市以及省会城市的数字经济较为发达，人才需求量大，但各城市人才流动特点有所不同。北京数字经济人才主要流向一线城市及省会。上海、广州、深圳主要流向周边城市、一线城市及省会。华东、华南区域的数字经济环境对周边影响和辐射较大，人才对地区的认可度较高。

2. 二线城市数字经济人才需求增长，承接一线城市过剩人才

二线城市本地就业率表现较好，北上广不再是二线城市数字经济人才的第一选择。从城市本地就业率来看，北上广三地并不具备绝对优势，反而是二线

城市，如天津、石家庄、合肥、南京等地有较好的数字经济人才留存表现。

3.出现从一线城市向二线城市的反向人才流

整体来看，现阶段数字经济人才的主要流动趋势仍是"二线城市→一线城市"，但许多地区也出现了"一线城市→二线城市"的反向流动。根据调研数据，2023年数字经济相关专业毕业生中有3.8%的北京毕业生流向天津，3.9%的上海毕业生流向杭州，5.4%的深圳毕业生流向南京。

三 五大城市群数字经济人才发展对比

（一）五大城市群数字经济人才供需指数对比分析

供需指数是指在一个统计周期内，有效职位的简历投递人次与在线职位数之比，供需指数值越高，表明对人才吸引力越大，反之则越小。区域城市群供需指数是对重点城市进行对比分析，发现区域城市群各维度之间的差异与共性。

从图5可知，区域城市群中，京津冀的供需指数最高，为31.00，长江中游的区域供需指数最低，为10.65。而成渝地区的供需指数超越粤港澳区域，仅次于京津冀。

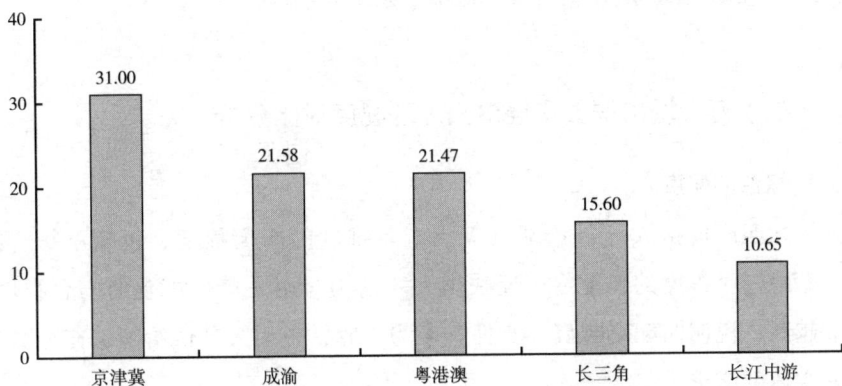

图5 2023年五大城市群数字经济人才供需指数对比

资料来源：智联招聘数据，中国长江经济带发展研究院整理。

223

具体到各个城市来看，北京的人才供需指数最高，为32.65。长沙的人才供需指数最低，为9.98。而成都超越深圳、广州成为人才供需指数排名第三的城市，也表明成都对数字经济人才有着较强的吸引能力。重庆在区域城市群的十大城市中排名第六，超越了长三角地区的四个核心重点城市。

从数据中可知，传统印象中人才吸引力强的粤港澳和长三角地区开始分别被成渝双城所超越，成渝双城展现出强劲的人才吸引力，可见其在数字经济上的发展势头不容小觑。

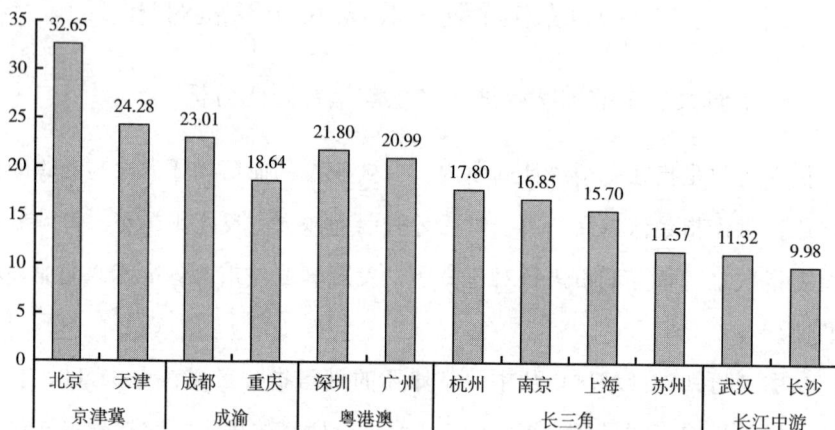

图6 2023年五大城市群重点城市数字经济人才供需指数对比

资料来源：智联招聘数据，中国长江经济带发展研究院整理。

（二）五大城市群数字经济人才匹配度对比分析

1.综合匹配度

人才匹配度指人才供给端与需求端各维度的匹配程度，包括学历、经验、薪酬三个维度的匹配度，反映出人才结构与用人单位需求的吻合程度，分值越高，说明匹配度越好。当匹配度为1时，说明人员供给能够充分满足用人主体的需求。

由图7可知，五大城市群在人才综合匹配度上差异不大，最高的京津冀与最低的成渝的差值较小，仅有0.016。

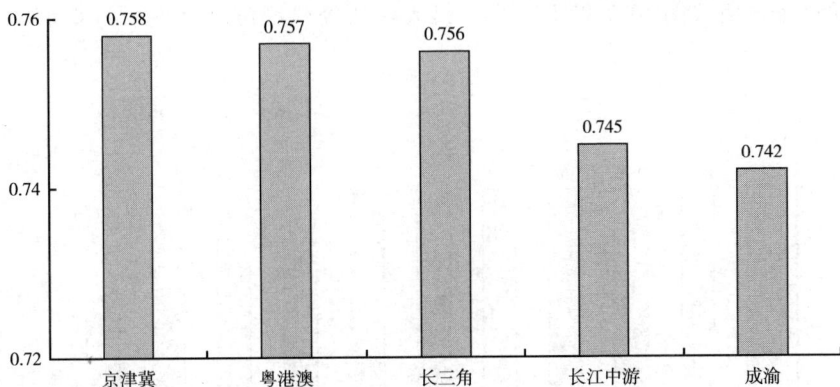

图7 2023年五大城市群数字经济人才综合匹配度对比

资料来源：智联招聘数据，中国长江经济带发展研究院整理。

从各城市来看，人才综合匹配度较高的城市是北京、上海和深圳，作为新一线城市的长沙、成都和南京，则在综合匹配度上表现相对较弱。但各城市之间的差异度较小（见图8）。

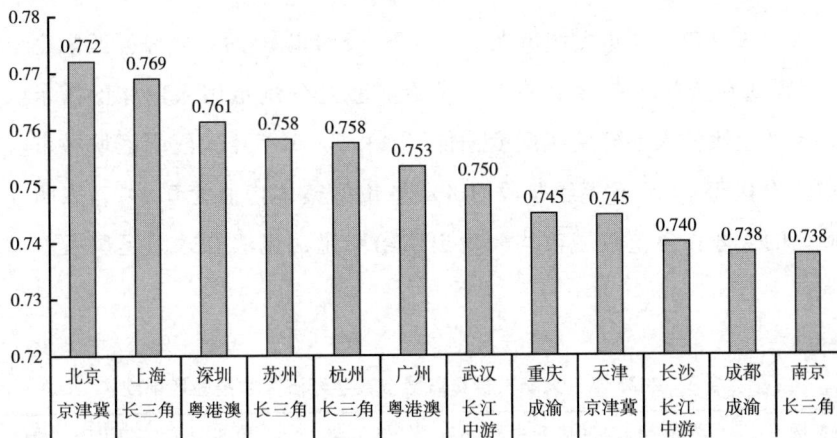

图8 2023年五大城市群重点城市数字经济人才综合匹配度对比

资料来源：智联招聘数据，中国长江经济带发展研究院整理。

2.经验匹配度

长三角城市群中杭州的人才经验匹配度较高，为0.77。绝大部分城市的经验匹配度处于 0.7 以上水平，仅天津的经验匹配度略低，为 0.69（见图 9）。

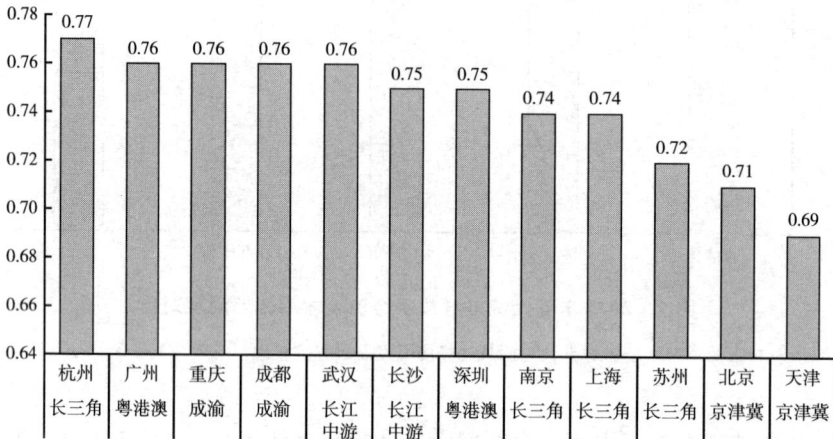

图 9　2023 年五大城市群重点城市数字经济人才经验匹配度对比

资料来源：智联招聘数据，中国长江经济带发展研究院整理。

从表 3 可知，各重点城市在 1 年以下、5 年以上的人才经验匹配度上均为 1，说明在这些经验段上的人才供给能够充分满足用人主体的需求。而 1~5 年经验段的人才经验匹配度偏低，其中 1~3 年经验段的区域城市群整体均值为 0.282，3~5 年经验段的区域城市群整体均值为 0.442，表明在此经验段的人才在各重点城市均表现出供给不足，无法有效满足用人单位的需求。

表 3　2023 年五大城市群重点城市数字经济人才经验匹配度

区域	城市	1 年以下	1~3 年	3~5 年	5~10 年	10 年以上	均值
均值		1.0	0.282	0.442	1.0	1.0	0.745
长三角	杭州	1.0	0.374	0.491	1.0	1.0	0.773
粤港澳	广州	1.0	0.297	0.520	1.0	1.0	0.763
成渝	重庆	1.0	0.304	0.502	1.0	1.0	0.761

区域	城市	1 年以下	1~3 年	3~5 年	5~10 年	10 年以上	均值
成渝	成都	1.0	0.311	0.492	1.0	1.0	0.761
长江中游	武汉	1.0	0.308	0.492	1.0	1.0	0.760
长江中游	长沙	1.0	0.293	0.477	1.0	1.0	0.754
粤港澳	深圳	1.0	0.282	0.460	1.0	1.0	0.748
长三角	南京	1.0	0.301	0.423	1.0	1.0	0.745
长三角	上海	1.0	0.284	0.423	1.0	1.0	0.741
长三角	苏州	1.0	0.226	0.392	1.0	1.0	0.724
京津冀	北京	1.0	0.229	0.333	1.0	1.0	0.712
京津冀	天津	1.0	0.173	0.296	1.0	1.0	0.694

资料来源：智联招聘数据，中国长江经济带发展研究院整理。

3.学历匹配度

区域城市群在学历匹配度上均表现较好，根据样本数据，十二座城市中，有 10 座城市学历匹配度在 0.8 以上，而最后两名的成都和南京的学历匹配度也均在 0.79 以上（见图 10）。

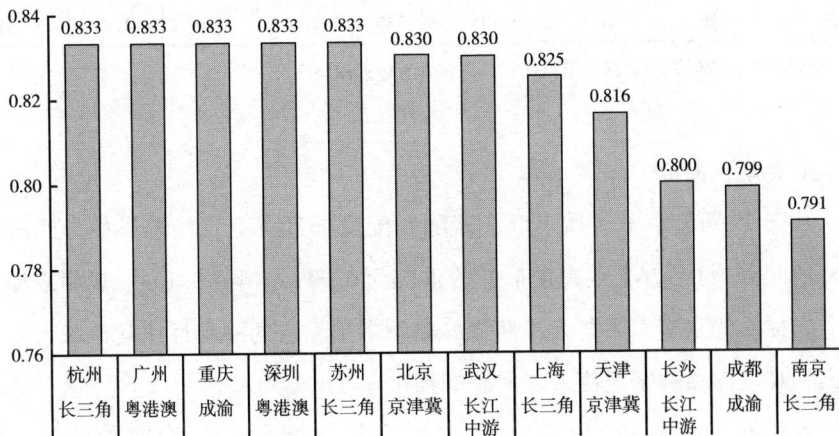

图 10　2023 年五大城市群重点城市数字经济人才学历匹配度对比

资料来源：智联招聘数据，中国长江经济带发展研究院整理。

由表 4 可知，区域城市群在学历匹配度上均表现良好，本科及以上的学历匹配度均为 1，说明高层次人才在各个城市的供给与需求上达到了较好的平衡。

表 4　2023 年五大城市群数字经济人才各学历层次匹配度

区域	城市	不限	大专以下	大专	本科	硕士	博士	均值
均值		0.0	0.965	0.971	1.0	1.0	1.0	0.823
粤港澳	广州	0.0	1.0	1.0	1.0	1.0	1.0	0.833
粤港澳	深圳	0.0	1.0	1.0	1.0	1.0	1.0	0.833
长三角	杭州	0.0	1.0	1.0	1.0	1.0	1.0	0.833
长三角	苏州	0.0	1.0	1.0	1.0	1.0	1.0	0.833
成渝	重庆	0.0	1.0	1.0	1.0	1.0	1.0	0.833
京津冀	北京	0.0	1.0	0.981	1.0	1.0	1.0	0.830
长江中游	武汉	0.0	1.0	0.981	1.0	1.0	1.0	0.830
长三角	上海	0.0	1.0	0.951	1.0	1.0	1.0	0.825
京津冀	天津	0.0	0.953	0.944	1.0	1.0	1.0	0.816
长江中游	长沙	0.0	0.922	0.878	1.0	1.0	1.0	0.800
成渝	成都	0.0	0.793	1.0	1.0	1.0	1.0	0.799
长三角	南京	0.0	0.905	0.839	1.0	1.0	1.0	0.791

资料来源：智联招聘数据，中国长江经济带发展研究院整理。

4. 薪酬匹配度

从图 11 可知，五大城市群在薪酬匹配度上具有一定的差异性，匹配度最高的北京为 0.774，匹配度最低的重庆为 0.641，相差 0.133。成渝双城用人主体提供的薪酬水平与人才期望的薪酬水平存在的差异性比其他城市更为突出，难以满足数字经济人才的薪酬期望。

各区域城市群在"25000 元以下/月"薪酬段的匹配度均较好，但"25001~50000 元/月"薪酬段匹配度出现严重下滑，直至"50000 元以上/月"的超高薪酬段的匹配度指数才全部达到 1。在高薪人才的薪酬匹配度上，区域城市群均表现出匹配度偏低的情况（见表 5）。

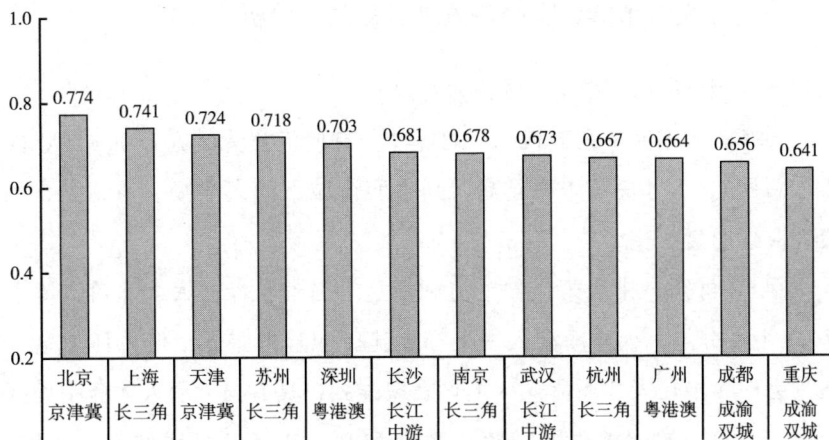

图 11　2023 年五大城市群数字经济人才薪酬匹配度对比

资料来源：智联招聘数据，中国长江经济带发展研究院整理。

表 5　2023 年五大城市群数字经济人才各薪酬段匹配度

区域	城市	6000 元及以下	6001～10000 元	10001～16000 元	16001～25000 元	25001～33000 元	33001～50000 元	50000 元以上	均值
均值		1.0	0.865	0.544	0.618	0.243	0.302	1.0	0.696
京津冀	北京	1.0	1.0	0.792	0.836	0.285	0.275	1.0	0.774
长三角	上海	1.0	1.0	0.691	0.689	0.259	0.287	1.0	0.741
京津冀	天津	1.0	0.725	0.541	0.767	0.320	0.441	1.0	0.724
长三角	苏州	1.0	0.857	0.568	0.686	0.271	0.363	1.0	0.718
粤港澳	深圳	1.0	1.0	0.563	0.602	0.221	0.235	1.0	0.703
长江中游	长沙	1.0	0.911	0.602	0.614	0.211	0.429	1.0	0.681
长三角	南京	1.0	0.912	0.521	0.556	0.186	0.251	1.0	0.678
长江中游	武汉	1.0	0.953	0.505	0.684	0.241	0.328	1.0	0.673
长三角	杭州	1.0	0.976	0.476	0.452	0.192	0.237	1.0	0.667
粤港澳	广州	1.0	0.764	0.444	0.558	0.236	0.307	1.0	0.664
成渝	成都	1.0	0.749	0.452	0.542	0.216	0.286	1.0	0.656
成渝	重庆	1.0	0.668	0.388	0.492	0.242	0.336	1.0	0.641

资料来源：智联招聘数据，中国长江经济带发展研究院整理。

（三）五大城市群数字经济人才流动对比分析

1.五大城市群数字经济人才流入对比分析

人才净流入率＝（意向流入人才总量－意向流出人才总量）／（意向流动人才总量），人才净流入率越高，则表明该城市的人才吸引力越强，人才集聚效应越明显。

从图12可知，排名第一的上海和最后一名的长沙在人才净流入率上相差7.28个百分点，人才净流入率上存在比较明显的差异，但总体上这些城市在过去一年中在人才净流入率上均表现强劲，具有强大的人才吸引力。其中上海、北京、杭州的人才净流入率在80%以上，新一线城市，如杭州、南京、成都甚至超越广州、深圳、天津，进入前五。

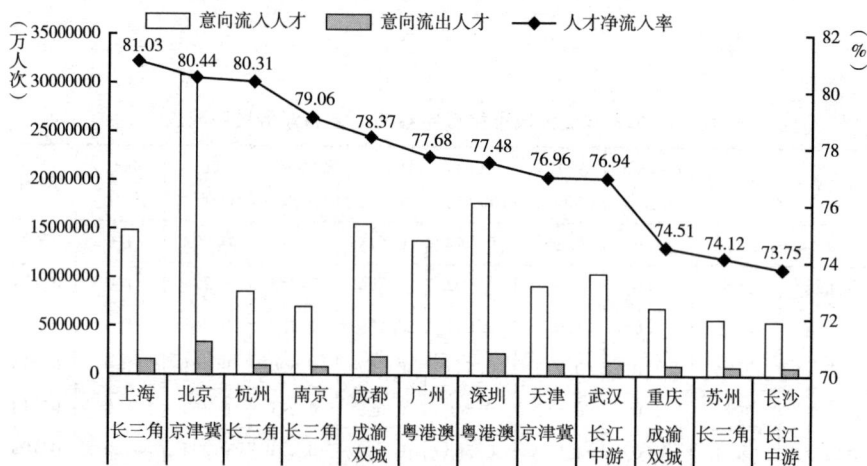

图12　2023年五大城市群数字经济人才净流入情况

资料来源：智联招聘数据，中国长江经济带发展研究院整理。

从意向流入量来看，北京的数字经济人才意向流入量最大（3077.45万人次），苏州的数字经济人才意向流入量最低（574.04万人次）。其中成都（1550.86万人次）超越上海，成为数字经济人才意向流入量第三的城市。重庆则相对其他重点城市而言数字经济人才意向流入量偏少，为691.19万人次。

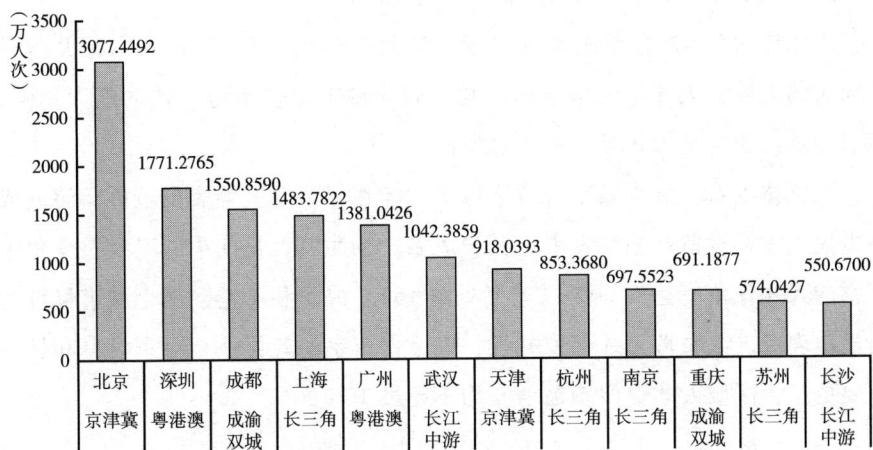

图13 2023年五大城市群数字经济人才意向流入量

资料来源：智联招聘数据，中国长江经济带发展研究院整理。

从意向流出量来看，北京、深圳、成都依旧位列前三，而净流入率排名前五的南京则意向流出人数最少。

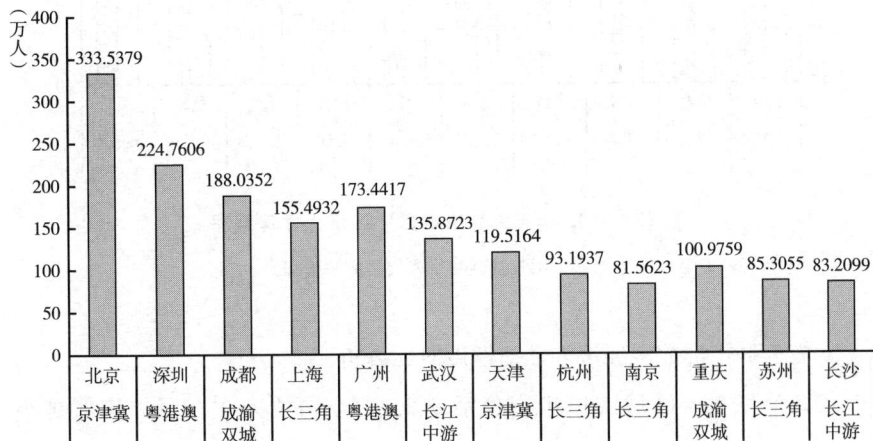

图14 2023年五大城市群数字经济人才意向流出量

资料来源：智联招聘数据，中国长江经济带发展研究院整理。

2.五大城市群数字经济人才保留率对比分析

人才保留率=居住地为本地且投递本地职位的人数/居住在本地并投递了简历的人数，人才保留率越高，则表明该城市留住本地人才的能力越强，城市能够给予本地人才足够的发展空间。

从整体上看，五大城市群数字经济人才在保留率上均表现较好，超五成的本地人才愿意留在当地发展。其中成渝、京津冀、长江中游以及长三角中南京的人才保留率达到60%以上（见图15）。成渝和粤港澳两个城市群较为明显地表现出区域性人才保留共性，人才保留率的差异性相对京津冀和长三角要更小，区域人才保留率极值差均不超过1%。

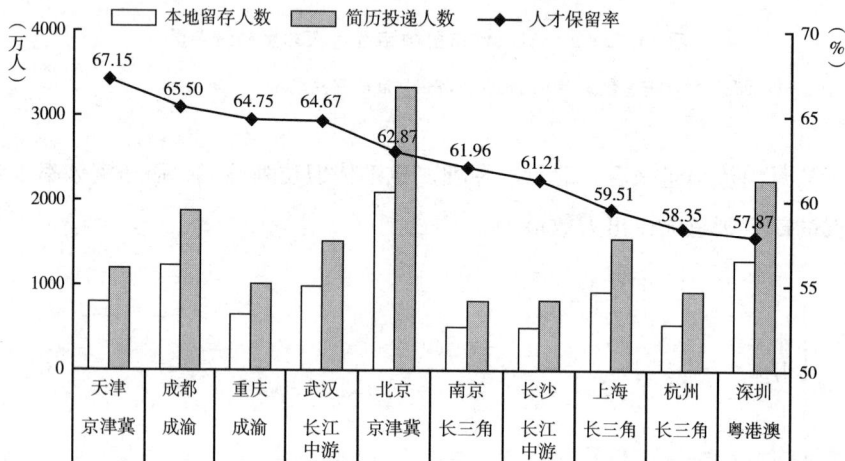

图15 2023年五大城市群数字经济人才保留率

资料来源：智联招聘数据，中国长江经济带发展研究院整理。

3.五大城市群数字经济人才活跃度对比分析

人才活跃度=区域或城市岗位活跃人才数/岗位人才存量。该值越小，表明人才活跃度越低，就业市场缺乏应有的市场活力。

从图16可知，成渝地区的人才活跃度最高，在五大城市群中排名第一，这说明成渝地区双城经济圈在就业市场活力更为充沛的同时，成都和重庆人才之间的就业竞争压力也会更大。

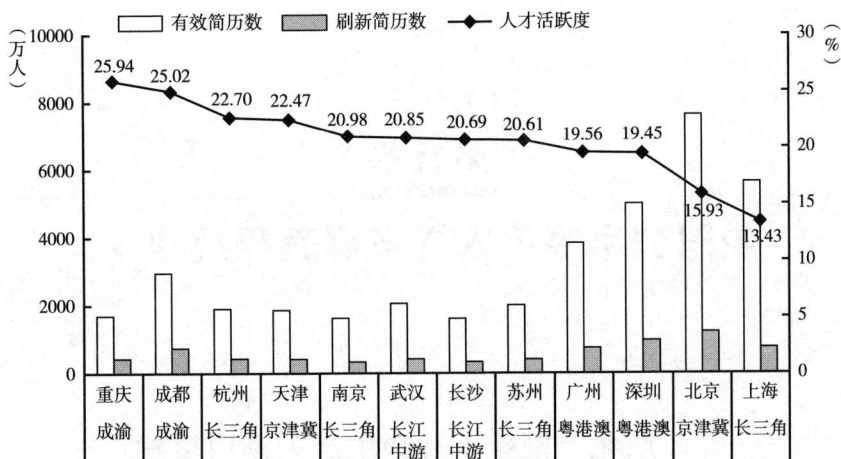

图 16 2023 年五大城市群数字经济人才活跃度

资料来源：智联招聘数据，中国长江经济带发展研究院整理。

第五章

中国数字经济人才发展趋势及建议

一 "四化"框架下社会生产关系再重建，聚焦"未来人才"培养

数字经济将加速影响和改变宏微观经济结构、组织形态和运行模式，并全方位推动全社会生产关系再重建。数字技术加速对经济发展和政府治理模式的重构，数字技术与工业、教育、医疗等行业领域深度融合，并延伸出全新的应用场景。同时，数据已经成为新型生产关系里最具潜力的生产要素，不断推动技术、价值、模式的新发展，加快驱动产业、社会、治理的新变革，全面助力全社会生产关系的再重建。

全社会生产关系，面临数据价值化、数字产业化、产业数字化和数字化治理四大主要变革，传统行业也面临更多的新业务和新需求。在此前提下，数字经济人才需求也呈现新的趋势，未来的数字经济人才培养应注重以下几方面：

数字产业化，主体产业聚焦四类数字经济人才：基础电信服务人才、软件和信息服务业人才、电子信息制造业人才、互联网服务人才；驱动产业聚焦五类数字经济人才：人工智能人才、区块链人才、云计算人才、大数据人才、5G人才。

产业数字化，第一产业聚焦三类数字经济人才：数字养殖人才、农业加工数字化人才、农业商业服务数字化人才；第二产业聚焦三类数字经济人

234

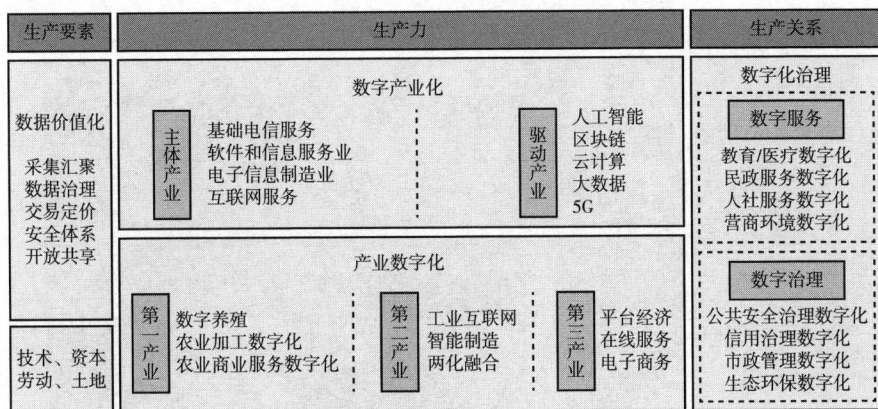

图1 中国数字经济人才需求的"四化"框架

资料来源：中国信息通信研究院。

才：工业互联网人才、智能制造人才、两化融合人才；第三产业聚焦三类数字经济人才：平台经济人才、在线服务人才、电子商务人才。

数字化治理，数字服务聚焦四类数字经济人才：教育/医疗数字化人才、民政服务数字化人才、人社服务数字化人才、营商环境数字化人才；数字治理聚焦四类数字经济人才：公共安全治理数字化人才、信用治理数字化人才、市政管理数字化人才、生态环保数字化人才。

数据价值化，聚焦五类数字经济人才：采集汇聚数字化人才、数据治理数字化人才、交易定价数字化人才、安全体系数字化人才、开放共享数字化人才。

二 行业数字化发展水平和方向推动数字经济人才技能重塑

IDC对中国金融、制造、教育、零售、文娱、政府等六大重点行业的100家大型企业进行调研，从数字化技术应用、决策模式创新等7个维度、23个指标评估中国行业数字化发展现状，颜色越深，代表数字化程度越高，反之则代表数字化程度越低。

中国行业数字化水平

维度	制造	金融	制造	教育	零售	文娱	政府
数字化技术应用	数字化支出						
	数字化技术应用成熟度						
	数字化技术应用潜力						
决策模式创新	数字化重视程度						
	数字化措施						
	生态系统建设						
	数字化风险承担						
业务流程创新	流程及服务效率						
	数字化相关资产						
	IT业务						
产品服务创新	产品/服务创新率						
	数据资产化						
	数据开放						
	隐私及治理						
用户体验创新	客户支持度						
	客户净推荐值						
	用户体验和个性化						
盈利模式创新	数字化收入占比						
	数字化增益比率						
工作资源创新	劳动力吸引力						
	员工净值推荐值						
	员工数字化技能						
	创新激励						
整体数字化水平							

图 2　中国重点行业数字化水平

资料来源：猎聘数据，中国长江经济带发展研究院整理。

（一）新应用场景预测未来数字经济人才需求趋势

（1）金融行业，数字经济人才需求趋势：移动银行、数字支付、情境营销、分布式贸易金融网络、智能反欺诈、智能投顾、风险管理、动态定价、自动化索赔等；

（2）制造业，数字经济人才需求趋势：预测维护、认知协作、实时调度、采购情报管理、智慧仓储、智慧物流、高级数字仿真、特性清单、系统工程验证、自动化故障分析等；

（3）教育业，数字经济人才需求趋势：课程开发、线上课堂互动、线上陪练、效果评估跟踪测评、班级管理、教学资源管理、家校沟通等；

（4）零售业，数字经济人才需求趋势：全渠道商务系统、产品检索、订单编排与实现、实时库存管理、分类优化、客户情感分析、动态商品优化、客户支持、产品溯源等；

（5）文娱业，数字经济人才需求趋势：直播、点播、游戏社交、短视频、音乐社交、陌生人社交、网台联动、观众互动等；

（6）政府，数字经济人才需求趋势：智慧政务、应急管理、事件预警、犯罪分析、数字化证据管理、开放数据、税务管理、环境质量监测、人口人才动态监测等。

（二）人才需求持续上升，人均生产效率提升任务艰巨，技能重塑迫在眉睫

由于数字经济的迅猛发展，我国数字经济人才需求持续上升，数字经济人才缺口持续扩大。数字经济人才的供给仅依赖高校每年培养的专业人才是远远不够的，还需要关注存量就业人群的数字经济技能提升和转型。这不仅关系到数字经济产业自身的发展，更是国家经济升级和高质量可持续发展的重要支撑。

我国当前面临着较大的人均生产效率提升压力。结合国家统计局的数据及联合国的测算，未来 30 年内，我国 60 岁以上的人口占比将快速上升至35%，而适龄就业人口将快速减少 11%。经济总量需要持续增长，而适龄就业人口数量却不断降低，因此提高人均生产效率势在必行且任务艰巨。然而，近年来数据表明，全民劳动生产效率增速已呈放缓态势。数字经济新兴技术的应用是提升人均生产效率的有效方式，但是目前我国大量就业群体的技能水平极为有限。相关数据显示，半数以上的就业人口在 40 岁以上，其中大部分从业者不具备数字经济相关教育经历或充足的数字经济技能储备。

随着数字化推动产业互联网进程的持续深化，社会大规模技能重塑以及终身学习正在推进中，如何做好就业群体的技能重塑，是工业经济向数字经济转型的关键议题。就业人群技能结构的重塑，需要大量的社会成本投入。20 世纪末我国已进入人口老龄化社会，一方面数字技术推动经济增长释放红利的速度在放缓，另一方面社会可能会面临高失业率与高昂社会保障支出

的困境，而落入困境后技能重塑将变得更加举步维艰。

因此，技能结构转型的窗口期正在缩短，需充分认识其紧迫性，并致力于生态协同，加快推动数字经济人才技能结构转型的进程。建议聚集人才生态各方，有效预测人才技能需求，促成信息的共享与协作。

三　数字经济人才的市场表现及趋势推进人才的有效利用与精准匹配

企业人才需求，既来自传统业务，也来自未来业务发展方向和内容。在数字化浪潮下，转型升级成为企业发展的核心目标，数字化发展也逐步深入。未来几年内，企业内部的沟通方式和业务运营模式将以前所未有的速度向线上转移，大多数企业都找到了迅速适应新常态的方法。几乎所有行业都需大量人才帮助企业完成数字化转型。

从行业角度来看，高新技术产业、能源/公共事业、制造业、互联网/软件/信息技术业和餐饮/服务业等行业企业数字化成熟度较高，已在布局实施数字化战略的比例较大。而制造业、批发零售业和建筑行业进行数字化转型的企业比例则相对较低，还在观望和探索过程中。

数字化转型不只是技术转型，从根本上说，是创新人才的转型。但是当前数字化转型人才紧缺，为此，需要重新定义数字经济人才，专业知识与专门技能已不能反映数字经济人才的本质特征。数字经济人才的核心本质要素之一是跨领域跨学科。高薪之下，各个行业的数字化转型相关人才却都面临供小于求的局面。"良将难求"的主要原因在于复合型人才稀缺，理想的候选人要既懂技术，又懂业务、懂法务，对趋势有敏锐的洞察力，拥有项目管理、变革管理的能力，同时具备出色的沟通能力，多语言、多文化交流更是竞争优势。

现阶段，重视数字经济人才技能的有效利用，深入了解企业内部人才技能掌握情况，更高效地匹配人才和利用人才，无疑是提高生产效率、拉动业绩的关键。此外，企业有效利用员工技能意味着数字经济人才可以获得更多的机会和授权，从而提升员工的积极性与主动性，促使他们主动参加培训，以人才更新和技能重塑推动复合型数字经济人才的培养与储备，以更好地应对市场变化，减小需求缺口。

同时，在数字化转型的背景下，人才技能需求不断变化，也需要借助规范、统一且全面的 ICT 人才技能认证体系，及时引导劳动力市场客观、合理地挑选人才，推动人才的精准匹配。

四　"双循环"背景下，产业消费升级催生新需求新职业，需要融合更多符合规范的教育资源

数字经济成为推动我国经济社会发展的新引擎，线上线下融合的新业态新模式成为经济转型和促进改革创新的重要突破口。数据显示，在线教育、网络直播、网上外卖、网络支付等新业态的用户规模在五年内持续扩大，其中在线教育、网络直播、网络支付的用户规模在新冠疫情期间实现爆发式增长，较 2019 年分别增长 47%、42%、35%，表明数字经济新业态在促进产业升级、满足消费需求方面的强大动能。但疫情暴露出我国产业链、供应链的短板和风险隐患，各地政府积极开展强链补链工程，推动传统企业数字化转型步伐加快。在"大循环""双循环"背景下，产业向高新技术水平、高附加值、高规模经济、高加工深度状态演变，消费向总量扩张、结构升级、意愿提升演变，应推进数字经济发展迈向新的高级阶段，最终实现产业消费"双升级"。

"双循环"背景下、"双升级"推动下，派生出大量数字经济人才新职业需求，创造了一大批就业机会。2019 年和 2020 年，人社部先后发布了两批共 29 种新职业，与数字经济相关的职业比例超过 75%，如人工智能工程技术人员、物联网工程技术人员、数字化管理师等。

面对新职业新需求，高校应积极参与行业未来数字经济人才技能模型的构建，以指导教研活动的开发以及全面技能的培养。高校需要重新思考高等教育和培训体系应该如何真正培养劳动力市场所需的技能，完成从技能到工

作的衔接。通过行业趋势、技术前沿、技术应用、商业模式的信息互动，企业与高校之间可以形成应对新职业新需求、解决短缺技能及培训未来技能的共识，用以指导教研活动的开发，实现基于需求导向的数字经济人才培养。

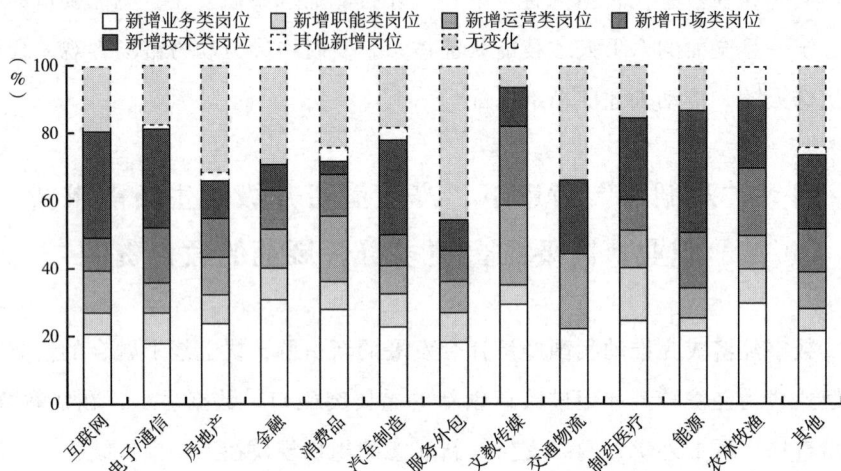

图 3　数字经济不同行业新增岗位情况

资料来源：智联招聘数据，中国长江经济带发展研究院整理。

五　数字经济人才区域分布不均衡、就业
两极分化趋势需正视并引导

（一）数字经济人才区域分布的马太效应显著

就业分布区域不均衡现象突出。经济发展程度直接影响人才吸引能力，当一个地区经济发展水平较高时，岗位的薪资水平和个人发展空间较好，会吸引大量高技术人才流入，且人才流失率较低。并且，高技术人才聚集的地方，会产生知识外溢和人才集聚效应，促进经济快速发展，从而形成良性循环和优势积累。而经济基础薄弱地区，人才吸引能力较弱，人才流失率较高，技术进步和经济总体水平较弱。

（二）东中西部就业机会差距明显

从招聘信息来看，东、中、西部数字经济岗位招聘条目占总招聘信息的比重分别为 75.7%、13.1%、11.2%，东部地区相较于中西部地区在人才招聘上具有绝对领先优势。东部地区数字经济起步较早，各类产业业态丰富，企业招聘需求旺盛，岗位种类多样，在人才吸引和培育方面呈现良性循环态势。

（三）就业岗位呈现两极分化趋势

就业需求出现两极分化现象。近年来，就业两极分化问题日益受到关注。信息通信技术等对于重复性强、流程化水平高的任务具有较强的替代作用，典型的岗位，如工厂流水线作业、行政办公任务等极易被数字化、自动化生产流程所替代。从岗位分布上看，这部分容易被替代的岗位多属于中端市场工作。但同时，信息通信技术对于非流程化工作的替代性较弱，比如服务工作需要随时适应环境变化，个性化程度高，岗位需求难以被替代，科技研发等高端工作抽象性极强，要求较高的创造力，也不易被技术替代。在高端就业和低端就业保持增长时，中端就业市场持续萎缩，可能会出现就业两极分化。

收入不平等需重点关注。就业的两极分化可能会加剧不同群体之间的收入不平等。当大量中端收入工作被数字化替代，导致中端市场求职人数大于招聘岗位时，招聘方议价能力增强，求职者处于弱势地位。尽管伴随着经济的发展，高端市场和低端市场收入持续上涨，但中端市场收入却持续减少。中端就业人员在无法找到合适工作时会向低端就业市场转移，造成低端就业人口过剩，加剧收入不平等。

【03】

2023 年中国重点产业/行业
数字经济人才发展报告

摘　要：依据国家统计局发布的《数字经济及其核心产业统计分类（2021）》，数字经济核心产业主要包括数字产品制造业、数字产品服务业、数字技术应用业、数字要素驱动业和数字化效率提升业 5 个大类。其中前四个大类为数字产业化部分，是数字经济发展的基础，数字化效率提升业为产业数字化部分，指应用数字技术和数据资源为传统产业带来的产出增加和效率提升，是数字技术与实体经济的融合。

数字经济人才是数字经济产业发展的基石，决定了产业结构的升迁及变动趋势。数字经济人才在数字新兴产业的聚集，优化了要素在新技术、新业务形态下的资源配置。数字经济人才的跨行业流动，加速了数字技术和传统产业的融合，提升了企业的生产效率和交易效率。

本项目从数字经济的五大类核心产业出发，分析每类行业中重点行业的数字经济人才特征。通过对五大城市群重点产业有关数字经济人才的政策进行梳理，对比分析重点产业数字经济人才的发展环境、分布特征、流动情况，总结各省区市重点产业数字经济人才发展中存在的产业生态、人才结构等问题，为各省区市实现产业和数字经济人才的协调发展、打造高质量数字经济人才队伍提出对策建议。

关键词：数字经济人才　产业生态　人才结构　产业分布

第一章

重点行业数字经济人才发展的
政策环境分析

自 2015 年以来，国家层面出台的关于促进数字经济发展的政策数量激增。国务院印发的《"十四五"数字经济发展规划》，明确了"十四五"时期推动数字经济健康发展的指导思想、基本原则、发展目标、重点任务和保障措施，提出要协同推进数字产业化和产业数字化，为构建数字中国提供有力支撑。其中，对于数字经济人才，中国"十四五"发展规划中提出加强职业院校（含技工院校）数字技术技能类人才培养，深化数字经济领域新工科、新文科建设，支持企业与院校共建一批现代产业学院、联合实验室、实习基地等，发展订单制、现代学徒制等多元化人才培养模式，鼓励将数字经济领域人才纳入各类人才计划支持范围。针对国家对数字经济产业的部署和安排，各省区市积极执行，探索数字经济产业发展模式，对数字经济人才的引进和培育给予了政策支持。本章以五大城市群为例对长江经济带数字经济人才发展的政策环境进行梳理，分行业比较数字经济人才发展的制度红利。

一　数字产品制造业

在工业 4.0 时代，亟须培养一支拥有高水平数字技能的大国工匠队伍，实现从制造大国到制造强国的转变。从数字职业的产业分布来看，目前在我国数字经济五大产业类别中，数字产品制造业的数字职业占比仅为 9.3%。

从长远趋势看，随着制造业数字化转型和高质量发展，这些领域的数字职业将进一步增加。

根据国家统计局《数字经济及其核心产业统计分类（2021）》，数字制造业主要分为计算机制造、通信及雷达设备制造、数字媒体设备制造、智能设备制造、电子元器件及设备制造和其他数字产品制造业6个中类，54个小类。

五大城市群针对数字产品制造业发布各项政策，协同联动关键因素，加快进行全省数字经济发展布局。梳理相关政策中有利于数字产品制造业和数字经济人才发展的内容，如表1所示。在数字产品制造业方面，各地区围绕电子制造业、信息通信业等基础产业，推动人工智能、5G、空间信息、区块链等前沿技术产业化发展，打造数字产品制造业产业集群，实现数字经济核心产业提质倍增。为支撑产业发展，提出引进、培育、发展等人才政策。

二　数字产品服务业

根据国家统计局《数字经济及其核心产业统计分类（2021）》，数字服务业中数字产品主要为计算机、软件及辅助设备、通信设备、广播影视设备、音像制品、电子和数字出版物；其业务体系主要为数字产品的批发、零售、租赁以及维修业务。

根据中国信通院发布《2022中国数字经济发展报告》，数字产品服务业发展态势向好。网络零售批发租赁业务持续快速发展，电子商务迈向发展新阶段；软件和信息技术服务业保持较快增长，互联网和相关服务业持续健康发展。促进数字产品服务业繁荣发展，急需更多高端复合型数字人才。从长远趋势看，随着各省区市政策赋能服务业，数字产品服务业数字职业将进一步增加。

2021年，《中华人民共和国国民经济和社会发展第十四个五年规划和2035年远景目标纲要》颁布，提出加快推动数字产业化发展，提高数字服务业效能，促进数字产品服务业繁荣发展。提出了推动服务业融合化、品质化发展，深化服务领域改革开放的总体要求。

各省区市都重视培养数字产品服务业深化产教融合人才培养模式，发挥企业、高校、科研院所产学研人才协同激励优势。面向电商、对外贸易、物流等领域应用需求，加大技术人才以及管理人才培养力度，加快运营、销售、管理、研发等相关专业紧缺人才培养。通过实施高级研修、急需紧缺人才培养培训、岗位培训等项目，瞄准海内外资源，培育一批架构设计师、系统分析师、资深专业技术人员等中高端人才，以及行业领军人才、高级管理人才和创业团队。

政府积极开展企业梯次培育行动，通过差异化支持政策遴选培育数字产品服务业领航企业。完善服务领域人才职称评定制度，支持企业采取技术入股、期权、股权和业绩分配等方式激励高端数字人才，此外也鼓励人才支持政策与积分落户政策的衔接。畅通从业人员职业发展通道，有效吸引保留高端数字人才。

积极推进经济带人才合作，整合公共就业和人才服务信息平台，建立一体化人力资源市场，完善公共就业、人才服务体系，促进区域内人力资源合理流动和有效配置，有利于数字人才的灵活就业。

此外，长三角城市群积极完善国际人才服务，加强国际创新资源"引进来"，积极引进高水平、高科技专家和领军人才，引进优质外资企业和创业团队，推动全球服务业跨国公司在华设立运营总部、研发设计中心、采购物流中心。以上举措有利于逐步培养国内高端数字产品服务业贸易人才。

三　数字技术应用业

数字技术应用业大类，共包含软件开发业、电信广播电视和卫星传输业、互联网相关服务业、信息技术服务业、其他数字技术应用业 5 个中类，25 个小类。

中国数字经济正处于快速发展阶段，全国各地大力推动数字化转型，大数据、人工智能、云计算、区块链等新技术领域人才需求十分旺盛，对从业者的知识、素养和数字技能也提出了更高要求。2022 年 10 月 7 日，中共中央办公厅、国务院办公厅印发了《关于加强新时代高技能人才队伍建设的意见》。围绕建设网络强国、数字中国，实施提升全民数字素养与技能行动，建立一批数字技能人才培养试验区，打造一批数字素养与技能提升培训基地，举办全民数字素养与技能提升活动，实施数字教育培训资源开放共享行动。

目前，数字领域的科技创新、技术应用需要大量科学家、工程师、技能人才等加以支撑。另外，数字产业发展还催生了一些新职业，需要大力发展数字技能教育、提升劳动者数字技能，这是适应数字经济发展和产业升级的必然要求。

各省区市鼓励高校加强对计算机科学、软件工程、人工智能等基础学科的建设，壮大了未来数字技术应用人才的队伍，尤其是软件开发、物联网、云计算等前沿领域。倡导与大型企业、科研机构联合开办人才实训基地，提高了数字经济人才运用数字技能的实践和创新能力。随着越来越多高质量人才涌入数字技术应用业，该行业的不断繁荣为数字经济人才提供更成熟的引培、评价、考核体系，从而促进数字人才相关政策的完善。

四　数字要素驱动业

数字要素驱动业为数字经济及其核心产业统计分类中的第四大类，具体分为互联网平台业、互联网批发零售业、互联网金融业、数字内容与媒体业、信息设施基础建设业、数字资源与产权交易业、其他数字要素驱动业7个中类，其中包含27个小类。

2020年7月，国家发展改革委、中央网信办、工业和信息化部等13个部门联合发布《关于支持新业态新模式健康发展　激活消费市场带动扩大就业的意见》（发改高技〔2020〕1157号），提出数字经济新业态新模式15大重点方向。在这15种新业态中，培育产业平台化发展生态与数字要素驱动业中的互联网平台业密切相关，激发数据要素流通新活力更是与整个数字要素驱动业发展息息相关。国务院2022年1月发布的

《"十四五"数字经济发展规划》中提出数据要素是数字经济深化发展的核心引擎。规划中提出要优化升级数字基础设施，包括加快建设信息网络基础设施以及推进云网协同和算网融合发展。且明确提出全国一体化算力网络国家枢纽节点包括长三角、成渝地区双城经济圈与贵州。此外，还提出应强化高质量数据要素供给，以充分发挥数据要素作用。以上内容均为数字要素驱动业的发展提供方向与支持。与数字要素驱动业直接相关的政策较难找到，因此以数据要素或其中各细分行业为关键词[①]进行搜索，结果如表4所示。

各大城市群的代表性城市近几年与数字要素驱动业相关的政策主要集中于互联网平台业与信息基础设施建设业，且后者中网络、新技术、算力基础设施建设业均在相关行业政策有所涉及。另外，关于互联网金融行业的相关政策较多集中于对风险的防范或专项整治，对数字经济人才的吸引与培养的相关内容较少。

五　数字化效率提升业

根据国家统计局《数字经济及其核心产业统计分类（2021）》，数字化效率提升业主要分为智慧农业、智能制造、智能交通、智慧物流、数字金融、数字商贸、数字社会、数字政府及其他数字化效率提升业9个中类，55个小类。

数字化效率提升业的发展表征着产业数字化的发展程度，各省区市在做出数字经济发展规划时，同时注重数字产业化和产业数字化的发展，主要从促进数字经济与工业、农业和服务业的融合出发，具体细分行业主要包括智能制造、智慧农业、智能旅游、智慧物流、数字金融、数字商贸、数字社会和数字政府等。为高效率促进产业融合，政策偏向于通过设置交叉学科以及产学研合作的方式促进人才的复合化培养。

---

① 可能的关键词包括：数据要素、互联网平台、互联网金融、信息基础设施建设等。

表 1 五大城市群数字产品制造业相关政策

城市群	发布日期	政策文件	发文机构	涉及产业	与数字经济人才相关内容
京津冀城市群	2020年9月22日	《北京市促进数字经济创新发展行动纲要（2020—2022年）》	北京市经济和信息化局	电子信息制造业	完善人才储备和培养机制。鼓励校企进一步深入合作，培养一批具有国际竞争力的相关产业技术人才和技能型人才，以多种方式吸引相关人才和创新创业人才，吸引海外高端专业人才来京发展
	2021年6月26日	《天津市制造业高质量发展"十四五"规划》	天津市人民政府办公厅	智能设备制造	激发人才活力。全面优化实施以人才发展需求为导向的定制化政策，打造"海河英才"行动计划升级版，研究引力导向的创新创业政策，完善建设更具吸引力的人才高地。积极涵养产业高端人才培养。加强创新型、技术型、应用型人才高地，发挥十大产业人才培训体系，探索"海河工匠"高技能人才，探索"海河工匠"高技能人才，探索"项目+团队"培育模式，实现"带土移植"，构筑梯次建设，的领军人才，探索"项目+团队"引育，加强企业家队伍引育，开放创新的人才生态，打造一支具有鲜明时代特色、民族特色，世界水准的企业家队伍
	2021年8月19日	《天津市加快数字化发展三年行动方案（2021—2023年）》	天津市人民政府	电子器件及设备制造	激发数字人才发展活力。用好"海河英才"行动计划、"项目+团队"等政策，加大数字化发展各领域的人才引进，激励、服务力度。鼓励有条件的高等院校、职业院校扩大数字经济、数字社会、数字政府等领域人才培养规模，深化国家产教融合建设试点，完善校企合作育人，协同创新体制机制，鼓励高水平研究型人才和具有工匠精神的高技能人才，发展领域高水平研究型人才和具有工匠精神的高技能人才
	2020年4月19日	《河北省数字经济发展规划（2020—2025年）》	河北省人民政府	通信设备制造业、半导体器件产业、新型显示产业、汽车电子产业及产业、工智能及智能装备产业	加强人才引进培养。瞄准河北省数字经济发展重点领域未来方向，建立数字人才需求目录和数据库，大力引进一批高水平的专家人才和创新团队，依托燕赵英才计划等重大人才工程，大力引进一批高水平的专家人才，在住房、子女入学、科研经费、医疗保险等方面做好服务，个人所得税等方面给予支持，在居留与出入境、落户等方面创新模式。探索多元化校企合作模式，虚拟现实等领域紧缺人才。大数据、人工智能、网络技术、组织各类创新创业大赛，加强数字经济扶持政策培训，提高数字技能，激发数字经济创业者身数字经济创业，激发更多社会主体投身数字经济创业，完善数字经济扶持政策，鼓励更多社会主体投身数字经济创业

续表

城市群	发布日期	政策文件	发文机构	涉及产业	与数字经济人才相关内容
	2022年6月12日	《上海市数字经济发展"十四五"规划》	上海市人民政府办公厅	智能网联汽车、智能穿戴产品、智能服务机器人、智能商业终端和智能家居设备和智能医疗设备等智能新终端	落实本市集成电路和软件产业奖励政策，支持和鼓励设计人员基础软件、工业软件、新型技术软件，信息安全软件等企业安全设计人员在沪发展。用好相应毕业生和留学生进沪就业政策，加大力度引进数字经济领军和青年人才。依托"基础研究特区"试点，进行集中科研支持，在高校和科研院所培育一批数字经济优秀人才团队
长三角城市群	2021年7月10日	《推进上海经济数字化转型赋能高质量发展行动方案(2021—2023年)》	上海市城市化转型工作领导小组办公室	电子信息产业	建设全球科技人才数据库，完善千万级科技人才数据画像体系，健全基础研究、应用研究和产业人才评价和指标体系
	2020年12月24日	《浙江省数字经济促进条例》	浙江省人民代表大会常务委员会	电子信息制造业	县级以上人民政府及有关部门应当制定扶持政策，加强数字经济领域关键核心技术人才培养，将数字经济领域人才纳入政府人才支持政策体系，高层次、高学历、高技能以及紧缺人才引进人政府人才支持政策，为其在职在职方面提供支持。落户、医疗保健，以及配偶就业、子女入学等方面提供支持。高等院校、职业学校和应用型高等院校。高等院校、职业学校等应当引导和督促数字经济产学研研究和应用，共建实习实训基地等机构，职业学校等应当通过与企业产学研合作，培养符合数字经济产业发展需求的相关人才方式，培养符合数字经济产业发展需求的相关人才

续表

城市群	发布日期	政策文件	发文机构	涉及产业	与数字经济人才相关内容
长三角城市群	2021年6月16日	《浙江省数字经济发展"十四五"规划》	浙江省人民政府办公厅	做强基础产业，做优新兴产业，布局未来产业	①加强高水平数字人才建设。制定"高精尖缺"人才目录，依托"鲲鹏行动""启明计划"、领军型创业创新团队引进培育计划，鼓励高层次人才带项目、带技术在浙创业创新。布局国际高层次人才集聚数字经济全球顶尖创新中心、海外人才工作站等海外人才飞地，加快集聚数字经济全球战略视野的新人才。实施企业家数字素养提升工程，造就一批具备战略视野的"数字浙商"。②完善数字人才培养机制。强化基础学科、交叉学科建设，鼓励高校设置未来技术学院，支持大学生创新，培育一批青年数字双创人才。深化科教结合、产教融合，推动产教联盟和人才实训基地建设，培养数字化转型工程技术和应用技能型人才。加强数字经济型人员数字技能培训，探索数字人才资源共享，培育一批复合型"数字工匠"。③优化数字人才发展环境。建立完善市场导向的人才评价机制。完善职称评审办法，推进信息技术人工作许可制度和出入境便利举措，优化高端人才停居留政策，外国人工作许可制度和出入境便利举措，完善配套服务，办好世界青年科学家峰会等活动，营造数字人才发展最优环境
	2020年4月29日	《南京市数字经济发展三年行动计划（2020—2022年）》	南京市人民政府	电子信息产业，战略性新兴数字产业	培养集聚人才。做好数字经济专项人才的引进培育和服务，编制数字经济核心产业人才地图，在全球范围引进高端数字人才，加强海外柔性引才，鼓励数字经济核心企业在国外建设"人才飞地"。加快集成电路、人工智能、软件等数字经济应用型人才培训，构建产教融合的数字经济人才培养模式。针对数字经济高层应用型管理人员开展专题培训，培养数字思维。对数字经济高层次人才给予科技贡献奖补，在房实物供给、子女就学、文体消费高层优惠、就医绿色通道等政策支持。对行业急需人才适当放宽人才认定标准

续表

城市群	发布日期	政策文件	发布机构	涉及产业	与数字经济人才相关内容
粤港澳大湾区	2020年4月2日	《广州市加快打造数字经济创新领型城市的若干措施》	广州市人民政府	新型显示产业，面板制造	引导数字经济企业和人才分类集聚发展。吸引全球数字技术、数字产业、数字服务等相关领域的企业和人才，精准聚焦"一核多点"空间布局，数字经济落户成长，支持重点企业参与数字经济的数字集聚发展。对于新引进落户用的企业落户奖励，对数字受奖企业，可在落户奖励等方面给予支持。对数字经济产业发展具有重大带动作用的企业总部企业，加大支持力度，促进企业做大做强，重点培育一批数字经济领域龙头企业和冠军。对于新引进的数字科学模型、计算机科学等基础理论研究型人才打冠军。对于符合的区块链、芯片、网络安全、金融科技等复合型技术人才，符合条件的5G应用和按广州市人才政策给予奖励
	2021年7月22日	《广州市建设国家数字经济创新发展试验区实施方案》	广州市人民政府	电子信息制造业	加强数字经济人才培养，创建有条件的高校增设数字经济相关专业和课程，鼓励高校、职业院校和重点龙头企业采用"五业联动"的职业教育发展新机制培养"数字工匠"，加强数字经济高端人才引进
	2021年1月4日	《深圳市数字经济产业高质量发展实施方案（2021—2023年）》	深圳市人民政府办公厅	人工智能产业	大力引进国内外数字经济产业高层次人才来深实施工作，加快制定并落实配套保障政策，努力做好子女入学、住房保障、税收优惠等公共服务。充分发挥本地高校、职业院校、科研院所的带动牵引作用，加快开设与数字经济产业相关的专业或课程，建立校企数字经济人才培养基地，支持重点企业、行业协会、科技媒体等组织开展数字经济领域服务对接机制、技能比赛和人才评选，建立行业人才评价体系，搭建人才流动服务平台
	2020年12月29日	《深圳市人民政府关于加快智慧城市和数字政府建设的若干意见》	深圳市人民政府	智能设备制造	制定适应深圳智慧城市和数字政府发展要求的人才战略和措施，积极引进国际化高层次人才和团队，加强信息化工作力量，切实推动信息化与业务的融合创新。做好全市各级干部的信息化能力培训工作，不断完善人才队伍建设。培育智慧城市和数字政府建设高端研究机构，提供高水平咨询服务

251

续表

城市群	发布日期	政策文件	发文机构	涉及产业	与数字经济人才相关内容
成渝地区双城经济圈	2021年12月8日	《重庆市数字经济"十四五"发展规划（2021—2025年）》	重庆市人民政府	数字产品制造业	大力引进数字经济高端人才，培育多层次数字经济人才，完善数字经济人才服务体系
	2022年4月14日	《成都市"十四五"数字经济发展规划》	成都市发改委	集成电路、新型显示、智能终端、人工智能	提升全民数字素养技能
	2018年2月27日	《成都市推进智能经济发展实施方案》	市经信委、市发展改革委、市科技局、市新经济委	芯片与模块、智能硬件、终端与装备、无人系统	实施人才建设工程，鼓励海内外川籍人才回蓉创新创业，推进"蜀才归蓉"。重点引进国家级专家等顶尖专业人才、国家级领军人才、地方高级数字经济人才、产业发展实用人才。对国际顶尖人才、青年大学生等、分层分类提供住房、落户、配偶就业、子女入学、医疗、出入境和停居留便利，创业和生活等服务保障。支持在蓉高校和职业技术（技工）院校根据成都产业发展需要调整学科（专业）设置，鼓励在蓉企业与高校、职业技术（技工）院校合作开展人才培养，并给予补贴
	2018年2月28日	《成都市推进数字经济发展实施方案》	市经信委、市发展改革委、市科技局、市新经济委、市大数据和电子政务办	信息技术产业	鼓励海内外高端人才在蓉创新创业并对高端人才在户籍办理、安居保障、子女入学、投资置业、金融服务和医疗保障等方面提供分类分级优先服务保障。支持在蓉数字经济相关专业，鼓励数字经济企业与院校联合办学，支持中小企业开展素质提升专项短期培训并给予补贴。支持产学研协同创新平台建设，对国家级企业技术中心、工业设计中心、国际工业设计奖项国级奖的企业给予奖励。制造业创新中心、技术创新示范企业、全国产业集群区域品牌建设示范区、制造业创新示范企业、制造型制造示范企业、工业设计中心，对关键核心技术研发实现产业化的新项目给予补贴。用好校地合作专项资金、创新创业载体建设和科研成果转化，营造创新创业环境，强化知识产权运用和保护，对参与国际、国家、行业技术标准制定（修订）的企业给予奖励

续表

城市群	发布日期	政策文件	发文机构	涉及产业	与数字经济人才相关内容
长江中游城市群	2022年4月28日	《武汉市支持数字经济加快发展若干政策》	武汉市人民政府	电子信息制造业	加大数字经济人才支持力度。支持在汉高校、科研院所、龙头骨干企业、新型研发机构引进数字经济领域"高精尖缺"人才，符合条件的优先被纳入"武汉英才""3551"等人才计划，享受相应政策支持。支持重点高校加强数字经济新兴学科建设，优化专业结构配备，加强数字经济产教复合型人才培养。深化产教融合，校企结合，建设一批数字经济产教融合联盟和人才培育基地
	2022年5月6日	《武汉市数字经济发展规划（2022—2026年）》	武汉市人民政府	电子信息制造业	强化数字技能人才培养，建设一批服务数字经济发展、契合当地数字产业特点的技工院校，支持院校集聚社会资源，进一步优化高校院所参与数字技能培训班。完善数字技能人才培养体制机制，建设数字技能人才实训基地。加快推进数字经济产学研合作的体制机制，面向数字化企业在职员工开展劳动者培训和职业技能等级认定。加大数字技能人才评价，加强数字技能人才与专业技术人才职业技能贯通发展。加强数字技能人才选拔力度，组织开展数字技能职业技能竞赛。加强数字技能人才使用激励，对数字经济领域给予资金支持，建立顶尖科技人才、产业领军人才、优秀青年人才分别给予数字经济人才在安居、就医、签证人才"一议"制度，依法落实数字经济人才在安居、就医、签证人才"一事一议"制度等方面的保障待遇

资料来源：根据公开资料、中国长江经济带发展研究院数据整理。

表 2　五大城市群数字产品服务业相关政策

城市群	发布日期	政策文件	发文机构	涉及产业	与数字经济人才有关内容
京津冀城市群	2022年7月12日	《加快建设一刻钟便民生活圈 促进生活服务业转型升级的若干措施》	北京市商务局等	生活服务	提高职业能力。吸纳本市劳动力就业，鼓励平台、连锁企业与劳务大省共建用工基地，培养合格人员来京上岗。依托本市职业学校等深化产教融合，培养生活服务业高素质劳动力。允许符合条件的在岗职工以工学交替等方式接受高等职业教育，加强职业技能工作年限与专业人才培养。加大租赁型集体宿舍供给力度，做好职业技能人才分户口政策的衔接与技能人才支持政策和积分落户政策的衔接
	2021年4月21日	《天津市服务业扩大开放综合试点总体方案》	商务部	科技服务、电信服务	推动新一代超级计算机平台和国家先进计算产业创新中心建设，成立天津市信息技术应用创新工作委员会，加快构建自主创新联盟。大数据产业联盟和以领军企业为主体的开源社区，支持天津建设信创开源基地。建立产业联动，原始创新的重要源头和策源地。支持天津经济技术开发区先进制造业和现代服务业融合发展试点工作，形成一批高成长性企业和平台
长三角城市群	2022年7月12日	《上海市数字经济发展"十四五"规划》	上海市人民政府办公厅	数字商贸、科技服务	支持和鼓励基础软件、工业软件、新型技术软件、信息安全软件等企业研发设计人员在沪发展。加大力度引进数字经济领军青年人才。在高校和科研院所培育一批数字经济优秀人才团队。推动服务业高水平开放。进一步放宽执业资格对境外专业人才的限制，鼓励外商投资举办营性职业技能培训机构，推进服务贸易创新发展。强化浦东软件园国家数字服务出口基地、数字贸易交易促进平台功能，办好中国（上海）国际技术进出口交易会。建设一批重大科技平台和大科学设施，支持高校、科研院所等发起国际大科学计划和大科学工程，建设国家实验室等高水平机构和平台

续表

城市群	发布日期	政策文件	发文机构	涉及产业	与数字经济人才有关内容
长三角城市群	2022年9月14日	《省政府办公厅关于印发江苏省推进数字贸易加快发展若干措施的通知》	江苏省人民政府办公厅	数字商贸	完善数字贸易人才标准，推动省"双创计划""333工程"等现有人才政策向数字贸易领域重点领域核心人才引向数字贸易领域倾斜，加强学科建设，深化校企协会合作，分类推进数字贸易引进。促进产教融合，加强各类人力资源服务机构为企业提供多层次人才服务。缺人才培养。引导各类创新创业大赛等赛事活动，鼓励大学生创业，高校实支持大学生创新创业大赛等赛事活动，鼓励大学生创业，高校实践基地，科技型企业等开辟数字贸易创客空间，形成项目孵化基地、产业化发展、资本运作的全链条一体化数字贸易孵化促进体系
	2021年9月27日	《南京市"十四五"数字经济发展规划》	南京市人民政府办公厅	数字商贸	健全人才服务机制，建设融通政府、企业、社会组织、专业人才的综合性服务平台，打造数字经济领域高层次人才的招引窗口。完善市场持续优化引才聚才环境，为南京数字化转型提供强力内育机制。继续深入实施海外高层次人才引进计划，外引国际顶尖人才。建立国际通行的访问同学者、博士后等制度，加快数字经济基础科学人才和团队的引进培养。依托重大工程项目开展校企合作，在实践中培养数字经济产业发展所需的技能型人才。鼓励数字化技能教育培训，建立数字人才成长机制。优化人才奖励政策。全面深化人才评价机制。细化人才激励类别，根据不同人才计划，发展需求、先锋、贡献实施数字化人才评价机制。落实"紫金山英才计划"，充分发挥数字经济人才宁聚、菁英计划体系的奖励机制作用，积极引进高端数字经济人才
	2022年3月21日	《浙江省高质量推进数字经济发展2022年工作要点》	浙江省数字经济发展领导小组办公室	数字贸易	加强高层次人才引进。深入实施"鲲鹏行动""启明计划"等人才工程，加快引进数字经济领域科技领军人才和创新团队。完善人才使用、评价激励机制。加快发展数字贸易，加强完善数字贸易产业、平台、生态、制度、监管五大体系，持续加强数字贸易全链条建设。

续表

城市群	发布日期	政策文件	发文机构	涉及产业	与数字经济人才有关内容
长三角城市群	2022年10月18日	《安徽省加快生产性服务业发展行动方案》	安徽省发展改革委	广播影视设备、音像制品服务、科技服务	坚持龙头企业引领，融合发展深化，平台优化支撑，技术创新深耕，高端人才引培，聚力数字消费设备制造，创意影视设备制造、创意设计、广告会展、智慧文旅、体育等主攻方向，工业设计、影视制作、创意演艺，不断推进数字创意产业提质扩量。加快建设合肥、蚌埠国家等国家级文化和科技融合发展示范基地，推进合肥、芜湖国家数字出版基地和动漫产业发展基地，省创意文化产业集聚发展（合肥）基地等建设。到2025年，实现数字创意产业收入翻一番以上，创建省级数字创意产业基地10家以上
长江中游城市群	2021年11月25日	《武汉市现代服务业发展"十四五"规划》	武汉市发展和改革委员会	数字零售、电子像制品、出版物服务、科技服务	建立健全服务业人才培养和引进机制，鼓励采用"订单式"教育、"定制式"培养等方式，支持和引导驻汉各类院校增设服务业紧缺专业，建立现代服务业人才公共实训基地。加大服务业人才的引进力度，重点引进一批复合型、国际型的服务业人才、完善和落实高层次服务业人才的评价考核、激励机制，推行创新创业和成果处置收益和股权激励制度，为高层次服务业人才、团队创业及项目进展提供全方位服务。支持高校、科研院所整合科研资源、面向市场提供专业化服务。鼓励发展中介组织，研发外包和研发服务外包新业态。加强高校、科研资源开放共享，建立健全新型研发机构、研发中小和科研发展外包服务，积极培育市场化新型研发发展，建立现代和仪器设备开放运行机制

256

续表

城市群	发布日期	政策文件	发文机构	涉及产业	与数字经济人才有关内容
成渝地区双城经济圈	2021年8月4日	《重庆市服务业扩大开放综合试点工作方案》	重庆市人民政府	科技服务	支持高等学校、科研院所和中央企业等在重庆布局科研院所分支机构和重大科技基础设施、重大科学装置
	2022年1月17日	《成都市数字文化创意产业发展"十四五"规划》	中共成都市委宣传部	数字文创、音像制品	全力构建集人才培养、作品创作、沉浸体验、项目孵化、版权交易、作品上游话编、衍生开发等于一体的网络文学产业生态链，助力数字文学产业上游话语权和能级提升
粤港澳大湾区	2022年4月13日	《2022年广东省数字经济工作要点》	广东省工业和信息化厅	科技服务、数字贸易	提升全民数字素养和技能。组织开展全省数字经济干部培训，提升干部数字经济思维能力和专业素质，增强发展数字经济本领。开展数字技能培训，加快人工智能、大数据、区块链、智能制造等领域人才培养，创新校企合作模式，鼓励支持高等院校和职业院校、技工院校开设数字经济相关专业、修订人才优粤卡实施办法，完善数字经济领域高层次人才服务保障体系。支持汕头市高标准举办中国数字经济创新发展大会，吸引高端人才、技术、资金等要素集聚
	2021年1月14日	《深圳市数字经济产业创新发展实施方案(2021—2023年)》	深圳市人民政府办公厅	生产性服务业	加大服务业创新投入，创新数字化服务模式。大力引进国内外数字经济产业次高层次人才来深圳工作，加快制定并落实配套保障政策，努力做好子女入学、住房保障、税收优惠等公共服务

资料来源：根据公开资料、中国长江经济带发展研究院数据整理。

表3　五大城市群数字技术应用业相关政策

地区	发布时间	政策文件	发文机构	涉及行业	与数字经济人才有关内容
全国	2018年9月18日	《关于发展数字经济稳定并扩大就业的指导意见》	国家发展改革委、教育部、科技部、工业和信息化部等19部门	软件开发业	加强数字技能培训。大规模开展职业技能培训，创新培训方式，探索职业培训包模式。实施国家职业资格体系，做好有关人才资格认证工作。面向新成长劳动力、失业人员等群体，加大大数据软件、工业软件、数据安等数字技能培训规模。引导企业用好用活教育培训经费，加强数字技能在职培训。进一步整合资源，突出重点，打造一批功能突出、资源共享的区域性数字技能公共实训基地。创新公共实训基地运营管理模式，全面提升数字技能实训能力
	2022年1月26日	《关于深入推进世界一流大学和一流学科建设的若干意见》	教育部、财政部、国家发展改革	信息技术服务业	加快培养急需高层次人才。大力培养引进一大批具有国际水平的战略科学家、一流科技领军人才、青年科技人才和创新团队。实施"国家急需高层次人才培养专项"，加大力度培养理工农医类人才。持续实施强基计划，深入实施基础学科拔尖学生培养计划2.0，推进基础学科本硕博贯通培养，加强基础学科人才培养计划"0到1"突破的原始创新科学积极成果。面向集成电路、人工智能、储能技术、数字经济等关键领域加强文史哲学科人才培养。充分利用中华优秀传统文化及国内外哲学社会科学优势学科，建成文史哲高层次人才和哲学社会科学领域交叉学科人才培养。加强理论文史哲育人，完善高层次人才培养引进与团队、平台、项目耦合机制，把科研优势转化为育人优势

续表

地区	发布时间	政策文件	发文机构	涉及行业	与数字经济人才有关内容
京津冀城市群	2022年7月26日	《北京市推动软件和信息服务业高质量发展的若干政策措施》	北京市经济和信息化局	软件开发业	特别是在支持软件人才建设方面，将依据相关政策，支持软件行业引进高层次紧缺人才，加大行业高层次国际人才引进政策，探索简化工商许可、居留许可审批流程；对引进的软件人才，按人才住房支持政策做好保障服务；在全市非北京生源北京生源优秀毕业生给予落户人才的支持力度；对国家级"小巨人"企业招聘优秀毕业生给予落户支持
	2021年3月23日	《北京市"十四五"时期智慧城市发展行动纲要》	北京市经济和信息化局	信息技术服务业	加大人才吸引和培训宣传力度。加大对人工智能、大数据、集成电路、软件和信息服务等关键技术人才的扶持培养人才队伍，构建高层次智慧城市建设管理人才队伍。举办具有国际影响力的智慧城市高峰会或高峰论坛，促进项目落地、资金落地、人才落地。开展智慧城市场景应用竞赛等活动，面向社会扩大智慧城市创新和创意资源引流，增强公众对智慧城市建设的认知度，参与度和获得感
	2021年8月3日	《中共天津市委、天津市人民政府关于深入实施人才引领战略加快天津高质量发展的意见》	天津市委市委办公厅	信息技术服务业	围绕制造业立市重点，制定出台重点产业人才支持政策，5年内重点引育1万名工程技术人才。以人才为核心集聚创新要素，围绕核心装备、基础材料、芯片设计、先进工艺等，加快新能源、新材料、航空航天、高端装备、汽车、石油石化、平台经济、新基建等领域人才培养力度。建立完善高校学科专业、类型、层次和区域分布动态调整机制，加快培养我市重点产业急需紧缺人才
	2016年11月8日	《河北省地理信息人才发展"十三五"规划》	河北省地理信息局	电信广播电视和卫星传输业	按照国家提出的"加强基础测绘，监测地理国情，强化公共服务，壮大地信产业，维护国家安全，建设测绘强国"战略地理国情，以服务和支撑地理信息事业改革创新发展为目标，以实施地理人才工程为抓手，以创新人才发展机制为保障，强化完善政策，优化人才结构，统筹导全省地理信息行业人才队伍建设，创新型升级，为事业转型信息人才结构，创新发展提供坚强的人才支撑

259

续表

地区	发布时间	政策文件	发文机构	涉及行业	与数字经济人才有关内容
长三角城市群	2022年6月12日	《上海市数字经济发展"十四五"规划》	上海市人民政府办公厅	软件开发业	支持和鼓励基础软件、工业软件、新型基础技术软件、信息安全软件等企业研发设计人员在沪发展。加大力度引进数字经济领军和青年人才。在高校和科研院所培育一批数字经济优秀人才团队
	2021年12月21日	《新时期促进上海市集成电路产业和软件产业高质量发展的若干政策》	上海市人民政府	信息技术服务业	优化研发设计人员支持结构，重点支持承担国家及本市重大改革任务的集成电路生产、设计、材料、装备、封测企业研发设计人员，先进封装测试人员，信息安全软件和信息安全软件企业研发设计人员向的大型行业应用软件企业研发设计人员
	2022年9月20日	《杭州市推进软件和信息技术服务业高质量发展的若干政策》	浙江省杭州市人民政府	软件开发业	鼓励高校优化学科专业结构和课程设置，联合科研院所、企业、培训机构等共同打造新型软件工程师队伍。特色化示范性软件学院、软件现代产业学院，加强高层次软件人才培养。鼓励院校与园区、企业、机构等合作建设软件人才基地，包括特色软件学院和软件实训（实习）基地
	2022年7月8日	《杭州市人民政府办公厅关于促进集成电路产业高质量发展的实施意见》	杭州市政府办公厅	信息技术服务业	完善人才分类认定。加大集成电路产业人才队伍建设支持力度，充分考虑集成电路企业的规模、研发投入等因素，以及人才的岗位、能力、实绩、薪酬等要素，完善集成电路高层次人才的分类认定标准。授权符合条件的企业开展人才分类认定
	2020年11月16日	《南京市浦口区促进集成电路产业高质量发展若干政策》	南京市政府办公厅	信息技术服务业	从打造良好的产业生态向打造标杆转变。以建设省大学生集成电路产业发展基地、集成电路实训基地为契机，探索产教融合、多方协作的人才培养模式，联合南大、东大等7所在宁高校，设立"浦芯精英"奖学金，每年对100名优秀学生给予奖励，同时提供100个集成电路实习岗位，推进人才集聚。积极对接集成研究、SEMI、中芯协等顶尖机构，筹备举办具有国际影响力的招商推介活动，打造特色品牌

续表

地区	发布时间	政策文件	发文机构	涉及行业	与数字经济人才有关内容
粤港澳大湾区	2021年10月6日	《2021年香港施政报告》	特区立法会	信息技术服务业	创新及科技专家、专业领域放宽，增加了微电子以及集成电路设计。吸引及培育金融服务人才、法律人才、知识产权人才、研究人才、艺术文化人才，以推动香港经济及社会发展
	2022年9月28日	《深圳市推动软件产业高质量发展的若干措施》	深圳市人民政府	软件开发业	鼓励海内外高层次人才团队来深创新创业，对承担工业软件、基础软件等重大技术攻关的核心团队，给予1000万元以下的财政资金支持，对顶尖团队采取"一事一议"的方式给予支持。鼓励我市重点软件企业或研究机构培育引进国内外院士、科学家、核心技术领军人才等，为外籍软件人才办理工作许可证和工作居留证提供"一站式融合服务"。对我市重点软件企业的骨干人才，根据其上年度对我市产业发展、自主创新等方面的贡献给予创新人才奖励。支持建立企业自主评价为主评价人才评价体系，对获得产品经理国际资格认证（NPDP）、项目管理专业人才评价（PMP）、系统架构分析师等资质认证且符合一定条件的骨干软件人才，给予其子女入学、医疗保健、安居保障等一定优惠政策
	2021年1月27日	《关于推进深圳职业教育高端发展 争创世界一流的实施意见》	广东省人民政府	信息技术服务业	面向国家重大战略和粤港澳大湾区，中国特色社会主义先行示范区建设需求，对接人工智能、5G、物联网、智能装备等战略性新兴产业布局，重点围绕集成电路、新一代信息通信技术等万亿级和千亿级产业集群建设10~15个一流专业群
	2020年3月5日	《广州市加快软件和信息技术服务业发展若干措施》	广州市政府办公厅	信息技术服务业	每年根据营收规模、经济贡献、营收增长率等指标组织入库，对入库企业个人年工资薪金应税收入（含工资薪金所得、劳务报酬所得）达到60万元以上的高端人才，给予每人不超过10万元的奖励。具体操作办法另行制定

续表

地区	发布时间	政策文件	发文机构	涉及行业	与数字经济人才有关内容
粤港澳大湾区	2022年1月1日	《横琴粤澳深度合作区促进集成电路产业发展若干措施》	横琴粤澳深度合作区行政事务局	信息技术服务业	对认定为合作区集成电路人才培训基地的单位，每年给予100万元补贴，按照基地培训后验收标准给予基地年度最高100万元奖励。对开展合作区认定的集成电路人才培训基地员工培训的企业或科研机构，按照实际发生培训费用的50%给予企业或科研机构，按年度标准给予企业或科研机构，按每月5000元/人的标准给予企业年度最高100万元补贴；对接收境内外高校学生实习的企业在校学生实习相关专业，在校学生在校年度最高100万元补贴
	2014年2月7日	《武汉东湖新技术开发区管委会关于进一步加快软件和信息服务业发展的若干政策》	东湖新技术开发区管委会办公室	软件开发业	支持企业人才培养和引进。给予企业新增人员3000元/人的培训补贴，单个企业年补贴不超过500人次。年纳税额达到100万元的企业，奖励其核心管理和技术团队缴纳个人所得税级留成部分。鼓励高校院所、职业学校组织在校学生参与企业工程实践，给予企业每名学生最高1000元/月的实践补贴，单个企业年补贴不超过50万元
长江中游城市群	2020年10月12日	《武汉市加快集成电路产业高质量发展若干政策》	武汉市人民政府	信息技术服务业	支持集成电路企业与职业院校、培训机构共建集成电路高技能人才培训基地，开展高技能人才培训。对经市人力资源社会保障局认定符合条件的高技能人才培训基地项目，根据项目产业效益情况给予最高不超过300万元资金补助；对工资薪金部分应纳税所得税额超过50万元的集成电路企业技术研发团队核心成员，以企业支付的年度工资薪金额超过应纳税所得税额15%的部分，给予企业引才奖补作为标准，超过应纳税所得税额15%的部分，给予企业引才奖补，单个企业每年最高不超过500万元用于人才引进奖励

262

续表

地区	发布时间	政策文件	发文机构	涉及行业	与数字经济人才有关内容
成渝地区双城经济圈	2022年7月15日	《重庆市软件和信息服务业"满天星"行动计划(2022—2025年)》	重庆市人民政府办公厅	软件开发业	鼓励高校优化学科专业结构和课程设置,联合科研院所、企业、培训机构等共同打造新型软件工程师学院,特色化示范性软件人才培养高层次软件人才实习实训基地,大力培养复合型、实用型软件和信息服务人才
	2022年9月6日	《关于实施数字技术工程师培育项目的通知》	重庆市人力资源和社会保障局	信息技术服务业	2022~2030年,重庆将围绕包括集成电路在内的数字技术领域,计划每年培养培训3000人左右,培育壮大数字技术工程师队伍
	2022年6月1日	《成都高新技术产业开发区关于支持集成电路设计产业发展的若干政策(修订)》	成都高新区管委会	信息技术服务业	对集成电路企业高级管理人才和研发人才在落户、住房保障、医疗保障、子女就学、创新创业等方面给予支持,分层级给予企业最高50万元/人的人才奖励

资料来源:公开资料,中国长江经济带发展研究院整理。

表 4　五大城市群数字要素驱动业相关政策

城市群	发布日期	政策文件	发文机构	涉及产业	与数字经济人才相关内容
京津冀城市群	2021年8月11日	《北京市"十四五"时期高精尖产业发展规划》	北京市人民政府	数字要素驱动业等各相关行业、数字经济相关行业	做好人才培养和引进：优化高精尖产业发展需的领军人才、创新型科技人才和"大国工匠"引进政策。加强本市人才政策与产业急需产业在京落户更加便利化政策。加强新城和生态涵养区企业就业的落户政策，平原新城和生态涵养区企业就业的落户政策，围绕高精尖重点产业发展需求，加大高校毕业生落户指标和人才引进指标支持力度。探索从课堂教育向专业化、细分化的职业教育延伸，尽可能满足智能化、融合化、国际化发展形成的大量复合型人才需求
	2020年10月16日	《中关村国家自主创新示范区数字经济引领发展行动计划（2020—2022年）》	中关村科技园区管理委员会	数字要素驱动业等各相关行业、数字经济相关行业	加大对科技创业企业培育力度：加强人才培养交流。加强中关村、吸引国内外顶尖数字经济人才集聚中关村，继续实施中关村高聚工程等人才工程，巩固中关村顶尖人才优势。鼓励领军企业加强人才培养，提高数字经济复合型人才供给能力，为数字经济融合创新发展提供坚实有力的人才基础
	2012年3月7日	《智慧北京行动纲要》	北京市人民政府	信息基础设施建设业	完善信息化人才体系：鼓励和引导重点企业设立专职首席信息官，完善政府信息化人才考核、表彰、激励，职业发展等人力资源机制，信息化人才服务体系引进计划、北京"海聚工程"和中关村"高端领军人才聚集工程"
	2021年3月3日	《天津市新型基础设施建设三年行动方案（2021—2023年）》	天津市人民政府办公厅	信息基础设施建设业、互联网平台	支持本市高校加强一流学科和特色学科群建设，深入实施"海河英才"行动计划，"海河工匠"建设及相关政策配套措施，服务等方面提供强保障。坚持"内培"与"外引"并重，推动初创型、成长型企业快速发展，集中优势资源支持骨干企业做大做强，激励引进一批标志性项目落户本市。集中优势资源支持骨干企业快速做大，培育形成优势产业集群

续表

城市群	发布日期	政策文件	发文机构	涉及产业	与数字经济人才相关内容
京津冀城市群	2021年9月14日	《天津市金融业发展"十四五"规划》	天津市人民政府办公厅	互联网金融	聚集吸引服务优秀人才，聚焦金融靶向引才，优化金融服务引才聚才，金融精准对接服务人才；加强与高等院校、科研院所等智库合作，充分借助"外脑"，运用智库研究成果，把智库高质量的对策研究转换为政策，增强政策制定的专业性、客观性。继续办好全球租赁业竞争力论坛等大型论坛，营造金融学术氛围
	2016年6月16日	《河北省人民政府办公厅关于深入推进"互联网+流通"行动计划的实施意见》	河北省人民政府办公厅	互联网平台、互联网金融、互联网批发与零售等	支持学校、企业及社会组织合作办学。支持电子商务企业开展岗前、技能提升和高技能人才培训，加快培养电子商务领域的高素质人才。推动校企联合，创新教学方式，共建教学实训基地，提高教学的实践性和操作性，鼓励有条件的职业院校、社会培训机构和电子商务企业开发网络创业培训。建立人才激励机制，加快高端人才交流引进，为全省电子商务发展持续、健康、快速发展提供智力支撑
长三角城市群	2020年4月8日	《上海市促进在线新经济发展行动方案（2020—2022年）》	上海市人民政府办公厅	新经济业态（互联网平台、互联网金融、互联网批发与零售、信息基础设施建设、数字内容与媒体、数字产权交易等）	优化发展在线教育：构建完善市民终身教育体系，规范发展"互联网+教育"，引导企业健康发展。探索新型人才从业评价。培育新型行业组织，支持有专业优势、服务能力强、行业自律水平高的行业协会、学会等社会组织。支持有条件的区域和企业探索在人力资源、创意设计等方面跨界合作新模式，开展自由职业者以网络经营者身份申办个体工商户式创新，允许电子商务经营者以网络经营所申办个体工商户
	2020年6月19日	《推动工业互联网创新升级实施"工赋上海"三年行动计划（2020—2022年）》	上海市人民政府办公厅	互联网平台	夯实新人才基础。联合科研院所、龙头企业、行业协会等，打造10个以上工业互联网人才培养教育和实训基地，全力打响"工赋学院"品牌。鼓励企业面向高校和职校开放实践岗位。工业企业首席信息官（CIO）或首席数据官（CDO）制度在本市重点产业领域推广

续表

城市群	发布日期	政策文件	发文机构	涉及产业	与数字经济人才相关内容
长三角城市群	2020年11月10日	《南京市加快工业互联网创新发展三年行动计划（2020—2022年）》	南京市人民政府办公厅	互联网平台、信息基础设施建设业	强化人才支撑。重点引进和培养一批掌握工业互联网核心技术、具有世界前沿水平的科技顶尖专家和高层次人才。优化人才激励保障机制，拓展ँ业成果转化收益分配等机制。依托中国信通院、完善技术入股、股权期权激励、科技成果转化收益分配等机制，面向企业高管、首席信息官、信息化工作者，采用集中授课、参观研学等方式，传播工业互联网创新发展理念，开展业务知识培训和政策解读
	2021年11月2日	《南京市"十四五"知识产权发展规划》	南京市人民政府办公厅	数字资源与产权交易	加强知识产权高层次人才的供给。落实知识产权人才发展政策。按照产业发展需要和知识产权高层次人才队伍、建立市知识产权人才数据库，尽快形成稳定的知识产权人才共用共享机制，充分发挥知识产权高层次人才的重要作用。完善知识产权高层次人才供给机制。建立健全知识产权人才培养体系，实施知识产权专业人才发展计划。启动知识产权人才梯度培养体系，人才轮训专项工作，分区域、分层次开展知识产权管理和执法人员轮训
	2021年12月30日	《南京市整体推进城市数字化转型"十四五"规划》	南京市人民政府办公厅	数字要素驱动业（信息基础建设业）等数字经济重点行业	加强人才培养。根据城市数字化转型人才需求现状，建立高端技术人才管理人才队伍和跨学科、跨领域的复合型人才队伍。强化全民"数字"素养"教育，鼓励高校、社会机构等面向各类群体建立数字化技术终身学习平台教育。组织开展数字化认识和能力，企业家和业务骨干的各类教育培训，进一步增强数字化认识和能力。培育数字化转型和数字政府建设高端研究机构，提供高水平咨询服务

续表

城市群	发布日期	政策文件	发文机构	涉及产业	与数字经济人才相关内容
长三角城市群	2017年6月23日	《"数字杭州"（"新型智慧杭州"一期）发展规划》	杭州市人民政府办公厅	互联网平台等数字经济相关行业	建立"数字杭州"重大项目与人才引进联动机制，开通重大项目人才绿色通道，完善医疗、住房、子女教育等相关优惠措施。通过任务外包、产业合作、学术交流等方式，充分利用全国信息化人才为"数字杭州"建设通信服务。加强信息通信、广电、集成电路、软件、大数据等领域人才培养和认证工作，鼓励龙头企业自办院校、支持职业技术院校开设信息化课程。无分利用政府引导资金、吸引社会投资，设立创投扶持基金，支持新一代信息技术领域的创业创新。创新人才评价机制，完善信息化领域科研成果、知识产权归属、利益分配机制，探索实施和人股、技术人股，充分调动企业家、专家学者、科技人员的积极性、主动性和创造性。鼓励科研人员创业创新，支持高校、科研机构等事业单位科研人员兼职创业。
	2017年6月21日	《杭州市人民政府关于加快推进钱江金融港建设的实施意见》	杭州市人民政府办公厅	互联网金融	发展各类新金融新创业态：重点培育互联网金融等各类新型金融业态的初创企业，培养全球化的高端金融创新人才；充分利用省、市出台的各项金融人才激励政策，推进实施钱塘江金融港湾人才计划，加大对金融人才和团队的扶持力度，对高端人才引进做好"一事一议"。积极组织各类金融和省级各类人才申报国家和省级各类人才计划等各项相关机制
粤港澳大湾区	2018年7月2日	《深圳市工业互联网发展行动计划(2018—2020年)及配套政策措施》	深圳市人民政府办公厅	互联网平台	加强工业互联网相关人才培养和引进。支持、引导我市高等院校及社会培训机构开设工业互联网相关专业、课程及职业技能培训，建设相关实习实训基地，开展校企合作，产教融合和产学合作，加强港校建设和实用人才培养。深入落实我市人才政策，创新工业互联网人才引进和激励机制，引进和培育一批高层次人才

续表

城市群	发布日期	政策文件	发文机构	涉及产业	与数字经济人才相关内容
粤港澳大湾区	2012年11月2日	《关于促进科技和金融结合的若干措施》	深圳市人民政府办公厅	互联网金融	推动科技金融人才队伍建设。将高端科技金融人才引进纳入我市高层次人才引进计划，支持在深圳高等院校开展科技金融人才培训。探索建立科技成果转化经纪人、科技保险经纪人等制度；支持搭建科技金融高端人才服务、培训咨询服务等公共服务平台
	2015年1月29日	《广州市人民政府办公厅关于推进互联网金融产业发展的实施意见》	广州市人民政府办公厅	互联网金融	大力培养引进互联网金融人才。对入选广州高层次金融人才支持计划的互联网金融人才，按《广州市高层次金融人才支持项目实施办法（试行）》（穗金融〔2014〕83号）的规定给予补贴。对法人机构在广州注册的互联网金融企业高级管理人员，以上的互联网金融企业在广州注册登记经营，年度利润总额达到1000万元（含）以上的，可按照《广州市人民政府关于印发广州区域金融中心建设的若干规定的通知》（穗府〔2013〕11号）给予每月1000元住房补贴
	2020年12月31日	《广州市推进新型基础设施建设实施方案（2020—2022年）》	广州市人民政府办公厅	信息基础设施建设业	产业技术创新基础设施。加强与国内一流科研机构、高等院校、龙头企业等研发合作，以产学研合作形式共建新型研究开发机构，促进全球领先的技术、研究成果、人才及资本加速向我市集聚；产业技术创新基础设施。加快建设粤港澳大湾区（广州）大数据平台，提升人才精准服务能力和智能应用水平
	2021年7月11日	《广东省数据要素市场化配置改革行动方案》	广东省人民政府办公厅	数据要素驱动	加强业务骨干培训，分层次、分类别组织开展数据管理专题培训，打造具有良好数据要素素养的人才队伍。发挥智库机构作用，为数据要素市场化配置改革提供智力支撑
	2018年10月11日	《行政长官2018年施政报告》	中华人民共和国香港特别行政区政府	数字经济	推出科技人才入境计划及挽留人才培育计划，支持研究局推出杰出学者计划，在引入、培训及留住人才方面三管齐下，壮大本地创科人才库。与内地相关部门共同研究适当措施，促进内地与香港的科研人才流动，推动粤港澳大湾区成为国际科技创新中心

续表

城市群	发布日期	政策文件	发文机构	涉及产业	与数字经济人才相关内容
	2022年10月19日	《行政长官2022年施政报告》	中华人民共和国香港特别行政区政府	—	过去两年,本地劳动人口流失约14万人。政府除积极培养和留任本地人才外,会更进取吸纳外来人才,措施包括:①推出"高端人才通行证计划",为期两年;②放宽"一般就业政策"和"输入内地人才计划",如雇人内地人才的职位属"人才清单"表列的13项本地人才短缺的专业,或招聘的职位年薪达港市200万元或以上,无须证明本地招聘困难,可直接提出申请
粤港澳大湾区	2021年11月16日	《2022年财政年度施政报告》	中华人民共和国澳门特别行政区政府	—	建立新的人才引进制度。在加强培养和用好本地人才,特别是提升本地人才竞争力,促进本地人才向上流动的同时,根据发展需要引进人才。其政策方向是,设立高层次的人才引进评审架构,建立公开、公正、科学的评审机制,以及严谨、高效的审批程序。分领域评估每年引进人才的标准、科学制定每年引进人才的数额。首结合本澳经济适度多元发展的需要,高新科技及文化体育四大重点发展产业的高端人才,优秀人才、优秀人才,以及本澳所需目缺乏的高级专业人才。设立阶段优先引进大健康、现代金融、高新科技及文化体育四大重点发展产业的高端人才,定期检视制度的成效。在总结澳门人才引进经验和社会意见的基础上,推进人才引进制度的立法工作
成渝地区双城经济圈	2019年7月15日	《加快发展工业互联网平台企业赋能制造业转型升级的省级指导意见》	重庆市人民政府办公厅	互联网平台	强化人才培育。加强人才队伍建设,坚持引进和培养相结合,大力引进国内外工业互联网领军人才和创业创新团队。加强工业互联网相关科研建设,建设一批产学研用结合的产教融合实训基地,培养一批实干型和应用型人才

续表

城市群	发布日期	政策文件	发文机构	涉及产业	与数字经济人才相关内容
成渝地区双城经济圈	2020年6月18日	《重庆市新型基础设施重大项目建设行动方案（2020—2022年）》	重庆市人民政府办公厅	新型基础设施建设	①对纳入创新基础设施范围的新型高端研发机构，给予资助。②对引进国内外知名高校、科研院所、企业承担或参与重大科学装置、国家科学计划与大科学工程、国家实验室、国家技术创新中心等建设任务，采取"一事一议"给予支持。③对引进知名高校、科研院所建设的"双一流"建设的单位，按照具体情况"一事一议"。④对纳入创新基础设施范围的科技创新平台、引进的各类研究机构、创新平台，按其技术成果转化成效，给予同成交实际到账额，由市级给予普惠性补贴，单项成果补贴最高不超过100万元，根据上年度科技成果转化的绩效，给予最高不超过100万元/年的财政后补贴，用于开展科技成果转化推广活动和引进培养专业技术纪人等
	2020年6月22日	《重庆市建设国家新一代人工智能创新发展试验区实施方案》	重庆市人民政府办公厅	其他数字要素驱动业-数字技术研究和试验发展	构建人才支撑体系。深入实施"重庆英才计划"，办好重庆英才大会，探索"区内注册、海外孵化、全球运营"的柔性引才机制。深化"一流"建设，培养高水平研发人才和高素质技能人才。提质发展环大学创新创业生态圈，培育高等级人才。建立人工智能人才培训、联合开展人工智能适用人才定制培训和员工技能培训。鼓励企业对人工智能人才实施"协议薪酬"，开展股权和分红激励。构建"智能"和"技能"相结合的人才支撑体系
	2019年6月4日	《成都市人民政府办公厅关于促进电子信息产业高质量发展的实施意见》	成都市人民政府办公厅	信息基础设施建设业	加快人才聚集。围绕电子信息重点发展领域，构建紧密结合产业发展的人才培养、激励和服务体系，面向全球引进高端人才。充分发挥"人才新政十二条"的引导作用，进一步完善次举创业扶持政策，大力引进产业高质量发展急需的高端人才。大力实施成都"蓉漂计划"，设立成都电子信息"十大技匠""十佳软件领军人才"等年度奖项，给予一定物质和精神奖励

续表

城市群	发布日期	政策文件	发文机构	涉及产业	与数字经济人才相关内容
成渝地区双城经济圈	2018年1月26日	《成都市创新管理优化服务 培育壮大经济发展新动能 加快新旧动能接续转换工作实施方案》	成都市人民政府办公厅	互联网平台、数字内容与媒体业	激发人才流动活力；依托中国（四川）自由贸易试验区、国家自主创新示范区，全面创新改革试验区积极创建人才优先发展事业单位优先示范建设具有国际竞争力的人才强市。推动开展企业人才示范点，合力推动科技人员柔性共享。牢固树立"不求所有，不唯地域，不拘一格"新人才观，深入推进成都"人才新政12条"，大力实施"蓉漂计划"，着力引进成都市未来发展和产业发展急需紧缺青年人才、高技能人才，创新创业团队等；营造有利于创新型企业家发展的良好环境；营造有利于跨界融合研究团队成长的氛围
长江中游城市群	2020年12月22日	《武汉市加快推进新型智慧城市建设实施方案》	武汉市人民政府办公厅	互联网平台、信息基础设施建设业等	加强组织人才机制。加强市智慧城市建设领导小组的统一领导，建立部门联动协调机制，从各区和市直有关部门信息业务骨干充实领导小组办公室力量，集中开展智慧城市建设攻坚。建立适应新型智慧城市建设的人才引进、培养和流动机制，探索体制机制创新，引进专业技术人才。加强政府机关事业单位干部队伍的互联网思维和信息化素养培训
长江中游城市群	2017年5月2日	《武汉市深化供给侧结构性改革2017年工作要点》	武汉市人民政府办公厅	互联网金融	加快实施"城市合伙人计划"。深化人才体制机制改革。全年引进2~3名国内外顶尖人才，200名以上产业领军人才，150名"城市合伙人"。大力实施"百万大学生留汉创业就业计划"，制订出台进一步保障大学生就业、创业政策措施，留汉创业高校毕业生新增18万人。制定外籍高管申请3~5年长期居留许可实施办法

续表

城市群	发布日期	政策文件	发文机构	涉及产业	与数字经济人才相关内容
长江中游城市群	2022年1月4日	《市人民政府办公厅关于促进半导体产业创新发展的意见》	武汉市人民政府办公厅	信息基础设施建设业	健全产业人才体系。加强湖北实验室与高校、企业的合作，面向化学、物理、材料以及微电子等基础学科，吸引全球顶尖半导体人才。推进实施国家、省、市、区的高层次人才计划，探索建立高层次人才柔性流动与共享机制，从薪资、购房、职业发展、家属安置、教育医疗等各个方面提升人才政策的激励力度和覆盖范围。支持在汉高校创建国家示范性微电子学院，推进集成电路一级学科建设。鼓励我市半导体企业联合高校、科研院所、职业院校打造半导体产业人才培训基地

资料来源：公开资料，中国长江经济带发展研究院整理。

表 5　五大城市群数字效率提升业相关政策

城市群	发布日期	政策文件	发文机构	涉及产业	与数字经济人才相关内容
京津冀城市群	2021年12月28日	《"十四五"智能制造发展规划》	工业和信息化部	智能制造	加强部门协同，统筹实施智能制造人才工程，深入开展技术攻关，装备创新示范应用，标准化人才培养等。充分发挥智能制造专家咨询委员会及相关高校、科研机构，开展智能制造前瞻性、战略性重大问题研究
	2020年9月22日	《北京市促进数字经济创新发展行动纲要（2020~2022年）》	北京市经济和信息化局	智慧农业、智能制造、智慧交通、智慧物流、数字商贸、数字社会	完善人才储备和培养机制，鼓励校企进一步深入合作，培养一批具有国际竞争力的相关产业的新创业人才，吸引数字科技能型人才，以多种方式吸引相关人才和创新创业人才，吸引海外高端专业人才来京发展
	2021年7月30日	《北京市关于加快建设全球数字经济标杆城市的实施方案》	中共北京市委办公厅、北京市人民政府办公厅	智慧农业、智能制造、智慧交通、智慧物流、数字商贸、数字金融、数字社会、数字政府	加大对数字经济领域高层次人才引进和培育力度。探索实施商化购审批程序等创新政策，完善法律服务支持体系，优化要素资源配置，集聚数字经济创新型企业，吸引数字经济资本投资，汇集培养国际化数字经济人才
	2020年9月21日	《北京市关于打造数字贸易试验区实施方案》	北京市商务局	数字商贸	强化数字领域人才支撑。综合运用人才引进、积分落户、居住证、住房子女入学等相关政策，吸引国内外数字领域优秀人才集聚。健全国际人才全流程服务工作网络，加快构建国际人才社区建设，"落地即办"的外籍人才服务
	2021年8月19日	《天津市加快数字化发展三年行动方案（2021—2023年）》	天津市人民政府	智能制造、智慧物流、数字金融、数字商贸、数字社会、数字政府等其他数字化效率提升业升级	激发数字人才活力。用好"海河英才"行动计划，"项目+团队"等政策，加大数字化发展领域的人才引进、培养、激励，服务力度。鼓励有条件的高等院校、职业院校扩大数字经济、数字政府等领域人才培养规模。深化国家产教融合建设试点，完善校企合作育人，协同创新载体机制，鼓励共建数字人才教联合实训基地，着力培育数字化发展领域高水平研究型人才和具有工匠精神的高技能人才

续表

城市群	发布日期	政策文件	发文机构	涉及产业	与数字经济人才相关内容
京津冀城市群	2020年4月19日	《河北省数字经济发展规划（2020－2025年）》	河北省人民政府	智慧农业、智能制造、智能交通、智慧物流、数字金融、数字商贸、数字社会、数字政府、其他数字化效率提升业	加强人才引进培养。瞄准我省数字经济重点领域未来方向，建立数字人才需求目录和数据库。依托燕赵英才计划等重大人才工程，大力引进一批高水平的专家人才和创新团队，在居留出入境、个人所得税等方面给予子支持，在住房、子女入学、医疗保险等方面做好服务。探索多元化校企联合培养模式，组织各类创业大赛，培养大数据、人工智能、网络技术等数字领域紧缺人才。加强数字经济职业培训，提高创业者数字技能。激发和保护企业家精神、完善创业扶持政策，鼓励更多社会主体投身数字经济创业创新创业
长三角城市群	2022年6月12日	《上海市数字经济发展"十四五"规划》	上海市人民政府办公厅	智能制造、数字金融、数字商贸、数字社会	落实本市集成电路产业和软件产业研发设计人员奖励政策，支持和鼓励基础软件、工业软件、新型基础技术软件、信息安全软件等企业研发设计人员在沪发展。用好应届毕业生和留学生进沪就业以及外籍人才进数字经济等相关便利服务政策，加大力度引进稳定数字经济领军和青年人才。依托"基础研究特区"试点，进行稳定集中科研支持，在高校和科研院所培育一批基础研究优秀人才团队
	2021年10月24日	《上海市全面推进城市数字化转型"十四五"规划》	上海市人民政府办公厅	科技、金融、商贸、航运、制造、农业等领域数字化转型	实施开放的数字化转型人才政策，推广"首席信息官""首席数字官"制度，试点设置数字化转型特设岗位，加大引进数字化领军人才力度。加强数字技术人才培养，统计学、计算机等学科融合发展，培育高层次创新型领军人才和高技能人才，中青年学术技术带头人。培育以"首席算法师""为代表的复合型人才。打造数字技术实训基地和专业技术人员继续教育基地
	2021年7月10日	《推进上海经济数字化转型赋能高质量发展行动方案（2021－2023年）》	市经信委	推进制造、商务、金融、科技、航运、农业等领域数字化转型	建设全球科技人才数据库，完善千万级科技人才数据画像体系，健全基础研究和应用研究、应用人才评价指标体系

续表

城市群	发布日期	政策文件	发文机构	涉及产业	与数字经济人才相关内容
长三角城市群	2020年12月24日	《浙江省数字经济促进条例》	浙江省人民代表大会常务委员会	工业、农业、服务业等产业数字化	县级以上人民政府及其有关部门应当制定扶持政策，加强数字经济领域关键核心技术人才培养，将数字经济领域引进高层次、高学历、高技能以及紧缺人才纳入各地人民政府人才支持政策体系，为其在职称评定、住房、落户、医疗保健、子女入学等方面提供支持。教育、数字经济主管部门应当配偶就业、职业学校、高等院校开设数字经济专业、课程，培养数字经济研究和督促高等院校、科研机构、职业学校等通过与企业产学研合作，共建实习实训基地等方式，培养符合数字经济发展需求的相关人才
	2021年6月16日	《浙江省数字经济发展"十四五"规划》	浙江省人民政府办公厅	农业、制造业、服务业数字化	①加强高水平数字人才建设。制定"高精尖缺"人才目录，依托"鲲鹏行动""引才工程""启明计划"、领军型创业创新团队引进培育计划，鼓励高层次人才在世界创业创新。布局国际人才飞地，加快集聚数字经济全球顶尖创新人才。实施企业家数字素养提升工程，造就一批具有战略视野的数字浙商。②完善数字人才培育机制。强化基础学科、交叉学科建设，鼓励高校设置未来技术学院，探索"数字科技+X"人才培养模式。实施青年英才集聚系列行动，支持大学生创业创新，培育一批青年数字双创英才。深化科教产融合，推动产教融合、科教融合，推动数字化转型工程技术和应用技能共享。加强数字化人员数字技能培训，培养一批复合型"数字工匠"。③优化数字人才发展环境。建立完善市场导向的人才评价机制，完善职称评审办法，推进数字化发展资源共享。优化高端人才停居留政策，外国人工作许可制度实施试点便利化。完善配套服务，办好世界青年科学家峰会等活动，营造数字人才发展最优环境

续表

城市群	发布日期	政策文件	发文机构	涉及产业	与数字经济人才相关内容
长三角城市群	2020年4月29日	《南京市数字经济发展三年行动计划（2020—2022年）》	南京市人民政府	农业、制造业、服务业数字化转型	培养集聚人才。做好数字经济产业人才的引进培育和服务，编制数字经济核心产业人才地图，在全球范围引进高端数字经济人才，加强海外柔性引才，鼓励企业在全国外建立"人才飞地"。加快集成电路、人工智能、软件等数字经济核心产业协同创新学院建设，支持高校、龙头企业加强应用型人才培训，构建产教融合的数字经济人才培养模式。针对各类管理人员开展专题培训，培养数字思维，提高数字素质。对数字经济高层次人才给予科技贡献奖补，住房实物供给、子女就学、文体消费优惠、就医绿色通道等政策支持。对行业一线急需人才适当放宽人才认定标准
粤港澳大湾区	2022年8月9日	《广州市数字政府改革建设"十四五"规划》	广州市人民政府办公厅	智慧农业、智能交通、数字社会、数字政府、其他数字化效率提升业	建立创新型人才的引进、激励和晋升等相关制度，探索具有吸引力、凝聚力、创新力的人才管理办法。建立分级分类人才培训体系，制订人才培养、培训计划，针对领导、各部门开展信息化技术培训，提升信息化意识和能力，加强信息技术业务应用，标准规范、安全保障等培训，提升人才专业素养
	2020年4月3日	《广州市加快打造数字经济创新引领型城市的若干措施》	广州市人民政府	智能制造、智能交通、数字金融、数字社会、数字政府、其他数字化效率提升业	引导数字经济企业和人才分类集聚发展。吸引全球数字技术、数字产业、数字服务相关领域企业和人才，精准聚焦"一核多点"空间布局集聚发展，支持重点数字经济领域企业，加快区域协同集聚发展。对于新引进落户的数字经济领域总部企业，对数字经济产业发展方面受政策支持。对于新引进的数字经济领域龙头企业做大做强，重点培育一批数字经济领域研究型人才和5G应用、区块链、芯片、计算机网络安全、金融科学等基础理论研究技术人才，符合条件的，按广州市人才政策给予奖励

续表

城市群	发布日期	政策文件	发文机构	涉及产业	与数字经济人才相关内容
粤港澳大湾区	2021年7月22日	《广州市建设国家数字经济创新发展试验区实施方案》	广州市人民政府	智慧农业、智能制造、智能交通、智慧物流、数字金融、数字商贸、数字社会、数字政府	加强数字经济人才培养，鼓励有条件的高校增设数字经济相关专业和课程，创建数字经济领域一流学科。鼓励高校、职业院校和重点龙头企业采用"五业联动"的职业教育新机制培养"数字工匠"，加强数字经济高端人才引进
	2021年1月4日	《深圳市数字经济产业创新发展实施方案(2021—2023年)》	深圳市人民政府办公厅	智能制造、智慧城市产业、金融科技产业、电子商务产业、数字创意产业	大力引进国内外数字经济产业高层次人才来深圳工作，加快制定并落实配套保障政策，努力做好子女入学、住房保障、税收优惠等公共服务。充分发挥本地高校、职业院校、科研院所的带动牵引作用，加快开设与数字经济产业相关的专业或课程，积极与企业合作共建人才培养基地，建立校企人才对接机制。支持重点企业、行业协会、科技媒体等组织开展数字经济领域技能比赛和人才评选，建立行业人才评价体系，搭建人才流动服务平台
	2021年1月5日	《深圳市人民政府关于加快智慧城市和数字政府建设的若干意见》	深圳市人民政府	智慧城市、数字政府	制定适应深圳智慧城市和数字政府发展要求的人才战略和措施，积极引进国际化高层次人才和团队，切实推动信息化与业务的融合创新，不断完善各级干部的信息化培训工作。做好全市各级干部的信息化培训工作，不断完善人才队伍建设。培育智慧城市和数字政府建设高端科研机构，提供高水平咨询服务

277

续表

城市群	发布日期	政策文件	发文机构	涉及产业	与数字经济人才相关内容
成渝地区双城经济圈	2021年11月23日	《重庆市数字经济"十四五"发展规划（2021—2025年）》	重庆市人民政府	工业、农业、服务业数字化转型	大力引进数字经济高端人才，培育多层次数字经济人才，完善数字经济人才服务体系
	2018年12月20日	《重庆市发展智能制造实施方案（2019—2022年）》	重庆市人民政府	智能制造	加大人才引进力度，深入实施市级重点人才项目，大力引进海内外高层次人才，着力引进一批能够突破关键技术、区域发展急需和紧缺的科技领军人才，系统集成人才、高级经营管理人才。加大人才后续服务。围绕智能制造重点任务，切实做好引进本地各类院校专业学科设置，推动校企共建专业学院、产业系（部、科）和企业工作室、实验室、创新基地，实践基地。加大企业家培训力度，通过智能制造人才培养力度。加大紧缺性技能人才家讲座，标杆企业案例分享等等形式，树立智能制造"一把手工程"理念，引导企业整合资源，加快推进智能制造
	2022年4月14日	《成都市"十四五"数字经济发展规划》	成都市发改委	无人机、机器人、智能网联汽车、新型数字化食品、数字医药健康、数字文创、金融科技	提升全民数字素养与技能

续表

城市群	发布日期	政策文件	发文机构	涉及产业	与数字经济人才相关内容
长江中游城市群	2022年4月28日	《武汉市支持数字经济加快发展若干政策》	武汉市人民政府	农业、制造业、服务业、建筑业数字化转型	加大数字经济人才支持力度。支持在汉高校、科研院所、龙头骨干企业、新型研发机构引进数字经济领域"高精尖缺"人才，享受相应政策支持。支持重点高校加强数字经济新兴学科建设，优化专业结构和师资配置，加强复合型人才培养。深化产教融合、校企合作，建设一批数字经济产教融合联盟和人才培育基地
	2022年5月6日	《武汉市数字经济发展规划（2022—2026年）》	武汉市人民政府	智慧农业、智能制造、智能交通、智慧物流、数字商贸、数字金融、数字社会、数字政府、其他数字化效率变革提升业	强化数字技能人才制培养，建设一批服务数字经济发展、契合当地数字产业特点的技工院校，支持院校集聚社会资源，联合开设数字技能培训班。完善数字经济产学研学合作的体制机制，建设数字化人才实训基地。加快推进数字经济学技能人才评价。加强数字技能人才使用导向，面向数字化企业在职员工开展劳动者培训和职业技能提级贯通。加大数字技能人才选拔力度，组织开展数字技术人才和职业技能竞赛。加强数字领军人才、优秀青年人才与数字经济领域战略科技人才、产业领军人才分别给予资金支持，建立顶尖人才"一事一议"制度，依法落实数字经济人才在安居、就医、签证等方面的保障待遇

资料来源：公开资料、中国长江经济带发展研究院整理。

第二章

重点行业数字经济人才分布结构

本节分析重点行业数字经济人才的分布特征，先从整体上分析全国数字经济人才的行业分布，后立足于五大城市群，对重点行业数字经济人才的区域分布和类型分布进行总结和比较。

一　全国数字经济人才的行业分布

需求端的数字经济化转型，已经具备了一个非常好的基础，甚至在逐步地实现跨行业以及跨地区的发展融合。但是供给端的数字化转型，目前还处于初步阶段，特别是制造业、医疗等传统行业的数字化转型，仍有很大的发展空间。

从细分行业的分布来看，近一半的数字人才分布在互联网、信息通信等ICT基础产业，其他数字人才主要分布在制造、金融、消费品、医药、企业服务、娱乐、教育等行业，其中制造业、金融业和消费品行业是数字人才从业人数最多的三大行业。

二　五大城市群数字经济人才行业分布

京津冀、长三角、粤港澳、成渝、长江中游五大城市群的数字经济人才呈现了显著的行业关联性。

（一）京津冀城市群数字经济人才行业分布

京津冀城市群数字效率提升业人才优势最明显，人才数量接近 40%，很大程度上得益于金融、服务业、医疗、数字政府等领域的行业优势。其次是数字技术应用业，占比 30.87%，数字产品制造业与数字产品服务业人才占比相当，都在 10%上下。同时，数字要素驱动业人才占比最少（见图 1）。

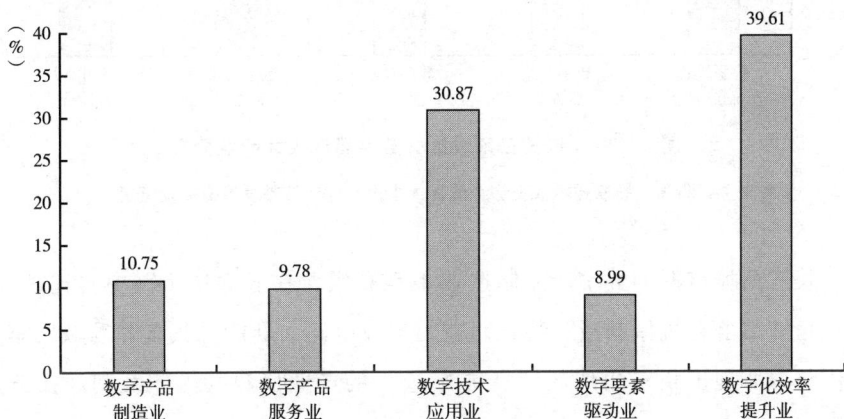

图 1　2023 年京津冀城市群数字经济人才行业分布

资料来源：猎聘、智联样本数据综合测算，中国长江经济带发展研究院绘制。

全国各城市群中，京津冀城市群的互联网数字人才优势最为突出，储备丰富，占比 38.7%，接近四成。此外，文教传媒业发展态势向好，人才充足，是数字要素驱动业、数字技术应用业人才的重要来源。京津冀地区机械制造、电子通信行业人才储备优势明显不如其他城市群，因此数字产品制造业并不是京津冀地区数字经济人才优势突出的行业。

（二）长三角城市群数字经济人才行业分布

从全国数字经济人才的城市群分布来看，长三角数字经济人才储量丰富，人才占比达到三成，优势明显。同全国人才行业分布趋势一致，长三角城市群数字化效率提升业人才最具优势，钢铁制造、能源化工、新兴产业、生物医药、纺织服装等行业的数字人才优势明显，在全国居领先地位。

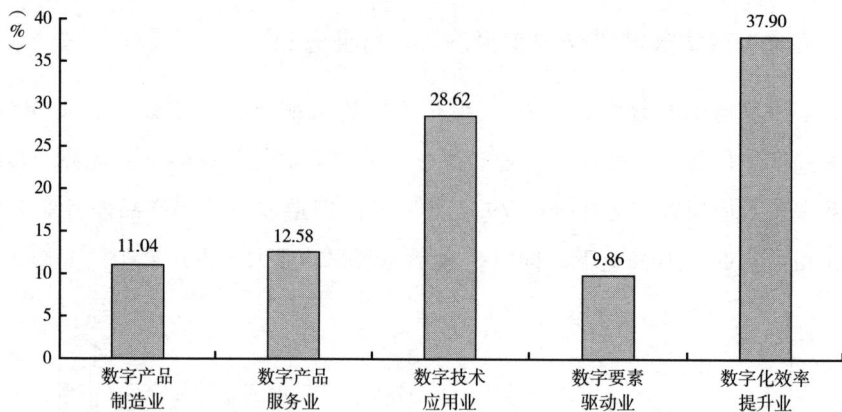

图 2　2023 年长三角城市群数字经济人才行业分布

资料来源：猎聘、智联样本数据综合测算，中国长江经济带发展研究院绘制。

长三角城市群的数字产品制造业表现亮眼，在五大城市群中占比最高。长三角城市群在机械制造、装备制造、集成电路、新能源汽车等领域展露较大优势，体现出长三角地区"智能制造"的产业优势与人才红利。长三角城市群的数字产品制造业人才、数字产品服务业人才、数字要素驱动业人才占比相对均衡，一定程度上反映出长三角的数字经济人才高质量协同发展优势。

（三）成渝地区双城经济圈数字经济人才行业分布

成渝地区双城经济圈数字效率提升业发展态势强劲，数字人才占比最高。其中，成渝地区双城经济圈作为西部大开发的战略腹地，在房地产行业数字人才储备优势明显，远超其他城市群；此外，成渝地区双城经济圈也致力于打造"数字政府"，数字经济治理体系方面具有人才红利，持续提升公共服务数字化水平；然而，成渝地区双城经济圈金融业数字化发展还有较大空间，纵向分布上看，金融行业数字经济人才与京津冀、长三角、粤港澳大湾区相比差距较大。其次，成渝地区双城经济圈数字技术应用业人才占比较高，成渝地区在机械制造、电子通信设备制造领域供给端数字化转型人才与应用方面表现亮眼。

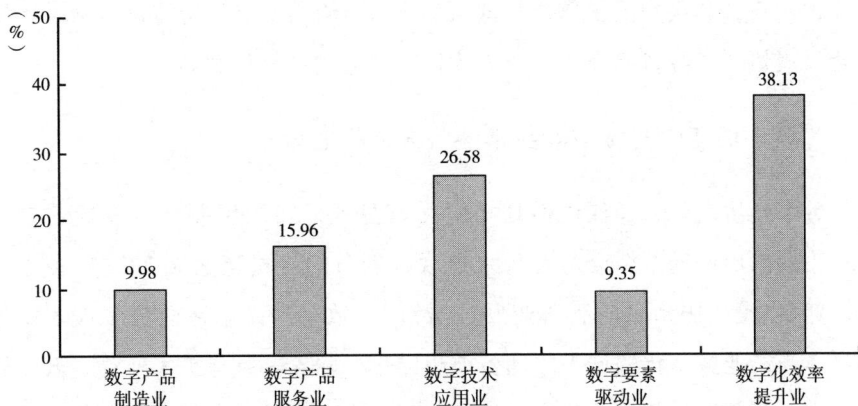

图 3　2023 年成渝地区双城经济圈数字经济人才行业分布

资料来源：猎聘、智联样本数据综合测算，中国长江经济带发展研究院绘制。

（四）粤港澳大湾区数字经济人才行业分布

粤港澳大湾区数字产品服务业人才数量在五大城市群中排名最高。消费品、电子信息、医疗等传统行业数字化转型在数字产品服务人才储备方面有集聚优势，体现出强劲的互联网相关人才优势。具体来看，互联网行业数字

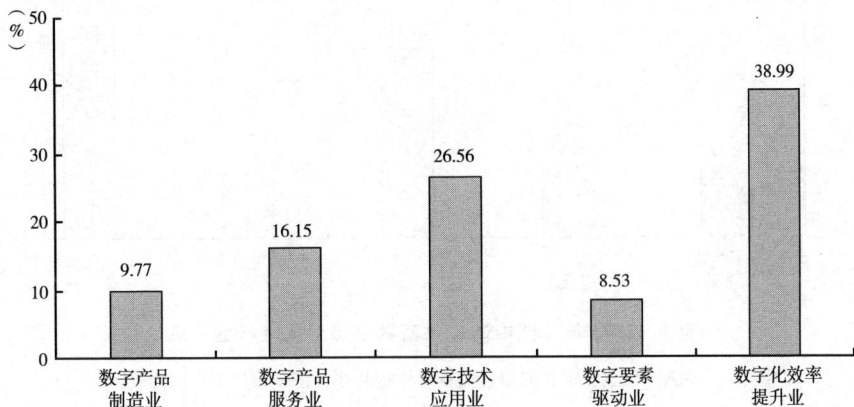

图 4　2023 年粤港澳大湾区数字经济人才行业分布

注：暂缺港澳数据，主要基于广州数据。

资料来源：猎聘、智联样本数据综合测算，中国长江经济带发展研究院绘制。

人才占比高，其次为电子通信，这与两大行业自身数字化程度高、数字经济产业发展快、本身数字经济产业人才保有量较高有直接关系。

（五）长江中游城市群数字经济人才行业分布

数字经济时代，长江中游城市群尤其是武汉市数字制造业发展前景向好。中国发展研究基金会与普华永道联合发布的《机遇之城 2021》报告指出，"武汉是中国知名的制造业发达城市"，数字产品制造业数字人才储备丰富，与产业数字化领域人才储备差距缩小。随着一系列扩大外资、鼓励外商优先投资制造业的相关政策的不断推行，未来数字产品制造业人才将会更加丰富。此外，长江中游城市群在"智力资本与创新""经济影响力"等维度，也彰显出强劲实力。相比而言，数字要素驱动业人才占比略显劣势，随着保障数字基础设施建设，多种运营模式的公共算法池和算法交易集市建设，完善算法知识产权交易规则等相关措施推进展开，将有利于数字要素驱动业人才的培养和引进（见图 5）。

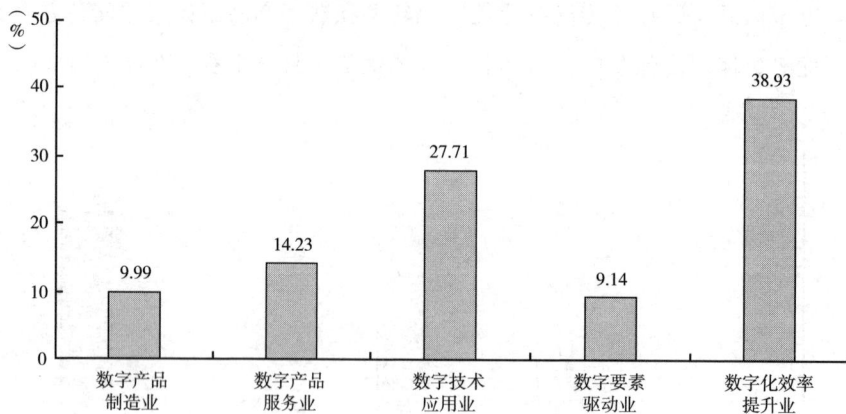

图 5　2023 年长江中游城市群数字经济人才行业分布

资料来源：猎聘、智联样本数据综合测算，中国长江经济带发展研究院绘制。

第三章

重点行业数字经济人才特征分析

该部分从数字产品制造业、数字产品服务业、数字技术应用业、数字要素驱动业、数字化效率提升业五大数字经济核心产业出发，分别描述数字经济人才地域分布、教育背景、薪资、工龄等方面的特征。

一 数字产品制造业

根据国家统计局《数字经济及其核心产业统计分类（2021）》，数字制造业主要分为计算机制造、通信及雷达设备制造、数字媒体设备制造、智能设备制造、电子元器件及设备制造和其他数字产品制造业 6 个中类，54 个小类。

（一）地域分布特征

从全国范围看，数字产品制造业数字经济人才主要分布在深圳、苏州，数字人才占比均超过 20%，这与数字经济良好的发展基础密不可分。西安、南京、成都、广州、武汉和重庆数字化人才储备也都超过 10%，反映出这些城市对高新技术制造人才的吸引力较大（见图 1）。

（二）教育背景特征

数字产品制造业数字经济人才集中在本科及以下学历，占比总和超过

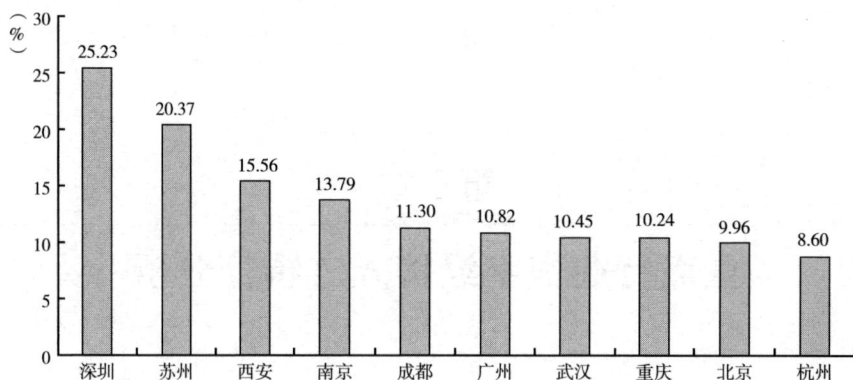

图 1　2023 年中国数字产品制造业人才分布 TOP10 城市

资料来源：智联样本数据，中国长江经济带发展研究院统计整理。

76%，硕士及以上人才占比不足 24%（见图 2）。在数字产品制造业数字经济人才中，计算机制造业、智能设备制造业属于高新技术，对数字人才的学历要求较高，反映出数字产品制造业高专业壁垒的人才结构特点。

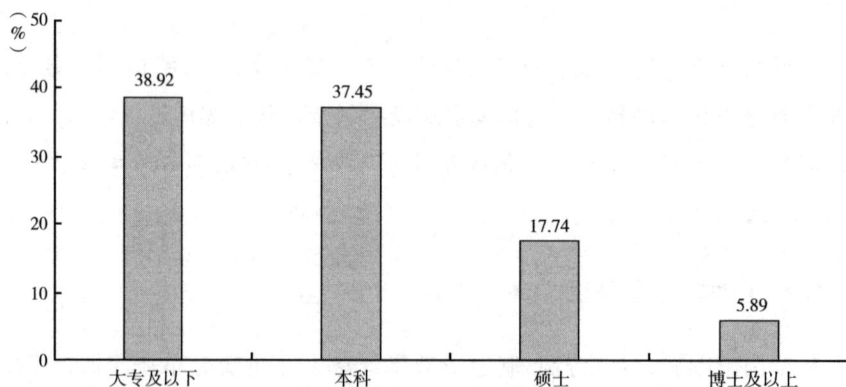

图 2　2023 年中国数字产品制造业人才学历分布

资料来源：智联样本数据，中国长江经济带发展研究院统计整理。

（三）薪资特征

数字产品制造业数字经济人才的薪资集中在 10 万~20 万元，占比近五成。在 40 万元以上高段位薪资中，数字人才占比略高于 5%，10 万元以下薪资和 21 万~30 万元薪资的数字人才占比相近（见图 3）。

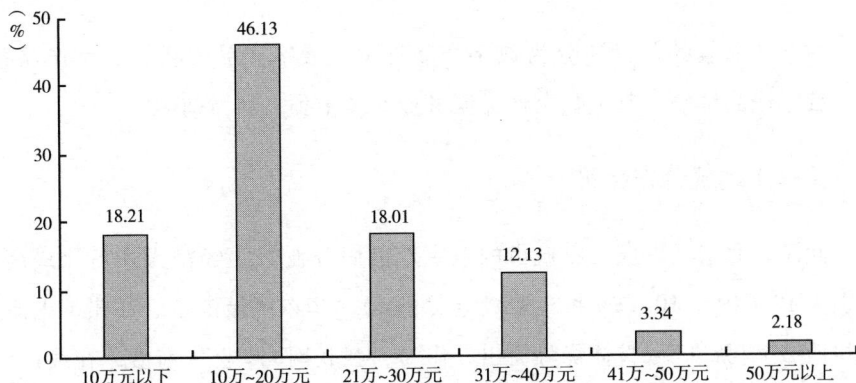

图 3　2023 年中国数字产品制造业人才薪资区间

资料来源：智联样本数据，中国长江经济带发展研究院统计整理。

（四）工龄特征

从数字产品制造业数字经济人才工龄分布看，数字经济人才工龄集中在 3~5 年，占比将近 40%。10 年以上工龄人才占比仅为约 5%（见图 4）。说明数字产品制造业对青年数字经济人才的吸引力较大，人才活力后劲十足。

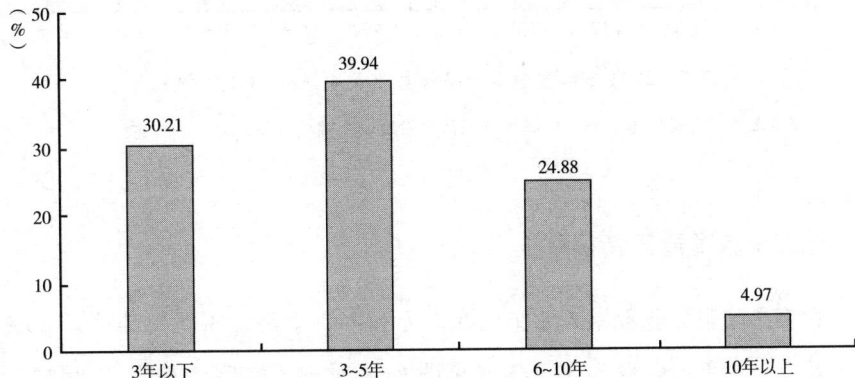

图 4　2023 年中国数字产品制造业人才工作年限分布

资料来源：智联样本数据，中国长江经济带发展研究院统计整理。

二　数字产品服务业

数字产品服务业具体分为数字产品批发、数字产品零售、数字产品租赁、数字产品维修、其他数字产品服务业 5 个中类，10 个小类。

（一）地域分布特征

武汉、北京、重庆三座城市的数字产品服务业数字经济人才占比最高，分别为 12.64%、10.13% 和 9.18%（见图 5）。华东区域南京、苏州、上海、杭州四城上榜，区域整体优势突出，作为"互联网+产业"前沿，在线产业集群优势明显。

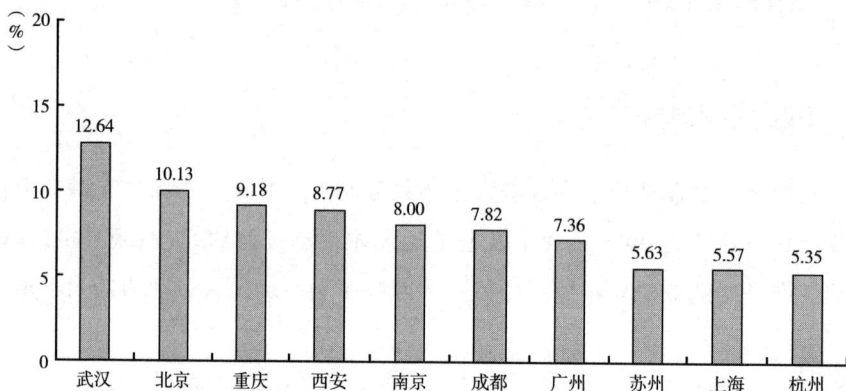

图 5　2023 年中国数字产品服务业人才分布 TOP10 城市

资料来源：智联样本数据，中国长江经济带发展研究院统计整理。

（二）教育背景特征

数字产品服务业数字人才集中在大专和本科学历，占比总和接近 80%。博士及以上学历占比仅为 5.52%（见图 6），反映了数字产品服务业数字人才的学历总体水平不算太高。

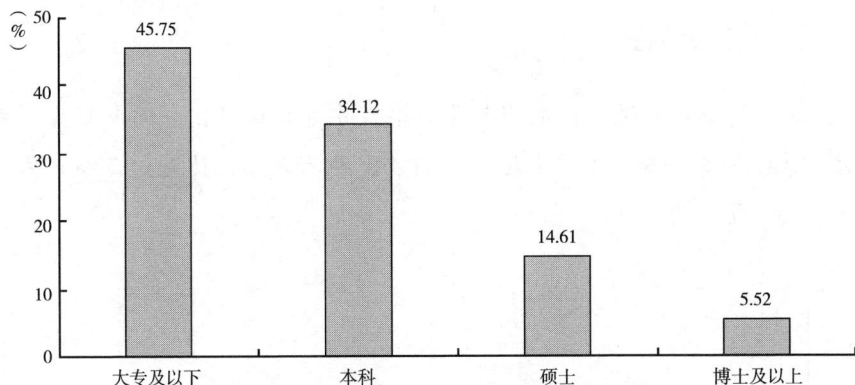

图 6　2023 年中国数字产品服务业人才学历分布

资料来源：智联样本数据，中国长江经济带发展研究院统计整理。

（三）薪资特征

从数字产品服务业数字人才薪酬结构数据来看，年薪 10 万元以上的超过八成，其中，10 万~20 万元的占比将近五成，50 万元以上的收入人数占比仅为 1.49%（见图 7）。反映了中薪段数字人才是主要力量，高薪段数字人才较少。

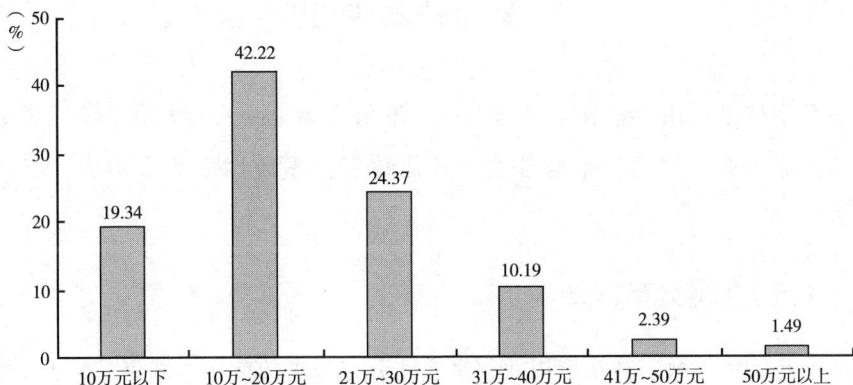

图 7　2023 年中国数字产品服务业人才薪资分布

资料来源：智联样本数据，中国长江经济带发展研究院统计整理。

（四）工龄特征

工龄分布表明，数字产品服务业数字人才普遍年轻化，10 年以上工龄人才占比仅为 3.97%，工龄不足 5 年的数字经济人才占比超过 70%，人才活力后劲十足（见图 8）。

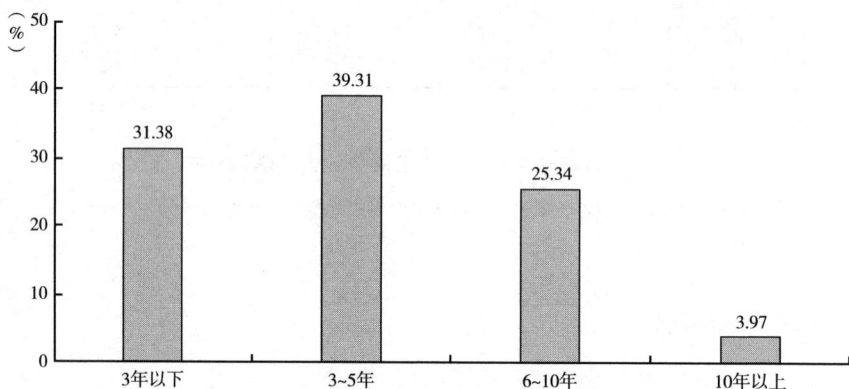

图 8　2023 年中国数字产品服务业人才工作年限分布

资料来源：智联样本数据，中国长江经济带发展研究院统计整理。

三　数字技术应用业

数字技术应用业包含软件开发业、电信广播电视和卫星传输业、互联网相关服务业、信息技术服务业、其他数字技术应用业 5 个中类，25 个小类。

（一）地域分布特征

图 9 显示了数字技术应用业数字人才分布最多的前十大城市，其中，杭州和上海的数字人才在数字技术应用业的占比领先，成渝地区双城经济圈的优势明显。

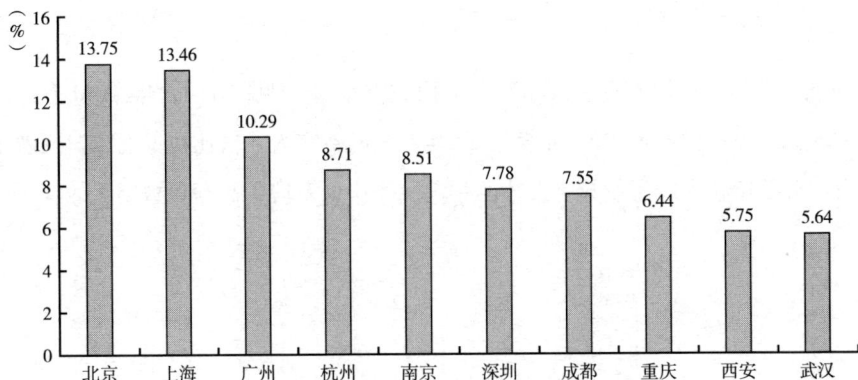

图 9　2023 年中国数字技术应用业人才分布 TOP10 城市

资料来源：智联样本数据，中国长江经济带发展研究院统计整理。

（二）教育背景特征

75%以上的数字技术应用业从业者学历为本科及以下，其中大专及以下的占比接近 40%。博士及以上的学历占比仅为 5.43%，说明数字技术应用业数字人才的整体学历要求不算太高（见图 10）。

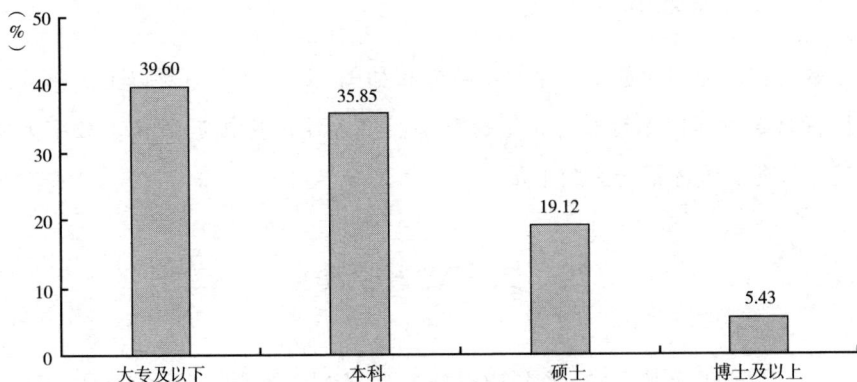

图 10　2023 年中国数字技术应用业人才学历分布

资料来源：智联样本数据，中国长江经济带发展研究院统计整理。

（三）薪资特征

从数字技术应用业数字人才薪酬结构数据来看（见图 11），年薪 40 万元及以上的高薪段占比不足 4%，年薪不足 20 万元的数字人才占比接近七成。反映了绝大部分数字技术应用业数字人才的年薪属于中低薪段，高薪段数字人才很少。

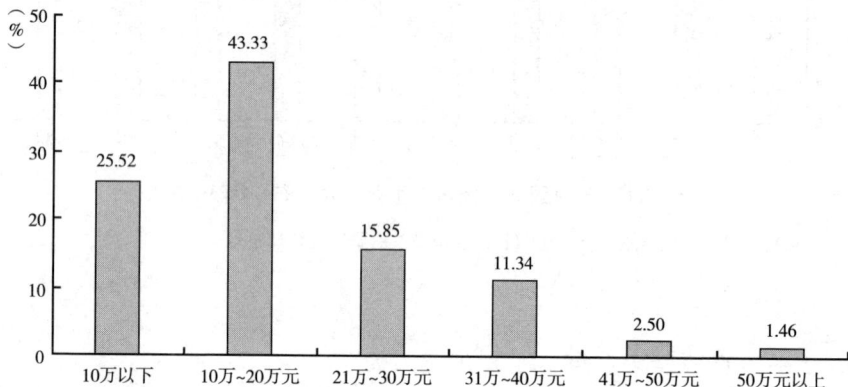

图 11　2023 年中国数字技术应用业人才薪资分布

资料来源：智联样本数据，中国长江经济带发展研究院统计整理。

（四）工龄分布

数字技术应用业数字人才的工龄分布如图 12 所示，10 年以上工龄人才占比仅为 3.74%，工龄不足 5 年的数字经济人才占比接近 70%，数字人才普遍年轻化，人才活力后劲十足。

四　数字要素驱动业

数字要素驱动业为数字经济及其核心产业统计分类中的第四大类，具体分为互联网平台业、互联网批发零售业、互联网金融业、数字内容与媒体业、信息设施基础建设业、数字资源与产权交易业、其他数字要素驱动业 7 个中类，27 个小类。

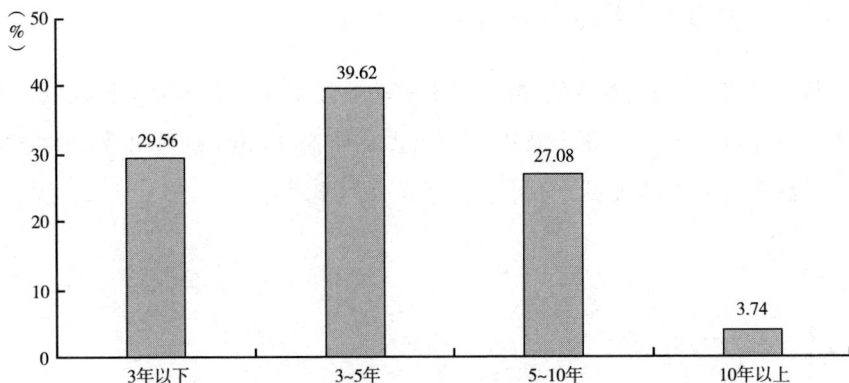

图 12　2023 年中国数字技术应用业人才工作年限分布

资料来源：智联样本数据，中国长江经济带发展研究院统计整理。

（一）地域分布特征

数字要素驱动业数字经济人才主要分布在北上广等一线城市，杭州在数字要素驱动业数字人才总量上表现尤为突出（见图 13）。其中以杭州、上海、南京为代表的长三角城市群良好的数字要素驱动业数字经济人才储备成为区域内发展的核心驱动力。

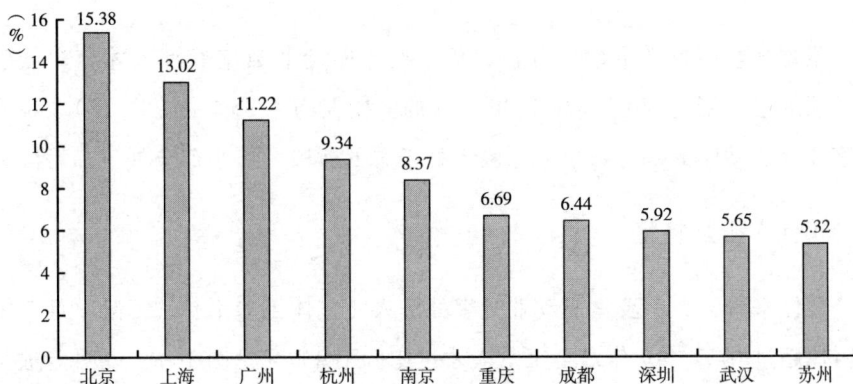

图 13　2023 年中国数字要素驱动业人才分布 TOP10 城市

资料来源：智联样本数据，中国长江经济带发展研究院统计整理。

（二）教育背景特征

从学历来看（见图14），数字要素驱动业数字人才大多为本科及以下的学历，占比接近80%。硕士及以上学历占比略高于20%，说明数字要素驱动业对高学历人才的吸引力不小，但还需进一步增强。

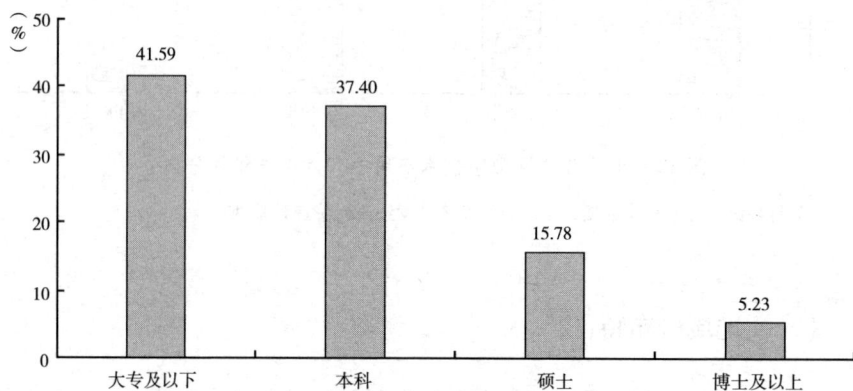

图14　2023年中国数字要素驱动业人才学历分布

资料来源：智联样本数据，中国长江经济带发展研究院统计整理。

（三）薪资特征

根据智联招聘样本数据分析，数字要素驱动业数字经济人才年薪低于20万元的占比接近70%，高于40万元的占比仅为4.35%（见图15）。说明数字要素驱动业大部分数字人才收入处于中低薪段，极小部分处于高薪段。

（四）工龄特征

整体来看，数字要素驱动业数字经济人才整体工龄不长，工龄不足5年的占比超过67%，10年以上工龄人才占比低于4%（见图16）。说明金融业数字人才的工作年限普遍偏短，人才后劲较强。

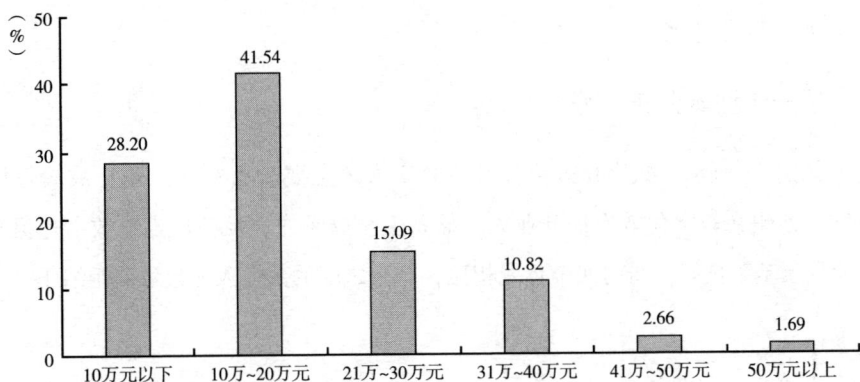

图 15　2023 年中国数字要素驱动业人才薪资分布

资料来源：智联样本数据，中国长江经济带发展研究院统计整理。

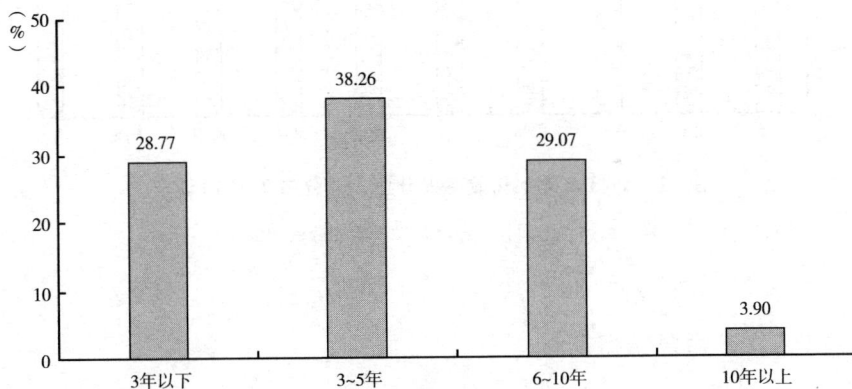

图 16　2023 年中国数字要素驱动业人才工作年限分布

资料来源：智联样本数据，中国长江经济带发展研究院统计整理。

五　数字化效率提升业

数字化效率提升业主要分为智慧农业、智能制造、智能交通、智慧物

流、数字金融、数字商贸、数字社会、数字政府及其他数字化效率提升业 9
个中类，55 个小类。

（一）地域分布特征

如图 17 所示，数字化效率提升业数字人才主要分布在长三角、成渝等城
市群，苏州在数字化效率提升业人才储备上全国领先，反映出当地数字化提升
产业发展基础良好。与前四个行业相比，城市之间的数字人才数量差距缩小。

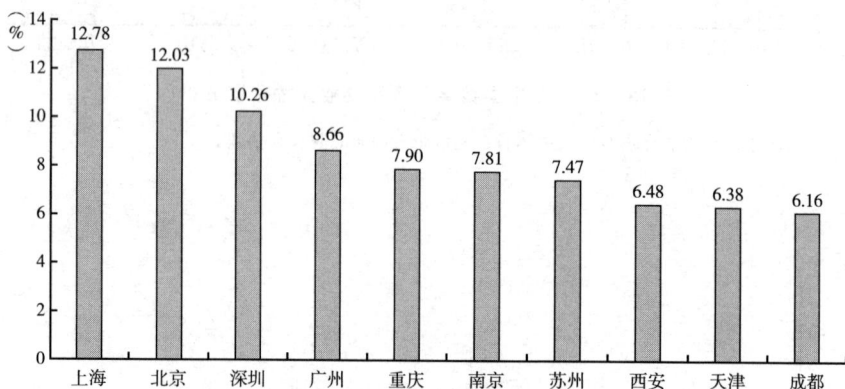

图 17　2023 年数字化效率提升业人才分布 TOP10 城市

资料来源：智联样本数据，中国长江经济带发展研究院统计整理。

（二）教育背景特征

如图 18 所示，数字化效率提升业数字人才主要集中在本科及以下，占
比超过 80%。其中，专科及以下学历占比接近 45%，反映出数字人才学历
优势不大。

（三）薪资特征

如图 19 所示，数字化效率提升业数字人才的薪资主要集中在 10 万~20
万元，占比接近 40%。20 万元以下占比超过 70%，40 万元以上的高段位薪
资，数字人才占比仅为 4.03%。

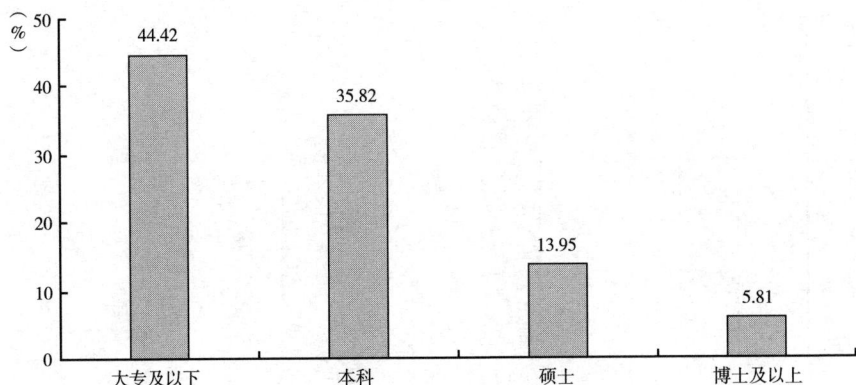

图 18　2023 年中国数字化效率提升业人才学历分布

资料来源：智联样本数据，中国长江经济带发展研究院统计整理。

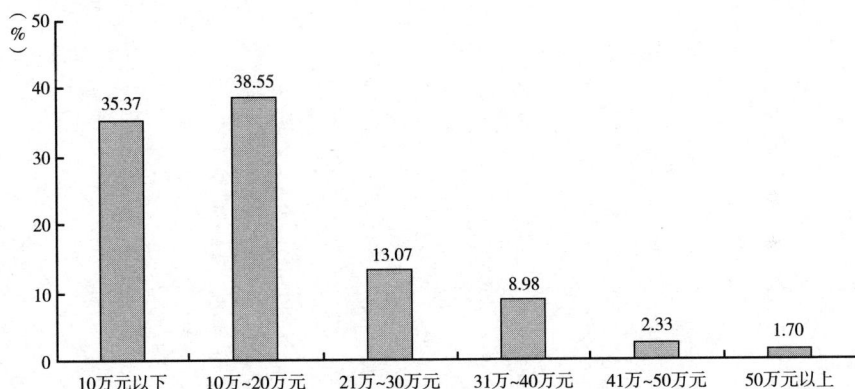

图 19　2023 年中国数字化效率提升业人才薪资分布

资料来源：智联样本数据，中国长江经济带发展研究院统计整理。

（四）工龄特征

从数字化效率提升业数字人才工龄分布看（见图 20），5 年以下工龄人才占比高达 68.66%，说明制造业对工作年限较短的青年数字人才的吸引力较大，人才活力后劲十足。

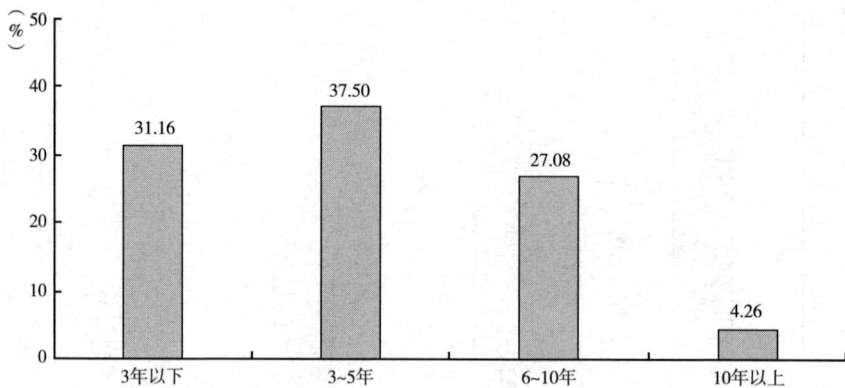

图 20　2023 年中国数字化效率提升业人才工作年限分布

资料来源：智联样本数据，中国长江经济带发展研究院统计整理。

第四章

重点行业数字经济人才的流动分析

本章针对重点行业，分行业分析数字经济人才的吸引力，明确数字经济人才在行业间的流动方向和流动程度。通过分析行业内部和跨行业流动的人才流动方向，侧面反映出行业的吸引力、发展趋势、专业技能壁垒和转行成本等。

一 重点行业数字经济人才流向分析

（一）行业成熟度及技能专业度引导数字经济人才行业聚集

数字经济人才的薪酬，一方面反映了市场对人才的需求状况，另一方面则是构成岗位吸引力的重要因素，决定了数字经济人才的流向。总体来看，数字产业化领域薪酬高于产业数字化领域，尤其是信息传输、计算机服务和软件业等行业的薪酬近年来快速增长，对数字经济人才具有较高的吸引力。数字产业化领域的薪酬更高，因此，互联网、信息通信等 ICT 基础产业数字经济人才聚集程度较大。

（二）数实融合加速人才行业跨界流动

从数字经济人才的分布结构来看，数字经济人才主要分布在互联网、信息通信等 ICT 基础产业，互联网等数字产业化行业作为数字经济人才存量最大的行业，向其他传统数字化转型行业流出是必然趋势。在一线城市如北京、上海、深圳，信息技术服务等数字技术应用业、互联网等数字要素驱动业的数字经济人才除了在数字产业化不同行业内流转，也流向数字商贸、数字金融和数字社会等数字化效率提升业。

纯互联网、智能硬件和人工智能在主要新经济领域吸纳人才量级排名前十，其中纯互联网行业居首位，而电子通信、智能硬件和人工智能行业人才活跃度和就业竞争度均较高。在线教育、电子商务、制造业等传统行业的人才积极向人工智能、信息技术、互联网等数字产业化转型。纯互联网行业（在线信息、服务与娱乐）成为新能源汽车、游戏、电子商务等行业人才跳槽的首选去处。新教育培训等动荡行业人才流入纯互联网、人工智能、智能硬件等数字产业化相关行业，谋求新的职业发展机会。

（三）人才流动方向与区域产业发展程度相吻合

重点行业数字经济人才在区域间的流动方向和程度与地域产业发展相吻合。区域内优势数字经济产业更容易吸引外地数字经济人才流入。比如，在粤港澳大湾区，香港和澳门服务业较发达，在一些数字经济产业上不具备优势，而深圳在数字经济产业需求、成本上具备明显优势，且数字经济研发型和应用型人才储备丰富，近年来许多香港和澳门的数字化相关企业把一部分研发和应用开发的业务转移到深圳，比如云计算的开发和运营、银行业的信息科技数据中心及互联网和电子商务的运营等，带动数字经济人才往深圳相关产业流动，进一步促进了深圳数字经济产业的发展。

二　重点行业数字经济人才流动特征

综合重点行业数字经济人才的聚集和流动现状，可以得出数字经济人才流动的以下几个特征。

第一，数字经济人才表现出重点行业聚集的特征，其聚集程度与行业发展热度相匹配。当前，信息技术、互联网等数字技术应用业和数字要素驱动业热度较大，对数字经济人才的吸引力较强。金融、制造业、消费品等传统行业存在较大的数字化转型需求，对数字经济人才的吸引程度也较大。未来，随着数字和产业的进一步融合，会有更多数字经济人才流向数字化效率提升业。

第二，数字经济人才除了在产业内部流动，还呈现跨产业非均衡流动的特征。数字产业化领域的数字经济人才流向产业数字化领域，为传统行业数字化转型提供人才支撑。数字产品制造业、数字技术应用业和数字要素驱动业丰富的数字经济人才储备向传统行业流动和渗透，加快产业数字化转型步伐。传统行业的数字经济人才由于行业动荡和产业结构调整等原因向数字产业化领域转型，寻求新发展机会。

第三，数字经济人才的跨区域流动与区域产业发展水平相匹配。数字经济人才倾向于流入数字经济产业较发达的区域。从五大城市群看，数字经济人才倾向于向京津冀城市群、长三角城市群、粤港澳大湾区流动，成渝地区双城经济圈由于较好的数字经济人才政策和新兴数字产业发展，也吸引了一大批数字经济人才。长江中游城市群在各个数字产业的表现均相对较弱，数字经济人才与其他几个城市群相比略有差距。京津冀城市群的数字要素驱动业和数字化效率提升业发展较好，长三角城市群的数字产品服务业和数字技术应用业发展较好，粤港澳大湾区的数字产品制造业和数字化效率提升业发展较好，成渝地区双城经济圈的数字产品制造业和数字产品服务业发展较好，数字经济人才的流动状况与产业发展基本一致。

第五章

重点行业数字经济人才发展面临的问题

本章在分析数字经济人才发展现状的基础上，针对数字经济人才就业情况和需求分析，总结重点行业数字经济人才发展面临的问题。

一　数字经济人才留用政策不完善

人才政策内容涵盖引才、选才、育才、留才等多个环节，要想实现政策效果最大化，不同环节之间的衔接政策需要形成闭环，从而打出组合拳效果。但从目前情况来看，各地的数字人才政策主要集中在引才方面，涉及留才环节的政策并不多，且相关政策的落地重视度也不够，留才政策的不完善导致数字人才存在"引得进、留不住、用不好"的问题。

具体存在以下三个问题。

一是高准入条件和低就业前景的困境。北京、上海等一线城市的"落户难""住房难"问题降低了人才的归属感，二三线城市就业和发展机会不理想，薪资待遇不够突出。

二是信息不对称导致"人岗不匹配"。大部分城市缺乏数字经济领域的第三方信息供给渠道，产生的信息不对称致使企业与人才之间出现信息差，人才需求方与人才不能有效对接，"人岗不匹配"现象频发，加剧了人才留不住的难题。

三是优惠政策的制定不够精准和完善。企业需求最为旺盛的青年数字人才可能因为无成果、无头衔等而丧失获得补贴的机会，使得政策导向与实践结果出现脱节。

二　重点产业人才争夺战激烈

参考 2017 年清华和领英联合报告《中国经济的数字化转型：人才与就业》，数字人才指拥有 ICT 专业技能的人才，以及与 ICT 专业技能互补协同的跨界人才。随着信息技术的快速发展，全球范围内掀起了新一轮科技革命、产业变革和产业转型升级浪潮，各国纷纷加大对创新型数字人才培养力度，并将其作为经济社会高质量发展的战略支撑之一。以数字经济快速发展为动力，很多国家都面临高技能数字人才匮乏的困境，我国各地区与城市群也不例外。

高素质 ICT 人才结构性短缺已成为各国企业成长的核心瓶颈问题，由于 ICT 领域的人才匮乏，竞争十分激烈，这方面行业工资不断上升，其中，中国 ICT 行业竞争最为明显。2012~2016 年，中国 ICT 行业薪资翻番，而在同时期，各部门平均工资只增长 50%。[①] 我国集成电路行业中受益最大的当数 ICT 设计，工资水平过高，使中小型企业很难招募到适合自己的 ICT 人才。此外，工资低导致的劳动力短缺也阻碍了企业发展。在竞争激烈的薪资之外，在 ICT 领域中，各国的技术公司均力图通过其他福利与便利设施，比如不断培训，以富有魅力的工作环境吸引人才等。

三　复合型数字经济人才缺乏

数字经济是新技术、新产业的结合，数字技术的更新迭代速度更快、专业性强，使数字经济发展中人力资本需求发生由"量"到"质"的变化：

[①] 清华经管学院和领英：《中国经济的数字化转型：人才与就业-中国数字人才现状与趋势研究报告》，http://www.cbdio.com/BigData/2018-01/17/content_5664888.htm? prolongation = 1，最后检索时间：2024 年 4 月 30 日。

各界对于人力资本专业性、复合性、实用性的层次要求很高，从业者还要有全局视角和战略思维，有深度分析能力和对市场的敏锐洞察力，这就造成了数字人才，尤其是高端数字人才的供给不充分。虽然，各城市群中的重点省份、重点城市关于数字经济人才培养与引入的政策中都有侧重复合型、全能型数字经济人才的部分，但这类人才仍存在较大缺口。

目前，我国数字经济尚处于起步阶段，其人才需求结构也并不清晰。《2019年中国互联网人才产业发展报告》显示，2019年整个互联网产业的人才供不应求，三季度互联网产业八大子行业中，CIER（我国就业市场景气指数）超过1的有7个。此外，世界上有367家大学涉及人工智能研究领域，而我国还不足30家，人才培养数量远远不能适应数字企业的用人需求。

四 数字经济人才行业差异大

数字人才的行业分布不均匀性较高，其中，人工智能、区块链、云计算和大数据分析等领域的人才分布较不均匀。在人才流动方面，数字人才的产业不均匀性（特别是软件和IT服务业数字人才聚集）仍在扩大。这一发展趋势符合目前行业发展水平，优势行业数字人才数量较大。而且产业间的发展通常是互补的，因此如何在非优势产业强化数字技术与数字人才资源和经费投入是今后政策制定时应该思考的。与此同时，这一发展趋势也反映了目前ICT行业向传统行业渗透的途径，也就是数字人才由传统行业进入ICT行业，将传统行业技能和ICT技能整合在一起。目前，ICT行业向传统行业渗透不足，虽然有部分ICT行业数字人才向传统行业流动，但是规模较小，数字经济发展不全面。

另外，行业分布不均匀性与区域分布不均匀性存在一定的共通之处：数字人才比较集中的行业往往主要分布在数字人才比较集中的区域，同样这一行业-区域共通性随时间在不断增强。同时，对于某一行业（比如制造业）来说，其数字人才主要分布区域之间的联系也是非常密切的。

五　缺乏权威及统一的评价标准

中国有关数字经济的统计核算方法在不断革新，但统一标准尚未形成，数字经济数据库一直处于待完善的阶段。因此，数字经济人才数据没有一个官方权威的获取渠道，而是来源于多个不同的研究机构，例如领英、智联、猎聘等。每个研究机构使用的统计指标、统计口径和测算模型不同，测算结果间也存在明显的差异。《数字经济及其核心产业统计分类（2021）》细分出了数字经济的五个核心产业，但目前数字经济分行业的数据并非据此标准划分，大多数报告中反而采用了传统行业划分的方法。不仅如此，不同机构发布的研究报告中行业划分方式也有细微差异。例如，一部分划分为 ICT 基础产业和 ICT 融合产业，另一部分划分为软件与 IT 服务业、计算机网络与硬件业、制造业、金融业等。我们已经关注到数字经济相关研究的重要性，但是数字经济人才的核算统计与分类方法没有统一标准的事实，因此很难将数字经济人才从各个行业里面抽离出来进行统计，很难进一步真实、准确地分析数字经济人才的发展水平。

第六章

重点行业数字经济人才发展的政策建议

本章针对重点行业数字经济人才发展面临的问题，预测行业的未来发展趋势，为提高重点行业数字化水平和促进数字经济人才发展提出相应的对策建议。

一　完善数字经济人才留用政策

针对一线城市高准入及二三线城市就业和发展机会不理想的困境，为打通人才政策不同环节之间闭环，充分发挥人才制度红利，打出"组合拳"效果，各地的数字人才政策在保证育才、引才、选才的同时，也需要向留才环节倾斜，提高人才落地重视度。

完善人才配套公共服务。各省区市政府应当完善人才支持政策体系，提升人才配套公共服务质量，优化人才生态环境。遴选扶持"英才计划"，重视毕业生、青年人才就业留用情况，实施青年拔尖人才培养计划。鼓励通过企业自荐、单位推荐以及专家评审相结合的方式，选拔一批在工作岗位上取得突出业绩和成果的人才，授予荣誉称号，并且给予工作补贴以及生活补贴。在住房保障方面，通过新建、租赁、配建等方式，为高层次人才提供"拎包入住、管家服务"的人才公寓。在子女入园入学方面，按照当地户籍生待遇遵循相对就近原则优先保障申请就读权利。在医疗方面，开通就医"绿色通道"，提供优先诊疗、检查、安排床位、手术等服务。还可以为高端人才专门配备健康顾问和就医联络员，通过发放医疗服务券的方式，给予免费体检服务。此外，政策也应当惠及养老服务，为父母优先安排入住公办养老机构，降低子女赡养压力。

政府推进建设大数据智能化人才服务平台。各省区市应当不断推进信息完备与开放建设，推动建立健全信息共享机制，提供大数据智能化人才服务，实现人力资源要素的充分利用，提高要素配置效率。打破目前人才服务平台侧重求职招聘的单一场景，引入人才政策、人才测评、项目申报、人才简历库等功能。实现人才服务、对接、咨询的权威统一，打造平台的整体性。此外，应重视地方人才数据平台建设。各省区市政府应当根据地方需求，依托行业人才发展路径并结合区域内现有人才数据建立适应于本土发展的产业类人才库，实现人才业务和基础数据信息的双向互动，推动业务和服务一体化，有效控制人才流失风险。同时，区域政府之间也应当合作，整合各省区市的公共就业和人才服务信息平台，打造覆盖省、城市群、全国的一体化人力资源大数据共享平台，促进人力资源合理流动和有效配置。

企业应当重视人才激励政策，完善薪酬制度、晋升制度、绩效考核制度，实行产权激励。按照不同人员分类制定薪酬政策，向价值创造的关键环节倾斜。将任职情况、经营业绩、收入利润等不同指标结合行业人才特征分别对应不同的薪酬分配系数，强化效益导向。针对不同类型人才采取不同但关系并列的晋升轨道，创新职务晋升标准，保证不同人才收入水平以及未来发展前途上的相对公平。将考核制度与人才的薪酬待遇、职务晋升直接挂钩，确立创造性、创新性的考核评价标准。此外，也鼓励企业赋予人才一定份额的剩余索取权，实行产权激励。支持企业采取技术入股、期权、股权和业绩分配等方式激励人才。

二　针对性培养数字经济应用人才

数字经济发展面临高技能数字人才匮乏的困境，尤其高素质 ICT 人才结构性短缺，导致了 ICT 人才在制造业与服务业之间争夺激烈的局面。本质上需要高校加强相关人才培养，建立以市场需求为导向的人才培养制度。针对数字经济产业领域的新业态新模式，设置相关专业，为研发型、应用型、管理型等各类数字人才打下专业基础。

支持高校与龙头企业、行业协会等协同合作，完善深化产教融合人才培养模式。企业参与学校教学的改革与创新，借鉴企业编程思想、编程规范、敏捷开发等内部课程，将其实验内容植入校内实践环节，共同开发课程标准。企业提供实践平台，高校依托厂商成熟和先进的技术研发实力，引入实用、热门的 ICT 领域技术，对接企业职业认证，联合开展师资培训，共建共享实习实训基地。在此基础上，联动科技基金、加速器等基础设施，推进面向行业的国家重点实验室、技术创新中心、产业创新服务综合体等一系列创新载体和研发平台建设，助力建设高端创新人才基地，强化高技能数字人才支撑。

三 聚焦数字经济培养复合型人才

数字经济具有快速发展性、强渗透性、广覆盖性等特征，新经济模式与传统经济模式互相融合，对数字经济人才在专业性、实用性、全局视角、战略思维和深度分析能力等多方面有要求。推动数字经济发展，更应当聚焦科研与产业、工程与管理、政务与科教、研究与应用的复合型人才培养。

高等院校应当顺应时代发展，加强复合型人才培养教育。结合数字经济的发展交叉和前沿属性，在培养模式上加大创新力度，鼓励学院、学科间的合作，打造跨学科的空间。以国务院学位委员会印发的《交叉学科设置与管理办法（试行）》作为指导文件，提供更多的交叉学科和双学位培养平台，创新双学位培养模式。重点提供"计算机科学+工业制造""信息科技+管理工程""大数据+金融""人工智能+贸易""区块链+医药卫生""网络工程+物流"等双学位培养模式。真正实现从交叉到融合的不断优化，扩大复合型人才的储备力量。

此外，高校也可以结合现有专业优势，打造数字经济本科专业建设。以数字经济为主轴，辅以政治、经济、管理、科技、人文等相交融的全方位学习体系，重视数理基础、经济学理论功底、数字经贸规则、全球化视野、职业素养等多方面能力培养，实现"专业技能+数字化技能"的深度融合，打造特色专业、特色产业学院。与此同时，高校也应当重视跨界平台融合多向交流，丰富学生在不同数字经济平台的实践经验。高校应当与全国数字经济领域领军企业家合作，接入具备跨地区、跨行业、跨领域有影响力的领军校友平台，为学生提供到上下游产业链的企业参访、学习的机会，丰富互动交流方式，增强实践经验。高校也应当密切与省级科研机构、特色产业学院、领军综合机构的联系，让学生有机会参与省级特色智库、省级实验室等多个数字经济平台以及特色产业学院的科研交流活动。

四　促进数字经济人才均衡流动

数字经济人才发展状况与地区经济水平和产业水平是相适应的，呈现以城市群为中心向周围城市扩散的特征。促进数字经济人才在行业和地区间的合理均衡流动，对实现行业和地区维度的数字化均衡发展至关重要。第一，颁布相应政策，加大对数字经济人才的引进和培育力度，通过财政支持及社会福利加持，加强弱势行业和地区对数字经济人才的吸引力。第二，提高城市群间的协作水平，降低数字经济人才跨区域自由流动的成本，由发达城市向偏落后城市输送数字经济人才，充分发挥中心城市以点带面促进全领域数字产业发展的功能。第三，加强传统行业的数字化进程和水平，从源头上提高行业本身对数字经济人才的吸引力，提升产业的数字经济人才聚集能力。通过完善产业链和供应链设计及流程管理与协作，不断吸引复合型数字人才向新兴战略产业和产业数字化领域聚集，促使数字经济人才从相对饱和的产业流向亟须数字经济人才的传统行业，提升传统行业与数字经济的融合度，促进经济数智化转型。

五　加快数字经济信息基础建设

数字经济产业和人才数据的缺乏制约了数字经济领域的研究和发展，为推进数字技术和产业深度融合，必须加快数字经济信息基础设施建设。第一，统一数字经济人才的定义和分类标准。统一的数字经济人才评价体系，一方面，可以为各省区市和企业引入合适的数字经济人才提供参考依据；另一方面，也可以为比较不同区域和产业间数字经济人才的存量和经济效益提供基础，便利数字经济人才的流动性研究，为观测数字经济人才和数字经济产业发展状况提供窗口。第二，鼓励各省区市根据《数字经济及其核心产业统计分类（2021）》进行数字经济产业的数据统计和披露。将传统行业分类标准与数字经济各产业一一对应，为进一步深入研究数字产业化和产业数字化奠定基础。第三，加强数字经济数据库建设。一方面，完善现有数据库，如CSMAR的数字经济数据库和中国智库的数字经济数据库，修订数字经济统计指标，增加数字产业化和产业数字化的相关数据统计。另一方面，政府应加强与企业和研究机构的合作，牵头新数字经济平台的建设工作，加快统计数字产业和数字经济人才相关指标。通过与企业的合作互利，利用好猎聘、智联招聘等招聘网站和机构的数据资源，统一数字经济行业和人才的相关数据标准，降低一般学者获取数据的成本，进而降低数字经济产业和数字经济人才的研究门槛。

【04】

2023年中国重点城市数字
经济人才发展报告

摘　要： 在创新、协调、绿色、开放、共享的新发展理念下，中国数字经济已经开始从注重效率、速度，向更为关注公平、质量转变。如何实现城市、区域的特色发展、协同发展，将会是未来中国数字经济发展的重要议题。站在"两个一百年"奋斗目标与两个五年规划的历史交汇点，中国数字经济发展逐步走上"高质量"之路，开启新篇章。

近年来，互联网、大数据、云计算、人工智能、区块链等技术加速创新，日益融入经济社会发展各领域全过程，数字经济发展速度之快、辐射范围之广、影响程度之深前所未有，正在成为重组全球要素资源、重塑全球经济结构、改变全球竞争格局的关键力量。这背后，凸显的是科学技术、发展理念、体制机制、商业模式等全方位、多层次、宽领域创新。实践证明，哪个城市能在创新上快一步、深一层、高一筹，哪个城市就能化挑战为机遇，以数字经济发展催生新动能，用新动能推动经济高质量发展。

本报告选取北京、上海、深圳、广州、杭州、成都、苏州、南京、武汉、西安、重庆11个数字经济发展典型城市为样本，综合分析其人才发展、人才供求、人才流动现状，通过综合建模分析样本城市在实体经济与数字经济融合方面的发展实践，总结经验、梳理问题，并提出发展建议，以期为中国数字经济融合人才生态提供城市分析样本。

关键词： 数字经济　数实融合　人才生态　城市发展

第一章

重点城市的数字经济人才政策分析

一　城市发展数字经济相关政策

数字经济是继农业经济、工业经济之后的主要经济形态，是以数据资源为关键因素，以现代信息网络为主要载体，以信息通信技术融合应用、全要素数字化转型为重要推动力，促进公平与效率更加统一的新经济形态。

到 2023 年底，除西藏及港澳台地区外，我国 30 个省（自治区、直辖市）均出台了数字经济专项政策，包括数字经济发展行动计划、产业规划、补贴政策等，涉及地方性法规及政府规章 13 项、地方规范性文件 166 项，我国数字经济国家和省（区市）二级政策体系基本成型。

（一）城市"十四五"规划数字经济热点词

在 162 个城市"十四五"规划中，"数字经济"相关热点词被频繁"点名"。其中，"数字经济"作为领域热词，被点名 584 次；"大数据"作为技术热词，被点名 706 次（见图 1）。

智慧城市、数字乡村、数字社会、数字政府，在领域热词中排名前六；5G 网络、人工智能、工业互联网、云计算成为各地"十四五"规划中的技术热点。

领域热词 技术热词

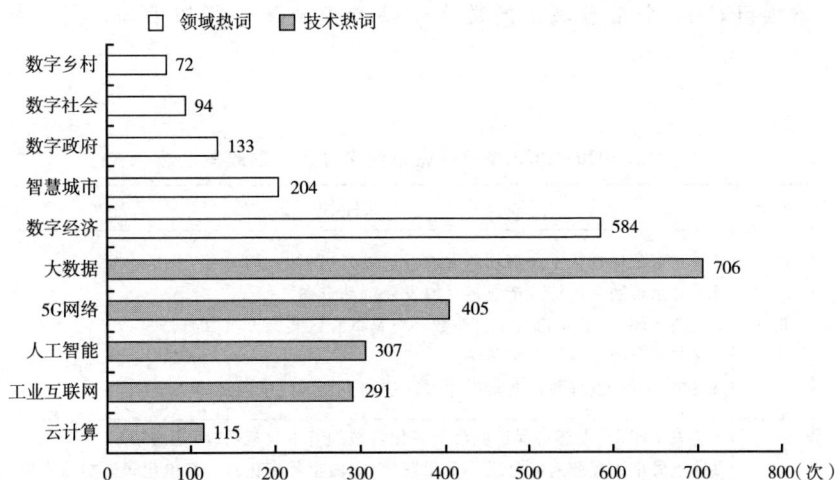

图 1 162个城市"十四五"规划中"数字经济"相关热词排名

资料来源：中国长江经济带发展研究院。

（二）重点城市的数字经济政策特色分析

11个重点城市均发布了数字经济专项政策，推动数字经济发展。自2020年至2023年，上海先后8次发布数字经济专项政策，政策数量居11个城市首位；杭州先后7次发布政策，排名第二；苏州和南京以6次政策发布量同列第三（见图2）。

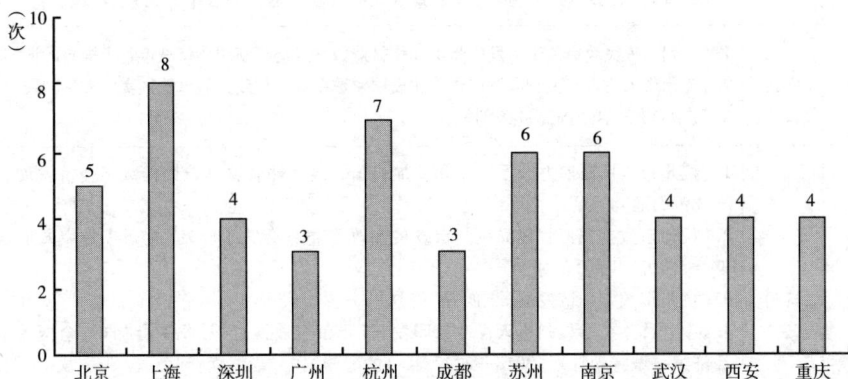

图 2 2020~2023年重点城市数字经济专项政策发布数量

资料来源：中国长江经济带发展研究院。

本项目对 11 个重点城市的数字经济专项政策进行梳理与汇总，详见表 1。

表 1 2020~2023 年重点城市数字经济专项政策汇总

序号	城市	文件名
1	北京	1.《北京市促进数字经济创新发展行动纲要（2020—2022 年）》 2.《北京市数字经济全产业链开放发展行动方案》 3.《关于印发〈北京市关于打造数字贸易试验区实施方案〉的通知》 4.《北京市数字经济促进条例》 5.《关于更好发挥数据要素作用进一步加快发展数字经济的实施意见》
2	上海	1.《关于印发〈上海市促进城市数字化转型的若干政策措施〉的通知》 2.《上海市人民政府办公厅关于印发〈上海城市数字化转型标准化建设实施方案〉的通知》 3.《上海市人民政府办公厅关于印发〈上海市全面推进城市数字化转型"十四五"规划〉的通知》 4.《上海市人民政府办公厅关于印发〈上海市数字经济发展"十四五"规划〉的通知》 5.《市政府新闻发布会介绍〈上海市全面推进城市数字化转型"十四五"规划〉相关情况》 6.《推进治理数字化转型实现高效能治理行动方案》 7.《上海市人民政府办公厅关于印发〈立足数字经济新赛道 推动数据要素产业创新发展行动方案（2023—2025 年）〉的通知》
3	深圳	1.《深圳市人民政府关于加快智慧城市和数字政府建设的若干意见》 2.《深圳市数字经济产业创新发展实施方案（2021-2023 年）》 3.《深圳市人民政府办公厅关于印发〈深圳市数字经济产业创新发展实施方案（2021—2023 年）〉的通知》 4.《深圳市人民政府关于加快智慧城市和数字政府建设的若干意见》
4	广州	1.《广州市人民政府关于印发广州市加快打造数字经济创新引领型城市若干措施的通知》 2.《广州市人民政府关于印发广州市建设国家数字经济创新发展试验区实施方案的通知》 3.《广州市数字经济促进条例》
5	杭州	1.《杭州市人民政府办公厅关于印发加快国际级软件名城创建助推数字经济发展若干政策的通知》 2.《杭州市数据资源管理局杭州市发展和改革委员会关于印发〈杭州市数字政府建设"十四五"规划〉的通知》 3.《杭州市数字经济发展"十四五"规划》 4.《中共杭州市委杭州市人民政府印发〈杭州市全面推进"三化融合"打造全国数字经济第一城行动计划（2018—2022 年）〉的通知》 5.《数字经济三年行动计划（2023—2025）》 6.《数字经济创新提质"一号发展工程"实施方案》

序号	城市	文件名
6	成都	1.《成都市"十四五"数字经济发展规划》 2.《成都市关于推进数字经济、智能经济发展的实施方案》 3.《成都高新技术产业开发区加快数字经济产业重点领域高质量发展若干政策》
7	苏州	1.《苏州市推进数字经济和数字化发展三年行动计划(2021—2023年)》 2.《市政府办公室关于印发苏州市制造业智能化改造和数字化转型2022年行动计划的通知》 3.《苏州市数字经济"十四五"发展规划》 4.《关于印发苏州市公共数据开放三年行动计划(2023—2025年)的通知》 5.《关于印发〈苏州市推进数字经济和数字化发展三年行动计划(2021—2023年)〉的通知》 6.《苏州市数字经济核心产业加速发展行动计划(2023-2025年)》
8	南京	1.《市政府办公厅关于印发〈南京市"十四五"数字经济发展规划〉的通知》 2.《市政府办公厅关于印发〈南京市整体推进城市数字化转型"十四五"规划〉的通知》 3.《市政府办公厅关于印发南京市制造业智能化改造和数字化转型实施方案(2022—2024年)的通知》 4.《市政府办公厅印发关于"十四五"深入推进农业数字化建设实施方案的通知》 5.《市政府关于印发南京市数字经济发展三年行动计划(2020—2022年)的通知》 6.《南京市推进数字经济高质量发展2023年工作要点》
9	武汉	1.《市人民政府关于印发武汉市数字经济发展规划(2022—2026年)的通知》 2.《市人民政府关于印发武汉市突破性发展数字经济实施方案的通知》 3.《市人民政府关于印发武汉市支持数字经济加快发展若干政策的通知》 4.《武汉市新型智慧城市"十四五"规划》
10	西安	1.《西安市"十四五"数字经济发展规划》 2.《西安市人民政府办公厅关于印发"十四五"数字经济发展规划的通知》 3.《西安市数字经济高质量发展实施计划》 4.《关于推动数字经济高质量发展的政策措施》
11	重庆	1.《重庆市数字经济"十四五"发展规划(2021—2025年)》 2.《重庆市人力资源和社会保障局办公室关于印发〈中国重庆数字经济人才市场建设方案〉的通知》 3.《重庆市人民政府关于印发〈重庆市数字经济"十四五"发展规划(2021—2025年)〉的通知》 4.《深入实施"满天星"计划助力数字经济发展实施方案(2023—2027年)》

资料来源：公开资料，中国长江经济带发展研究院整理。

采用LDA数据分析方法，对各个重点城市的数字经济政策特色进行分析，结果如表2所示。

表 2　重点城市数字经济政策特色及发展重点

序号	城市	数字经济政策特色关键词	城市数字经济发展侧重点
1	北京	数据运营、数字企业、数字制度、数字产业、数字标准、数字服务	促进数字经济创新发展、经济全产业链开放发展、打造数字贸易试验区
2	上海	数字产业、数据管理、管理机制、数字转型、融合服务	促进城市数字化转型、数字化转型标准化建设、全面推进城市数字化转型、推进治理数字化转型实现高效能治理行动
3	深圳	领域变革、全面发展、产业优化、数据管理	加快智慧城市和数字政府建设、数字经济产业创新发展、加快智慧城市和数字政府建设
4	广州	产业协同、领域改革、数据管理、数字工业	加快打造数字经济创新引领型城市、建设国家数字经济创新发展试验区
5	杭州	数字服务、数据平台、数字技术、数字融合	加快国际级软件名城创建、聚焦产业链强链补链、全面推进"三化融合"打造全国数字经济第一城
6	成都	数字融合、数据平台、数字应用、数字技术、数据管理	促进各类创新要素聚集，助力成都产业建圈强链和"智慧蓉城"建设
7	苏州	融合培育、数字平台、协同发展、重点技术	开展推进数字经济和数字化发展三年行动、加快制造业智能化改造和数字化转型
8	南京	数字平台、数字产业、数据服务	整体推进城市数字化转型、加快制造业智能化改造和数字化转型、深入推进农业数字化建设
9	武汉	融合重点、服务平台、机制改革	落实数字经济发展规划、支持数字经济加快发展、打造新型智慧城市
10	西安	重点产业、数字平台、数字生态、领域融合	"一域两核三带多点"擘画数字经济发展布局、执行"十四五"数字经济发展规划
11	重庆	重点技术、数据体系、融合发展、服务平台、产业发展	共建"东数西算"国家工程重要枢纽、加快中国重庆数字经济人才市场建设、落实数字经济"十四五"发展规划

资料来源：中国长江经济带发展研究院。

二　城市数字经济人才相关政策

（一）地区人才政策种类与占比

对于地区人才政策的评价，主要概括为以下四个方面。

人才引进与保障政策：通过物质和精神奖励以及构建有吸引力的基础设施等方式直接或者间接加速人才向本地区聚集。关键词：吸引、引进、资金补贴和激励、落户、聘请、配套设施建设、环境构建、安置住房、子女入学等。

人才培养与发展政策：为提高本地区人才的意识、能力和素质，以及促进本地区人才的进一步发展提升所制定的政策。关键词：培养、选拔、队伍建设、培训、发展、项目申报、开发、计划等。

人才管理与维护政策：通过调查，加强人力资源市场管理，构建数据库、平台等方式来加强对本地区人才状况的了解以及管理和维护的政策。关键词：状况调查、基金管理、需求调查、数据库建设、维护等。

人才评价与考核政策：为所在地区人才的能力、绩效、贡献等进行客观公正的评价所制定的一系列标准、评价考核方法等的政策，关键词：评价、考核、审查等。

整体来看，人才政策类别中，数量上以人才培养类为主。前瞻产业研究院（2021）通过在北大法宝政策数据库查询，经过整理去除掉表彰通知、授予头衔、活动评选、行政批复、名单公布、换届通知和任免通知类政策，截至2021年4月底，我国共有地方性人才政策3191条，其中以人才培养与发展政策为主，其占人才相关政策的82%。

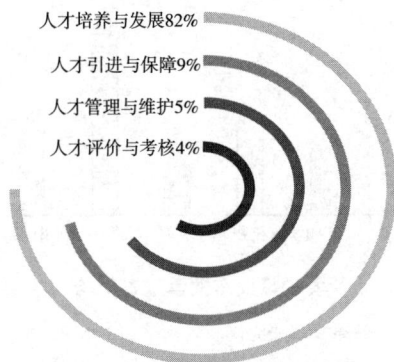

人才培养与发展82%
人才引进与保障9%
人才管理与维护5%
人才评价与考核4%

图3　我国地方性人才政策类型分布

资料来源：前瞻产业研究院，2021。

　　具体来看，各省区市制定出台的人才政策，根据其社会经济发展等诸多要素各有千秋。但是从各地制定的"十四五"规划相关数字经济篇章及制定的数字经济发展行动方案来看，11个重点城市根据自身数字经济发展情况及未来发展趋势和方向的研判，均发布了数字经济专项政策，尤其是北京、上海、南京、杭州、重庆更是多次发布专项政策，这些政策的制定和落实，会积极推动数字经济健康向前发展。

（二）重点城市人才政策关注点比较

　　通过对重点城市2021年4月至2023年12月的人才政策进行汇总，从数量上看，11个典型城市，北京、重庆共计发布11份人才专项政策，政策发布数量居11城首位（见图4）。近年来，重庆市坚持智能人才、技能人才引育并重，营造真心爱才、悉心育才、精心用才的浓厚氛围，构建"近悦远来"的人才生态。从政策发布数量可见重庆人才政策的活跃与人才氛围的浓厚，重庆正在实施更加积极、更加开放的人才政策，聚天下英才而用之。

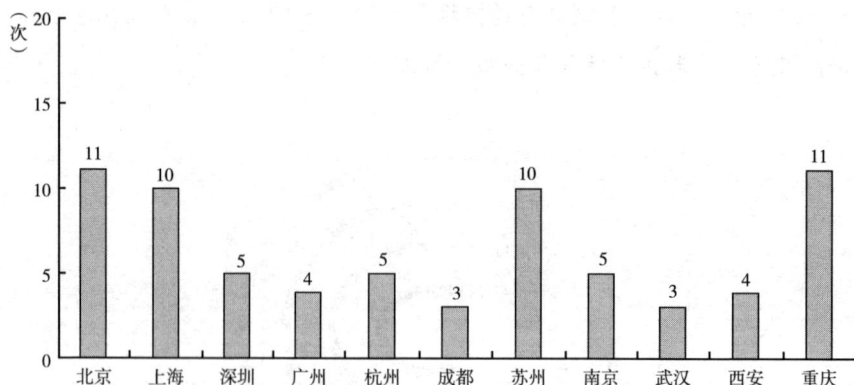

图4　重点城市人才专项政策发布数量（2021年4月至2023年12月）

资料来源：中国长江经济带发展研究院。

　　各城市的人才政策汇总详见表3。

表 3　2021 年 4 月至 2023 年 12 月重点城市人才政策汇总

序号	城市	文件名
1	北京	1.《北京市人力资源和社会保障局关于印发〈国家服务业扩大开放综合示范区和中国(北京)自由贸易试验区对境外人员开放职业资格考试目录(1.0 版)〉的通知》 2.《北京市人力资源和社会保障局 北京市财政局关于深入推进职业技能提升行动"互联网+职业技能培训"工作的通知》 3.《北京市人力资源和社会保障局关于印发〈关于进一步增强本市自贸区内企业用工灵活性的若干措施〉的通知》 4.《北京市人力资源和社会保障局 关于印发〈北京市创业孵化示范基地服务管理办法〉的通知》 5.《北京市人力资源和社会保障局 北京市人才工作局关于印发〈国家服务业扩大开放综合示范区和中国(北京)自由贸易试验区境外职业资格认可目录(1.0 版)〉的通知》 6.《北京市人力资源和社会保障局 北京市财政局关于规范以训兴业补贴性培训相关工作的通知》 7.《北京市人力资源和社会保障局 北京市财政局关于印发〈北京市公共实训基地高技能人才培训经费补助办法(试行)〉的通知》 8.《北京市人力资源和社会保障局 北京市财政局关于印发〈北京市高技能人才研修培训工作管理办法〉的通知》 9.《北京市人力资源和社会保障局 北京市财政局 北京市人民政府国有资产监督管理委员会 北京市总工会 北京市工商业联合会关于印发〈北京市全面推行中国特色企业新型学徒制加强技能人才培养实施方案〉的通知》 10.《北京市人力资源和社会保障局关于印发〈国家服务业扩大开放综合示范区和中国(北京)自由贸易试验区对境外人员开放职业资格考试目录(2.0 版)〉的通知》 11.《北京市人力资源服务业创新发展行动计划(2023-2025 年)》
2	上海	1.《上海市人力资源和社会保障局关于印发〈中国(上海)自由贸易试验区及临港新片区实行劳务派遣经营许可告知承诺的试点办法〉的通知》 2.《上海市人力资源和社会保障局关于具有本市户籍留学人员其持外国护照子女享受优惠政策的通知》 3.《上海市人力资源和社会保障局关于延长〈上海市人力资源和社会保障局、上海市住房和城乡建设管理委员会关于在沪施工企业外来从业人员参加本市城镇职工基本社会保险若干问题的通知〉有效期的通知》 4.《上海市人力资源和社会保障局 上海市财政局关于本市劳动者申领职业技能提升补贴有关事项的通知》 5.《上海市人力资源和社会保障局 上海市财政局关于印发〈上海市人力资源服务"伯乐"奖励计划实施办法〉的通知》 6.《上海市人力资源和社会保障局关于举办城市治理数字化转型:技术与实践高级研修班的通知》 7.《上海市人力资源和社会保障局关于举办金融科技助推长三角一体化高质量发展高级研修班的通知》 8.《上海市人力资源和社会保障局关于举办基于数字能源技术的绿色低碳转型与应用高级研修班的通知》

续表

序号	城市	文件名
		9.《上海市人力资源和社会保障局关于进一步做好本市"三支一扶"人员服务管理工作的通知》
		10.《上海市人力资源和社会保障局等六部门关于印发〈上海市人力资源服务业创新发展行动方案（2023-2025年）〉的通知》
3	深圳	1.《深圳市人力资源和社会保障局 深圳市科技创新委员会 深圳市财政局 国家税务总局 深圳市税务局关于印发〈深圳市境外高端人才和紧缺人才2020年纳税年度个人所得税财政补贴申报指南〉的通知》
		2.《深圳市人力资源和社会保障局 深圳市财政局 深圳市住房和建设局关于进一步完善深圳市高层次人才奖励补贴发放有关事项的通知》
		3.《深圳市人力资源和社会保障局关于做好高层次人才任期评估工作的通知》
		4.《深圳市人力资源和社会保障局 深圳市财政局关于印发〈深圳市新引进博士人才生活补贴工作实施办法〉的通知》
		5.《深圳经济特区人才工作条例》
4	广州	1.《广州市人力资源和社会保障局等5个部门关于转发全面推行中国特色企业新型学徒制加强技能人才培养的通知》
		2.《广州市人力资源和社会保障局 广州市公安局关于印发〈广州市引进人才入户管理办法实施细则〉的通知》
		3.《广州市人力资源和社会保障局 广州市财政局关于印发〈广州市创业孵化基地管理办法〉的通知》
		4.《广州市人民政府办公厅关于印发广州市人才绿卡制度实施办法的通知》
5	杭州	1.《关于开展2021年杭州市技能大师工作室认定及评估工作的通知》
		2.《关于申报2022年度高层次留学回国人员在杭创新创业项目资助的通知》
		3.《关于杭州市市属事业单位考核引进高层次人才试行备案制工作的通知》
		4.《关于进一步做好一次性留工培训补助工作的通知》
		5.《关于印发杭向未来·大学生创新创业三年行动计划（2023—2025年）实施细则的通知》
6	成都	1.《关于印发〈成都市市级创业（孵化）基地认定管理办法〉的通知》
		2.《成都市人力资源和社会保障事业发展"十四五"规划》
		3.《成都市进一步加强人才安居的若干政策措施》
7	苏州	1.《关于开展2021年苏州市留学回国人员创新创业园申报工作的通知》
		2.《关于组织申报2021年苏州市留学回国人员创新创业园工作补贴和工作奖励的通知》
		3.《关于公布〈苏州市高技能人才紧缺职业（工种）目录（2021版）〉的通知》
		4.《关于发布2022年度苏州市就业创业培训补贴标准目录的通知》
		5.《关于公布2021年姑苏重点产业紧缺人才计划入选人员名单的通知》
		6.《关于2022年度申领姑苏重点产业紧缺人才计划补贴资金的通知》
		7.《关于进一步推进"互联网+职业技能培训"的通知》
		8.《关于公布〈苏州市高技能人才紧缺职业（工种）目录（2022版）〉的通知》
		9.《苏州市人民政府关于印发苏州市区积分落户管理办法的通知》
		10.《关于组织申报2023年姑苏重点产业紧缺人才计划的通知》

续表

序号	城市	文件名
8	南京	1.《南京市人力资源和社会保障局关于开展 2022 年南京市博士后科研资助计划和市资助招收博士后人员申报工作的通知》 2.《南京市人力资源和社会保障局 南京市财政局关于公布 2022 年南京市高技能人才培训补贴紧缺型职业（工种）目录的通知》 3.《南京市人力资源和社会保障局关于开展 2022 年南京市博士后创新实践基地和市优秀博站申报工作的通知》 4.《关于做好第六届江苏技能状元大赛南京市选拔与集训工作的通知》 5.《以加快打造高水平人才集聚平台为总牵引 全面推进新时代人才强市建设行动方案（2023—2025 年）》
9	武汉	1.《市人民政府办公厅关于进一步做好高校毕业生留汉就业创业工作的通知》 2.《关于印发武汉市事业单位特殊人才引进目录管理办法（试行）的通知》 3.《"3551 光谷人才计划"实施办法》
10	西安	1.《西安市人民政府办公厅关于进一步做好高校毕业生等青年群体就业创业工作的通知》 2.《西安市人力资源和社会保障局 西安市财政局关于印发强化科技创新和人才队伍建设相关奖补政策实施细则的通知》 3.《西安市创业导师管理制度（试行）》 4.《关于进一步加强人才工作助推西安高质量发展的实施意见》
11	重庆	1.《重庆市人力资源和社会保障局办公室关于印发〈人力社保领域基本公共服务事项服务指南〉的通知》 2.《重庆市人力资源和社会保障局等 12 个部门关于推进新时代人力资源服务业高质量发展的实施意见》 3.《重庆市人力资源和社会保障局关于进一步做好经营性人力资源服务机构行政许可备案及管理工作的通知》 4.《重庆市人力资源和社会保障局重庆市科学技术局关于开展外籍"高精尖缺"人才认定工作的通知》 5.《中共重庆市委组织部重庆市人力资源和社会保障局等十一部门〈关于实施第四轮高校毕业生"三支一扶"计划〉的通知》 6.《重庆市人力资源和社会保障局关于印发〈进一步加强高技能人才与专业技术人才职业发展贯通的实施方案〉的通知》 7.《重庆市人力资源和社会保障局关于印发〈重庆市境外人才参加专业技术类职业资格考试目录〉的通知》 8.《重庆市人力资源和社会保障局 四川省人力资源和社会保障厅关于做好两地人力资源市场统一准入监管等工作的通知》 9.《关于全面推进中国特色企业新型学徒制加强技能人才培养工作的通知》 10.《重庆市人力资源和社会保障局 重庆市财政局关于印发〈重庆市留学人员回国创业创新支持计划实施办法〉的通知》 11.《2023 年"满天星"重点企业人才集聚行动计划》

资料来源：公开资料，中国长江经济带发展研究院整理。

在人才政策关注点上，各个城市也各有特色。不少应届毕业生以及中高端人才在找工作时，通常会优先考虑去哪座城市发展。过去，北上广深一线城市因为经济发达、薪资水平高，非常受年轻人的青睐。而近些年来，新一线城市也成为求职者心中的向往之地。从各地人才政策关注点上，可以初步看出各地在人才生态环境建设中的特色。

表 4　重点城市人才政策关注点汇总

序号	城市	人才引进与保障政策关注点	人才培养与发展政策关注点	人才管理与维护政策关注点	人才评价与考核政策关注点
1	北京	鼓励海外高层次人才来京创业和工作	提供资助经费	为优秀人才建立绿色通道	完善职称评价制度，实行分类管理模式
2	上海	鼓励海外人才集聚和高层次人才集聚	着重在产业领域培养人才	建立人才绿色通道	完善职称评价制度，推进"放管服"改革
3	广州	吸引国际高端人才；注重为人才提供安居保障	引进和培养高层次人才	建立广州市人才绿卡管理系统	实施"人才举荐制"
4	深圳	吸引国际高端人才；注重为人才提供安居保障	根据重点产业发展需要，培养杰出人才	人才引进和落户"秒批"政策	多维度评价人才
5	杭州	吸引国际高端人才；扶持科技人才创业；注重高校高水平人才队伍建设	注重各种层次人才培养，完善人才流动机制	"人才码"，人才可"一码走遍杭州"	以业绩和能力为导向
6	南京	注重人才安居和人才创业政策，鼓励高层次人才集聚	投入 2.2 亿元用于购买技能实训设备，建设公共实训基地	"三优一创"绿色通道服务	建立市场化社会化人才认定机制，创新人才选拔方式，打造国际化创新创业人才高地
7	成都	鼓励高层次人才集聚	鼓励高校围绕主导产业订单式培养人才，推行产教融合、校企合作	启用"高端人才全球搜索系统"，实现人才供求信息精准匹配	把品德、能力、业绩等作为人才评价的首要内容，实施重大科技项目"揭榜挂帅"制度

序号	城市	人才引进与保障政策关注点	人才培养与发展政策关注点	人才管理与维护政策关注点	人才评价与考核政策关注点
8	苏州	鼓励高层次人才集聚；集聚35岁以下的青年人才；集聚乡土人才	对高层次人才和创新创业团队骨干人才给予经费资助	发布外国人才工作生活便利化服务政策，认可其他地区对外国高端人才的认定结果	全面接轨国际人才评价标准，开展职业技能等级认定
9	重庆	具有学术发展潜力和学术领军人物潜质的青年优秀人才；培养中国工匠；引进高层次人才	推行产教融合，校企合作，探索高职、应用本科、专业硕士贯通培养	实行人才服务证政策，为持证人才开辟绿色通道	完善评价制度
10	武汉	支持企业引进培育高精尖缺人才；引进集聚一大批具有国际水平的战略科技人才、产业领军人才、优秀青年人才和高素质技能人才	实施武汉设计之都青年设计师培训计划，给予补助或者奖励	加强对博士后工作站的管理	推进人才市场评价机制改革，建立人才"随来随评、及时认定"机制
11	西安	对顶尖、领军、精英、青年人才创新创业项目给予资助，重点推进引进秦创原重点产业链高层次人才及核心技术人才。鼓励高质量知识产权创造	实施"百名优秀人才培养计划"，在科技创新等领域，每年遴选培养一定数量的中青年骨干人才，并给予项目资助。加大对科技经纪人、"科学家+工程师""新双创"三支队伍的培育扶持力度	实施人才分类评价确认制度，提供个性化的服务和管理措施，以提高人才的使用效率和满意度	人才考核政策既注重定量考核，如科研成果数量、经济效益等；也注重定性考核，如创新能力、团队协作能力等

资料来源：中国长江经济带发展研究院。

（三）重点城市人才政策特色举措

未来，我国的人才政策主要呈现竞争加剧、产业融合、市场化、均等化、专业化和信息化六大发展趋势。

➢竞争加剧：区域转型任务艰巨，在人才政策各个环节不断加码，加大招才引智竞争。

➢产业融合：按照本地产业结构和资源禀赋，系统科学有效地构建人才地图。

➢市场化：从"政府主导"转向"企业主导"，在人才发现、评价、培养、效能提高等领域发挥市场和用人主体的作用。

➢均等化：各地逐步取消了一些"特殊性"的优惠政策，在政策层面对海内外人才一视同仁。

➢专业化：由人力资源公司、第三方人才服务机构、专业人才协会、社会组织或者企业来主导招才引智。

➢信息化：通过信息的集成，数据的集成，办理流程的网络化，实现招才引智的全面信息化。

年轻人愿意去这些城市工作甚至落户，不仅是因为当地城市生活配套完善，高科技新兴产业前景大、就业机会多，薪资福利待遇好，还有一个重要原因是不少城市为了吸引并留住青年人才，纷纷出台了各种人才友好政策，尤其是针对高层次人才、战略性新兴产业人才以及科技型人才的福利特别多。而这些群体也是数字经济人才的重要组成部分。

1.北京：人才落户快

根据《北京市引进毕业生管理办法》，列入国家统一招生计划，就读最高学历期间未与任何单位存在劳动（录用、聘用）关系，且按时取得学历学位的非北京常住户口应届毕业生，都在引进范围之内。同时，毕业两年内初次就业的毕业生也参照执行。对于毕业生，所学专业应符合用人单位主营业务发展需要，与岗位匹配度高。主管单位指导用人单位与毕业生协商确认后，选择工作满半年或三年办理落户。郊区中小学、幼儿园及全市社区卫生服务机构引进的毕业生工作满三年可办理落户。

2.上海：优秀人才可免打分落户，实施"超级博士后"激励计划

《上海市引进人才申办本市常住户口办法实施细则》（沪人社规〔2020〕27号）中，申办条件要求用人单位应与引进落户的人才签订劳动（聘用）

合同并在沪依法缴纳社会保险费。引进人才一般应距法定退休年龄5年以上。对于特别优秀或者特别紧缺急需的，可适当放宽年限要求。其中提到的"重点机构"，包括高新技术企业，高新技术成果转化项目承担单位，在沪跨国公司地区总部、贸易型总部及地区总部投资设立的具有独立法人资格的研发中心，本市重点行业领域、重点区域（包括成果转化成效突出的本市国家级大学科技园）主管部门推荐的重点用人单位。6月底，上海正式公布了《关于做好2022年非上海生源应届普通高校毕业生进沪就业工作的通知》，其中明确所有高校应届博士、双一流高校应届硕士（不分专业）、一流学科建设高校建设学科应届生硕士、上海各研究所和各高校应届硕士毕业生，以及上海"双一流"建设高校应届本科毕业生，在五大新城、南北地区、重点转型地区用人单位工作的，都直接落户。不符合以上条件的非上海生源毕业生需要打分超过72分才可落户上海。

实施"超级博士后"激励计划。入选"超博"计划的博士后人员，由上海市促进人才发展专项资金按照每人每年15万元、共资助2年的标准予以资助。设站单位对获得此项资助的博士后人员，应给予不低于1：1的配套经费。对"超博"计划申报当年度入选人力资源社会保障部、全国博士后管委会、中国博士后科学基金会"博士后创新人才支持计划"的博士后人员，按照每人每年10万元、共资助2年的标准予以资助。对先入选本市"超博"计划，再获国家"博新"计划资助的博士后，资助金额累计不超过20万元。

3. 深圳：重金吸引高端人才

高层次人才奖励补贴。根据《深圳经济特区人才工作条例》、《深圳市人才安居办法》（深圳市人民政府令第273号）和市委、市政府关于促进人才优先发展的若干措施等规定，经深圳市认定的杰出人才、国家级领军人才、地方级领军人才、后备级人才和海外A类、B类、C类人才可以申请高层次人才奖励补贴。其中，杰出人才，奖励补贴标准为600万元；国家级领军人才和A类人才，奖励补贴标准为300万元；地方级领军人才和B类人才，奖励补贴标准为200万元；后备级人才和C类人才，奖励补贴标准为

160万元。此外，杰出人才，所在单位可以申请杰出人才工作经费。

《深圳市新引进博士人才生活补贴工作实施办法》显示，新引进博士人才生活补贴标准为10万元/人，补贴由新引进博士人才所在单位向市人力资源保障部门提出申请。市人力资源保障部门分两次审核发放，首次发放金额为补贴标准的30%，续发金额为补贴标准的70%。

4.成都：引育技能人才福利多

引进急需紧缺技能人才政策。对全市重点产业、战略性新兴产业企业从外地新引进的急需紧缺高技能人才，按照《成都市急需紧缺人才和高端人才目录》分为A、B、C、D四类，从引进的次月起发放安家补贴，共补贴3年。其中A、B、C类补贴标准为3000元/（人·月），D类补贴标准为2000元/（人·月）。A类为国内外顶尖人才、B类为国家级领军人才、C类为地方级领军人才，D类为其他高级人才，如正高级专业技术职称、博士研究生学历人才等。

鼓励技能人才来蓉落户。在本市同一用人单位工作2年及以上，取得国家职业资格证书且年龄在45周岁以下（取得技师、高级技师的不受年龄限制）的外地户籍技能人才，可凭单位推荐，到成都市技能人才服务中心或区（市）县人力资源社会保障部门指定经办机构进行认定并办理《成都市技能人才入户联系函》后，到公安部门办理落户手续。鼓励技能人才提升技能等级。对取得初级（五级）、中级（四级）和高级（三级）国家职业资格证书（或职业技能等级证书）的本市企业职工，分别按照最高1000元、1500元和2000元的标准进行补贴。属于本市紧缺急需职业（工种）的，分别按照最高1100元、1800元和2500元的标准进行补贴。

根据《成都市支持优秀海外高校应届毕业生创新创业补贴实施细则》，规定，优秀海外高校应届毕业生具有本科、硕士、博士学位的，可分别申请2万元、4万元、6万元的一次性创新创业补贴。

5.重庆：实施英才"鸿雁计划"，高层次人才享受多重优惠

根据《重庆市引进高层次人才若干优惠政策规定》，为高层次人才提供安家资助、分配激励、项目扶持、培养使用和保障服务五个方面的优惠政

策，具体优惠水平由高层次人才类别决定。引进人才的重点领域包括，汽车摩托车、石油天然气化工、装备制造、材料冶金、电子信息、综合能源等全市规划发展的重点产业领域，以及全市重点学科和重点实验室研究领域。

具体措施包括：引进人才调入（迁入）或柔性引进每年在渝工作半年以上的，由用人单位提供住房供其使用；与用人单位签订5年以上聘用合同的，可享受一次性安家补助费；享受由市财政发放的岗位津贴，根据人才类别每月1000元、3000元、5000元或8000元不等；引进人才到"两翼"地区和国家扶贫工作重点县长期工作的，在以上标准基础上，由当地财政再增发500元专家特别补助费，等等。

《重庆市引进海内外英才"鸿雁计划"实施办法》适用于重庆市现有企业引进或者来渝创办科技型企业（包括法人化研发机构）的直接从事基础研究、应用研究和试验发展的研发类科技人才，具体分为A类、B类、C类。对于现有企业引进的人才，参照人才年缴纳个人所得税额度的一定倍数确定；对于从事科技创业的人才，可实行定额奖励。A类人才参照其年缴纳个人所得税额度的2倍或定额给予奖励，最高不超过200万元；B类人才参照其年缴纳个人所得税额度的1.5倍或定额给予奖励，最高不超过100万元；C类人才参照其年缴纳个人所得税额度的1.2倍或定额给予奖励，最高不超过30万元。

6. 杭州：重点引进应届生人才

具有全日制普通高校本科及硕士研究生学历者（本科45周岁以下，不含45周岁；硕士50周岁以下，不含50周岁），在杭落实工作单位并由用人单位正常缴纳社保的可以落户杭州市区。对2017年以后录取的符合条件的非全日制研究生，毕业后来杭参照全日制研究生落户（毕业两年内的可享受"先落户后就业"）。

《杭向未来·大学生创业创新三年行动计划（2020—2022年）》围绕科技、教育、卫生、文化等领域和数字经济、生命健康、新材料、文化创意等重点产业，在数字经济、生命健康、新材料、钱塘金融、名师名医名家等专项人才储育计划实施中加强青年人才引育。

具体措施包括，对来杭工作的全球本科及以上学历应届毕业生（含毕业5年内的回国留学人员、外国人才）发放一次性生活补贴，其中本科1万元、硕士3万元、博士5万元。应届大学毕业生在富阳区、临安区、桐庐县、淳安县、建德市等西部区、县（市）工作满3年后，再给予本科1万元、硕士3万元、博士5万元的一次性生活补贴。对来杭工作的本科及以上学历应届毕业生，在杭州市无房且未享受公共租赁住房、人才租赁住房等优惠政策的，每户每年发放1万元租房补贴，共发放3年；期满后收入低于城镇居民人均可支配收入的，可继续享受租房补贴，但最长不超过3年。

7. 苏州：新兴产业人才全方位扶持

苏州市内人才引进落户分为单位申请和个人申请办理。个人申请需符合《苏州市政府关于调整人才落户相关政策的通知》（苏府规字〔2020〕4号）第一条规定的人员；单位申请符合该通知中第二、三条规定的人员。

《姑苏创新创业领军人才计划项目》面向世界科技发展前沿和全市产业重大发展战略需求，重点支持在电子信息、装备制造、生物医药、先进材料四大产业集群开展新技术、新产业、新业态、新模式创新创业的科技领军人才、团队。对立项的重大创新团队，三年内给予1000万~5000万元的项目资助经费，团队领军人才和核心成员给予100万~300万元的安家补贴；给予引才单位50万~100万元的引才奖励。

对立项的创业领军人才（含重点产业领军人才），给予100万~500万元的项目资助经费和100万~300万元的安家补贴。项目承担期结束通过项目验收，且技术先进、发展潜力较大，主营业务收入超过3000万元或入选市"独角兽"培育计划的，择优给予最高100万元的项目滚动支持。立项后5年内入选市瞪羚计划的企业，再给予最高100万元项目滚动支持，并给予紧缺人才自主推荐权。

对立项的创新领军人才，给予100万~200万元的项目资助经费和100万~200万元的安家补贴，引才企业可获30万~50万元引才奖励。对立项的青年领军人才，给予50万~200万元的项目资助经费。对立项的高校院所创新人才，给予 50 万～100 万元的项目资助经费。

获得立项的人才还可享受最高 5000 万元的企业无抵押信用贷款和最高 300 万元的个人信用贷款、优秀人才贡献奖励政策以及乐居、医疗、子女教育服务、出入境便利等高层次人才扶持政策和生活待遇。优先对立项人才项目给予创业保险、人才基金等支持。

8. 南京：人才引育安居奖励政策丰厚

根据《南京市人才安居办法适用企业范围》，企业博士安居购买政府定向筹建的人才住房或商品住房的，首付款比例按现有规定的最低比例执行，购房贷款利率优惠。住房公积金开户缴存后即可提取使用或申请公积金贷款等，贷款额度可放宽到限额的 2 倍，最高 100 万元。租赁政府提供的人才公寓、公共租赁住房享受 3 年租金全免，租期最长 5 年，免租期以外按照市场租金的 70% 承租。自行租房的，给予每月 2000 元租赁补贴，累计享受期不超过 5 年。

引育人才方面：对于外地应届毕业生来南京面试者发放 1000 元/人面试补贴；参加见习培训的青年大学生，见习期内可按规定享受南京市最低工资标准 80% 的生活费补贴；海智湾海外人才公寓 3 个月免费入住，其间还发放每个月 3000 元研习补贴；工作满 1 年，符合条件的名校优生可以获得 2 万～4 万元的一次性生活补贴；留学人员科技创新择优资助 3 万～10 万元；海外高层次人才从事项目研发和科研攻关（企业专家工作室），择优给予最高 100 万元资金扶持；高层次人才科技贡献奖励 50 万～100 万元；对企业国家级/省级博站（含分站）的全职在站博士后，给予 5 万～10 万元生活补贴。

9. 西安：推出"人才政策包"，打造全国一流人才栖息地和创新策源地

近年来，西安深入实施人才强市战略，持续做强"引力场"，做大"蓄水池"，做优"生态圈"，做广"竞技台"，努力打造全国一流人才栖息地和创新策源地。特别是 2022 年以来，西安在以往人才优待政策的基础上，推出一系列因时而变、迭代升级的人才新政，创新招引模式、广揽天下英才，让各路高贤聪明才智竞相涌流。例如，高层次人才评价体系方面，对标国际建立以实际贡献为导向的市场化评价标准。为青年人才提供"驿站式"暖

心政策支持，入站青年人才在西安市企业就业或实现自主创业的，按照博士每人 2 万元、硕士（含"985"院校本科毕业生）每人 1 万元标准一次性发放"西安青年人才就业奖"。企业每引进 1 名入站的博士、硕士（含"985"院校本科毕业生），分别奖励企业 1 万元、5000 元，每家企业每年最高奖励 30 万元。同时，强化人才链对产业链、创新链的核心支撑。

10. 武汉：20 条新政加强高层次人才引进

武汉市推出 20 条新政，明确规定，海外高层次人才及其配偶、子女可参加武汉市各项社会保险，缴纳社会保险费后可享受相应社会保险待遇。其中包括看病可报销 95%、养老保险可一次性补缴等。另外，海外高层次人才参加企业职工养老保险，达到退休年龄时，累计缴费不足 15 年的，可延长缴费年限或一次性补齐。出国前曾在机关、事业单位、国企工作的人才可计算为连续工龄，其配偶可一次性缴费 15 年，享受基本养老保险。取消了海外高层次人才及其配偶、子女享受待遇的半年等待期，从参保的次月即可享受生育保险待遇。武汉市还首次对海外人才发放社保证和居住证。持证后，他们将在工商注册、子女入学以及驾照申请等方面享受当地市民待遇。

11. 广州：19 条人才新政延揽全球"高精尖缺"人才

《关于实施"广聚英才计划"的意见》，提出了 19 条创新举措，全力集聚国内外"高精尖缺"人才、全方位优化人才发展环境，加快构筑具有高度竞争力、辐射力、引领力的全球创新人才战略高地，希望将"人力"转为"动力"。"广聚英才计划"一方面优化整合提升产业领军人才"1+4"政策、高层次人才支持政策、"人才绿卡"制度、"菁英计划"留学项目等现有市级人才项目；另一方面，提出一系列创新举措，重点集聚一批大湾区发展需要的高端专门人才，增强人才与现代化经济体系匹配度。

"广聚英才计划"探索实施"人才举荐制"，将经广州市高端创新人才举荐委员会委员联名推荐并通过公示的人才直接认定为市高层次人才或入选相应市级人才项目，与现有模式共同构成"认定+评定+推荐"的人才综合评价体系，挖掘并支持一批大湾区急需紧缺人才，努力实现"塔尖更高、塔基更实"。对战略科学家团队实施"团队带头人全权负责制"，赋予其用人权、用财权、用物权、技术路线决定权、内部机构设置权和人才举荐权，配置具有国际竞争力和全球感召力的事业发展平台，优先保障经费支持和工作条件，构建国际一流的新型人才发展体制和科研运行机制。对成长性好或业绩突出的产业人才团队，给予滚动支持或追加资助，探索按"一人一策""一企一策"方式量身创设发展条件。

在创新创业上，强化金融对人才创新创业的支持作用，搭建创投机构与人才创新项目充分对接平台，研究设立较大规模的人才创新创业基金。建立"人才服务银行"为高层次人才创业提供较高的 2000 万元免抵押、免担保的人才信用贷款。该计划提出，将为高层次人才提供住房补贴或免租入住的人才公寓，贡献突出的杰出人才可无偿获赠所租人才公寓。广州将通过新增筹建、园区配建、城市更新、共有产权等方式，力争 3 年内新增 3 万套人才公寓和公共租赁住房，优先供给重点人才使用。

第二章

重点城市的数字经济人才发展现状

一 数字经济促进城市发展的作用机制

中国数字经济促进城市发展的具体表现为以下几点。①

1.自上而下统筹全盘进行机构改革

目前，有 198 座城市（含直辖市、地级市、自治州、地区、盟）成立了数字经济管理机构，占比过半。整体可分为三类，一类是北京、成都、南京等城市成立的大数据管理局或数字经济局，另一类是深圳、广州等城市成立的政务服务数据管理局，再一类是福州、嘉兴等城市成立的大数据发展管理委员会或政务服务和数据资源管理办公室。这三类管理机构或者独立新设，或者挂靠在工信等部门。未来，适应数字经济时代发展需求的体制机制、机构改革将会更加深入、彻底，城市数字经济管理机构的职责将会进一步明确，肩负重任，统筹城市整体数字经济发展进程。

2.加强顶层设计，进行数字经济发展规划

从城市数字经济顶层设计出台情况来看，越来越多的城市严谨分析、审慎判断，描绘自己下一个五年的数字蓝图。在 333 个地级行政区和 4 个直辖市中，有 154 个城市（含直辖市、地级市、自治州、地区、盟）发布了数

---

① 赛迪顾问数字经济产业研究中心：《2021 中国数字经济城市发展白皮书》，《数字经济》2021 年第 Z2 期。

字经济规划或相应的实施意见,从发布时间来看,2020 年前出台数字经济顶层设计的城市有 51 个,2020 年后出台的有 103 个,两个五年规划的过渡阶段成为各地数字经济谋篇布局的关键节点。

3. 创造数字空间新协同

数字经济时代,区域的协同发展模式和资源配置方式正逐渐跨越地理条件限制,城市之间的交互距离在不断缩短。目前,全国有 19 个城市群,10 个 2000 万人以上的大都市圈。14 个 1000 万～2000 万人大都市圈,随着区域协同的地理空间不断扩大,数字技术的重要性越发凸显。从城市群发展来看,目前长三角、粤港澳大湾区、成渝等城市群,已经成为推动中国数字经济发展的重要力量。同时数字经济也成为城市群内部互联互通、一体化发展的重要驱动力。从都市圈发展来看,数字经济加深了中心城市与周边城镇的联动,加强了信息的交互,以及科技资源、市场空间的共享,中心城市对周边的带动、辐射作用得以更好地发挥,区域协同度大为提高。

4. 产业布局空间收窄

基于资源禀赋,抢占数字经济核心产业,率先树立产业名片,围绕名片打造市场和生态,提升经济发展站位与高度,从而获得政策支持、资源导入,实现跨越发展,成为诸多城市发展数字经济的重要路径。例如,贵阳市在 2016 年率先抢占大数据发展先机,就是打造产业名片、实现跨越式发展的典型体现。再如南京的集成电路、合肥的新型显示、无锡的物联网、南昌的虚拟现实等,城市产业布局空间在逐渐收窄。未来,区块链、北斗导航、量子通信等尚有较多机会的赛道,将成为发展热点,后发城市可根据自身发展基础,审慎选择、合理布局,努力形成比较优势,把握先机,实现突破。

二　城市数字经济人才发展的整体特征

目前,城市数字人才发展的整体特征包括以下几点。

（1）企业数字化进程提速，技术人才需求热涨：效率提升，智能化成为主要方向；传统行业技术类职能连续增长明显；大型企业对于技术人才的需求显著增长；数据分析和治理需求同比增长。

（2）长三角、京津冀、粤港澳领衔数字经济发展：京津冀人才质量较高；城市群数字人才岗位集中于产品侧；深广数字人才储备高，长三角和上海人才最丰富；运营岗获得数字化福利显著，增长最快；粤港澳、长三角人才供需交往，互流明显。

（3）新消费数字化人才集聚，"互联网+赋能行业"：北上领衔新消费人才发展，青年人才投入多；高学历、理工科人才进入，打破原有人才结构；互联网人才进入新消费领域，技术研发管理类人才热门。

（4）制造业数字进程加速，数字人才储备位居行业第二：华东数字人才全国占五成，广东成为智造高地；制造业数字人才与中高端人才专业分布趋于一致，有明显行业专业属性；制造业对青年人才吸引力大，高段位薪资低于行业中高端人才薪资。

（5）金融数字化挑战与机遇并存：人才需求总体增长，前半年平衡，后半年增长；高工龄数字人才占比明显高于行业中高端人才占比，人才成熟度高；热招数字人才方向为研发、技术类，高收入人群大于行业平均人群。

（6）数字人才开启新就业模式：数字管理、专业、应用三类核心人才；计算机科学与技术专业同数字经济关系密切；数字人才向发达城市聚集；数字人才面向未来工作；灵活用工；等等。

三　重点城市数字经济人才发展情况

从全国数字经济人才的城市群分布来看，长三角数字经济人才储量丰富，人才占比达到三成，优势明显，其次是京津冀和粤港澳大湾区，三大城市群的人才总量占比达到69.5%，在全国数字经济人才总量中占比近七成。

具体来说，在当前全国数字经济人才分布最多的城市中，北上广深作为一线城市，在数字经济人才总量上表现突出。北京以 16.0% 的占比位列第一，上海紧随其后，占比 15.8%，北京、上海人才量优势更加显著，杭州、成都、苏州、南京、武汉、重庆等新一线城市数字经济人才所占比例在全国城市中占据前十，体现了良好的数字经济人才储备能力，并成为城市发展的核心驱动力（见图 1）。

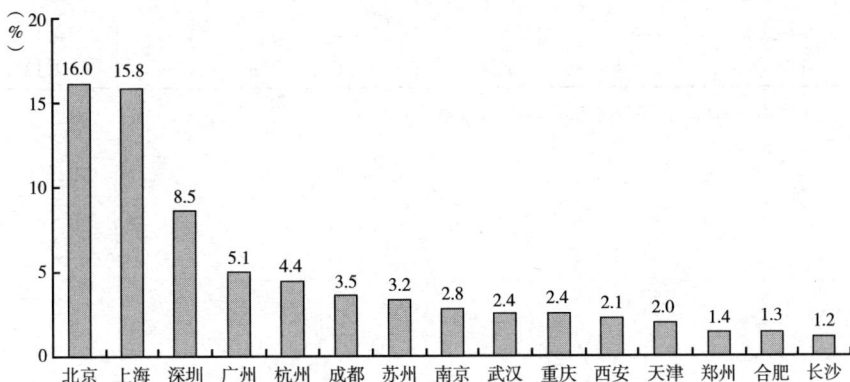

图 1　2023 年中国数字经济人才 TOP15 城市分布情况

资料来源：猎聘、智联招聘平台数据，中国长江经济带发展研究院整理。

在数字经济的典型行业中，北京、上海、深圳占据头部位置，各城市的具体行业人才分布又呈现各自的侧重点。以新消费领域为例，广州、杭州的人才分布略高于其他城市；制造业中深圳、苏州的人才分布略高于其他城市；金融人才在西安的占比较低（见表 1）。

表 1　典型行业数字经济人才重点城市分布 TOP10

单位：%

新消费数字 人才 TOP10 城市	人才 百分比	制造业数字经济 人才 TOP10 城市	人才 百分比	金融数字 人才 TOP10 城市	人才 百分比
北京	17.8	上海	14.9	北京	19.5
上海	15.5	北京	7.9	上海	15.8
深圳	8.9	深圳	7.7	深圳	9.1
广州	5.9	苏州	6.3	广州	5.6

续表

新消费数字 人才 TOP10 城市	人才 百分比	制造业数字经济 人才 TOP10 城市	人才 百分比	金融数字 人才 TOP10 城市	人才 百分比
杭州	4.9	杭州	3.5	杭州	5.0
成都	3.6	广州	3.4	成都	3.9
南京	2.7	重庆	2.7	南京	2.8
苏州	2.5	南京	2.7	重庆	2.4
重庆	2.3	天津	2.6	武汉	2.3
武汉	2.2	武汉	2.6	西安	2.1

资料来源：《2021 数字经济人才白皮书》（猎聘）。

第三章

城市数字经济人才供需与发展态势分析

一　重点城市学科交叉发展的数字经济供给新格局

在第四次科技革命和产业变革加快推进的背景下，学科深度交叉融合是解决重大科学问题和取得关键核心技术革命性突破的重要途径，也是高校未来重点布局的方向。从2020年高校自设交叉学科名单来看，智能、文化、医学等是热门交叉方向，我国高校正加紧在人工智能类、数据科学类、文化类等重点学科领域布局交叉学科。然而，在交叉学科加速布局的背景下，国内尚未建立完善的交叉学科管理机制，未来高校可从研究机构、人才培养、教师聘任、成果认定等方面入手改革交叉学科管理机制。

面向数字经济，重点学科类包括以下三个方面。

1. 人工智能类

人工智能是研究、开发用于模拟、延伸和扩展人的智能的理论、方法、技术和应用系统的新兴交叉学科。其主要涵盖机器人、语言识别、图像识别、自然语言处理和专家系统等研究方向。在全球人工智能千帆竞发的当下，各国纷纷对人工智能领域进行重点布局。高校处于科技第一生产力、人才第一资源、创新第一动力的结合点，是人工智能发展的主要阵地。当前，我国高校在引领人工智能领域科技创新、助推人才培养和技术应用示范、带动我国人工智能总体实力提升等方面贡献突出。目前，已布局交叉学科包括人工智能、智能交通工程、智能科学与技术、人工智能技术、智能制造、油气人工智能、智能仪器与装备等，主要支撑学科涉及计算机科学与技术、控制科学与工程、材料科学与工程、数学、软件工程、机械工程、控制科学与工程、管理科学与工程等（见表1）。

表1　重点城市典型高校人工智能类学科发展情况

单位名称	组建学科领域	研究方向
中国科学院大学人工智能学院	计算机、软件、声学和信息处理、材料、数学和系统科学、机器人	模式识别、人工智能基础、脑认知与智能医学、智能人机交互、智能机器人、智能控制等
浙江大学人工智能研究所	计算机、统计、数学、医学、人文社会等	跨媒体智能、混合增强智能、大数据、机器学习、计算机图形学、多媒体、数据挖掘等
南京大学人工智能学院	计算机、数学、统计学、医学等	模式识别、信息检索、演化计算、神经计算、机器学习、数据挖掘、智能系统与应用等
大连理工大学人工智能学院	计算机科学与技术、信息与通信工程、控制科学与工程、数学、生物医学工程等	计算机视觉与机器学习、自然语言理解与处理、多媒体与大数据挖掘、智能系统与机器人、脑科学与类脑智能等
武汉大学人工智能研究院	计算机、数学、统计学、电子、测绘、机械、控制、医学等	智能安防、用户智能隐私保护、智能电力、智能家居及物联网、先进智能研究院智能制造、智能空间信息、智能医疗、大数据智能分析等
北京航空航天大学人工智能研究院	数学、计算机科学与技术、软件工程、模式识别等	精准智能、群体智能、计算机视觉、大数据智能、智能机器人、智能交通、自主无人系统等

资料来源：刘小平、郑春生主编《中国高等教育发展报告（2020~2021）》，社会科学文献出版社，2021。

据不完全统计，截至2020年12月，我国已有145所高校设立了人工智能学术组织，包括人工智能学院96所，人工智能研究院66所，部分高校同时设立了人工智能学院和人工智能研究院。[①]各高校人工智能学术组织建设均以自身优势特色学科为基础，其中计算机科学与技术、数学、信息与通信工程是其重要组建学科，研究方向集中在人工智能的理论研究与实践应用上。

---

① 亿欧智库发布《笃实前行，智胜未来——2021全球人工智能教育落地应用研究》，2021年8月23日。

2.数据科学类

数据科学是利用科学方法、流程、算法和系统从数据中提取价值的跨学科领域。随着信息时代的到来，各学科领域高度关注大数据及其相关领域，不同专业领域的数据研究高度融合发展，数据科学作为一门新兴交叉学科应运而生。各高校也纷纷布局大数据信息化发展战略，数据科学交叉学科建设成为重要抓手。目前，各高校已布局交叉学科包括数据科学、大数据科学与应用、数据科学和信息技术、数据科学与技术、数据科学与智能系统、应用数学与能源数据科学等，主要支撑学科包括数学、计算机科学与技术、管理科学与工程、统计学、信息与通信工程、控制科学与工程等（见表2）。

表2　重点城市典型高校数据科学类学科发展情况

单位名称	组建学科领域	研究方向
北京大学大数据科学研究中心	数学、统计学、计算机科学、软件、公共卫生与预防医学、心理学、社会学、金融学等	深度学习、自然语言处理与认知智能、大数据安全、数据管理、生物医学影像分析
清华大学青岛数据科学研究院	电子、计算机、自动化、经管、工管等	大数据工程、智慧城市大数据、遥感大数据
中国科学技术大学大数据学院	数学、计算机科学与技术、统计学、信息与通信工程和生物学等	工业互联网与数据治理、智能制造、智能网联汽车与未来交通、智慧金融、经济大数据、先进机器人
复旦大学大数据学院	计算机科学、统计学、计算数学等	数据统计与分析、大数据系统与计算、大数据与智能科学等
武汉大学大数据研究院	信息管理、计算机、经济学、管理学、遥感科学、生物医学、新闻学等	金融大数据、商务大数据、文化大数据、健康大数据、传媒大数据、社会治理大数据

资料来源：刘小平、郑春生主编《中国高等教育发展报告（2020~2021）》，社会科学文献出版社，2021。

通过对典型高校的数据科学类研究机构建设情况分析发现，各高校组建的学科领域和具体研究方向有所不同，分布于健康医疗大数据、智慧城市大数据、工业互联网大数据、金融大数据、商务大数据、文化传媒大数据、社会治理大数据等领域。高校正充分发挥自身数据科学的技术及理论优势，加速推进数据科学与大数据和传统产业的深度融合发展，形成各自的数字经济人才供给特色。

3.文化产业类

文化产业是将经济学、管理学的基本理论与文化产业的特殊属性相结合的研究领域。文化产业经济学、文化产业管理学、文化产业历史学是其重要组成部分。随着经济社会和科学技术的发展，文化产业教育的层次和方向在不断变化，社会对相关行业领域的专业人才需求不断扩大，要求也在不断提升。为此，众多高校依托新闻传播学院、人文历史学院、经济学院或艺术学院的发展基础，推进文化产业学科建设。目前，已布局交叉学科包括文化产业、文化产业管理、文化资源与文化产业、文化产业史、文化产业学、媒介与文化产业、文化创意与文化产业等，主要支撑学科涉及应用经济学、工商管理、公共管理、管理科学与工程、中国史、社会学等（见表3）。

表3 重点城市典型高校文化产业类学科发展情况

单位名称	组建学科领域	研究方向
武汉大学国家文化发展研究院	公共管理、中国史等	文化对策、博物馆与文化遗产、文化法制、文化旅游规划、公共文化服务、数字媒介等
华中师范大学国家文化产业研究中心	中国史、中国语言文学、管理科学与工程和公共管理	非物质文化遗产保护传承与创新发展、文化资源、文化产业等
中国传媒大学文化产业管理学院	经济、贸易、管理等	区域文化产业发展、文化产业市场、文化产业投融资管理、娱乐产业发展与管理，文化产业项目策划、文化市场等
苏州大学传媒学院	新闻传播学、戏剧与影视学	传媒与文化产业研究、传媒与大众文化研究、新媒介青年文化研究等

资料来源：刘小平、郑春生主编《中国高等教育发展报告（2020~2021）》，社会科学文献出版社，2021。

通过对典型高校的文化产业类研究机构建设情况分析发现，各高校研究方向主要集中在经济与管理、新闻与传播、艺术及历史与文化4个方面，组建学科均为人文社会科学学科。高校文化创业研究机构的建设与发展，将为我国文化产业的创新发展提供有力支撑。

二　重点城市数字经济核心产业人才需求分布

"十四五"时期，在人工智能、大数据分析、云计算、物联网等数字技术的支撑下，数字经济将继续快速发展、全面发力，新型数字消费、数字生产、制造业、服务业数字化融合、数字化网链、数字化产业生态、数字化资源配置等都将显著提升。

（一）重点城市数字经济人才需求共性

伴随着数字化技术和数字经济的发展，一些自带数字化基因的职位成为风口，对人才的需求也在急剧增加，是否拥有高水平的数字化人才，成为决定这些企业能否快速发展的关键因素。目前，这些企业和人才主要集中在北京、上海、广州、深圳和杭州等重点城市。

本项目梳理了 11 个重点城市数字经济人才的共性需求，数字经济人才需求方向主要集中在电子商务、社交媒体/数字营销、数据科学/分析、内容营销、数字产品、软件开发和工程。具体特点、热门职位及热门技能如下（见表4）。

表 4　重点城市数字经济人才共性需求方向

方向	特点	热门职位	热门技能
电子商务	• 职数较上年同期增长47%，高达40%以上的在招职位面向学生开放 • 采用互联网等娱乐手段为主的营销方式，引领并展现了最新的流行元素与技术趋势，与年轻人消费习惯高度契合，青睐年轻的学生群体	电子商务专员、运营专家、主播	电子商务、在线商务管理、商品推销、数据分析、战略规划、社交媒体、内容营销

续表

方向	特点	热门职位	热门技能
社交媒体/数字营销	• 职数较上年同期增长 38%，女性占比 60%；年轻人是主要活跃群体，26%的在招职位作为校招形式对外开放	内容专员、广告专家、数字营销专家、数字营销经理	文案、内容运营、内容战略、新媒体运营、数据分析、在线广告、SEM、数字营销、SEO、数字战略、整合营销、市场研究
数据科学/分析	• 就业主要为三类：数据工程师，数据分析师，偏业务的数据经理、数据总监或数据科学家	数据分析专家、数据分析师、数据工程师、数据科学家	数据分析、Python、市场/业务分析、行业调研、SQL、Apache Spark、Hadoop、Hive、Tableau、机器学习
内容营销	• 34%以上是校招职位 • 内容及互动形式的年轻化	内容制作人、编辑、文案经理、文案专员、主播	内容运营/战略/管理/营销、文案、编辑、社交媒体、电影编辑、电视广告、后期制作、视频制作/编辑、出版、调研、校对、翻译、数字营销
数字产品	• 以在线办公、在线教育、互联网医疗为代表的新业态、新模式 • App、文字图像类、视频音频类、游戏、软件等数字产品的用户黏性正在增强	产品专家、用户体验设计师、产品设计顾问、产品经理、交互设计师	产品管理、产品规划、产品专家、产品设计、用户体验（UX）、用户体验设计、UX 研究、Axure RP、KeyShot、Rhino3D
软件开发和工程	• 新兴职位列表中，在招职位逾 50000 个，居新兴职位排行榜第一位	后端开发人员、游戏设计师、嵌入式软件工程师、机器学习工程师、研发工程师、解决方案架构师、算法工程师、前端开发人员、软件工程师、系统工程师、工程团队负责人	Go、Python、Redis、游戏设计、游戏开发、Unity、MySQL、Java、JavaScript、C++、C、嵌入式系统/软件/C、机器学习、解决方案架构、云计算、深度学习、Linux、算法、人工智能、CSS、HTML5

资料来源：巨量数算，中经智策信息科技研究院整理。

　　大型企业加大技术人才储备赋能传统行业升级，在传统行业的热招技术职能中，Java、Web 前端开发工程师、运维工程师成为热招职能前三名，且 SI 指数（人才紧缺指数）较高，企业招聘面临困难。不同规模企业数字化进程有快有慢，主要取决于技术、平台和行业发展等因素，来自猎聘的数据显示，2018~2020年，5000人以上规模企业数字化进程中对技术类人才需求出现了明显的增长，说明大型企业正在不断加强技术人才的储备，赋能提升数字化进程速度。

在数字化转型中，中小企业面临着人才短缺等诸多困境，加大对技术人才储备也成为中小企业数字化转型的重中之重。2021年1~12月，中小企业技术岗位相关职能需求不断上涨，在热招的技术职能中，Java以绝对热度领先，其次为WEB前端开发工程师及运维工程师等技术工程师职位（见表5）。

表5 重点城市传统行业热招技术职能榜单

排名	热招职能	占比（%）	TSI
1	Java	14.7	4.44
2	WEB前端开发工程师	8.3	6.87
3	运维工程师	4.4	2.07
4	测试工程师	3.8	1.80
5	数据分析师	3.6	1.21
6	C++	3.3	6.77
7	Android	3.2	9.25
8	架构师	3.0	3.69
9	算法工程师	2.8	4.30
10	嵌入式软件开发	2.4	5.06

资料来源：2021数字经济人才白皮书（猎聘）。

（二）重点城市数字经济人才需求特性

根据《数字经济及其核心产业统计分类（2021）》，结合猎聘网的数据，本项目重点分析了数字经济核心产业人才需求在重点城市中的分布情况。

具体来看，数字产品制造业方面，人才需求最多的两个城市为上海

（12.22%）和深圳（12.20%），然后依次为北京（9.66%）、重庆
（8.64%）、苏州（8.33%）、西安（7.48%）、广州（7.06%）等。数字产
品服务业方面，人才需求最多的城市为上海（10.45%），然后依次是苏州
（9.82%）、北京（9.59%）、广州（8.59%）、南京（8.34%）、重庆
（8.10%）、杭州（8.07%）、深圳（8.05%）等。数字技术应用业方面，人
才需求最多的两个城市为北京（14.17%）、上海（12.21%），然后依次为
广州（10.57%）、杭州（9.14%）、南京（8.47%）、成都（7.52%）、深圳
（7.52%）等。数字要素驱动业方面，人才需求最多的三个城市为北京
（16.29%）、上海（11.94%）、广州（11.16%），然后依次是杭州
（9.71%）、南京（8.26%）、成都（6.61%）、重庆（6.48%）等。数字化
效率提升业方面，人才需求最多的两个城市为北京（13.18%）、上海
（11.98%），然后依次是深圳（8.94%）、广州（8.87%）、杭州（8.15%）
重庆（7.84%）、南京（7.79%）等（见图1、图2）。

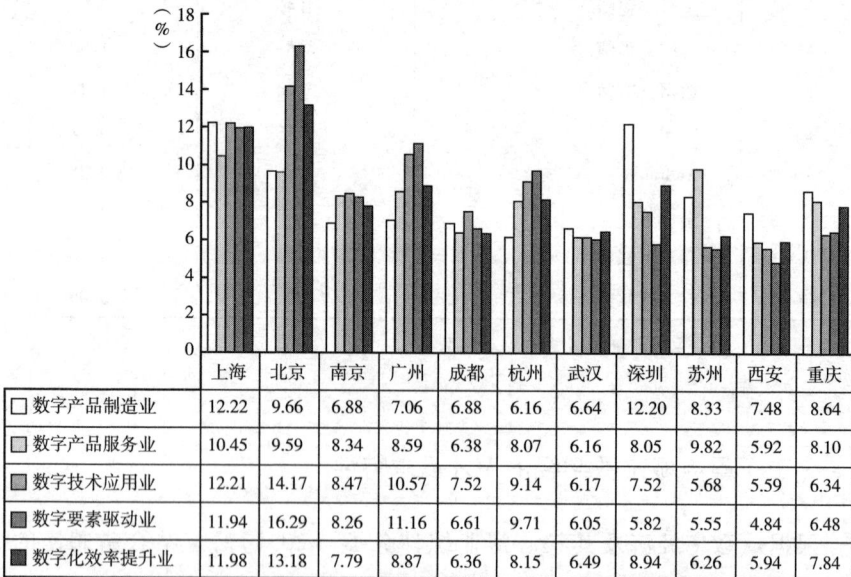

	上海	北京	南京	广州	成都	杭州	武汉	深圳	苏州	西安	重庆
□ 数字产品制造业	12.22	9.66	6.88	7.06	6.88	6.16	6.64	12.20	8.33	7.48	8.64
▨ 数字产品服务业	10.45	9.59	8.34	8.59	6.38	8.07	6.16	8.05	9.82	5.92	8.10
▦ 数字技术应用业	12.21	14.17	8.47	10.57	7.52	9.14	6.17	7.52	5.68	5.59	6.34
▩ 数字要素驱动业	11.94	16.29	8.26	11.16	6.61	9.71	6.05	5.82	5.55	4.84	6.48
■ 数字化效率提升业	11.98	13.18	7.79	8.87	6.36	8.15	6.49	8.94	6.26	5.94	7.84

图1　数字经济核心产业人才需求在不同城市中的分布

资料来源：中国长江经济带发展研究院。

数字产品制造业重点城市需求分布

□ 上海　▤ 北京　▦ 南京　▨ 广州　▥ 成都　▨ 杭州
▨ 武汉　▨ 深圳　▨ 苏州　■ 西安　▨ 重庆

数字产品服务业重点城市需求分布

□ 上海　▤ 北京　▦ 南京　▨ 广州　▥ 成都　▨ 杭州
▨ 武汉　▨ 深圳　▨ 苏州　■ 西安　▨ 重庆

数字技术应用业重点城市需求分布

□ 上海　▤ 北京　▦ 南京　▨ 广州　▥ 成都　▨ 杭州
▨ 武汉　▨ 深圳　▨ 苏州　■ 西安　▨ 重庆

数字要素驱动业重点城市需求分布

□ 上海　▤ 北京　▦ 南京　▨ 广州　▥ 成都　▨ 杭州
▨ 武汉　▨ 深圳　▨ 苏州　■ 西安　▨ 重庆

数据化效率提升业重点城市需求分布

□ 上海　▤ 北京　▦ 南京　▨ 广州　▥ 成都　▨ 杭州
▨ 武汉　▨ 深圳　▨ 苏州　■ 西安　▨ 重庆

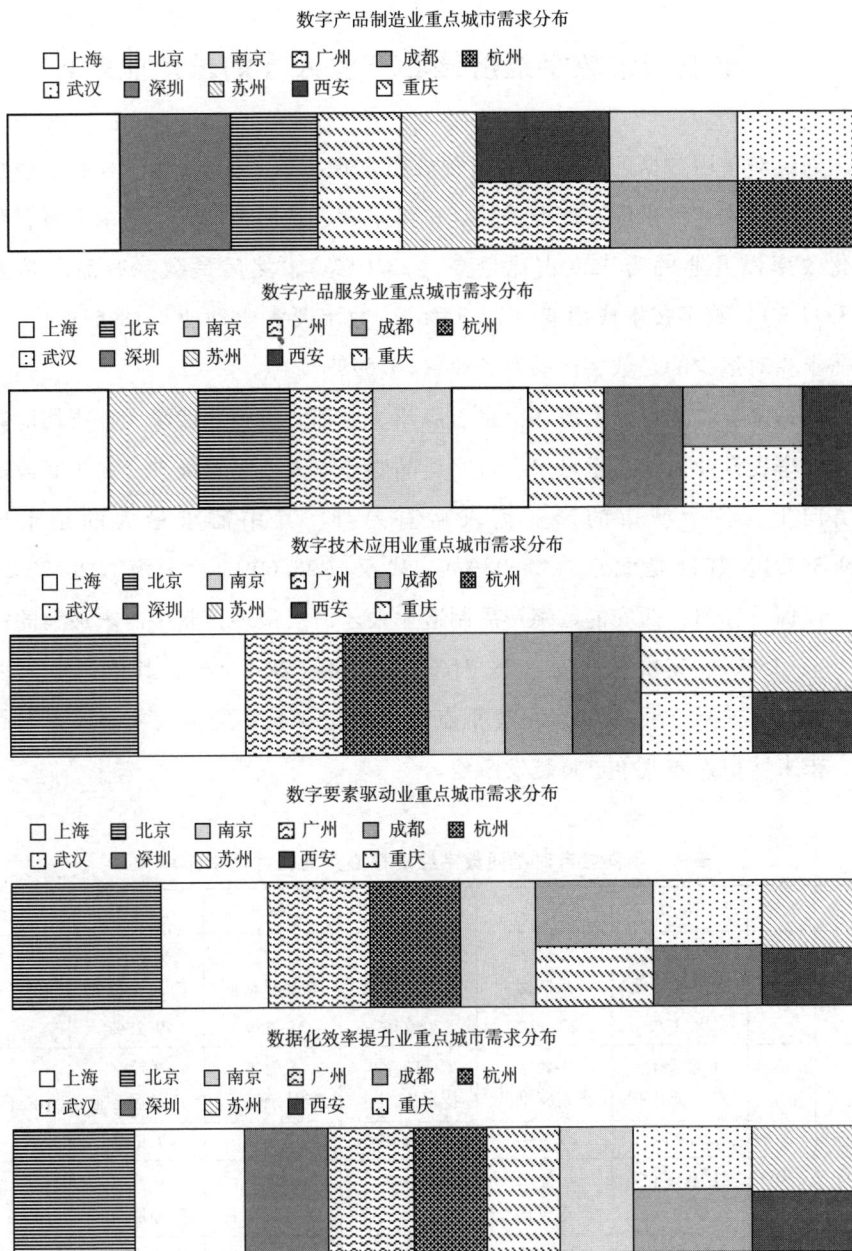

图 2　五大数字经济核心产业重点城市需求分布

资料来源：中国长江经济带发展研究院。

三 重点城市数字经济核心产业人才需求产业差异

通过对猎聘数据的爬取结果进行分析发现，11 个重点城市对数字经济核心产业的人才需求存在产业差异。整体来看，从城市的人才需求来看，数字化效率提升业的需求度占比最高（28.05%），然后是数字产品制造业（23.11%）、数字技术应用业（19.75%）、数字要素驱动业（18.51%），人才需求相对最少的是数字产品服务业（10.57%）。

具体来看，北京、上海、南京、广州、成都、杭州、武汉、重庆均对数字化效率提升业人才需求最多，数字产品服务业人才需求最少，在中间段需求方向上，各个城市的产业需求略有差异。其中需求最大的是重庆（29.30%），其次是北京（28.98%）、武汉（28.69%）、上海（28.22%）等。深圳、苏州、西安的数字产品制造业人才需求最多，其中需求最大的深圳（32.25%）、其次是西安（28.71%）、苏州（28.04%），其他产业人才需求上各有差异（见表6）。可见重点城市的主要数字经济人才需求方向趋同，未来城市人才竞争也将越发激烈。

表6 不同城市对不同数字经济核心产业人才需求排序

序号	城市	No. 1	No. 2	No. 3	No. 4	No. 5	总计
1	上海	E 数字化效率提升业	A 数字产品制造业	C 数字技术应用业	D 数字要素驱动业	B 数字产品服务业	100%
		28.22%	23.72%	20.24%	18.55%	9.28%	
2	北京	E 数字化效率提升业	D 数字要素驱动业	C 数字技术应用业	A 数字产品制造业	B 数字产品服务业	100%
		28.98%	23.63%	21.94%	17.51%	7.94%	
3	南京	E 数字化效率提升业	C 数字技术应用业	A 数字产品制造业	D 数字要素驱动业	B 数字产品服务业	100%
		27.81%	21.29%	20.22%	19.46%	11.22%	
4	广州	E 数字化效率提升业	C 数字技术应用业	D 数字要素驱动业	A 数字产品制造业	B 数字产品服务业	100%
		27.09%	22.74%	22.51%	17.77%	9.89%	

续表

序号	城市	No. 1	No. 2	No. 3	No. 4	No. 5	总计
5	成都	E 数字化效率提升业	A 数字产品制造业	C 数字技术应用业	D 数字要素驱动业	B 数字产品服务业	100%
		26.41%	23.52%	21.98%	18.12%	9.97%	
6	杭州	E 数字化效率提升业	C 数字技术应用业	D 数字要素驱动业	A 数字产品制造业	B 数字产品服务业	100%
		28.01%	22.11%	22.01%	17.43%	10.44%	
7	武汉	E 数字化效率提升业	A 数字产品制造业	C 数字技术应用业	D 数字要素驱动业	B 数字产品服务业	100%
		28.69%	24.18%	19.20%	17.67%	10.27%	
8	深圳	A 数字产品制造业	E 数字化效率提升业	C 数字技术应用业	D 数字要素驱动业	B 数字产品服务业	100%
		32.25%	28.70%	16.99%	12.32%	9.73%	
9	苏州	A 数字产品制造业	E 数字化效率提升业	C 数字技术应用业	B 数字产品服务业	D 数字要素驱动业	100%
		28.04%	25.57%	16.32%	15.11%	14.95%	
10	西安	A 数字产品制造业	E 数字化效率提升业	C 数字技术应用业	D 数字要素驱动业	B 数字产品服务业	100%
		28.71%	27.68%	18.35%	14.89%	10.38%	
11	重庆	E 数字化效率提升业	A 数字产品制造业	C 数字技术应用业	D 数字要素驱动业	B 数字产品服务业	100%
		29.30%	26.62%	16.69%	15.99%	11.41%	

资料来源：智联样本数据，中国长江经济带发展研究院整理。

四　重点城市数字经济人才职业培训情况

我国职业学校教育主要是按照"专业"而非"职业"开展，导致职业学校学生对"职业"认识不足，更具有职业岗位针对性的职业培训应运而生，由此形成了我国学历类职业学校和非学历类职业培训并存的职业教育体系。根据《职业教育法修订草案（征求意见稿）》，"职业教育，是指为了使受教育者具备从事某种职业或者职业发展所需要的职业道德、专业知识、技术技能和能力素质而实施的教育活动，包括各级各类职业学校教育和各种形式的职业培训"。学历职业教育被纳入国民教育系列，主要包含中、高等职业学校教育。非学历职业培训是行业岗位教育，是行业需求的辅助教育。我国形成了学历类职业学校和非学历类职业培训并存的职业教育体系（见图3）。

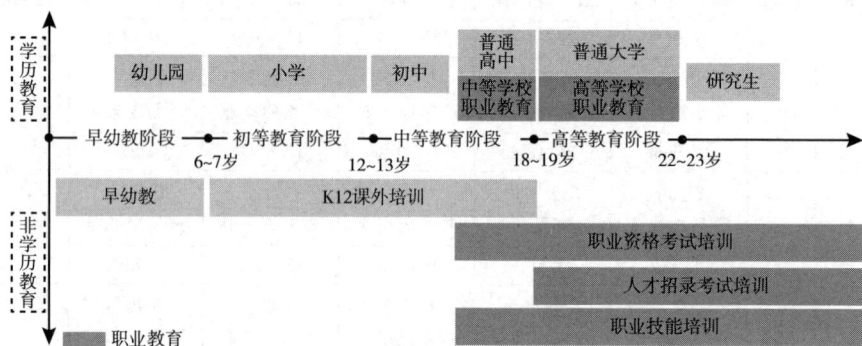

图3 我国学历类职业学校与非学历类职业培训并存的职业教育体系

资料来源：《2022年中国职业培训行业研究报告（艾瑞咨询）》。

根据培训目的的不同，职业培训可以被划分为职业资格考试培训、人才招录考试培训和职业技能培训。职业资格考试培训针对从事某一职业所必备的学识、技术和能力进行培训，学员通常以取得相应的职业资格证书为目的；人才招录考试培训主要针对公务员、事业编和教师三类职业，同时还有政法干警招录考试、军转干部招录考试等；职业技能培训指针对某一岗位所需的技术和能力进行岗位培训。从运营主体看，职业培训机构以民办机构为主要运营主体，由企业和个体进行消费并支付，具有更强的市场化运营特点。

2023年，我国职业培训市场规模超过3600亿元。比较依赖线下场景的专业技能类培训受疫情影响2020年规模下滑21%左右，职业培训行业整体市场规模也出现一定幅度下降（见图4）。但受终身学习理念普及、政策鼓励资本支持等因素影响，职业培训将进入新一轮快速发展阶段。

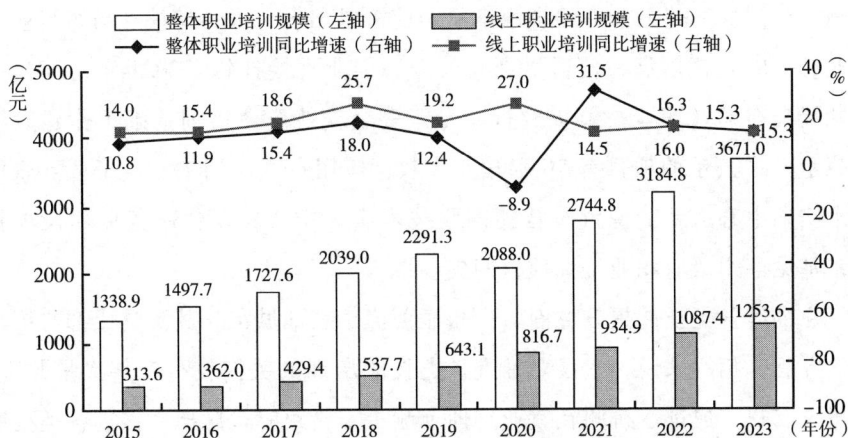

图 4 2015~2023 年中国职业培训市场规模及增速

资料来源：《2022 年中国职业培训行业研究报告（艾瑞咨询）》。

说明：1. 市场规模统计口径为 to C 业务市场规模，不含企业培训等 to B 业务市场规模；2. 未包含考研培训、成人学历教育培训等招生考试类培训；3. 此处职业技能培训仅包含 IT 类、数字艺术类、成人实用语言类、金融财会类、运营类等专业技术技能培训，未包含汽修驾驶、烹饪、美容美发等偏蓝领工种的技能培训；4. 未包含通识教育培训。

通过 LDA 分析，可以将各个城市的职业培训政策的内容归纳为以下三个主题：人才信息平台建设、促进创业与就业、推进职业技能提升。此外，随着高技能人才占技能劳动者的比例逐年攀升，职业技能竞赛已成为培养、选拔技能人才的重要途径，为提升各行业专业技能水平、深化和完善职业院校培训教学改革搭建了平台。近年来，在各地人社部门的努力下，职业技能竞赛工作模式不断创新，形成了以政府部门为主导、社会力量参与、企业支持的多样化竞赛组织形式。各地以赛促学、以赛促训、以赛促建，致力于培育"大国工匠"和"能工巧匠"。

具体来看，对比不同城市在职业培训市场建设方面的特色。在人才平台建设方面，武汉与南京显著优于其他城市，其次是重庆、上海和西安。相对而言，广州和成都在人力资源平台建设方面的政策力度稍弱。

在聚焦推进就业与创业方面，北京显著优于其他城市，其次是苏州、武汉、重庆。相较而言，南京在推进就业与创业方面的政策力度较低，其次是广州、杭州。苏州的职业培训政策从当前需求出发，大力扶持与新兴行业及职业相关的教育培训，使得培训与就业、创业直接挂钩。2021年，苏州市人社局公布的《职业技能提升行动专账资金支持职业培训基础工作建设项目公示》中公示的项目有5G通信与大数据应用技术实训中心、工业互联网技术实训中心、新能源汽车智能网联技术实训中心、现代服务业建设项目等，足见苏州政府职业培训项目的尖端性。

在推进各类技能提升方面，广州显著优于其他城市，其次是成都与杭州并驾齐驱。相对来说，武汉对推进各类技能培训的关注较少，其次是北京、苏州。广州、成都、杭州在就业培训上侧重于紧跟时代脉搏、推进各类技能培训。广州市通过发放职业培训券的方式，帮助其提高技能水平，促进稳定就业。成都市技师学院作为成都市的标杆培训机构，多年来坚持改革创新、合作开放办学，建立专业设置动态调整机制，能根据市场变化随时调整专业招生，使得学生成为拥有先进技能与知识的专业型人才。杭州则依托于先进的互联网科技，开展如互联网营销师等各类新职业培训，为职工的技能提升保驾护航。

第四章

城市数字经济人才流动状况分析

一　城市数字经济人才整体流动情况

（一）数字经济人才向较发达城市聚集

一线城市以及省会城市的数字经济较为发达，人才需求量大，但各城市人才流动特点有所不同。北京数字人才主要流向一线城市及省会；上海、广州、深圳主要流向周边城市、一线城市及省会（见表1）；华东、华南区域的数字经济环境对周边影响和辐射较大，人才对地区的认可度较高。另外，也表明了上深广等一线城市作为区域人才培养基地，为周边城市的数字经济发展做出了贡献。大型城市拥有数字经济产业所需的经济基础、人才、技术等优势，数字经济人才富集。从整体看，一线城市为数字经济人才主要流入地，其中，上海为数字经济人才流入城市首选，其次为北京、深圳、广州，一线城市流入的数字经济人才接近五成。

表 1　重点城市数字经济人才流向

数字经济人才流向	Top1	Top2	Top3
北京	上海 14.3%	深圳 7.9%	杭州 6.3%
上海	杭州 12.0%	苏州 10.6%	北京 10.5%
深圳	广州 14.6%	东莞 8.5%	上海 7.3%
广州	深圳 22.7%	佛山 12.1%	上海 6.2%

资料来源：2021数字经济人才白皮书（猎聘）。

（二）新经济的崛起推动城市间数字经济人才流动格局发生变化

脉脉发布的《乘势而上·人才流动与迁徙 2022》报告显示，由新经济崛起带动的一批新行业机会浮现。数据显示，重要城市的新经济领域人才供给均明显上涨，涨幅较高的行业分别为智能硬件、新能源汽车、智能家电、人工智能及新生物医药（见表 2）。

表 2 主要新经济领域人才供给增幅

单位：%

新经济领域	涨幅	新经济领域	涨幅
智能硬件	131.05	电子商务 & 新零售	83.01
新能源汽车	126.83	通信	82.01
智能家电	124.51	企业数字化服务	77.09
人工智能	106.38	新生活服务	65.46
新生物医药	100.96		

资料来源：《乘势而上·人才流动与迁徙 2022》（脉脉）。

而互联网人才的加入使实体经济和数字经济逐渐融合，也进一步推动了软件和硬件厂商间的人才流动。报告显示，华为给智能硬件行业输送大量人才，而字节跳动是智能硬件人才的最大接收方。

新经济的崛起也让城市间的人才流动格局发生变化，整体来看，北京人才南下趋势明显，主要流动方向为长三角地区和珠三角地区，其中流入量最大的城市依次是上海、深圳和杭州（见表 3）。

表 3 重点城市新经济人才流入量排名

排名	城市	排名	城市
1	北京	5	广州
2	上海	6	成都
3	深圳	7	南京
4	杭州	8	苏州

续表

排名	城市	排名	城市
9	武汉	15	厦门
10	重庆	16	东莞
11	西安	17	宁波
12	合肥	18	佛山
13	长沙	19	青岛
14	天津	20	郑州

资料来源：《乘势而上·人才流动与迁徙2022》（脉脉）。

二　数字经济人才净流出城市分析

11个典型城市中，北京、南京、广州、西安呈现明显的数字经济人才净流出趋势。

（一）北京

北京定位于建设全球数字经济标杆城市，也是我国数字经济人才最大的输出城市，北京在我国数字经济的发展中发挥着人才与技术的双重牵引作用。北京的创新要素丰富，数字人才输出与技术输出方面领先全国。在人才牵引方面，北京拥有90多所高校、1000多家科研院所、128家国家重点实验室和近3万家国家高新技术企业，这些组织机构培育并向全国各个城市输送了大量数字经济人才。在技术牵引方面，科技部火炬中心技术合同交易数据表明，2020年北京市技术合同输出84451项，技术合同输出成交额为6316.16亿元，技术输出成交额外地占比超过70%，三项数据均居全国第一并大幅领先。截至2021年8月底，据北京市科学技术委员会统计，数字经济领域技术转让占绝对多数，仅电子信息领域技术转让就超过30000项，超过转让技术项目总数的50%。

（二）南京

南京市数字经济人才发展以数字人才输出为特色，以建设全球一流数字经济名城为建设目标。从自身发展角度来讲，在核心数字产业方面，计算机、通信和其他电子设备制造的增加值逐年上升。南京市于2020年印发《南京市数字经济发展三年行动计划（2020-2022年）》，拟将数字经济增加值从2019年的7200亿元提升至2022年的10000亿元。从牵引带动方面讲，南京主要以数字人才供给支撑我国数字经济发展。据清华大学经管学院联合测算，2019年，北京与南京是中国数字经济人才净流出前二的城市，南京是国内数字人才流出/流入比最高的城市，有力支撑了我国其他城市的数字经济建设。

（三）广州

广州市数字经济发展以数产融合为特色，基于自身工业基础与产业集群优势，以数字经济为驱动经济发展的双引擎之一，努力打造数产融合的全球标杆城市，建设具有国际影响力的数字产业集群与数字经济人才高地。广州市数字经济人才总量呈现净流出态势，人才流向珠三角城市群城市的比重明显更高。一方面是因为珠三角多为粤语城市、文化相近；另一方面是广州高校数量较多，广东省人才为求学向广州集聚，毕业后从广州回流至省内其他城市。根据教育部数据，广州普通高校数、"211"高校数分别为37所、6所，分别排在第5、第6名；根据国家统计局数据，2020年广州普通本专科在校生人数为130.7万人、位列全国第一。

（四）西安

西安市将以推进数字产业化、产业数字化为主线，以强化数字基建、数据要素、数字技术三大要素供给为基础，全面推动数字经济与实体经济深度融合。整体来看，西安的数字经济人才呈现净流出状态。此前多年，西安因为高校毕业生"孔雀东南飞"的情况颇受关注，但近年来类似情况多有改善。面对高校人才外流的局面，坐拥 30 万大学生的西安也喊出"五年内留住百万大学生"的口号，西安市政府多措并举希望增强西安的"西"引力，将人才留在西安。具体到政策来看，安居层面，西安市政府先后针对落户、住房、育儿等方面出台《西安市深化人才发展体制机制改革打造"一带一路"人才高地若干政策措施》等一系列优惠政策。数字经济领域，西安在卫星应用领域拥有人才、科研、技术和产业等优势，"北斗"人才集聚特色明显。

三　数字经济人才微流入城市

11 个典型城市中，上海、苏州、重庆、武汉呈现数字经济人才微流入趋势。

（一）上海

上海定位于建设成为国际数字之都，近年来数字经济人才集聚明显，且以高端人才集聚为主要优势，在我国数字创新要素的人才结构优化与技术融合推进中，发挥着引领示范作用。上海依托其数字融合应用优势，在技术积累转化方面存在许多先进成果，同时也是国内数字人才流动的枢纽，在数字人才总量上呈现微流入状态，并且呈现人才流动的"低入高出"态势，即上海市依托其丰富的产业格局和数字经济人才培养体系，在人才流动中往往吸收更多的初级职位人才，输出中高级职位人才，为全国的数字经济人才结构优化做出重要贡献。同时，上海长期致力于推动新技术同传统产业融合以及新技术在新场景中的应用。这一举措已取得阶段性井喷式成果，2021 年上海科技进步奖涌现出两项特等奖："洋山四期超大型自动化集装箱码头关键技术研究与应用"与"面向复杂场景的人物视觉理解技术及应用"，二者均是数字经济发展所需的新技术转化，是我国数字经济与实体经济融合发展的优秀典型。

（二）苏州

苏州市以建设"全国数字化引领转型升级标杆城市"为目标，高水平构建数字经济和数字化发展新体系，制定实施"12345"数字化转型推进策略。从整体看，苏州的数字经济人才呈微流入趋势，人才集聚持续，这主要得益于苏州经济实力雄厚且发展快、创新发展领先，且区位优势明显。从人才流入流出看，近年苏州人才流入占比保持平稳，维持在2.3%左右，人才流出占比下降明显。苏州与长三角中城市的数字经济人才交流密切，人才流入主要原因是苏州经济实力雄厚、创新发展领先，并且地处长三角腹地、距离上海最近，是资源外溢最大受益者，吸引人才集聚。数字经济人才结构中，苏州的融合型数字经济人才存在缺口，社会数字化发展意识仍有待加强。数字人才特别是跨界融合的高端人才供给缺口较大，智能制造、共享工厂、协同生产等新模式新业态竞相涌现，但对传统重工业发展惯性思维和路径依赖较重。

（三）重庆

重庆市数字经济发展以产业数字化为特色，提出以打造全国领先的数字经济创新发展试验区和全球数字经济创新发展高地为目标，大力发展高质量电子信息制造业，建设"智造重镇""智慧名城"，并且在数字经济人才协同生态建设方面已经摸索出经验与模式。重庆市全力打造"芯屏器核网"全产业链、集聚"云联数算用"全要素群、塑造"住业游乐购"全场景集，并积极营造"近悦远来"的人才生态，吸引数字经济人才集聚，整体呈现人才微流入状态。

重庆市丰富完善与数字经济同频共振、协同发展的人才建设体系。通过构建人才政策体系、人才产业体系、人才创新体系、人才空间布局体系、人才效能体系等"五大体系"，大力助推"一区两群"协同发展，推进主城都市区和渝东北、渝东南城镇协调发展部署，发挥两江新区所长，重点推动与区县对口协同发展；强化产业发展协同，深化重点企业产业链合作；加强供需环境协同发展，积极引进共建高水平科研平台，引进培育高层次人才（团队），提升科研能力，支撑高水平学科建设；强化创新主体协同发展，积极引进"独角兽""瞪羚"等创新企业，强化企业创新实力；加强梯队建设协同，引进培养数字经济领域尖端领军人才及团队，集聚一批高层次复合型人才。

（四）武汉

武汉以建成国内重要的数字经济技术策源地、数字产业集聚地，建成数字经济一线城市为目标，推进数字经济发展。武汉提出了基础设施、数字产业、数字融合、数字治理、数据资源等五大重点任务，数字核心技术攻关、数字应用场景开放、数字安全防护构筑、数字创新人才培养、数字区域特色发展等五大工程。2013 年，武汉开始实施"百万大学生留汉"政策，加之生活成本较低，因此，人才净流入不断上升。虽然武汉的整体人才流入占比自 2017 年由负转正，但数字经济人才目前仅呈现微流入状态。2021 年，武汉成立人才集团有限公司，专门为城市引进人才，并且武汉继续放宽落户条件，接近"零门槛"，落户开放度在国家中心城市中最大。作为在校大学生数量全国第三的城市，武汉人才流入明显增加。2021年新增留汉大学生 34.5 万人，超额完成"学子留汉"工程计划，达到历史最高水平。

四　数字经济人才净流入城市

11 个典型城市中，深圳、杭州、成都呈现明显的数字经济人才净流入趋势。

（一）深圳

深圳定位于建设成为全球数字经济先锋城市，数字经济体量巨大、创新要素齐全，基础设施完备、数字业态丰富、数字需求旺盛、政策配套完善、数字经济带动作用明显，是全国数字经济人才净流入量最多的城市。深圳市核心数字产业发展位居全国前列，依托头部企业集群优势，成为国内对数字创新要素最具全球吸引力的城市之一。例如，深圳是国内半导体产品的消费、集散和设计中心，依托国家第三代半导体技术创新中心深圳平台，整合全国研发力量及数字经济人才与既有第三代半导体研发相关配套、应用企业，推动我国第三代半导体产业整体性跃升、跻身世界先进行业。此外，深圳依托自身完善的数字经济产业体系以及信息集散功能，承担了为其他类型城市提供数字经济"双招双引"平台的作用。2023年，深圳承担了包括辽宁、湖南、浙江、江西等地级市的各种与数字经济相关的招商推介、招才引智推介活动。

（二）杭州

杭州市数字经济发展以数字产业化为特色，以打造"全国数字经济第一城"为目标，将数字经济视为"一号工程"，以数字产业化、产业数字化与城市数字化相融合为主要路径，最终实现"一城五地"，即将杭州建设成为具有国际一流水平的全国数字经济理念和技术策源地、企业和人才集聚地、数字产业化发展引领地、产业数字化变革示范地和城市数字治理方案输出地。整体上，依托"一号工程"的政策优势，杭州吸引了大量数字经济人才集聚，整体呈现数字经济人才净流入状态。在数字经济人才集聚方面，根据清华大学经管学院测算，早在2018年杭州就已经是国内对数字经济人才最具吸引力的城市，人才流入/流出比达到1.74。目前，杭州对于国内数字经济人才的吸引力居全国第二位，仅次于深圳。

（三）成都

成都市数字经济发展以数字产业集群建设为特色，以建设国家数字经济创新发展试验区、新一代人工智能创新发展试验区和国家人工智能创新应用先导区为契机，大力发展数字经济。从自身发展角度讲，成都市数字经济有以下特征：一是互联网、软件增长强劲，并形成产业集群；二是数字化助力

"三城三都"（世界文创名城、世界旅游名城、世界赛事名城、国际美食之都、国际音乐之都和国际会展之都）建设成绩喜人，并集聚了大量数字经济人才。整体上，成都市数字经济人才呈现净流入状态，并深度服务于成都市数字经济产业发展，成都是我国城市间数字产业牵引协同发展的典型代表之一。

第五章

城市数实融合人才发展生态评价

习近平总书记在中央政治局第三十四次集体学习时指出："要推动数字经济和实体经济融合发展，把握数字化、网络化、智能化方向，推动制造业、服务业、农业等产业数字化，利用互联网新技术对传统产业进行全方位、全链条的改造，提高全要素生产率，发挥数字技术对经济发展的放大、叠加、倍增作用。"发展数字经济是把握新一轮科技革命和产业变革新机遇的战略选择，推动数字经济和实体经济融合发展是推动我国经济高质量发展的重要方面。

一　以数实融合推动数字经济做强做优做大

推动数字经济与实体经济深度融合，以数字经济发展提升实体经济发展水平、增强实体经济综合竞争力，成为抢抓新一轮科技革命机遇、推动新一轮产业变革的关键环节。

2022年10月，在十三届全国人大常委会第三十七次会议上，受国务院委托，国家发展和改革委员会主任何立峰作了关于数字经济发展情况的报告（以下称《国务院关于数字经济发展情况的报告》），强调要不断做强做优做大我国数字经济。

"做强做优做大"，涵盖了数字经济发展的质量、结构和规模三个维度，锚定了我国数字经济发展有机统一的三个目标。无论是提升质量（做强）、优化结构（做优）还是壮大规模（做大），要加快发展数字经济，关键路径在于党的二十大报告提出的"促进数字经济和实体经济深度融合，打造具有国际竞争力的数字产业集群"。

（一）我国数实融合的战略布局

在经济发展全局中，数字经济所处的位置进一步明晰，数字经济正成为"底座的底座"。党的二十大报告对"建设现代化产业体系"进行了战略部署，提出要坚持把发展经济的着力点放在实体经济上，强调"加快建设制造强国、质量强国、航天强国、交通强国、网络强国、数字中国"。

数实融合成为城市数字经济发展的主线和关键路径。数实融合即"数字技术和实体经济深度融合"，既是新时代顺应新一代技术革命和产业变革的必然选择，也是新阶段激发城市经济发展动能、推动城市高质量发展的内在要求。习近平总书记在中共中央政治局第三十四次集体学习中强调，要充分发挥海量数据和丰富应用场景优势，促进数字技术与实体经济深度融合。国家《"十四五"数字经济发展规划》明确提出，以数字技术与实体经济深度融合为主线。近年来，各地政策文件中纷纷强调要持续推进数字技术赋能各行各业，加快产业数字化转型，数实融合正成为地方塑造经济发展新优势的重要路径。

目前，我国数实融合还处于起步阶段，仍面临发展不均衡、融合不充分等问题。"十四五"期间，数实融合加速向更深层次更广范围发展，政策制定将更具有落地性和可操作性，工作重心将兼顾特色产业集聚和本地数字化转型支撑服务生态培育，建设重心从龙头企业向中小企业延伸，从重点行业向产业园区和集群拓展，从采购和销售环节向研发生产环节渗透。

1. 数实融合是正视我国数字经济大而不强、与数字强国差距较为明显的现状的战略布局

根据2021全球数字经济大会以及信通院数据，我国数字经济的规模已经连续多年位居世界第二。《国务院关于数字经济发展情况的报告》也指出，我国网民数量、数据资源、数字化应用场景全球领先，市场潜力巨大，

但同时"我国数字经济还存在大而不强、快而不优等问题"。尽管我们培育了一批数字经济战略型企业，但与作为全球第一数字强国的美国的同类企业比较，更需要加快追赶步伐。从这个意义上说，想成为数字强国更需谋定而后动，努力先做好自己，从数字中国做起。

2. 数实融合是区分中国在不同领域扮演的角色，从跟跑者、并跑者再到领跑者的战略举措

前五个领域中国是跟跑者，最多是并跑者。在这些领域，国际上已有强者占据领先的标准和模式。制造强国、质量强国、航天强国、交通强国、网络强国，分别是德国、日本、俄罗斯、美国、英国。而在数字化领域，中国不仅是全球数字化用户领先国家（截至 2022 年 6 月已有 10.51 亿网民），还在 2021 年超越美国成为全球数据生产量最大的国家。数字经济是全球产业竞争的制高点，中国有机会在这个新赛道上，换道超车蹚出自己的路，从并跑者跃升为领跑者，制定数字经济的中国标准、中国模式。因此在战略上强调是"数字中国"。

3. 数实融合是对中国式现代化底座的有机概括，数字中国是这些底座的落点

数字经济发展不仅为中国带来实现换道超车的宝贵机会，同时为实现高质量发展和中国式现代化提供坚实的数字底座。制造强国、质量强国、航天强国、交通强国、网络强国，也在各自领域提供底座支撑。随着数字技术融入实体经济及千行百业，持续释放对经济发展的放大、叠加、倍增作用，数字经济正在成为"底座的底座"。从工业时代迈向数字时代是历史必然，也是最大的确定性，能兼容其他领域融合发展的莫过于数字化，由此，将数字中国放在众多产业战略的最后，作为各项强国目标的战略锚点和落脚点。

（二）城市数实融合推进的现实意义

城市数字经济发展情况集中体现我国数字经济发展水平和趋势，发展城市数字经济具有推进城市治理体系和治理能力现代化、构建城市现代化经济体系、促进城乡协同实现共同富裕的现实意义。一方面，城市数字经济具备数字经济的普遍共性，如网络实时性、空间直达性、技术渗透性、报酬递增性、外部经济性；另一方面，城市数字经济具有城市经济的独特性，具有整体系统性、产业集聚性、空间溢出性、产城协调性。

以数实融合推动城市数字经济的发展具有现实意义。

1. 是推进城市治理体系和治理能力现代化的必由之路

一是促进城市高效化运行。数字基础设施具有基础性、公共性、强外部性等特征，通过实施城市更新行动，加快建设以千兆光网和 5G 为代表的"双千兆"网络，推进传统基础设施智能升级，有助于打通城市信息"大动脉"，全时感知城市运行态势，提升城市整体运行效能。二是推进城市精细化管理。通过运用大数据、云计算、区块链、人工智能等前沿技术，以数字化赋能城市管理，推进从数字化到智能化再到智慧化，能持续提升城市精治、共治、法治水平，让城市更聪明一些、更智慧一些。三是加快城市绿色化发展。发展城市数字经济有助于深刻改变城市生产、生活运行模式，有助于大幅提升能源电力、城市管理、交通运输、工业生产等领域的运行效率和能源效率，从而减少城市碳排放，助力城市更早实现碳达峰碳中和。

2. 是构建城市现代化经济体系的重要引擎

一是培育城市新业态新模式。通过构建充满活力、适合新业态新模式成长的体制机制，鼓励发展新型研发机构、企业创新联合体等新型主体，能够进一步激发市场创新活力，促进新业态新模式健康发展，培育城市经济新动能。二是拓展城市传统产业发展空间。通过统筹政策、资本、人才等要素，聚力建设城市数字化转型生态，加快推动传统企业尤其是中小企业数字化转型升级，有助于充分发挥数字化对经济发展的乘数倍增效应，重构价值创造模式，让传统产业焕发新活力。三是增强城市产业链供应链韧性。城市数字经济的蓬勃发展，有助于加强对产业链供应链的敏捷补链固链，实现全链条泛在互联贯通，助力产业链供应链上下游企业动态调整产品品类、优化产能，拓展企业新需求。

3. 是促进城乡协同实现共同富裕的现实选择

一是创造更多灵活就业岗位。数字经济催生了外卖骑手、网约车司机、快递员等灵活就业岗位，解决了广大困难群众就业问题，在城市提高就业率、增强就业弹性、增加中低收入家庭收入等方面作出了重大贡献。二是推动公共服务均等化。伴随政务服务、智能产教、智慧医疗等数字化应用的发展，使高质量的公共服务资源更高效地实现全城共享，有利于推动城市公共服务均等化进程，切实提升城乡居民的"获得感"。三是促进城市经济均衡发展。数字经济有利于构建国内统一大市场，优化资源配置，推动生产要素向农村及偏远地区辐射，从而提升城市全要素生产率，将城市经济蛋糕做得更大。

（三）人才战略助力数实融合持续推进

党的二十大报告在明确"坚持把发展经济的着力点放在实体经济上"的同时，提出建设数字中国，加快发展数字经济，促进数字经济和实体经济深度融合（数实融合），打造具有国际竞争力的数字产业集群。

实体经济是国民经济的顶梁柱，是发展经济的着力点，也是数字技术发挥用武之地的主战场；数字经济是融合性经济，是其他产业发展和各种资源高效配置的融合剂，同时也是助推剂、催化剂、增效剂。

作为"十四五"期间我国做强做优做大数字经济的重要任务，数实融合是数字产业化和产业数字化的协同途径、构建新发展格局和推动高质量发展的新动能。持续推进数实融合，可以不断催生网络化协同制造、大规模个性化定制、远程智能服务等符合市场需求的新业态新模式，成为引领实体经济，特别是传统制造业数字化转型的动力源泉。

数实融合的核心在于：发挥数字经济人才的核心优势，通过数字化手段，大幅增强企业尤其是实体企业的竞争力，实现"以数强实"。放在更大的历史视野来看，当前产业数字化的大幕才拉开不久，数字技术和数字经济在促进创新、降本增效、深化分工等方面的作用，还远不能与蒸汽革命、电力革命等同日而语。但随着云计算、人工智能、远程交互等软硬件技术持续突破，"以数强实"将迸发更大能量，成为新一轮产业革命的驱动器。数字经济赋能效应明显，能有效推动传统产业优化资源配置、调整产业结构，实现传统产业转型升级。在这个过程中，必须坚持科技是第一生产力、人才是第一资源、创新是第一动力，深入实施科教兴国战略、人才强国战略、创新驱动发展战略，开辟发展新领域新赛道，不断塑造发展新动能新优势，助力数字经济做强做优做大。

二　重点城市数实融合的人才发展生态现状

（一）城市规划数实融合度分析

针对城市规划数实融合度的方向，选取了 11 个重点城市出台的大型数字经济政策，以各大城市的"十四五"数字经济规划为主，辅之以具体的产业促进政策、政策解读文件。在分析方法上，根据《城市数字经济发展实践白皮书》提出数实融合的八个分析维度并提炼出每个分析维度的关键词。对不同城市的政策文本进行分词预处理后，采用改进的 TF-IDF 算法提取文件的前 200 个关键词，将各个政策文本中提取出的关键词与八个分析维度的关键词进行相似度匹配计算，即可得出每个政策文本在各项分析维度中的倾向程度。

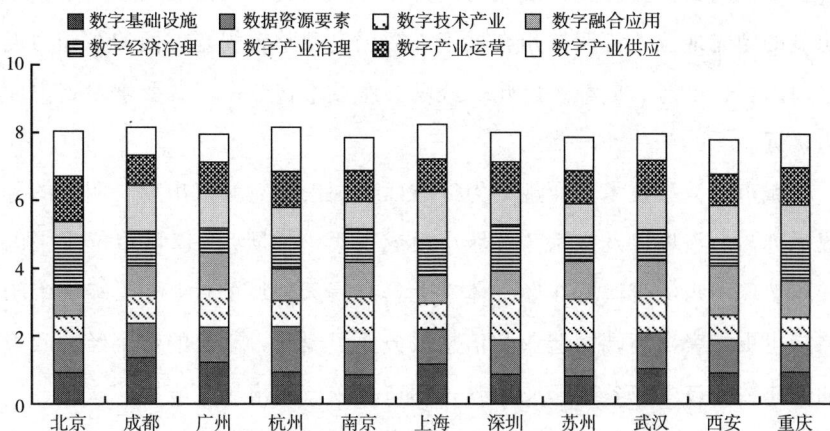

图 1　2022 年重点城市的城市规划数实融合度二级指标得分比较

资料来源：中国长江经济带发展研究院。

从各大城市政策整体的数实融合规划均衡度来看，北京得分偏低，考虑其特殊的城市定位，其制定的政策主要聚焦于数字经济治理、数字产业运营以及数字产业供应三个方面。上海排在首位，而其他城市的数实融合规划均衡度的差异性较小。从地区角度来看，长三角地区的三城（上海、南京、苏州）政策的数实融合规划均衡度较好，珠三角、成渝地区也紧随其后。

从数实融合 8 个方面的累计结果来看，各大城市的累计结果差距较小。国内各大重点城市在政策规划均衡的前提下，也在数字经济的浪潮中逐步摸索、明确自身的城市定位，尽可能地发挥城市特长，更好地建设有特色的数字城市，同时也起到以点带面的城市辐射效应，推动中国数字经济的飞跃发展。

在城市的数字基础设施规划力度方面，成都、广州、上海属于国内重点城市的第一梯队，显著高于其他城市。说明这 3 个城市公布的数字经济政策在建设保障城市数字经济活动的新型基础设施体系方面发力显著。相较于其他城市，江苏的两座重点城市南京和苏州制定的数字经济政策在数字基础设施规划方面的关注度较低。

在城市的数据资源要素规划力度方面，杭州属于国内的明星城市，处于较明显的领先地位，说明杭州在城市大数据资源整合规划方面的布局力度较大。而深圳、上海、成都、广州、武汉 5 座城市在数据资源要素规划力度上较为接近。

在城市的数字技术产业规划力度方面，国内重点城市出现了明显的分层情况。苏州、深圳以及南京 3 座城市组成了第一梯队，3 座城市位于中国的长三角、珠三角经济区，在经济体量上具有得天独厚的优势，3 座城市的经济结构也更加突出高端制造业和信息服务业。因此，制定的数字经济政策也更加关注数字技术在各个产业尤其是制造业领域的市场化应用。武汉、广州两座城市组成了第二梯队，显著高于剩余 6 座城市。重庆等 6 座城市在数字技术规划的政策力度方面较为接近。

在城市的数字融合应用规划力度方面，西安的规划力度在全国一骑绝尘。不难看出，西安作为一座拥有丰厚历史底蕴的千年古城，在数字经济时代更为关注数字技术对传统行业的转型升级，在数字文旅、数字农业、智能通信方面发力显著，以此助推城市的转型发展。除深圳、西安之外的9座国内重点城市在数字融合应用规划方面较为接近。

在城市的数字经济治理规划方面，3座直辖市和1个经济特区对于自身的城市定位都很明确，相比于其他城市，更为关注运用数字技术建立数字化的行政管理体系、创新服务监督方式，充分发挥自身的辐射作用，为建立新型的政府治理模式提供榜样。其中，北京作为国家首都更是发挥了领头羊的作用。杭州、重庆、南京等4座省会城市之间的数字经济治理规划力度差异性较小。

在城市的数字产业治理规划方面，成都、上海是国内重点城市的"双子星"，两座城市在自身的产业治理规划方面对国内其他重点城市起到了很好的示范作用，很好地发挥了塑造区域制度环境、聚焦生产要素资源、引领数字产业发展的示范作用。除北京之外，剩余的几大重点城市在数字产业治理规划方面较为接近。而北京与其他城市之间存在较为显著的差异，相对而言在数字产业治理规划方面的政策关注度并不高。

在城市的数字产业运营规划力度方面，北京在国内居于明显的领先地位，其作为国家首都，凭借自身强大的资源收集、整合、协调能力，通过搭建产业公共服务平台和合作孵化平台，很好地为自身城市范围内产业的孵化、成长、发展、壮大提供全生命周期服务体系。武汉、杭州、重庆三城在此方面的政策规划力度也较为明显。

在城市的数字产业供应规划方面，杭州、北京是国内的"双星城市"。从城市特点来看，杭州是国内数字经济的先行者，孵化出了一批大型互联网企业，在互联网服务和数字资源要素规划方面具有较大的优势，而北京则是国家首都，具有国内领先的城市数字产业运营和资源整合能力。两座城市均出台了明确的政策，重点关注产业链现代化中的"痛点"，驱动城市空间内供应链企业与上下游成员的连接，形成稳固的全链条网络结构。而南京、重庆等4城则组成了数字产业供应规划方面的第二城市梯队。

（二）人才政策数实融合度分析

本报告将人才政策区分为四类，人才吸引与保障政策、人才管理与维护政策、人才培养与发展政策和人才评价与考核政策。整体来看，各个城市在四类人才政策上侧重程度大致相当。相对来说，更为偏重的是人才吸引与保障政策（29.46%），即通过物质和精神奖励、有吸引力的基础设施等方式吸引人才向本地区聚集。其次，是人才管理与维护政策（25.33%），即提供构建数据库、数据平台等方式来加强人才管理。然后，是人才培养与发展政策（24.46%），即提供各类培训提升人才意识、能力与素质等。相对不太侧重的是人才评价与考核政策（20.73%），即制定人才能力、绩效、贡献等客观公正评价、考核方面的政策。

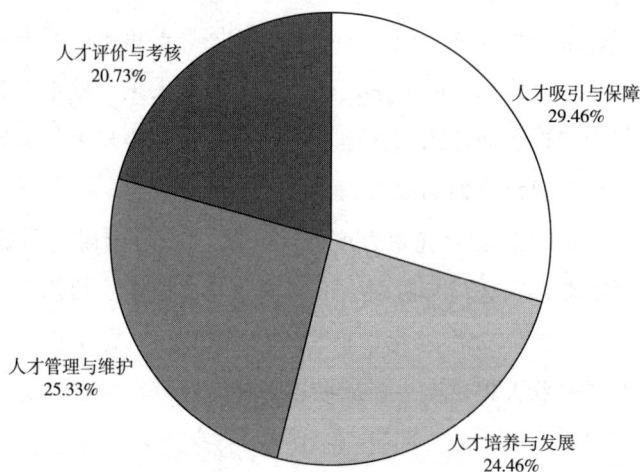

图 2　2023 年重点城市人才政策二级指标侧重度

资料来源：中国长江经济带发展研究院。

综合来看，面向数实融合的人才政策，需要在人才吸引与保障政策、人才培养与发展政策、人才管理与维护政策、人才评价与考核政策等四类政策制定和实施上相对均衡。其中，深圳的数实融合人才政策均衡度最高，成都、杭州、重庆次之。相对来说，武汉、苏州的人才政策均衡度较低。

　　武汉的人才政策非常注重人才培养与发展方面，这可能与武汉高校云集、人才培养意识浓重有关。武汉相对忽视人才管理与维度方面的政策制定，人才数据管理意识和平台的构建还有大幅度提升空间。以及，对人才评价与考核的政策制定也有待提升。

　　广州的人才政策非常注重人才管理与维护，在人才数据平台建设方面走得比较靠前，广州也是一座高校云集的城市，因此注重人才培养与发展方面的政策制定。相对来看，广州在人才评价与考核方面的政策制定上较少关注，有进一步提升的空间，在人才吸引与保障方面的政策也可以进一步强化，提升人才吸引力。

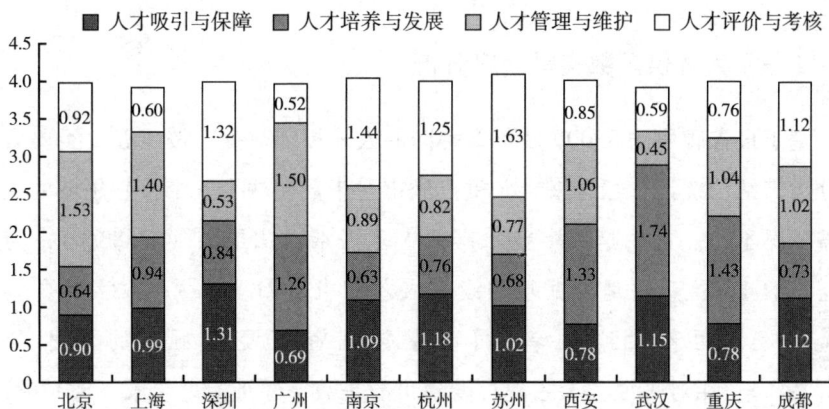

图 3　2023 年各重点城市的人才政策数实融合度二级指标得分比较

资料来源：中国长江经济带发展研究院。

　　重庆的人才政策较多地注重人才管理与维护。截至 2022 年一季度，重庆全市累计发放重庆英才服务卡 10295 张，持续推进人才服务提质增效。全市强化"服务专员+联络员"的服务工作机制，全市人才服务工作人员达到3171 人，其中市级 746 人、区县 2425 人。此外，重庆以重庆英才"渝快办"服务品牌为统领，大力推进重庆英才服务港建设，拓展人才服务事项数字化建设。截至 2022 年 2 月 21 日，68 项服务事项已在重庆英才服务卡小程序和重庆英才网正式上线。

在人才吸引与保障的政策方面，深圳显著高于其他城市，其次是杭州、武汉、成都。相对而言，广州在人才吸引与保障方面的政策力度较低。

在人才培养与发展的政策方面，武汉显著高于其他城市，其次是重庆、西安、广州。相对而言，南京在人才培养与发展方面的政策力度较低。

在人才管理与维护的政策方面，北京、广州、上海属于第一梯队，显著高于其他城市，然后是西安、重庆、成都。相对而言，武汉在人才管理与维护方面的政策力度较低。

在人才评价与考核的政策方面，苏州显著高于其他城市，其次是南京、深圳、杭州、成都。相对而言，广州在人才评价与考核方面的政策力度较低。

（三）人才供需数实融合度分析

基于报告爬取的 83000 多条猎聘网的人才招聘数据，按照五大类要素进行分类归纳与统计，综合来看，重点城市对于数实融合五个核心领域的人才供需情况不一。首先是数字技术产业人才需求占比最高（33.83%），为全部需求的 1/3；其次是数据基础设施人才需求（21.09%）、数字融合应用（20.77%），两者大致相等；再次是数据资源要素领域的人才需求（16.19%）；相对来说，人才需求度最小的是数字经济治理领域（8.12%）。

面向数实融合的人才需求，需要在数字基础设施、数据资源要素、数字技术产业、数字融合应用、数字经济治理等五个领域都相对均衡发展，方能齐头并进。根据数实融合人才需求生态均衡度测量，不同城市的情况有所差异。其中，北京的人才供需均衡度最高，其次是深圳、杭州、成都等。

其中，苏州对于数字融合应用的人才需求度很显著。数字融合应用是城市数字经济的"主战场"，是对传统产业进行全方位、全角度、全链条的改造，数值高低决定了城市数字经济发展的水平。可见，苏州的数字经济发展是很快的。但是，苏州在数据资源要素、数字经济治理方面的人才需求度明显较低。

重庆、武汉对于数字技术产业的人才需求度很显著。数字技术产业是数字技术通过市场化应用，形成的电子信息制造业、软件和信息技术服务业等产业，代表了新一代信息技术的发展方向和最新成果，是数字经济发展的根基和动力源泉。可见，重庆、武汉的数字技术成果转化需求较多。

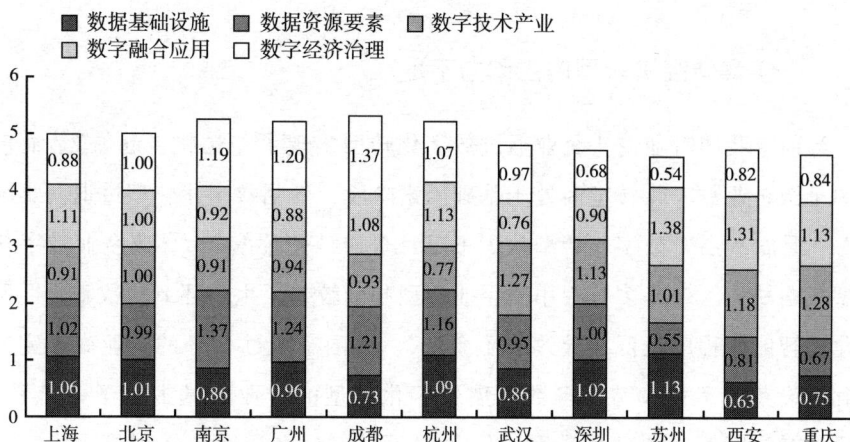

图4 2023年重点城市人才供需数实融合度二级指标得分比较

资料来源：中国长江经济带发展研究院。

在数据基础设施领域，苏州的人才供需均衡度明显高于其他城市；第二梯队是杭州和上海。相对来说，西安对于数据基础设施领域的人才供需均衡度最低，明显低于其他城市。

在数据资源要素领域，南京的人才供需均衡度明显高于其他城市，其次是广州、成都、杭州。相对来说，苏州、重庆的数据资源要素的人才供需均衡度较低。

在数字技术产业领域，重庆、武汉、西安、深圳的人才供需均衡度高于其他城市。相对来说，杭州对于数字技术产业的供需均衡度较低。

在数字融合应用领域，苏州、西安的人才供需均衡度略高于其他城市，第二梯队是杭州、重庆、上海、成都。相对来说，武汉对于数字融合应用的人才供需均衡度较低。

在数字经济治理领域，成都、广州、南京的人才供需均衡度较高、其次是杭州、北京。相对来说，苏州对于数字经济治理的人才供需均衡度较低。

三 重点城市数实融合人才生态面临的挑战

（一）实体经济转型内生动力不足

当前，我国行业龙头企业通过数字化转型实现了"扬帆再起航"，而广大中小微企业数字化转型尚处于基础探索阶段，面临数字化转型进退两难困境。一是管理层对数字化转型认识不足，普遍"不愿转"，导致企业数字化转型战略缺失。二是多数中小微企业转型基础较差，生产环节的数字化、网络化、智能化程度较低，导致"不会转"。我国有超过55%的企业尚未完成基础的设备数字化改造，多数开展数字化转型的企业也基本处于"上云"阶段，对深度的业务"用数赋智"推进不够。三是数字化转型投入大、投资周期长，而自身资金储备不足造成"不能转"。制造业中小微企业税后利润率仅为3%~5%，难以承受数字化转型成本。

（二）数字经济人才技术转型支撑赋能不强

目前，大部分企业仅仅将数字技术看作生产环节的辅助，对于数字技术在管理理念和生产关系上带来的变革没有做到高效和深入地挖掘，同时数字经济专业人才与专业技术的缺口巨大，导致数字技术对城市传统产业支撑赋能不强。一是数字技术产业不大不强，结构不优。除了一线城市外，大部分城市数字技术产业普遍存在产业规模小、分散等特点，本地具有行业影响力的领军企业和龙头企业不多，缺乏数字化供应链平台、企业数字化平台等。二是行业数字化解决方案供给能力不足。本地缺乏第三方服务商的有效供给，难以满足企业系统化升级、个性化转型的服务需求。三是数字化转型普惠服务缺少。尚未建立政府—金融机构—平台—中小微企业数字化普惠服务联动机制，政府补助平台后，平台面向中小微企业的普惠服务提供不足。四是人才缺口巨大，且数字经济人才难以做到技术与需求的精准匹配。

（三）城市数实融合人才生态发展环境有待进一步提升

城市数字经济的平稳健康发展有赖于安全稳定可靠的数字环境，但是当前，部分城市在数字经济制度政策、人才技术等方面存在明显短板，制约数字经济高质量发展。一是对城市数字经济发展路径认识不足。城市管理者缺乏数字化思维与素养，在城市数字经济发展宏观决策、机制创新、经营管理等方面反应滞后。部分地方在发展城市数字经济过程中，一味求新、求全、求大，缺乏本地化特色，导致"千城一面"。二是城市数字经济治理体系相对滞后。在产业统计、项目投资、绩效评价、工作统筹等方面仍然沿用传统模式，难以形成激发创新的城市数字经济发展所需制度环境。三是普遍存在信息化管理与应用人才不足问题。缺少针对数字经济、信息化专业人才培养、引进方面的特殊优惠政策，专业人才引进难、留住难的问题尤其突出。

第六章

数实融合人才生态发展建议

一 聚焦城市战略，制定有效的数实融合人才政策体系

各个城市应重视面向数字经济发展的人才战略整体规划和布局，面向数实融合，在人才吸引与保障、人才培养与发展、人才管理和维护、人才评价与考核等各个环节中优化均衡，通过制定有效的政策措施进一步加强区域内高水平人才的培养，促进人才的高效会聚和流动。

要发挥自身的人才特点和人才优势，制定人才专项政策、推出含金量高、针对性强的政策举措，升级人才服务体系，从传统的人才保障服务向赋能人才发展、助力产才融合升级，服务深度不断拓展。聚焦自身的数字发展战略，引进从事数字产业化（工业互联网、区块链、人工智能、集成电路）以及产业数字化（新型显示、智能制造装备、消费互联网、时尚创意、数字文化、生命健康）等方面的人才，能促进数字技术与实体经济融合，在数字驱动发展方面具有引领和推动作用的数字战略管理人才、数字技术人才、数字化运营人才。将数字经济人才与最新出台的高层次人才认定政策联系在一起，给予人才充分的福利待遇。

二 探索"数字科技+"模式，高校培养交叉学科研究型人才

人才培养是大学的根本任务，应该适应数字经济时代的要求，培养合格

的建设者和接班人。网络的普及化、知识获取的便利化、信息的海量化等时代特点要求人才培养不仅仅是知识的传授，更要注重思维能力、创新能力和终身学习能力的培养。数字技术的基本素养和数字技术具体场景的应用，成为高素质劳动者的基本技能，高等教育的人才培养目标、课程体系应该体现数字时代的要求，与时俱进。探索"数字科技+"的人才培养模式，支持大学生创新创业，培育青年数字英才。大学是基础研究的主力军，也是高科技研究的生力军。数字经济的发展依赖于基础理论的发展和数字技术的突破，依赖于人工智能、集成电路、网络通信、先进计算等领域的技术进展。因而大学应该加强物理、数学、信息学科等重点基础学科建设和研发布局，促进基础研究、技术研发、产业开发等融合发展。立足数字经济发展战略的需要，引导鼓励大学、政府和企业增加数字基础科学研究投入，加大支持力度。高校要加强与企业的合作，充分利用双方的人才、技术、资金、数据等资源要素优势，加强数字经济领域的基础科学研究，提升原始创新能力，突破核心关键技术。

三　推进职业院校"数智化"人才培养，支撑数字经济产业发展

产业结构的迅速调整、新岗位新技能的不断涌现意味着职业教育应紧跟时代的发展甚至具有一定的前瞻性，职业教育的数字化人才培养不仅要注重数字技能，更要关注数字思维和素养的形成，构建"数字产业—数字行业—数字企业—数字职业—数字专业"链条的互动耦合机制，以便应对未来的革新和挑战。

职业教育要构建产教融合生态系统，进行自身的数字化内涵建设。教育系统内部各自的横向协同以及产业系统与教育系统之间的纵向协同，是企业与院校之间纵横向的完整打通，这是支撑产教融合数字化内涵建设的基础。在此基础上进一步发挥高职院校的社会服务功能，通过委托研发、培训等方式为中小企业数字化转型提供技术和智力支持。变革生产关系即以数据要素

作为生产要素，推动生产关系的迭代升级。高职院校内部包含了教学实训、招生就业、社会服务（含科研）等多维数据，有效应用大数据、云计算、人工智能等手段打破数据壁垒，以需求为牵引创建智慧化环境，为学生提供目标明确的职业生涯规划、个性化的学习分析以及多元化的实习就业推荐等服务，提升学校智慧治理水平和教育教学质量。

职业院校要优化自身的人才结构，包括人员专业数字能力和管理数字能力的提升，以及数据分析能力、ICT技术运用及创新能力、数据治理和评估诊断能力。高职院校应依托产教融合型企业落实访问工程师、技能大师工作室、脱产挂职锻炼等项目开展人员轮训，培养教职员工基于数据事实的分析决策导向和系统性思维；增强数字技术在教学、科研和管理中的运用能力，使其掌握数据采集、转换、建模、分析及呈现技术并实现数字技术与教科研管理工作的创新融合；建立适当的标准和政策，实现数据开放共享，保障数据安全，提升教职员工基于数据分析生命周期的数据治理和评估诊断能力。

四　贯通三大体系，打通数字经济技术技能人才培育项目落地"最后一公里"

随着经济社会发展、科学技术进步和产业结构调整，新产业新业态新模式滋生孕育出新职业。2019年至今，人力资源和社会保障部与市场监管总局、国家统计局发布了四批新职业，共56个新职业，而伴随新兴职业不断涌现带来的培训需求尚未被满足，与这些新职业对口的服务培训也有很大的挖掘空间。

国家人力资源和社会保障部将数字经济人才培养列为2021～2030年全国专业技术人才知识更新工程的重点项目。当前，虽然各地已经在探索数字经济人才培育落地政策，但数字经济人才的评价缺乏统一标准。综合各地的数实融合人才发展实践，数字经济技术技能人才培育建议贯通以下三个工作体系。

一是贯通继续教育体系。数字经济人才培育项目的培训学时可登记为继续教育专业课学时，全国有效。天津市人力资源和社会保障局与财政局于2022 年 12 月联合发布《天津市数字经济领域技术技能人才培育项目实施方案》，已经在全国率先开展数实融合人才培养创新探索。

二是贯通职称体系。获得数字人才培育项目初级、中级、高级专业技术等级证书的，可相应认定或评审为助理工程师、工程师、高级工程师，其中，高级工程师也是数字经济卓越工程师。建议借鉴江苏的数实融合人才发展做法：为助推数字经济高地建设，江苏制定数字经济人才发展规划，实施数字经济卓越工程师职业领航工程，建立数字经济卓越工程师继续教育基地，每年培养 1000 名数字经济卓越工程师。根据数字经济卓越工程师职称制度，开展数字经济专业人才高级职称评审认定，打通高技能人才成长为卓越工程师的职业发展通道。

三是贯通职业技能培训体系。将数字人才培育项目纳入职业技能提升行动目录，并针对性地开展职业技能补贴，提升数字人才职业技能水平。建议借鉴深圳龙华区的做法，在全国率先明确数字经济领域高水平证书目录，包括国家信息安全水平考试（NISP）二级及以上证书、华为认证 ICT 高级工程师（HCIP）证书、思科认证网络高级工程师（CCNP）证书、红帽认证工程师（RHCE）证书、区块链技术软件开发师中级及以上证书，并相应制定证书考取补贴标准，促进数字经济企业从业人员完成知识更新与能力提升。推荐借鉴天津的数字经济人才培养做法，天津在全国首次公布大数据等10 个数字经济新职业的培训补贴标准，打通数字经济领域技术技能人才培育项目实施落地的"最后一公里"。

五　关注终身职业教育，切实提升全民数字素养

要加强终身职业教育理念的普及和宣传，提升全民数字素养。

第一，加强对终身职业教育理念的宣传。职业教育的终身性是面向更广泛年龄段人群的终身教育，针对不同年龄段在职业认知、体验、职业规划等方面的需求服务尚存市场空白，内容、工具、服务的创新有很大提升空间。

尤其面向青少年的职业体验教育，应促进其提前对职业方向的判断和认知，帮助青少年找到自己的兴趣所在，提前规划设计自己的多彩人生，而不是随大流"无效"竞争。

第二，加强企业内部的职业培训。目前，企业培训成为职业教育中重要发展方向，一方面企业培训的数字化升级加快了人才培养的速度和效率，另一方面在职业培训的内容供给、技术支持、需求匹配等能力全面提升后，不同类型企业培训的纵向发展专业度不断提升。对于有付费能力和培训意愿的中大型企业来说，企业培训的目的和必要性也随之变化，从 E-learning 到 E-training，由早期的培训福利和辅助管理横向延伸出更为必要的人才培养、打造雇主品牌，建立企业上下游人才生态的诉求。

第三，促进就业与创业职业培训政策的发布与实施。聚焦劳动者技能素质提升，突出抓好技术技能人才培养培训，推动形成劳动力市场更高水平的供需动态平衡。同时，坚持市场主导、政府调控。推动有效市场和有为政府更好结合，既要坚持市场化社会化就业方向，加快破除制约就业的体制机制障碍，充分发挥市场配置劳动力资源的决定性作用，又要强化政府责任，优化整合各类资源，为促进就业提供强有力政策支持和基础性服务保障。促进创业环境更加优化，政策服务体系更加完备，创业机会更多、渠道更广，更多人可以通过创业实现人生价值。就业领域风险监测预警和应对处置机制不断健全，失业人员保障范围有效扩大、保障水平进一步提高，困难群体得到及时帮扶，就业安全保障更加有力。

六　培养高层次、复合型人才，促进数字经济与实体经济融合发展

推动数字经济与实体经济深度融合，以数字经济发展提升实体经济发展水平、增强实体经济综合竞争力，成为抢抓新一轮科技革命机遇、推动新一轮产业变革的关键环节。

第一，有针对性地培养高层次人才，突破关键核心技术"卡脖子"问

题。涉及的技术领域包括 5G、集成电路芯片、量子通信、通信、导航、遥感、大数据、算法、超级计算等。

第二，全面培养不同产业的数字化人才，推动制造业全产业链实现生产模式、运营模式、企业形态的根本性变革。涉及的制造业环节包括研发设计、生产流程、企业管理、用户关系等领域。同时，还应加快推动数字化农业、数字化服务业的人才培养，加强均衡发展。

第三，加快数字营商环境的建设，运用数字化、智慧化技术，创造适应数字经济发展、适合数字技术人才成长、保障数字信息安全、催动数字经济与实体经济深度融合的体制环境、政策环境。

第四，开展跨界人才培育的试点示范工作。前瞻性培育既具备数字化思维和能力，又熟悉数字经济发展模式及流程的跨界人才，在持续完善科技创新、成果转化等体制机制的同时，以本科生教育为主，适度适时地向研究生教育延伸，并根据实践需要再向继续教育、成人教育、远程教育延伸，形成多层次、全方位、立体化的跨界人才教学培育体系。

2023年国际数字经济人才发展趋势报告

摘　要：新一代信息技术与实体经济深度融合，推动全球数字经济快速发展。数字经济成为重组全球要素资源、重塑全球经济结构、改变全球竞争格局的关键力量。

随着数字经济快速发展，数字经济人才需求旺盛，全球数字经济就业人数逐年增加，全球人才跨领域、跨行业向数字经济领域流动的趋势越发明显。然而世界各国普遍存在数字经济人才缺口不断扩大、高端人才供给不足、数字技能尤其是颠覆性数字技能缺乏等问题。数字经济人才的缺乏束缚产业的创新，制约数字经济和经济社会的可持续发展。针对这一问题，全球各国竞相出台政策，美国、英国、德国等发达国家已将数字人才培养和劳动力数字技能提升纳入国家数字经济战略，加大对数字经济人才的吸引、培养和储备，提升国家整体数字素养。这将加剧全球范围内的数字要素特别是人才的竞争，将扩大全球数字经济和数字经济人才发展的不平衡。

本研究梳理全球典型经济体数字经济发展和数字经济人才的政策、研究报告及新闻媒体报道等相关资料，归纳分析国际数字经济和数字经济人才发展特征、战略布局和趋势，对比分析全球典型经济体数字经济和数字经济人才发展现状、政策和举措，归纳总结各国数字经济人才发展经验，为我国数字经济人才未来的全球化发展提供战略指引，为我国更好地"引育用留"数字经济人才提供经验借鉴和启发。

关键词：数字经济人才　国家战略　高端人才

第一章

全球数字经济发展新动向

一 数字经济为全球经济复苏提供重要支撑

数字经济正成为推动全球经济发展的新动能，世界各国尤其是发达国家竞相将数字经济作为抢抓新一轮科技革命和产业变革新机遇、构建国家竞争新优势的战略重点，不断推动数字技术创新突破、产业融合应用、数字治理完善、数字技能提升，全球数字经济快速增长。全球数字经济逐渐成为应对经济下行压力的稳定器、加速器。

当前，新一轮科技革命和产业变革为各国带来新的发展机遇，数字经济发展势头仍较为强劲，发展潜力加快释放，成为推动各国经济复苏的重要力量。

（一）数字经济加速构筑经济复苏关键支撑

在总量方面，全球数字经济规模持续扩张。各主要国家纷纷把数字经济作为应对疫情冲击、提升经济发展能力的重要手段，加快发展半导体、人工智能、数字基础设施、电子商务、电子政务等，全球数字经济迎来新一轮发展热潮。中国信息通信研究院数据显示，2022 年，全球 51 个主要经济体数字经济规模为 41.4 万亿美元，上年同比口径规模为 38.6 万亿美元，2022年较上年增长 2.8 万亿美元，数字经济发展活力持续释放。

在占比方面，数字经济成为全球经济发展的重要支撑。传统基础设施、生产现场、资金、土地、劳动力等是支撑传统经济增长的主要动力来源。当前，全球范围内传统生产经营方式正在发生深刻变革，数字化基础设施、智能化生产线、智能机器人、数据要素等逐渐成为经济发展的主要动力来源，有效支撑经济持续稳定发展。2022 年，全球 51 个主要经济体数字经济占 GDP 比重为 46.1%，上年同比口径为 44.3%，同比提升 1.8 个百分点，数字经济在国民经济中的地位稳步提升。

在增速方面，数字经济成为全球经济增长的活力所在。数字经济发展创新活跃，新模式新业态持续涌现，持续为全球经济平稳回升注入新动力。2022 年，全球 51 个主要经济体数字经济同比名义增长 7.4%，高于同期 GDP 名义增速 4.2 个百分点，有效支撑全球经济持续复苏。

在结构方面，产业数字化依然是全球数字经济发展的主导力量。数字技术加速向传统产业渗透。2022 年，全球 51 个主要经济体数字产业化规模为 6.1 万亿美元，占数字经济比重为 14.7%，占 GDP 比重为 6.8%；产业数字化规模为 35.3 万亿美元，占数字经济比重为 85.3%，占 GDP 比重为 39.3%，较上年提升约 1.8 个百分点。

在产业渗透方面，全球第三、二、一产业数字经济持续渗透。受行业属性等因素影响，从全球看，数字技术在传统产业的应用率先在第三产业爆发，数字化效果最显著。在第二产业的应用效果有待持续释放，在第一产业的应用受到自然条件、土地资源等因素限制，仍需探索更加适合的数字化解决方案。2022 年，全球 51 个主要经济体第三、二、一产业数字经济增加值占行业增加值比重分别为 45.7%、24.7% 和 9.1%，较 2021 年分别提升 0.7 个、0.5 个和 0.2 个百分点。

（二）全球数字经济多极化趋势进一步深化

整体看，中、美、欧基于市场、技术、规划等方面优势，持续加大数字经济发展力度，数字经济规模持续扩大，全球数字经济三极格局持续巩固。与此同时，新兴国家数字经济发展进一步加速，全球数字经济发展的多极化趋势加强。其中，中国数字经济规模仅次于美国，拥有全球最大的数字市场，数字经济顶层设计日益完善，数据资源领先全球，数字产业创新活跃，数字中国建设成效显著。美国数字经济稳居世界第一，产业规模、产业链完整度、数字技术研发实力和数字企业全球竞争力等方面居世界前列。欧盟具有优秀的科技和创新资源，凭借其在数字治理上的领先，形成与中美两强优势互补的第三极。

在规模方面，美中德连续多年居全球前三。2022 年，美国数字经济蝉联世界第一，达到 17.2 万亿美元；中国位居第二，规模为 7.5 万亿美元；德国位居第三，规模为 2.9 万亿美元。此外，日本、英国、法国数字经济规模也都超过 1 万亿美元。

在占比方面，英国、德国、美国数字经济占 GDP 比重位列全球前三，占比均超过 65%。韩国、日本、爱尔兰、法国等 4 国数字经济占 GDP 比重也超过 51 个国家平均水平。新加坡、中国、芬兰、墨西哥、沙特阿拉伯等 5 国数字经济占 GDP 比重为 30%~45%。

在增速方面，沙特阿拉伯、挪威、俄罗斯数字经济增长速度位列全球前三，增速均在 20% 以上。另有巴西、墨西哥、新加坡、印度尼西亚、越南、土耳其、美国、澳大利亚、马来西亚、以色列、中国和罗马尼亚等 12 个国家数字经济增速超过 10%。

在产业渗透方面，经济发展水平较高的国家产业数字化转型起步早、技术应用强、发展成效明显。在第一产业数字化方面，英国一产数字经济渗透率最高，超过 30%。此外，德国、沙特阿拉伯、韩国等 14 个国家一产数字经济渗透率高于 51 个国家平均水平。在第二产业数字化方面，德国、韩国二产数字经济渗透率超过 40%。此外，美国、英国、爱尔兰等二产数字经济渗透水平高于 51 个国家平均水平。在第三产业数字化方面，德国、英国等国三产数字经济发展遥遥领先，三产数字经济渗透率超过 70%。此外，美国、日本、法国等国三产数字经济渗透率水平高于 51 个国家平均水平。

二　全球典型经济体数字经济战略规划与政策

近年来，疫情加速了各行各业向数字化转型的步伐，这一趋势或将长期持续，以满足更高的数字化需求。在全球信息技术产业蓬勃发展之时，美国、日本、欧盟、英国等国纷纷加快信息基础设施建设，提升数字经济产业竞争力，优化数字战略布局，推动数字经济发展，以应对来自其他国家的挑战。

依托持续领先的数字创新，美国不断巩固数字经济全球竞争力，数字经济蝉联世界第一。美国政府有计划地实施一系列数字战略，美国商务部于1998年发布了《浮现中的数字经济》研究报告，正式揭开了美国数字经济的发展序幕，实施数字经济领域的顶层规划，推动数字技术创新、数字贸易、数字政府、数字基础设施等领域发展。日本先后发布《科学技术创新综合战略2016》《日本制造业白皮书》等战略计划，通过5G和人工智能的技术进步，对数字经济发展进行赋能，同时把推动传统行业的数字化转型放在首位。欧盟以数字规则的领先探索，打造统一的数字化生态，发布《2030数字指南针：欧洲数字十年之路》，聚焦数字技术、工业数字化、数据安全、数字经济立法保护等领域，推动建立数字化单一市场，以保障欧盟全球数字经济领域的话语权。德国数字经济占GDP比重为世界第一，达到65%以上，数字经济与实体经济融合加速推进，产业数字化占数字经济比重达到91.3%以上，发布《德国2020高技术战略》等，以期建成数字强国。2021年，英国数字经济产值近1250亿英镑、提供170万个工作岗位，预计到2025年数字经济对英国经济的贡献值将提高到2000亿英镑以上。英国政府提出数字经济聚焦数字政府、数字产业和数字人才等领域，推进数字经济发展，发布新版《数字发展战略（2024—2030）》。2022年英国发布的《英国数字战略》，重点关注数字基础、创意和知识产权、数字技能和人才、为数字增长畅通融资渠道、高效应用和扩大影响力、提升英国的国际地位6个关键领域的发展。澳大利亚作为大洋洲的主要代表国家，其数字经济增长实现正增长，产业数字化规模呈现不断上升趋势，2011年，澳大利亚启动《国家数字经济战略》，在智能技术覆盖率、企业及非营利机构互联网使用率、远程教育等领域不断突破。新加坡聚焦数字治理、产业数字化、数字贸易等领域，提高数字经济竞争力，推动数字经济发展。为了指导数字经济的集体发展道路，新加坡的数字经济框架侧重于：加速推进现有产业的数字化进程，通过促进生成新的与客户需求相关的综合生态系统以提高经济竞争力并转型。

表 1　全球典型经济体数字经济战略规划与政策

国家	战略规划与政策	目标
美国	《数字战略》 （2019 年 7 月）	为维护数字技术和产业全球领先地位，美国将人工智能、量子信息科学、5G、先进制造四大科技应用领域列为国家"未来产业"。出台超前的数字经济战略规划
	《全球数字经济大战略》 （2021 年 1 月）	不遗余力地支持信息技术和数字经济创新，拒绝技术冲击事件和政策。支持更加强有力的信息技术和数字经济政策，确保美国在全球范围内的领导地位
	《国家 5G 安全战略》 （2020 年 3 月）	推动 5G 部署，目前美国移动运营商已经能够为美国 75% 的人口提供 5G 信号覆盖，5G 应用场景乐观
	《国家先进制造业战略》 （2022 年）	提出两个关键目标：一是"引领智能制造的未来"，主要目标是大力推进"数字化制造"与"智能化制造"。二是"加强供应链的相互联系"，主要着力于推进供应链数字化转型创新，实现关键部门的生产全链路数字化高速联通
	《数字商品交易法》 （2022 年）	围绕数字产品交易开展数据市场建设数字产品交易框架，保护相关手中权益
	《联邦数据中心增强法案》 （2022 年）	旨在更新并修订美国联邦数据中心整合计划
日本	《数字新政》 （2019 年 12 月）	在"后 5G"信息通信基础设施、学校的 ICT 应用、中小企业信息化、ICT 领域研发等方面，加大资金投入力度，全面推动社会数字化、智能化转型
	《半导体和数字产业发展战略》（2021 年 6 月）	提出要发展优质云产业；硬件投资与软环境建设"软硬兼施"；产业数字化与数字产业化"两化融合"；数字技术领域各类研发投入并重
	第三次修订《个人信息保护法》 （2022 年）	内容涉及整合个人信息定义，统一分散立法，整合医疗和学术领域个人信息保护规则，明确规定行政机关对匿名化信息的处理规则等
	《ICT 基础设施区域扩展总体规划 2.0》	拨付资金加快 5G 和光纤的敷设进程，到 2027 年底前将高速互联网光纤路线覆盖至 99.9% 的家庭，到 2030 年底将 5G 网络的人口覆盖率提升至 99%

国家	战略规划与政策	目标
欧盟	《2030 数字指南针：欧洲数字十年之路》（2021 年 3 月）	计划将欧盟到 2030 年要实现的数字能力目标进行了具体化，涉及 11 个目标，涵盖数字化教育与人才建设、数字基础设施、企业数字化和公共服务数字化等四个方面
	《数字欧洲》（2021 年 2 月）	计划达成协议，重点推进"超级计算、人工智能、网络安全、高级数字技能，确保广泛使用数字技术"，提高欧洲数字技术竞争力
	《欧洲数据战略》（2020 年 2 月）	概述了欧盟数据方面的核心政策，提出创建一个单一数据空间
	《数字市场法》（2022 年）	以市场自由和公平竞争为原则，反对数据平台利用垄断地位进行经营，相关平台须在征得用户同意后方可进行定制化广告推送
	《2030 年数字十年政策方案》（2023 年 1 月）	提出数据基础设施建设标准，要求以开放的方式保障欧盟数字主权，确保初创生态系统和欧洲数字创新中心的顺利运作
德国	《数字化实施战略》（2020 年 9 月）	在"数字能力"、"数字基础设施与设备"、"创新与数字化转型"、"数字化变革中的社会"和"现代化国家"这 5 个部分综合提升
	"制造-X"计划（2023 年）	旨在建立覆盖制造业所有领域的通用基础设施，构建独立数据生态系统，实现数据跨工业部门协同使用与联合共享
英国	《英国数字战略》（2022 年 6 月 13 日）	聚焦以下五大领域： 1. 数字基础，2. 创意和知识产权，3. 人才培养与引进，4. 为数字化发展提供资金支持，5. 改善英国经济与社会服务能力
澳大利亚	《澳大利亚愿景 2030：通过创新实现繁荣》（2018 年 1 月）	1. 奠定使经济增长和繁荣的基础； 2. 保持在新兴技术的最前沿； 3. 提升雄心，确定整个经济领域的合作和战略投资的关键领域，以支持数字增长、就业和投资
新加坡	《数字服务标准（DSS）》（2020 年）	广泛应用数字和智能技术，实施国家数字身份、电子支付、传感器平台、智慧交通、生活时刻、数码平台等六大关键的国家战略项目，加快步入"数字化生活"
	"智慧国家 2025"计划（2022 年）	建设覆盖全岛数据收集、连接和分析的基础设施与操作系统，以提供更好的公共服务

资料来源：根据公开资料、中国长江经济带发展研究院数据整理。

第二章

国际数字经济人才的发展概况与特征

一 国际数字经济人才发展概况与主要特征

（一）从行业分布看，数字人才在非 ICT 行业的比例更高

按照简要划分原则，数字人才所在行业可以划分为 ICT 行业（包括软件与 IT 服务和计算机网络与硬件）和非 ICT 行业（制造、金融、消费品等 22 个传统行业），非 ICT 行业的数字人才在制造、金融、消费品、公司服务四大行业相对集中。从研究的 31 个城市（地区）整体来看，数字人才在非 ICT 行业的比例更高。其中，洛杉矶、纽约、香港、阿联酋、伦敦非 ICT 行业数字人才占比位居前五，且均超过 80%。班加罗尔、杭州、北京、旧金山湾区、南京、深圳、都柏林 ICT 行业数字人才占比位居前列，且均超过 30%（见图 1）。

（二）从人才总量看，全球数字经济就业人数逐年增加

ICT 技术与数字经济紧密相关，人工智能、轨道卫星、自动驾驶等 ICT 技术构成数字经济的基础核心，ICT 产业的创新对数字经济的推动作用至关重要，也是国家产业升级和推动企业发展的重要基石。从人才总量看，全球数字经济就业人数逐年增加。以 ICT 产业为例，2010~2018 年全球 ICT 雇员数增加 834 万人，2018 年达到 4366 万人（见图 2）。

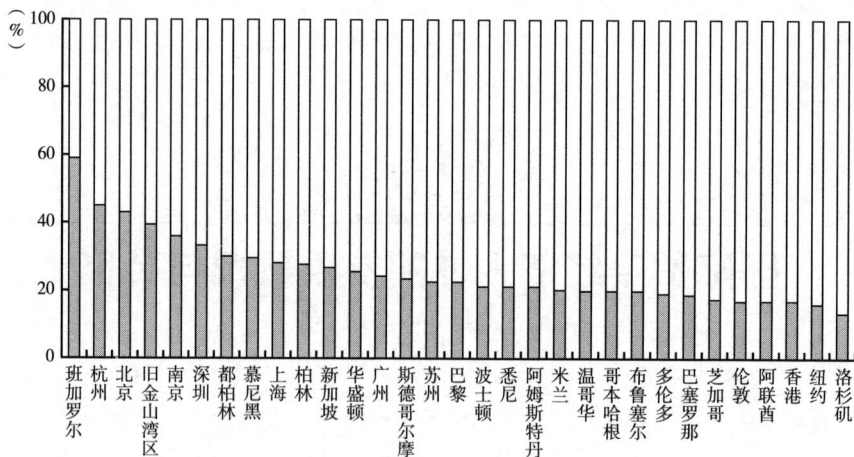

图1 城市（地区）ICT行业数字人才占比

资料来源：清华大学、领英中国：《全球数字人才发展年度报告（2020）》，2020。

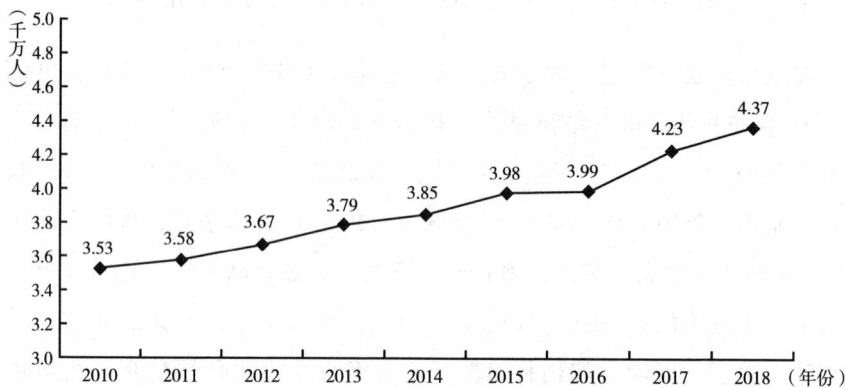

图2 全球ICT雇员数量

资料来源：中国信通院：《ICT产业创新发展白皮书（2020年）》，2020。

（三）从人才流向看，高端领域人才流动性强，人才流向趋于集中

数字经济人才高端领域人才流动性强，且人才流向趋于集中。在ICT行业里，ICT高端领域人才流动性强，尤其是人工智能领域人才。ICT产业的前沿创新技术相关资源多集中在大中城市，且就业机会多、风险投资网络完

善发达、科技创新活跃等因素引发高端领域人才不断会聚。例如欧洲的人工智能产业密集分布在英国、丹麦、爱尔兰、芬兰、卢森堡和瑞典。美国拥有全球最多的初创公司，其中82%集中在加利福尼亚、纽约和马萨诸塞三个州。中国初创企业八成以上总部设立在北上广深。截至2019年，全球5386家人工智能企业集中在美国、中国、英国等创新活跃国家。

（四）从全球区域流动看，北美和亚太地区数字人才主要在本地区流动

全球数字人才在区域间流动，从各个区域来看，北美地区超过87%的数字人才在北美各城市间流动，有近10%的数字人才流向亚太地区，约3%的数字人才流向欧洲地区。欧洲地区约36%的数字人才在欧洲各城市之间流动，约48%的数字人才流向亚太地区，约16%的数字人才流向北美地区。亚太地区约68%的数字人才在亚太各城市之间流动，约21%的数字人才流向北美地区，约11%的数字人才流向欧洲。总体来看，北美和亚太地区的数字人才主要在本地区流动；北美地区和亚太地区数字人才双向流动频繁；欧洲的数字人才主要流向亚太地区（见图3）。

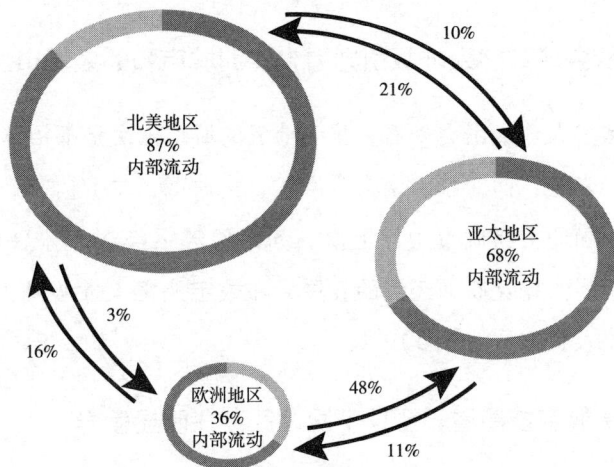

图 3　北美、欧洲和亚太地区数字人才流动

资料来源：清华大学、领英中国：《全球数字人才发展年度报告（2020）》，2020。

城市群在本地（本国）的流动比国际流动更频繁。在所研究的 10 个城市群中，数字人才流动最频繁的是波士顿 – 华盛顿城市群与旧金山湾区之间，其次为中国的长三角城市群、京津冀城市群和粤港澳大湾区三大区域之间（见图 4）。

图 4　各城市群之间的数字人才流动网络示意

数据来源：清华大学、领英中国：《数字经济时代的创新城市和城市群发展研究报告：人才视角》，2019。

（五）从全球数字人才吸引力看，欧洲城市和亚太城市居前列

从全球数字人才吸引力来看，排名前五的城市依次是都柏林、柏林、新加坡、深圳、米兰，而北京、南京、广州、芝加哥、波士顿 5 个城市处于净流出状态。中国的上榜城市中，上海、苏州的数字经济人才呈现微流入状态。深圳、杭州依托互联网经济的发展，在数字经济人才吸纳上成绩显著，呈现人才净流入状态（见图 5）。

（六）从数字技能看，全球不同地区存在明显差异

在全球主要的创新城市（地区）中，数字技能（如软件测试、开发工具、计算机网络等）表现出越来越高的代表性，不同地区差异较大。

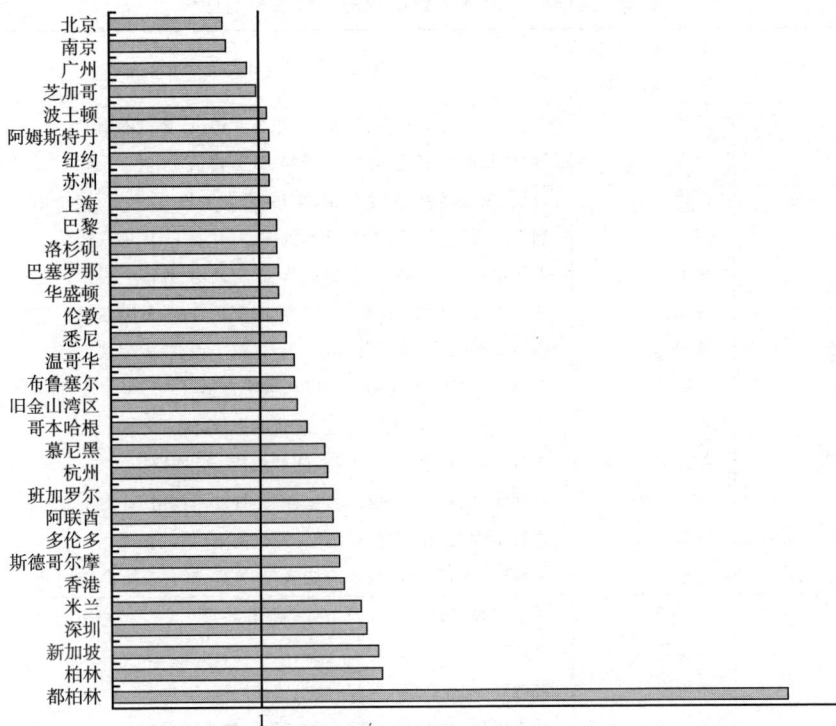

图5 全球数字经济人才吸引力（小于1表示净流出，大于1表示净流入）

资料来源：清华大学、领英中国：《全球数字人才发展年度报告（2020）》，2020。

中国和印度创新城市代表性技能以数字技能为主；欧洲和亚太其他创新城市代表性技能既包括丰富的数字技能，也包括丰富的行业技能（如外语、医疗管理、建筑工程等）；北美地区代表性技能以行业技能为主（见表1）。

颠覆性数字技能是与颠覆性技术相匹配的数字技能，是推动数字化深层次转型的核心力量。北美地区城市颠覆性技能的渗透率较高，且处于全球引领地位；欧洲地区整体排名都比较靠前，其中，德国慕尼黑在航空航天、法国巴黎在航空航天和材料科学领域均具备领先优势；亚太地区班加罗尔、阿联酋、新加坡排名较高，而中国城市在颠覆性技能渗透率上的排名相对落后。

表 1　全球典型经济体数字经济代表性技能比较

地区	数字经济典型国家（或城市）	代表性数字经济技能 TOP5
亚太地区	北京	开发工具、计算机软件、动画、数字营销、计算机网络
	上海	计算机硬件、制造运营、电子学、数字营销、外语
	广州	外语、制造运营、数字营销、零售、开发工具
	南京	制造运营、计算机网络、计算机硬件、开发工具、远程通信
	深圳	电子学、计算机硬件、制造运营、远程通信、外语
	杭州	开发工具、计算机硬件、人工智能、网站开发、数字营销
	苏州	制造运营、计算机硬件、电子学、建筑工程、软件测试
	香港	零售、建筑工程、房地产、外语、数字营销
	重庆	汽车、电子信息、人工智能、装备制造、金融
	新加坡	建筑工程、外语、技术支持、软件测试、企业软件
	班加罗尔	软件测试、计算机硬件、数据存储、计算机网络、开发工具
	阿联酋	建筑工程、医疗管理、外语、计算机网络、信息管理
	悉尼	房地产、建筑工程、技术支持、信息管理、软件全生命周期开发
北美地区	芝加哥	医疗管理、房地产、建筑工程、制药、零售
	温哥华	房地产、建筑工程、游戏开发、图像设计、建筑学
	多伦多	房地产、建筑工程、医疗管理、软件测试、零售
	波士顿	医疗管理、房地产、建筑工程、制药、教育管理
	旧金山湾区	房地产、医疗管理、建筑工程、计算机硬件、软件测试
	洛杉矶	房地产、医疗管理、建筑工程、图像设计、社交媒体
	华盛顿	房地产、医疗管理、公共政策、网络安全、建筑工程
	纽约	医疗管理、房地产、建筑工程、图像设计、社交媒体
欧洲地区	哥本哈根	企业软件、开发工具、外语、公共政策、制造运营
	阿姆斯特丹	图像设计、技术支持、外语、数字营销、信息管理
	斯德哥尔摩	建筑工程、技术支持、开发工具、信息管理、外语
	都柏林	技术支持、外语、软件测试、社交媒体、软件全生命周期开发
	伦敦	建筑工程、房地产、公共政策、技术支持、图像设计
	柏林	网站开发、图像设计、信息管理、数字营销、外语
	布鲁塞尔	公共政策、开发工具、外语、数字营销、信息管理
	巴黎	网站开发、开发工具、房地产、信息管理、数据存储
	巴塞罗那	社交媒体、图像设计、数据存储、外语、企业软件
	慕尼黑	计算机硬件、航空航天工程、数字营销、开发工具、信息管理
	米兰	图像设计、数字营销、零售、数据存储、社交媒体

资料来源：清华大学、领英中国：《全球数字人才发展年度报告（2020）》，2020。

二　全球典型经济体数字经济人才发展现状与特征

欧盟统计局将信通技术专家定义为有能力开发、操作和维护信通技术系统的人才，即 ICT 专家，并将其作为数字经济人才的主要构成。目前国际对于数字经济人才尚无统一定义标准，本报告从 ICT 专家角度对全球数字经济人才进行数据统计及分析。

（一）欧盟

欧盟近半数公民拥有基本数字技能，信息通信技术专家普遍短缺。欧盟《2022 年数字经济和社会指数报告》显示，在 2021 年，16～74 岁的欧盟公民中只有 54% 的人拥有基本数字技能。荷兰和芬兰是欧盟的领跑者，两国拥有基本数字技能的人口比例接近 80%，而罗马尼亚和保加利亚则落后，只有约 30%。《通向数字十年之路》提案提出的 2030 年目标是，至少 80% 的欧盟公民拥有基本数字技能。

欧盟统计局表示，拥有 ICT 专家技能的劳动力队伍，具有维持和发展数字经济的潜力，是成功推动数字化转型的关键因素。《通向数字十年之路》提案希望到 2030 年将欧盟信息通信技术专家的就业数量增加到至少 2000 万人。而 2021 年，欧盟大约有 900 万人以 ICT 专家身份工作，较 2020 年的 840 万人增加了 60 万人左右，仅占欧盟劳动力总数的 4.5%。截至 2021 年，瑞典和芬兰的劳动力中信息通信技术专家所占比重分别为 8% 和 7.4%，这一比例居欧盟成员国最前列。德国的信息通信技术专家数量为 200 万，数量在欧盟成员国中最高，占据欧盟 ICT 劳动力的 1/5。法国有 120 万名 ICT 专家，占欧盟总数的 13.9%，意大利有 80 万人，占欧盟总数的 9.5%，他们的总份额占欧盟 ICT 劳动力的 40% 以上（见图 6）。

欧盟的数字经济人才存在严重的性别平衡问题。欧盟绝大部分 ICT 专家是男性，约占 ICT 就业人数的 81.5%，只有 1/5 的 ICT 专家和 ICT 毕业生是女性，这可能影响数字解决方案的设计和部署方式。整个欧盟的人口下降，

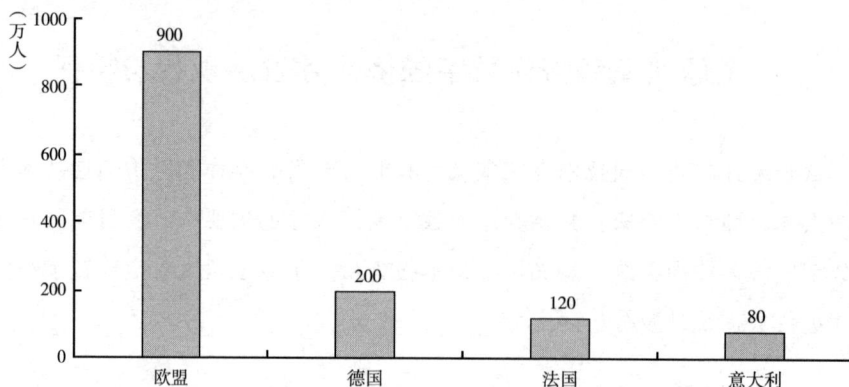

图 6　2021 年欧盟国家 ICT 专家人数

数据来源：欧盟委员会：《2022 年数字经济和社会指数报告》，2022。

以及缺乏关键数字领域的专业教育课程，使情况变得更加复杂。企业正在为其员工提供越来越多的培训，以发展或提升其 ICT 技能。总体而言，20% 的欧盟企业为其员工提供 ICT 培训。在这个领域的引领者是芬兰（38%）和比利时（33%）。在立陶宛（14%）、希腊（12%）、保加利亚（7%）和罗马尼亚（6%）等国家提供此类培训的比例要低得多。从公司规模来看，68% 的大型企业积极提供培训，而只有 18% 的中小企业会为员工提供更多的数字化培训。

为到 2030 年欧洲成功实现数字化转型，实现欧盟对以人为本、可持续和繁荣的数字未来的雄心壮志的目标，欧盟将在 2030 年达到 2000 万人就业的信息通信技术专家，同时在从事这些工作的性别平衡方面更加趋同。欧洲新技能议程的启动旨在确保为欧盟人民提供正确的培训、正确的技能和正确的支持，并已扩展到支持教育、就业和工业之间的合作，以培养欧盟的数字人才库。

（二）日本

日本官方公布的数据显示，2020 年该国从事信息通信行业的技术人员（ICT 专家）达到 122 万人，因为日本 IT 产业聚焦于区域外包，产业的衰弱从就业市场可窥见一斑，对比国际劳工组织统计的数据，前面分别是美国409万人、印度232万人，以及中国227万人（见图7）。

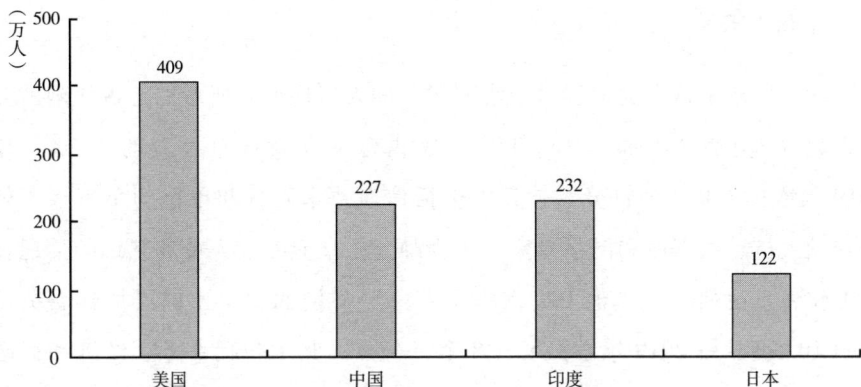

图 7　2020 年美中日印四国 ICT 专家人数

资料来源：国际劳工组织。

（三）加拿大

2001~2018 年，加拿大数字经济的就业率的年复合增长率为 2.5%。增长速度几乎是整体经济的 2 倍，到 2018 年底，加拿大数字经济中的就业人数接近 180 万人，其中约有 87 万人在信息通信技术部门就业。2019~2023年，加拿大数字经济继续处于上升轨道。

加拿大数字经济人才需求大。加拿大在 ICTC《2021-2022 年度报告》中指出，2023 年，在适度增长的情况下，加拿大数字经济发展过程中将看到超过 30.5 万名数字技术工人。如果能达到这一目标，加拿大数字经济人才就业总数将略高于 210 万人，ICT 部门的就业（ICT 公司的所有就业人数）预计将达到约 98.2 万人。此外，到 2023 年，可能会出现经济上升甚至全面上升的局面。人工智能、AR/VR、区块链和其他一些领域取得的实质性进展会成为提高生产力、增加产出和加速商品与服务贸易的催化剂。在扩张性增长的情况下，对数字技术工人的需求可以达到 36 万以上，带来超过

216 万人的加拿大数字经济就业人数，在这种情况下，ICT 部门的就业人数（ICT 公司的所有就业人数）会达到约 102 万人①。

（四）俄罗斯

俄罗斯从事信息通信技术密集型职业的人口比例有所增加，占该国就业总人数（920 万人）的 13%。ICT 专家占俄罗斯就业总人数的 2.5%，较 2019 年增长了 0.2 个百分点，其中包括信通技术服务和单位的负责人、软件开发人员、数据库和网络专家、工程师、中技能专业人员和熟练的信通技术工作者。被列入"其他 ICT 密集型专家"类别的员工比例增加到雇员总数的 10.5%，较 2019 年增长了 0.8 个百分点，其中包括财务、经济和行政活动的经理，销售、营销和开发服务主管、物理学家、化学家、建筑师、大学教职员工等②。

三　全球典型经济体数字经济人才发展政策

（一）美国

美国政府非常重视人才建设，数字经济方面的人才储备量居世界首位，人才质量也是全球顶尖。多年来，美国一方面通过自身一流的大学、企业等培养相关人才，一方面通过优厚的移民政策来吸引外国优秀人才。比如 1965 年的《外来移民与国籍法修正案》提出，每年分配 2.9 万个移民名额给全球各国的高级人才。最新的《国家网络战略》中虽然没有对数字经济人才方面做出整体规划，但对网络安全方面的人才做出了详细规划，指出一方面要建立和维持人才渠道，一方面要扩大美国工人的再教育和教育机会，

---

① 《ICTC 劳动力市场展望》，https：//www.ictc-ctic.ca/ictc-labour-market-outlook-additional-demand-digital-talent-reach-250000-2025/，最后检索日期：2024 年 4 月 30 日。

② 俄罗斯：《科学、科技、创新：2022》，https：//issek.hse.ru/news/527997187.html，最后检索日期：2024 年 4 月 30 日。

以发展强大的网络安全人才队伍。2016 年，美国连续发布了《为人工智能的未来做好准备》、《国家人工智能研究与发展战略计划》和《人工智能、自动化与经济》三份报告，全面阐释了美国人工智能方面的发展计划，人工智能技术的教育应用是报告的内容之一。

（二）日本

日本政府出台多项数字化人力资源保障策略。完善 AI 人才培养相关举措、支持培养制造业数字化转型人才的职业培训、实施 "GIGA School 构想"，为培养数字人才营造良好环境。日本 "数字新政" 着力打造有利于数字经济发展的环境，政府在年度补充预算中增列 "数字新政" 专题预算，释放了大力发展数字经济的强力信号，有利于提高民众对数字经济的认知水平。"数字新政" 为量子密码、人工智能、自然语言处理等的标准化活动提供资金支持，设立专门的年轻研究人员支持基金，有利于为数字经济发展提供标准和人才储备。日本《2020 年版制造业白皮书》将系统思维和数学能力指定为制造业数字化所需的人力资源能力。为此，日本政府制定了确保数字化人力资源的一系列措施，进一步加强作为制造业基础的实践和体验式教育活动，并促进数学、数据科学和人工智能领域的扫盲教育，加强培养所有人的数字化力量，构筑日本未来数字社会的基础。

（三）英国

2018 年，英国《产业战略：人工智能领域行动》提出为确保英国在人工智能行业的领先地位，培养相关专业人才，计划投资 4.06 亿英镑用于技能发展，重点是数学、数字化和技术教育。2022 年 6 月，英国政府发布《英国数字战略》（UK Digital Strategy），提出数字技能与人才方面的政策举措，拓展数字教育渠道，发展高级数字技能，培养公民的终身数字技能，与私营部门开展数字技能相关合作，完善科技行业移民和签证政策，吸引全球顶尖数字人才。7 月对《英国数字战略》进行更新，新增加了 "数字雇主的签证路线"。

（四）欧盟

在《欧盟数字经济十年》战略中，欧盟委员会提出如果想成为自己命运的主人，对自己的手段、价值和选择充满信心，欧盟必须依靠有数字能力的公民、有数字技能的劳动力和比今天更多的数字专家。这应该通过发展一个高绩效的数字教育生态系统，以及通过一项有效的政策来促进与全球各地的联系并吸引人才来推动。

《欧洲社会权利支柱行动计划》预计，到 2030 年，至少拥有基本数字技能的成年人将达到 80%。为了让所有欧洲人都能充分受益于包容性数字社会带来的福利，接受教育以获得基本数字技能应该是所有欧盟公民的权利，终身学习应该成为一种现实。先进的数字技能需要的不仅仅是掌握编码或拥有计算科学的基础。数字培训和教育应支持劳动力，使人们能够获得专业的数字技能，以获得高质量的工作和有价值的职业。"伊拉斯谟+"[①] 计划也将为第三国数字工程师和专家提供机会，并普遍增加数字学习环境。

提高欧盟的人才吸引力以及更新对数字人才的支持计划将在欧盟的数字转型中发挥关键作用。个人和一般劳动力应具备足够的数字技能，以防止欧盟的关键 ICT 工作流失到世界其他地区。与此同时，欧盟委员会正在召集欧盟成员国和一系列利益攸关方，通过其数字进展报告和数字经济与社会指数，承诺采取行动并监测发展数字技能的进展。欧盟（EU）内部新技术和数字化的引入正在通过改变人们的生活、工作和互动方式对社会产生影响。因此，政策制定者和研究人员对跟踪信通技术专家的就业发展有着不懈的兴趣，因为这些发展会影响一个国家在信通技术开发、安装和服务方面的比较优势。这些数据的存在旨在支持政策制定者认识到 ICT 专家在与数字化相关

[①] 伊拉斯谟计划（Erasmus）是欧盟于 1987 年设立的高等教育领域奖学金项目。自 2014 年 1 月起，欧盟在原有基础上升级启动"伊拉斯谟+"（Erasmus+）项目，将交流拓展到欧洲以外的国家和地区，投入大量资金，促进欧盟内外师生、人才、知识、技能、就业、创新等领域的交流合作。

的经济和社会转型中的重要性。欧洲统计局努力实现这一目标，根据基础充分和国际商定的概念框架提供可靠的官方估计数。

（五）俄罗斯

《俄联邦数字经济规划》确定了推动数字经济发展的五大基础方向：法律法规管理、数字经济生态系统建设、数字教育与人才培养、研究能力培育与技术设施建设、信息基础设施建设和信息安全。该《规划》聚焦五大基础方向，对 2024 年之前数字经济发展需要达成的目标进行了量化设定：打造至少 10 家具有全球竞争力的数字生态系统运营商；搭建至少 10 个数字化平台（其中包括数字医疗、数字教育和智慧城市等）；培育至少 500 家进行数字技术研发、创立数字平台和提供数字服务的中小企业；97% 的家庭接入100 兆带宽网络；100 万人口以上城市覆盖 5G 网络；高校每年培养 12 万名信息通信技术相关专业毕业生；高等与中等职业教育机构每年培养 80 万名掌握先进信息技术的毕业生；掌握数字技能的居民比例达到 40%；在数字经济领域实施至少 30 个项目（每个项目金额不低于 1 亿卢布）；至少 10 个俄罗斯公司能够参与数字经济领域国际科技合作优先方向大型项目（项目金额 300 万美元）；国家和公共机构之间的安全信息交互标准使用率达到75%；经境外服务器传输的俄罗斯互联网流量比例应降至 5%。

（六）澳大利亚

长期以来，澳大利亚政府致力于数字经济建设实践，并将自己界定为数字时代的全球领导者，力求最大限度地发挥数字时代经济转型优势，促进国家繁荣。2015 年 12 月，澳大利亚政府发布《国家创新与科学议程》报告，"人才和技能"是这一报告提出的四个关键领域之一，并制定了"提高澳大利亚所有人数字素养与 STEM 素养"计划。2018 年 12 月，澳大利亚工业、创新与科学部发布的《澳大利亚的技术未来——提供一个强大、安全和包容的数字经济》政策文件计划提供 140 万澳元的专项博士奖学金，用以支持新增的澳大利亚人工智能研究人员。

（七）中国

为推动数字技能人才培养体系建设，中国各级政府相继出台各类鼓励政策。人力资源和社会保障部 2021 年相继发布《提升全民数字技能工作方案》《关于加强新职业培训工作的通知》，中央网信办、教育部、工信部、人社部 2024 年联合印发《2022 年提升全民数字素养与技能工作要点》。面对数字经济快速发展，中国高度重视并出台了相对系统的政策和措施。相关政策对数字经济发展的人才需求及其在就业领域的影响进行了回应，并通过多措并举提升人才质量，随着企业智能化、数字化转型进程加快，搭建高效运行的科研平台，打造更具竞争力的科研条件和资助体系，优化人才引进发展环境。建议设立国家科技人才奖励基金，专门为科学、技术、工程和数学（STEM）专业的青年科学家提供奖励，并对其从事的科研项目提供奖励性资助。

第三章

我国数字经济人才发展的启示

数字技术加速变革，数字经济蓬勃发展，已成为推动全球经济发展的重要引擎，也逐渐成为各国应对经济下行压力的稳定器、加速器。全球数字经济在经济发展中呈现逆势增长趋势，表现出其发展韧性和活力。主要国家数字经济加速发展，美国凭借技术创新优势，数字经济规模蝉联世界第一，中国立足产业和市场优势，稳居世界第二，德国、日本和英国分列第三、四、五位。德国、英国、美国数字经济在国民经济中占主导地位。全球各国加快信息基础设施建设，优化数字战略布局，出台一系列政策推进数字经济发展。

人才是数字经济发展的核心要素，伴随数字经济的蓬勃发展，数字经济人才需求旺盛，然而人才尤其是高端人才供给不足，导致人才供需缺口不断扩大，云、人工智能、大数据等新兴数字化技术方面的人才、复合型人才尤其短缺，数字技能尤其是颠覆性数字技能缺乏。针对这些问题，全球各国竞相出台政策，加大人才培养力度，大力吸引集聚人才到本国。这将加剧全球范围内的数字要素竞争，扩大数字经济和数字经济人才发展的不平衡。

本报告从全球视野研究国际数字经济人才发展现状和供求趋势，对比分析典型经济体数字经济人才政策举措和趋势，希望可以帮助我国政府、业界和个人更好地了解全球范围内数字经济和人才竞争态势、数字技能差距和发展趋势，为我国未来战略布局、政策制定、人才吸引和培养、全民数字技能提升等提供经验借鉴和启发，具体有以下方面。

一 提升对数字经济人才培养和数字技能战略的认识，完善相关政策

当前，人才和技能成为制约全球各国数字经济的重要因素，全球市场的数字经济人才存在严重的供需不匹配，数字技能差距成为"新常态"并不断扩大，对不同企业、部门乃至国家产生重要影响。美国、英国、德国等发达国家已将数字人才培养和劳动力数字技能提升纳入国家数字经济战略。

我国数字经济人才缺口大，尤其是高端人才、新兴数字技术人才紧缺，随着产业数字化推进，人才供需缺口持续扩大。大数据、人工智能、云计算、区块链等新技术领域发展，对从业者的知识、素养和数字技能提出更高要求，加剧了数字技能差距。为此，在全球数字要素竞争场景下，如何缩小我国数字经济人才需求缺口和数字技能差距，如何在全球竞争态势下提升人才的有效供给、提升公民的数字技能，特别是关键技能，需要我国政府置于全球视角考虑，应将其纳入国家经济战略层面。

作为全球数字经济引领性国家，我国一直高度重视数字经济发展和人才培养。《"十四五"数字经济发展规划》提出实施全民数字素养与技能提升计划，鼓励将数字经济领域人才纳入各类人才计划支持范围，积极探索高效灵活的人才引进、培养、评价及激励政策。这些方面的探索可以借鉴欧盟、英国等国家的数字技能战略和创新政策。欧盟在《2021—2027年数字化教育行动计划》中着力开发"欧洲数字化技能证书"，将提高数字技术人才在欧盟范围内的流动效率，欧洲推行的微证书制度将增加欧盟范围内公众更新数字技能的积极性，促进欧盟完成设定的数字技能发展目标。2022年新版《英国数字战略》提出扩展数字教育渠道、发展高级数字技能、培养公民的终身数字技能等政策举措。

二 加强高端数字人才培养，提升颠覆性数字技能

高端数字人才和颠覆性数字技能对数字经济发展至关重要。《全球数字

人才发展年度报告（2020）》中数据显示，美国旧金山湾区、印度班加罗尔颠覆性技能的渗透率最高，在材料科学、人工智能等多个领域均处于全球引领地位。欧洲地区整体排名都比较靠前，中国城市在颠覆性技能渗透率上的排名相对落后。这与国家对颠覆性技术和技能培训的投入紧密程度相关。欧美近年持续加大对颠覆性技术和人工智能的投入，2021 年 3 月，北约在德国斯图加特正式启动颠覆性技术和人工智能两项新举措。英国发布的《英国数字战略》中提出投入 1.17 亿英镑，通过博士培训中心新培养 1000 名人工智能博士，相关政府部门将共同确定对支持未来技术至关重要的具体课题，如量子计算和先进半导体。

我国高端数字人才缺口大，颠覆性数字技能渗透率低。未来的数字经济发展，我国首先需要持续加大颠覆性技术和新兴数字技术的战略投入；其次，深化新工科建设，瞄准前沿领域，建设一批未来技术学院和现代产业学院，造就一批数字技术领域的拔尖创新人才；最后，对接产业链、技术链，相关政府部门牵头，加强高校、科研院所与企业的合作，共建实验室，攻坚数字核心技术，联合培养高层次、复合型数字经济人才，推进数字技术创新发展。

三 不同利益方多元协作，提升全民数字素养与技能

数字经济人才供需不匹配对不同企业、部门乃至国家产生重要影响。缩小人才供需缺口，匹配人才与商业技能需求，需要政府部门、人才供需方和其他社会机构不同利益方在数字技能标准、人才评价标准、培养方式等方面达成共识。欧盟 2016 年成立了数字技能和工作联盟（Digital Skills and Jobs Coalition），以促进教育、就业市场和企业等各利益相关方共同协作，提升欧盟公众的数字技能。欧盟 2018 年启动的"数字素养发展系统项目"，构建了"评估—发展—技能验证"的流程体系，通过在线方式为学员提供辅导，帮助其了解自身技能水平差距，建立新知识和个人经验之间的联系。英国政府通过开发成人数字技能资格标准来推进数字技能教育改革，建立了一

套阶梯式的资格证书体系，通过资格证书制度，助力成年人提升数字技能。英国成人数字技能教育致力于构建包括多个利益相关者的"伙伴关系"。通过完善伙伴关系的合作机制，促进各主体积极参与成人数字技能教育的全过程。"伙伴关系"的成员包括政府、教育、慈善机构、企业、社区、劳工和经济发展机构的代表。2022年《英国数字战略》中提到，设立数字技能委员会，与私营部门开展密切合作，解决未来劳动力所需的数字技能。该委员会将鼓励雇主投资劳动力技能培训，与产业界一道使年轻人了解数字技能并能够获得相关培训；扩大产业界对数字劳动力的认知范畴等。

我国高度重视全民数字素养与技能工作，政策层面提出加强全民数字技能教育与培训，构建全民数字技能教育资源体系等，数字技能标准制定、培养体系建设在逐步推进中，2022年人社部发布机器人工程技术人员等18个新职业标准。借鉴英国和欧盟等国经验，我国需要做好的工作：一是构建包括多个利益相关者的"伙伴关系"，围绕数字技能标准、技术创新、平台建设、技能培训等方面开展合作；二是加强不同行业数字技能核心标准以及人才评价标准的研究与制定，探索推出数字技能证书；三是搭建面向全国的数字技能平台，提供相关教育培训、交流信息、共享知识等；四是构建数字技能教育培训体系，提升全民数字素养。

四　优化人才发展环境，创新引才政策，
会聚全球数字经济人才

数字经济蓬勃发展的背景下，全球各国普遍面临数字经济人才短缺问题。针对这一问题，各国政府加强本国教育培训，培养人才和提升公众数字技能，同时创新引才政策，吸引集聚全球数字经济人才。德国《技术劳动移民法》，针对信息通信技术等特殊行业人才制定了"绿色通道"，简化其申请移民的流程条件。英国发布的《英国数字战略》中提到通过完善科技行业移民和签证政策，如采取扩大"全球人才签证"范围、继续签发"高潜力个人签证"，向企业推出"扩展签证"、为全球创新者发放"创新签证"

等方式，吸引全球顶尖数字人才。

我国数字经济发展快，人才缺口不断放大，其中高端人才尤其紧缺。当前我国提出并全面实施全民数字素养与技能提升行动，加强全民数字技能培训，实施教育数字化战略行动。同时，我国应在全球范围内加强数字经济人才，特别是高端或顶尖人才的引进。《全球数字人才发展年度报告（2020）》对全球数字人才的流动路径的分析显示，整体上欧洲城市和亚太城市居于前列，以中国为代表的亚太地区对人才吸引力逐渐提升。在此契机下，我国应把握好全球人才流动趋势和全球人才竞争新态势，借鉴欧美国家或城市的经验，优化人才成长环境，创新人才引进政策和途径。第一，需要掌握数字人才需求信息，进一步明确紧缺急需数字人才引进需求，并纳入紧缺急需高层次人才引进计划；第二，通过多种渠道和方式引才，如数字经济峰会、数字人才论坛等加强国内外交流，建立海内外数字人才数据库和联盟，建立柔性引才机制，在境外地区设立"数字人才飞地"；第三，开辟海外高端数字人才绿色通道，简化申请移民条件和手续，进一步优化外籍人才工作或创业发展环境，进一步规范市场化评价标准；第四，积极引进优秀的外国理工科博士或留学博士、博士后等青年人才；等等。

第一章

编制说明

一 编制背景

发展数字经济是促进经济转型升级和增长方式转变、增强经济发展韧性和实现高质量发展的重要抓手，是大势所趋、民心所向。2022年1月，习近平同志在《求是》上发表《不断做强做优做大我国数字经济》一文，指出"发展数字经济是把握新一轮科技革命和产业变革新机遇的战略选择"，强调"数字经济事关国家发展大局"。数字经济时代的加速到来，促使着新一代信息技术蓬勃发展，工业互联网、大数据、人工智能等数字技术深度渗透到实体经济中，为产业数字化转型创造了必要条件。

为真实、准确地了解全国数字经济人才的发展趋势及人才资源现状，摸清数字经济人才结构、人才供给与需求等情况，为数字经济人才发展战略规划以及人才的选用育留提供有力支撑，本项目拟开展数字经济人才急需紧缺目录编制与发布工作。

二 编制目的

1. 协助推动人才政策的精准实施

编制《数字经济人才急需紧缺目录》（以下简称《目录》），有助于摸清全国、重点区域城市群数字经济人才分布、缺口、聚集情况等。为各地政府、相关部门制定数字经济政策、人才政策提供了参考依据。

2.为促进产业人才高效配置提供指引

《目录》客观真实地反映了数字经济重点产业发展所需要的人才，包括人才数量与结构、学历与年龄分布等基本情况，鼓励数字经济人才有序流动，在各地形成人才聚集和辐射效应。

3.为企业人力资源发展提供指导

用人单位可根据《目录》提供的紧缺人才状况，在人才招募过程中参考同行需求，更有效地"选、育、留、用"符合本单位发展需求的人才。同时各地政府可组织同类人才缺乏企业，开展专项人才招聘会、组团外出招聘会等，发挥区域联动优势，扩大宣传效果。

三　编制原则

1.科学性

《目录》以政策文献分析、大数据分析为主要方式，经过反复筛选比对，形成最终相关结论，做到资料真实可靠、分析有理有据、结论科学可信。

2.实用性

《目录》详细列举了任职要求、所需人才的细分专业等信息，政府可根据《目录》完善政策实施办法、精准发放补贴、有效开展引才活动等；企业可根据《目录》明确招募人才的指导方向；人才可根据《目录》了解职位需求，申请匹配的职位或明确个人职业发展方向。

3.时效性

《目录》特别强调信息的时效性。《目录》中的大部分数据由智联招聘大数据平台即时抓取汇总，数据范围为 2022 年 10 月 1 日到 2023 年 10 月 1 日，数据的时间颗粒度精确到秒。

四　研究方法

为保证研究方法的科学性、研究来源的丰富性、研究结果的代表性，本项目采用定量研究与定性研究相结合的分析方法。

1. 政策调研

一是收集区域城市群官方权威部门的统计数据，包括政府提供的产业、人口等数据；二是收集区域城市群数字经济相关政策文件，如工作总结报告、产业发展规划、人才发展规划、人才管理办法等。综合以上资料，深入了解区域城市群数字经济人才情况。

2. 大数据分析

依照区域城市群十大城市调取智联招聘平台大数据，包括各岗位的人才市场供需比、岗位的人才流入与流出趋势、岗位招聘难度等，覆盖产业的所有职位类别。对于与智联招聘数据口径不匹配的行业，通过企业名称关键词的方式调取相关数据。

五　数据说明

本报告基于全国数字经济重点产业，共调取第三方人力资源机构——智联招聘平台大数据 150539521 条。其中包含全国 432 个城市的 19158269 条发布职位数，即平台发布的企业招聘端数据，以及 131381252 次投递数，即平台发布的求职者端数据。通过相关数据计算各职位的人才市场供需比、人才活跃度等并进行研究分析。

同时收集全国、各省市公开发布的数据信息，包括各地国民经济和社会发展统计公报、政府工作报告、数字经济"十四五"规划等，整理汇总各地人口、经济数据，包括国民生产总值、常住人口、劳动力人口、行政面积、研究与试验发展经费内部支出、数字经济核心产业增加值、数字经济规模、数字经济技术人才等。

六　紧缺指数测算方法

按照智联招聘大数据研究中心的模型，对本次报告的各个产业进行了测算后，按照重点维度加权计分的方式进行计算，具体维度包含需供对比、活跃度、学历、工作经验、年薪，最终计算出该职位的紧缺指数。具体计算方式如表1所示。

表1 2023年中国数字经济人才急需紧缺指数测算方法

维度	维度定义	分值（分）	评分标准
需供对比	企业招聘岗位的需求人数÷企业招聘岗位的简历投递数	20	1. 比值×20,最高20分 2. 简历投递数为0时,计20分 3. 最低计8分
活跃度	岗位活跃人才数（刷新简历数）÷岗位人才存量（有效简历数）	20	1. 比值的倒数×20,最高20分 2. 简历投递数为0时,计20分 3. 最低计8分
学历	从事岗位工作所应具备的学历	20	1. 大专以下（含不限学历）,计7分 2. 大专,计10分 3. 本科,计12分 4. 硕士研究生,计15分 5. 博士研究生,计20分
工作经验	从事该岗位所需的工作经验	15	1. 1年以下,计6分 2. 1年及以上,计7分 3. 3年及以上,计9分 4. 5年及以上,计11分 5. 10年以上,计15分
年薪	岗位年度薪酬收入范围	25	1. 7万~12万元,计10分 2. 12万~20万元,计13分 3. 20万~30万元,计17分 4. 30万~40万元,计22分 5. 40万元及以上,计25分

七 编制流程

1.平台大数据筛选

第一步，依据行业数据甄别经验，剔除岗位需求人数过少（4人及以下）的岗位，保留需求人数在 5 人及以上的岗位。

第二步，对行业内岗位按紧缺指数进行排序，并对岗位进行筛选，根据紧缺指数按四分位数进行划分，紧缺指数排位在前 25% 的为非常紧缺，紧缺度评星为"★★★★★"；排位在 25%～50% 的为比较紧缺，紧缺度评星为"★★★★"，排位在 50%～75% 的为一般紧缺，紧缺度评星为"★★★"，紧缺度评星在"★★★"以下的岗位则不考虑进入目录。

第三步，将满足需求岗位在 5 人及以上且紧缺度为 3 星及以上的岗位纳入紧缺目录待定清单。本次全国数字经济人才急需紧缺目录待定清单共 6364 个岗位，其中，重庆数字经济人才急需紧缺目录待定清单共 1590 个岗位。

2. 职位信息完善

第一步，按照占比取众的原则，针对职位学历要求、月度薪酬，以某行业筛选出的所有此项职位的职位信息中数量占比最多的一条记入《目录》。例如数字产品制造业中的"研发工程师"，筛选出共 10 条职位信息，其中 8 条学历要求为本科，2 条为大专，则"本科"记为数字产品制造业中对"研发工程师"的学历要求，对大专及以下的职位进行剔除，月度薪酬以此类推。

第二步，按照共性优先的原则，以某行业筛选出的所有此项职位的职位信息中的共性工作职责和任职要求记入《目录》。例如数字化效率提升业中的"电气工程师"，筛选出共 6 条职位信息，每一条的任职要求都包含"具备电器总布置设计相关能力"，则该条记入数字化效率提升业中"电气工程师"的任职要求，并弱化明显具有企业特性的任职要求，突出行业共性。

第三步，按照应统尽统的原则，将某行业筛选出的所有此项职位的职位信息中的专业要求全部记入《目录》。例如数字要素驱动业中的"通信研发工程师"，筛选出 3 条职位信息，提及的专业包含通信工程、计算机科学与技术、电子信息，则将以上专业全部纳入此岗位的专业要求中。

3. 分析研判定稿

对所有岗位进行去重、核对后，根据本次目录岗位选取原则，最终全国数字经济人才急需紧缺目录选取各产业紧缺指数前 20 名进入目录，共计 5 大产业 100 个岗位。其中，重庆数字经济人才急需紧缺目录选取紧缺指数前 300 名进入目录，共计 12 大产业 300 个岗位。

第二章

2023 年中国数字经济人才
急需紧缺岗位趋势分析

一 2023年中国数字经济人才急需紧缺岗位分布

（一）2023年中国数字经济人才急需紧缺岗位类型分布

2023 年全国数字经济人才急需紧缺岗位 TOP100 中，研发型人才在全国范围内的需求量最大，占所有紧缺岗位的 74%，应用型人才及管理型人才的需求量相对较小，分别占比 16%、10%（见图 1）。这一数据表明研发型人才是当前数字经济发展中最为核心的人才类型，在各行各业中的需求量巨大。

（二）2023年中国数字经济人才急需紧缺岗位地域分布

根据智联招聘平台大数据的企业职位发布数据分析，北京、上海、成都的数字经济岗位发布量较大，分别占 7.69%、5.23%、4.75%。这一数据表明京沪川三地的数字经济发展处于全国领先水平，因数字经济发展而形成的就业岗位最多，对人才的渴求程度最高。分析急需紧缺岗位需求量排名前 10 的城市可以发现，成都、武汉、杭州等新一线城市的需求量与一线城市广州相比，差距并不明显，这也体现了新一线城市在数字经济发展上的巨大潜力。此外，其他城市的整体岗位需求量占比达到 58.17%，表明数字经济已成为全国各城市的重点发展产业之一，其飞速发展具有普遍性（见图 2）。

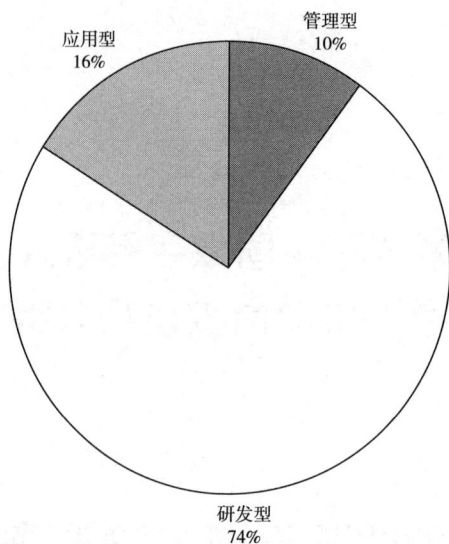

图 1　2023 年中国数字经济人才急需紧缺岗位类型分布

资料来源：智联招聘、中国长江经济带发展研究院分析整理。

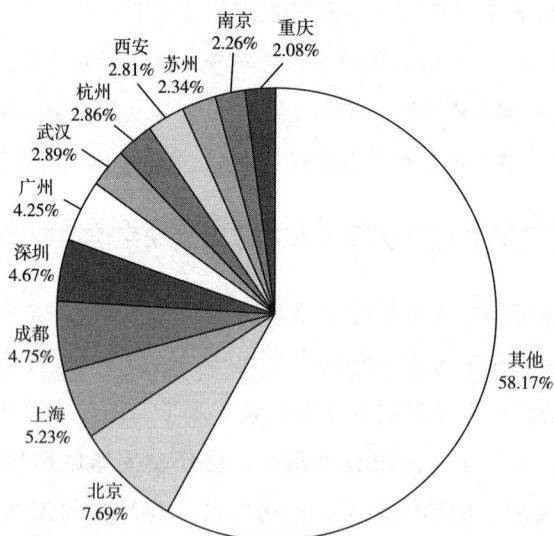

图 2　2023 年中国数字经济人才急需紧缺岗位地域分布

资料来源：智联招聘、中国长江经济带发展研究院分析整理。

从数字经济五大产业来看，数字化效率提升业所涉及的城市分布较为零散，占比最高的北京（3.78%）也未超过5%，且其他城市占比超过七成（见图3）。从城市发展的角度来看，全国亟需数字化效率提升业的相关人才；从人才就业的角度来看，这类产业人才的地域选择更为自由。这与数字化效率提升业的产业划分息息相关，工业、农业、金融、教育、医疗、政府等，几乎各行各业都需要数字化效率提升业人才。

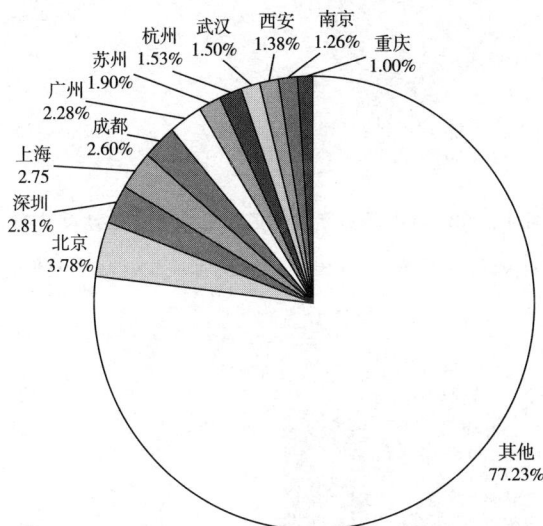

图3　2023年中国数字化效率提升业人才岗位地域分布

资料来源：智联招聘、中国长江经济带发展研究院分析整理。

数字技术应用业的紧缺人才在北京、上海的需求量相对较高，均超过7%。这也体现了北京、上海作为数字技术应用业发展的领头羊地位。第二梯队的成都、深圳、广州、杭州也均占据4%以上的比例（见图4）。

由图5可知，深圳的数字产品制造业人才需求庞大，占比已达到11.76%，在此地也诞生了"中国电子第一街"——华强北；第二梯队的北京、成都、上海、苏州的数字产品制造业人才需求占比为4%～7%。

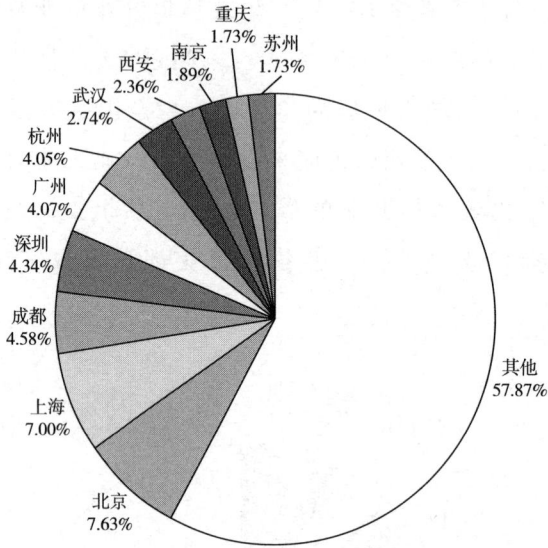

图4　2023年中国数字技术应用业人才岗位地域分布

资料来源：智联招聘、中国长江经济带发展研究院分析整理。

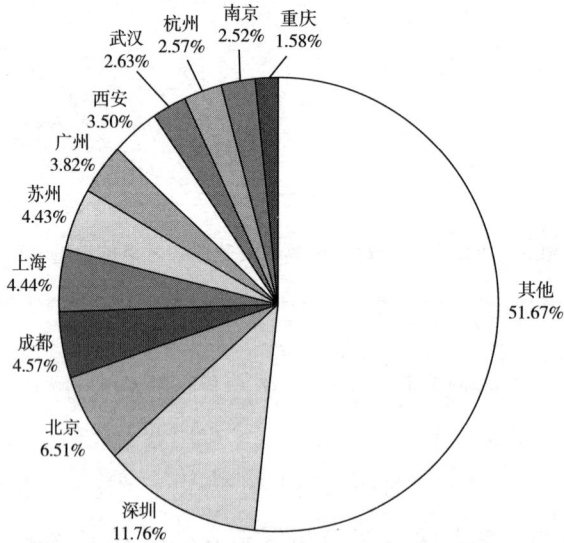

图5　2023年中国数字产品制造业人才岗位地域分布

资料来源：智联招聘　中国长江经济带发展研究院分析整理。

数字产品服务业的紧缺人才在北京需求量相对较大，达到9.43%，而武汉、成都则超越其他一线及新一线城市，分别位列全国第二和第三名（见图6）。这一结果体现了武汉和成都在数字产品服务业上的迅猛发展势头。

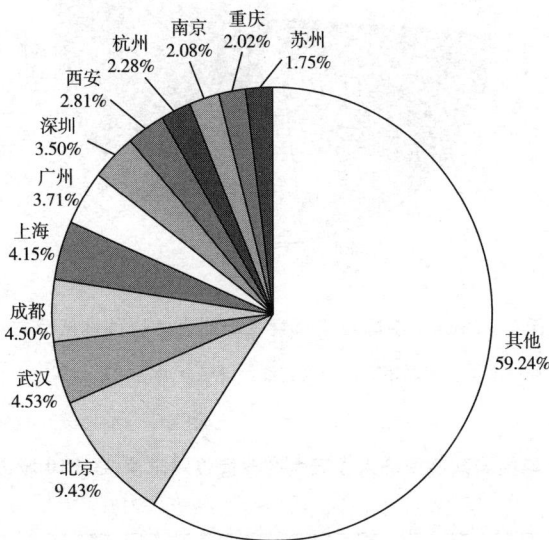

图6 2023年中国数字产品服务业人才岗位地域分布

资料来源：智联招聘 中国长江经济带发展研究院分析整理。

数字要素驱动业的紧缺人才在北京、上海、成都和深圳的需求量较大，均超过10%。值得注意的是在该产业中成都超过深圳，排名第三，是新一线城市在五大数字经济中唯一进入TOP3的城市（见图7）。

综合来看，一线城市中的北京和广州，新一线城市成都、重庆、西安、武汉、南京等是对数字经济人才需求量较大的城市，处于数字经济发展的领先阶段。值得一提的是一线城市中的上海和深圳对数字经济人才五大产业的需求不及上述新一线城市，这与其岗位已相对饱和有关（见表1）。

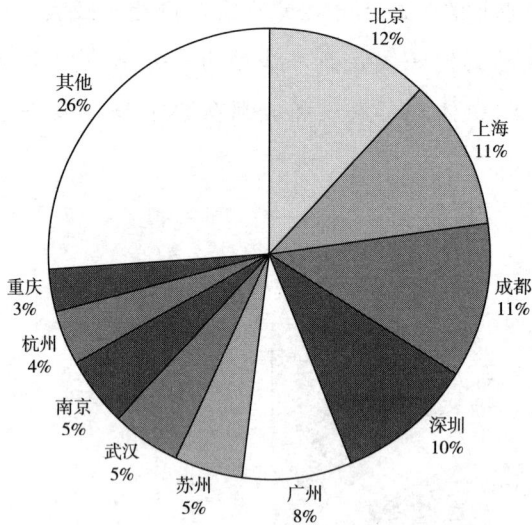

图 7　2023 年中国数字要素驱动业人才岗位地域分布

资料来源：智联招聘　中国长江经济带发展研究院分析整理。

表 1　2023 年中国数字经济人才五大产业岗位需求量 TOP10 城市出现频次

单位：次

城市	TOP10 出现的次数	城市	TOP10 出现的次数
北京	5	南京	5
广州	5	上海	4
成都	5	深圳	4
重庆	5	杭州	4
西安	5	苏州	3
武汉	5		

资料来源：智联招聘　中国长江经济带发展研究院分析整理。

二　2023年中国数字经济人才急需紧缺岗位结构分析

（一）2023年中国数字经济人才急需紧缺岗位学历分析

从图 8 可知，全国数字经济人才急需紧缺岗位的学历需求中，本科岗位的需求量占比最高（76%），硕士岗位占比21%，博士岗位占比3%。由此可见，数字经济对人才的学历要求较高，行业的学历层次较高。

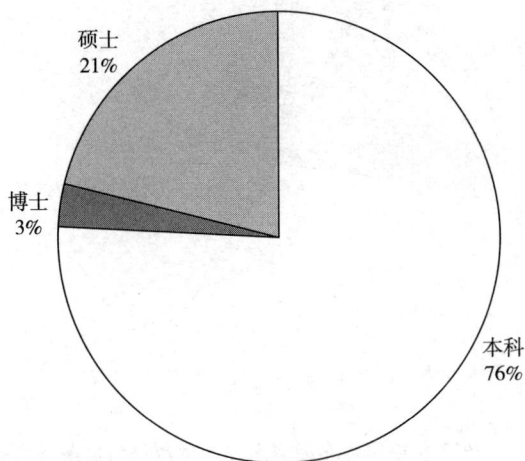

图8　2023年中国数字经济急需紧缺岗位学历分布

资料来源：智联招聘　中国长江经济带发展研究院分析整理。

（二）2023年中国数字经济人才急需紧缺岗位薪酬分析

在薪酬方面，年薪在30万~40万元的岗位数量最多，占比32%，其次是20万~30万元，占比29%。12万元以上的岗位合计占比98%，表明数字经济行业普遍薪酬水平较高（见图9）。

（三）2023年中国数字经济人才急需紧缺岗位经验分析

在全国数字经济人才急需紧缺岗位TOP100中，对3~5年和5~10年工作经验的人才需求量最大，合计占比71%，表明数字经济更加青睐成熟人才，对经验的要求相对较高（见图10）。

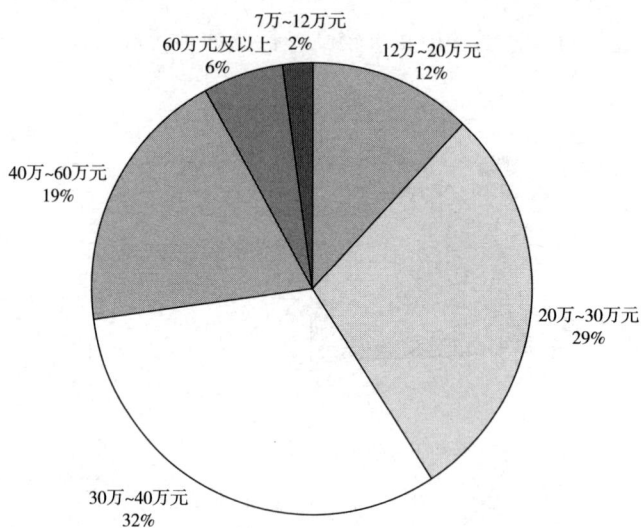

图 9　2023 年中国数字经济人才急需紧缺岗位薪酬分布

资料来源：智联招聘，中国长江经济带发展研究院分析整理。

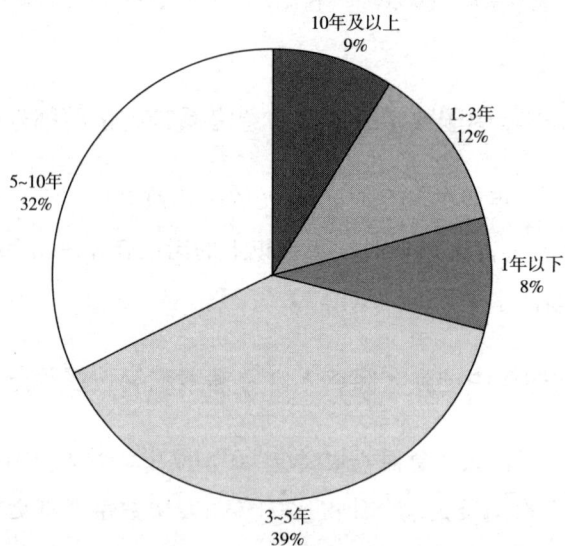

图 10　2023 年中国数字经济人才急需紧缺岗位经验分布

第三章

中国数字经济人才（急需紧缺）发展建议

一　扩大对外开放，激发人才活力

坚持全球视野，紧扣数字经济发展需要，面向全球引进顶尖数字经济人才，探索在重大载体平台实行"平台+团队"整建制引进领军人才及团队成员，并提供事业平台、经费支持、服务保障等一揽子支持。面向全球引进具有国际视野、熟练掌握国际规则、能够进行全球化资源整合的国际化复合型数字经济人才。建立以信任为基础的数字经济人才使用机制，充分激发人才创新创造活力。

二　推进产才融合，实现产才共引

紧跟数字产业关键技术和产业发展需求，根据当地重点产业链制定一批紧缺人才动态需求目录，实施产业人才精准引育培养，推动"人才链""产业链""创新链"的深度融合。完善人才引育奖励机制，加大人才发展政策支持力度，实现数字产业领军人才与高端人才的合理流动。以关键人才带动关联人才、引进关联产业，通过铸牢产业链、激活人才链、加速创新链，强化人才与产业"磁吸效应"，形成"人才支撑产业发展、产业助推人才集聚"的良性循环，打造人才创新策源地。

三　发挥政策优势，形成人才集聚

聚焦数字经济的重点产业，根据各地实际情况，鼓励多种渠道相结合的引才模式，重点围绕数字产业技术攻关、产品应用、产业培育和产业服务各环节，精准引育一批数字产业领域科技领军人才、卓越工程师、大国工匠和经营管理人才，促进产业数字化、数字产业化。加速优秀青年人才集聚，支持青年科技人才挑大梁、当主角。

四　升级产业平台，强化资源支撑

大力升级产业平台，以龙头企业为带动，以专业化园区为支撑，以优势产业为龙头，以潜力产业为新赛道，着力打造数字经济梯队，加快建设一批国际化孵化载体、专业化中小试验基地、智慧化未来产业园区，培育壮大一批科技领军企业、专精特新"小巨人"企业，强化资源、人才、机构、平台集聚支撑，实现数字经济人才与产业发展同频共振。

五　聚焦重点领域，优化人才培养

聚焦重大战略科学领域，结合数字人才需求急剧增长的实际，强化校地合作，通过订单式、定制化模式，探索以市场为导向、高校为技术依托、企业为主体、产业化为目标的人才培养新机制，全方位、高水平、高质量地培育复合型数字经济人才。鼓励重点大学和高职院校等开设数字经济专业课程，培养数字技术专业人才和跨学科综合型人才。支持高校、科研院所与企业联合办学，校企合作共建实训基地，开展形式多样的职业教育和技能培训，提升数字人才供给能力。

六　规范要素配置，推动创新发展

推进数字经济市场要素高效配置，培育数据要素市场，完善数据权属界定、开放共享、交易流通等标准和体系建设，为数字经济人才的创新成果提供可靠依据和坚实保障。探索实行"揭榜挂帅""赛马制""包干制"等制度，鼓励和引导骨干企业组建产业创新联合体，开展重大前沿基础技术和核心技术攻关。支持引导数字经济人才参与国际大科学计划、数字领域国家重大科研项目研究和国际标准制定等，推动重大基础理论创新。探索分类推进数字经济人才评价机制改革，从小切口实现大改革，实现评用合一。

第四章

2023 年中国数字经济人才
急需紧缺目录 Top20

一 2023年中国数字产品制造业人才急需紧缺目录 TOP20

序号	数字经济	岗位名称	学历要求	经验要求	年薪段	紧缺星级*	专业要求	岗位类型	岗位描述
1	数字产品制造业	数字前端工程师	本科	3~5 年	40 万~60 万元	★★★★★	计算机科学与技术 微电子科学与工程 材料物理 集成电路设计与集成系统	研发型	1. 承担终端物理层协议栈软件运行平台（包括软件资源管理、任务调度管理、硬件驱动，以及测试工具等基础功能模块）关键技术研究； 2. 开发并维护符合公司/项目/产品目标需求的物理层平台软件组件； 3. 支持物理层平台软件组件（包括协议组件 L1CC）的产品化集成应用；

续表

序号	数字经济	岗位名称	学历要求	经验要求	年薪段	紧缺星级*	专业要求	岗位类型	岗位描述
									4. 负责终端物理层协议栈软件运行平台上软件等的设计、开发、测试和资源管理器和任务调度引擎等的设计、开发、测试和维护工作，保障物理层协议栈运行所需的软硬件资源分配和任务调度的合理性和高效性； 5. 负责终端物理层协议栈软件运行平台上硬件驱动软件的设计、开发、测试和维护工作，配合射频工程师进行终端射频方案的评估和调测，为终端物理层协议栈运行基础运行环境保障； 6. 负责终端物理层软件调测工具开发，为终端物理层软件研发提供有效的调测
2	数字产品制造业	基站工程师	本科	3~5年	30万~40万元	★★★★	计算机科学与技术 信息工程 通信工程	研发型	1. 负责 5G L2 协议软件开发，实现功能的设计开发和软件优化； 2. 负责相关子系统设计和代码实现以及关键模块的设计和开发； 3. 协助架构师定位系统问题，解决开发中的技术难点； 4. 有 C++项目实际开发经验，精通 C/C++编程，gcc 调试，linux 系统，Shell 命令等优先； 5. 有通信企业工作经验优先，尤其是 4G、5G 通信协议等； 6. 了解常用的软件架构模式，基本的编译工具，具有较强的分析和解决问题的能力，具备良好的合作精神，具备较强的学习能力和主动性，有良好的进度意识和流程意识

续表

序号	数字经济	岗位名称	学历要求	经验要求	年薪段	紧缺星级*	专业要求	岗位类型	岗位描述
3	数字产品制造业	数字后端工程师	本科	3~5年	30万~40万元	★★★★	微电子科学与工程 通信工程 电子信息	研发型	1. 项目初期通过综合实现来协助设计团队评估设计的性能、面积和功耗等； 2. 负责模块/顶层的综合，包括constraint的定义和顶层constraint的集成； 3. 负责模块/顶层的等价性验证：formality/LEC验证，协同设计人员实现function/DFT的multi corner multi-mode constraint定义和实施，包括优化constraint的定义/优化流程来提高效率和节省runtime； 4. 参与full chip Floorplan的设计以及综合网表的输出，优化时序收敛和提高性能； 5. 负责综合网表的质量检查和审核，确保高质量交付，开发并优化STA signoff流程，协助后端同事完成full chip STA时序收敛
4	数字产品制造业	推荐算法工程师	博士	3~5年	30万~40万元	★★★★	计算机科学与技术 数据计算及应用 人工智能	研发型	1. 负责UMU课程内容、学习圈内容等资源的推荐策略的开发工作，包括用户画像/内容模型/推荐召回/推荐排序方向的工作，提升Feed流推荐规模； 2. 负责设计与搭建个性化推荐系统，提升系统稳定性； 3. 优化系统可扩展性，保障算法策略模块快速迭代； 4. 熟悉数据挖掘、机器学习算法，有CTR预估等实际工作经验，有大规模机器学习排序优化经验者优先； 5. 熟悉Python及C/C++语言进行离线代码开发，熟练使用常用算法和数据结构，对算法有较强的实现能力； 6. 有很强的自学能力，对搜索引擎、推荐系统、大数据挖掘等方向有经验者优先

续表

序号	数字经济	岗位名称	学历要求	经验要求	年薪段	紧缺星级*	专业要求	岗位类型	岗位描述
5	数字产品制造业	副总工程师	本科	10年以上	30万~40万元	★★★★	机械设计及其自动化 车辆工程 新能源汽车工程	管理型	1. 负责主持编制公司工艺发展规划和工艺科研规划,能按照行业、顾客要求,熟练把控项目开发,实施,变更等流程; 2. 负责组织制定、实施公司工艺技术系统的管理制度、工艺设计程序及工艺标准化文件; 3. 负责实施公司技术革新、新技术推广及工艺攻关等工作,促进公司向智能化制造的转变; 4. 负责工艺人才队伍建设,制订并实施人才培养计划; 5. 具有机械原理、金属工艺学、热处理学、工业企业管理、技术经济分析等方面的基础理论知识,熟悉工艺工装设计相关知识和技术状态管控要点。
6	数字产品制造业	区域负责人	本科	5~10年	20万~30万元	★★★	经济学 管理学 国际贸易	管理型	1. 负责区域招商规划、布局、制定,执行区域销售计划,负责销售渠道开发与管理; 2. 定期对市场营销环境、目标、计划、业务活动进行核查分析,及时调整营销策略和计划; 3. 统筹管理区域内电站质量的监理与验收,提供运维与售后服务支持,负责代理商业务、工程技术支持与服务; 4. 负责区域代理商管理与考核及区域的日常管理工作,保障部门顺利完成业务指标; 5. 精通销售业务及流程,熟悉相关法律法规,有较强的团队搭建能力、领导能力; 6. 较强的分析能力、沟通协调能力及应变能力,热悉当地市场

续表

序号	数字经济	岗位名称	学历要求	经验要求	年薪段	紧缺星级*	专业要求	岗位类型	岗位描述
7	数字产品制造业	硬件项目经理	本科	5~10年	20万~30万元	★★★	电子信息 通信工程 自动化	应用型	1. 依据产品开发要求，完成电路设计、元器件选型、原理图/PCB设计、调试、BOM编制等工作，确保硬件按照要求正常运行； 2. 编制提交硬件相关的技术文档、报告，记录及其他相关文档，文档资料能够正确表达设计思想并与所描述内容保持一致； 3. 负责硬件的质量保证体系，制定产品检测和管理系统，保证硬件质量，为产品的生产、测试、认证、工程施工等提供支持； 5. 持续改进已有产品的功能和性能，跟踪研究相关领域的动态和技术，提高产品技术的先进性； 6. 具有硬件设计到生产的整个流程，模电基础，熟悉硬件设计研发经验，扎实的数电，能够根据项目的实际开发经验；立完成硬件设计，具备低功耗硬件产品的日常开发经验； 7. 熟练使用基于Wi-Fi、网口4G通信模块
8	数字产品制造业	驱动开发工程师	本科	3~5年	20万~30万元	★★★	计算机科学与技术 电子信息 通信工程	研发型	1. 熟练掌握C/C++编程，使用Linux操作系统以及Git代码管理； 2. 熟悉ARM/ARM64等平台下的嵌入式开发技术，具有较强的系统开发与调试能力； 3. 熟悉Linux驱动开发、Linux内核进程调度、内存管理、中断管理、文件系统，有芯片公司工作背景者，对内核代码有实际工作经验者优先； 4. 熟悉GPU、功耗优化、显示驱动、系统稳定性分析、性能调优者优先，具备较强的沟通能力以及良好的团队协作精神

续表

序号	数字经济	岗位名称	学历要求	经验要求	年薪段	紧缺星级*	专业要求	岗位类型	岗位描述
9	数字产品制造业	导航算法工程师	硕士	1年以下	30万~40万元	★★★	导航工程 通信工程 自动化 机器人工程	研发型	1. 基于微波、光学、视觉、惯导等手段，设计高精度室内外复合定位算法和系统，满足建筑机器人毫米级定位精度要求，指导系统工程师进行系统设计； 2. 建立仿真模型，并进行性能仿真，在软件工程师的协助下描述定位算法模块框图和接口，并完成定位算法模块的软件实现； 3. 根据实测结果，对定位算法、滤波器参数等进行优化改进，提高导航定位性能； 4. 熟悉惯性导航系统、组合导航系统基本理论和基本算法（如卡尔曼滤波算法），尤其对RTK高精度定位算法有着深入研究； 5. 熟悉室内定位，如 UWB、BT/WIFI 等，熟悉 MATLAB 和 C/C++语言，熟悉 Linux 环境下软件开发者优先
10	数字产品制造业	图形开发工程师	本科	5~10年	20万~30万元	★★★	计算机科学与技术 电子信息 通信工程	研发型	1. 负责 camera 图像质量调优，满足 AI 算法及显示对图像质量的要求； 2. 负责 camera 图像质量主客观产品需求，参与摄像头方案的调研、评测、评测及优化，根据产品需求和选型； 3. 具有 camera 图像质量调试经验，有端芯片、微、高通等平台 IQ tuning 经验者优先； 4. 熟悉 ISP pipeline，掌握 ISP 子模块的算法原理，包括不限于 3A、De-noise、LSC、WDR、Sharpness、Gamma 等；

续表

序号	数字经济	岗位名称	学历要求	经验要求	年薪段	紧缺星级*	专业要求	岗位类型	岗位描述
									5. 熟悉 Camera 模组的基本组成结构，了解 Camera 模组 driver，精通 c/c++编程，熟悉 Android camera 架构或者 Linux V4L2 架构，有 Camera HAL 开发经验者优先； 6. 熟悉图像质量主客观分析和评估方法，能够熟练使用至少一种图像评测软件（如 imatest 等）进行图像客观评估； 7. 有搭建 camera 调试或评测环境经验者的优先
11	数字产品制造业	热设计工程师	本科	3~5 年	20 万~30 万元	★★★	工程热物理热能工程	研发型	1. 负责 HUD（液晶屏）的硬件散热方案设计，负责新型散热技术的研究与开发，为手机散热方案提供技术储备； 2. 能够基于理论知识对于 HUD 背光、液晶屏散热模型进行分析，并能够快速设计算工具； 3. 能够完善 HUD 热设计评估体系，通过热仿真对工具进行散热方案的选择和优化，负责智能温控设计； 4. 对传热学、热力学、流体力学及数值基础有较强的理论基础，能够运用热学等基础学科知识对手机热设计方案进行评估指导； 5. 具备有限元仿真能力，能够运用 ANSYS、ICEPAK、Flotherm 等仿真工具进行温度场及流体场的热仿真分析； 6. 具有良好的逻辑分析能力及表达能力，具有良好的团队合作意识

续表

序号	数字经济	岗位名称	学历要求	经验要求	年薪段	紧缺星级*	专业要求	岗位类型	岗位描述
12	数字产品制造业	模拟版图工程师	本科	3～5年	20万～30万元	★★★	集成电路设计与集成系统 微电子科学与工程 电子信息工程 应用物理	研发型	1. 参与模拟电路的版图设计、版图物理验证以及根据仿真结果进行版图优化； 2. 与模拟电路设计工程师充分沟通，确保完全理解版图设计要求； 3. 参与设计报告等文档撰写； 4. 仔细耐心，具备积极认真的工作态度和学习能力以及良好的心理抗压能力
13	数字产品制造业	塑料工程师	博士	5～10年	12万～20万元	★★★	高分子化工 高分子材料与工程	研发型	1. 熟悉 TPE、TPR、TPU 等改性材料，优先考虑 TPE 包胶方向； 2. 熟悉塑料改性产品相关领域的研发、生产工艺配方或改性塑料技术支持工作； 3. 熟悉塑料改性相关工艺、测试方法及应用； 4. 负责公司新材料的配方设计研发，参与新产品开发、根据产品及时了解所需材料性能、解决产品开发中材料问题； 5. 根据产品要求设计出或找到合适的材料，根据产品要求制定合理的加工工艺； 6. 熟悉塑胶高分子材料物性，能对生产中出现的原材料异常进行分析处理； 7. 熟练通晓塑料产品技术与工艺，具有良好的团队意识、沟通能力及工作责任心

续表

序号	数字经济	岗位名称	学历要求	经验要求	年薪段	紧缺星级*	专业要求	岗位类型	岗位描述
14	数字产品制造业	通信研发工程师	本科	3~5年	20万~30万元	★★★	电子信息 通信工程 计算机科学与技术	研发型	1. 参与通信类信息安全产品方案设计、原理论证，负责组建开发团队，组织产品开发、内测； 2. 能撰写相关技术文档，配合其他团队实现产品整体联调联测； 3. 精通通信工程原理，熟悉调制解调、信道编解码原理； 4. 具有扎实的数电、模电等电子专业知识，熟练使用AD等绘图软件，熟悉7号信令、PBX、IVR、CTI； 5. 具有电话程控交换机开发经验者优先
15	数字产品制造业	深度学习工程师	硕士	1年以下	30万~40万元	★★★	计算机科学与技术 数学 自动化 机械电子工程	研发型	1. 负责智能车数据闭环云端深度学习图像算法研究及应用，如智驾、智舱领域图像、视频数据云端相关算法开发； 2. 基于深度学习算法，实现目标检测、语义分割、激光点云处理等工程目标； 3. 对云端大模型进行知识蒸馏、压缩等操作，实现算法工程化部署； 4. 负责知识产权管理，具有深度学习（CV方向）开发应用工作经验者优先； 5. 熟练使用1种以上深度学习框架（如Tensorflow、Pytorch）
16	数字产品制造业	审计经理	本科	5~10年	12万~20万元	★★★	审计学 会计学 财务管理	应用型	1. 从集团视角出发，围绕审批体系、投资并购、财税、法务等领域识别集团层面重大风险，并进行评估； 2. 组织建立上市公司内部控制体系，包括授权体系、管理标准、业务流程、审批流程等，并对关键业务循环进行持续监控和优化；

续表

序号	数字经济	岗位名称	学历要求	经验要求	年薪段	紧缺星级*	专业要求	岗位类型	岗位描述
									3. 负责公司内部控制与风险管理体系的建设，负责对公司经营活动中的不确定因素进行系统管理、过程监控，评估和管理风险及潜在风险； 4. 负责公司内部管理流程、制度的建立与完善，负责公司内部控制与风险管理报告的撰写与提交； 5. 组织内部控制与风险管理最佳实践经验分享、推广、培训工作； 6. 掌握组织治理、内部控制、风险管理等专业知识，熟悉企业经营管理、财务管理等管理相关专业知识
17	数字产品制造业	芯片测试工程师	本科	3~5年	20万~30万元	★★★★	微电子科学与工程 电子信息工程	研发型	1. 承担公司产品的 CP 及 FT 的 ATE 测试相关工作、ATE 测试程序开发及验证等； 2. 负责或参与芯片产品的生产测试方案编写、测试规范的制定，研究不同测试方案对产品成本、良品率的影响，规划公司测试策略； 3. 精通一种以上 ATE 测试机台测试程式开发、测试流程及基本测试方法； 4. 熟悉 C/C++语言，掌握各种测试硬件（socket, Probecard, Loadboard）知识和 ATE 测试机台的设备知识； 5. 熟悉示波器、信号源等实验室测试仪器，具有良好的沟通和协调能力，良好的团队意识和合作精神知识

续表

序号	数字经济	岗位名称	学历要求	经验要求	年薪段	紧缺星级*	专业要求	岗位类型	岗位描述
18	数字产品制造业	全栈工程师	本科	3~5年	20万~30万元	★★★	过程装备与控制工程 计算机科学与技术 电气工程与智能控制 电气工程及其自动化	研发型	1. 负责光储一体机、户用储能系统整体协调控制算法的开发与调试，并进行验证、评估其效果，根据客户需求定制开发光储充系统控制算法，并对算法升级； 2. 负责户用储能控制算法的研究与仿真，负责户用储能建模与仿真、关键参数辨识等相关工作； 3. 通过对系统历史数据进行分析、统计、深挖次数据，提出相应的策略来指导系统功能完善、性能优化，给出建设性意见和建议，供战略分析研究； 4. 熟悉储能系统，具备微电网、风光储、用户侧等应用场景的控制算法开发或设计经验； 5. 能独立完成中小型系统的算法设计及开发工作，熟悉掌握C/C++、Python等语言的编程和Matlab、Pscad等软件的建模仿真； 6. 熟悉Linux系统，具有较丰富的工程实践经验
19	数字产品制造业	汽车电子工程师	本科	5~10年	40万~60万元	★★★	车辆工程 智能车辆工程 微机电系统工程 自动化	研发型	1. 根据产品功能规范完成需求确认，负责MCU底层驱动开发（ARM、NXP、ST等），CAN/LIN等总线协议栈开发； 2. 负责仪表应用层软件的开发和维护，产品开发项目硬件选型、硬件方案、原理图、PCB设计、样件试制及调试；

续表

序号	数字经济	岗位名称	学历要求	经验要求	年薪段	紧缺星级*	专业要求	岗位类型	岗位描述
									3. 协助进行产品环境试验、性能试验、软件调试，协助解决生产过程中的问题，提供技术支持； 4. 负责汽车电器件的软件、HIL、整车测试； 5. 负责编制相关功能的测试流程、规范及验收标准，负责产品功能测试台架搭建、自动化测试设备开发、使用和维护
20	数字产品制造业	制程工程师	本科	5~10年	12万~20万元	★★★	冶金工程 应用化学 无机化学 化学工程 金属材料工程	研发型	1. 协助产品测试、数据收集分析，提高改善产品性能相关研发工作； 2. 参与新工艺配方的试验、制作及测试，不断改进生产工艺； 3. 负责车间技术文件编制，工艺执行检查、辅导，技术工艺培训，并解决现场遇到的技术问题

* 紧缺指数排位在前25%为非常紧缺，紧缺度评星为"★★★★★"；排位在25%~50%为比较紧缺，紧缺度评星为"★★★★"；排位在50%~75%为一般紧缺，紧缺度评星为"★★★"；紧缺度评星在"★★★"以下的岗位则不考虑进入目录。

二 2023年中国数字产品服务业人才急需紧缺目录 TOP20

序号	数字经济	岗位名称	学历要求	经验要求	年薪段	紧缺星级	专业要求	岗位类型	岗位描述
1	数字产品服务业	光传输工程师	硕士	1~3年	40万~60万元	★★★★	光学工程 光电信息科学与工程	研发型	1. 负责二次光学光路的设计与调整,与光源工程师相互配合; 2. 运用光学仿真软件模拟光的传播路径,根据红外材料的吸收波长,通过透镜、反射等途径来控制光源的亮度、功率,与材料工程师相互配合; 3. 熟悉光源的配光设计与光学仿真、透镜、反射杯等光学结构设计与制作; 4. 熟练操作仿真软件,如:Solidworks、Lighttools、DIAlux、AutoCAD等; 5. 思维开放有创新性,有良好的团队协助合作和沟通能力
2	数字产品服务业	语音识别工程师	本科	3~5年	30万~40万元	★★★★	计算机科学与技术 软件工程 人工智能	研发型	1. 全面规划管理部门音视频 AI 产品线的建设、研发和技术支持工作; 2. 全面负责技术层面的整体推进,包括软件研发、项目实施,技术管理等; 3. 规划部门的技术发展路线与新产品开发,实现公司的技术创新目标,及时了解技术发展战略规划的执行情况; 4. 保证部门产品及解决方案的市场主导性,领导公司技术发展方向及技术进步;

续表

序号	数字经济	岗位名称	学历要求	经验要求	年薪段	紧缺星级	专业要求	岗位类型	岗位描述
									5. 参与重大技术项目的决策、指导，审核项目总体技术方案，对各项目进行质量评估； 6. 具有丰富的AI产品建设经验，尤其是在智能话音、视觉识别等领域，了解市场主流的人工智能企业及产品
3	数字产品服务业	首席人力资源官	硕士	10年以上	40万~60万元	★★★★	人力资源管理 行政管理 工商管理	应用型	1. 根据企业或集团的发展战略，制定人力资源战略规划，监督并控制企业或集团人力资源战略规划的执行，及时处理重大人力资源事件； 2. 建立企业或集团畅通有效的沟通渠道和激励机制，使员工与企业有良好的沟通，发挥员工的积极性和创造性； 3. 培养有创造力的领导者，注重领导者的培养，使其指导、激励、奖发、动员和推动团队创造业绩； 4. 全面负责企业的人力资源部门工作； 5. 具备较强的学习能力，懂得运用新的管理思想路于工作中； 6. 有将业务与人力资源管理相结合的思维，熟悉数字化产业，有智能化转型企业经验者优先
4	数字产品服务业	驱动开发工程师	本科	3~5年	20万~30万元	★★★	计算机科学与技术 电子信息工程 通信工程	研发型	1. 负责公司核心业务系统 Windows 客户端的架构设计与开发； 2. 负责特定业务模块业务技术实现，如文件预览、电子签章等；

续表

序号	数字经济	岗位名称	学历要求	经验要求	年薪段	紧缺星级	专业要求	岗位类型	岗位描述
									3. 负责相关产品的持续优化和迭代,提示稳定性和性能,参与其他业务相关工作的研发; 4. 具有扎实的算法基础,熟悉 C/C++/C#编程能力,良好的数据结构和算法基础,熟悉 Windows 软件开发相关的基础机制(Message、COM、Thread、Process、IPC 等); 5. 拥有 WPF 或 QT、DuiLib、electron 等 GUI 框架的开发经验,熟悉网络通信协议、文件管理、本地化处理等
5	数字产品服务业	副总经理	本科	10年以上	30万~40万元	★★★★	医学 药学 食品科学与工程	管理型	1. 协助总经理完成公司发展战略和年度经营计划的制定; 2. 组织制定公司的市场开拓、展会等相关营销战略与政策,协助销售经理和业务代表制订市场开拓计划,并协助和督促其计划落实; 3. 定期组织业务经理和业务人员进行业务技能和技巧培训,对业务实战进行分析、总结和指导; 4. 参与重大客户谈判并签订合同,完成总经理授权的其他工作; 5. 有良好的语言表达能力、沟通能力、组织协调能力及公共关系处理能力; 6. 熟悉现代企业经营管理,具备履行岗位职责所必需的专业知识、素质能力,具有较强的战略决策能力、科学治企能力

续表

序号	数字经济	岗位名称	学历要求	经验要求	年薪段	紧缺星级	专业要求	岗位类型	岗位描述
6	数字产品服务业	药物警戒	本科	1~3年	30万~40万元	★★★★	药学医学	应用型	1. 药物警戒数据录入和核对,报告的录入; 2. PV系统的日常维护工作,PV业务沟通; 3. 制作PV业务相关文件,包括安全管理计划、DSUR等; 4. 英文六级以上,工作细心、严谨,有PV相关经验者优先; 5. 熟练掌握Office办公软件,积极乐观沟通能力较好
7	数字产品服务业	医药产品市场经理	本科	1~3年	40万~60万元	★★★★	医学药学	应用型	1. 策划组织区域市场活动,包括科室会、城市会、大型学术会议及与医学会相关的市场项目等; 2. 组织策划区域内销售人员培训项目,包括但不限于产品知识、销售技巧、政策解读等,及时传达和更新产品推广点,对产品的了解和认识,及时传达和更新产品推广点; 3. 与销售团队保持良好合作,为临床推广提供必要的专业支持,辅助开科室会,整理及分析销售数据,定期协访等; 4. 关注所在领域市场动态,收集重要信息并进行分析,并及时与相关部门沟通; 5. 负责区域相关项目的对接与推进,树立维护公司及相关产品在专业领域内的品牌形象

续表

序号	数字经济	岗位名称	学历要求	经验要求	年薪段	紧缺星级	专业要求	岗位类型	岗位描述
8	数字产品服务业	总装工程师	本科	5~10年	20万~30万元	★★★	机械设计制造及其自动化 车辆工程 工业设计	研发型	1. 了解国家整车方面法规及欧洲相关法规,对设计中的产品提出法规方面要求,对设计方案及设计结果进行法规分析,并保证最终设计的产品满足法规方面的要求; 2. 了解客户需求,对客户要求进行量化分析,提出整车产品概念与方案,协调供应商、客户整车设计达到各方面要求; 3. 按项目描述进行整车总布置、协调供应商,使总布置到各方面要求,保证各部件设计工作协调进行; 4. 进行整车总布置图(2D、3D)绘制,各个设计阶段的校核分析,协调零部件安装,使整车虚拟装配整,完成电子样车组装; 5. 完成整车各项计算工作,分析参考车型各项性能及结构
9	数字产品服务业	首席信息官	本科	10年以上	40万~60万元	★★★	区块链工程 计算机科学与技术 电子信息工程 信息管理与信息系统	管理型	1. 根据公司战略方向及市场需求,确定供应链产融平台产品及区块链发展部署,并带领团队完成产品设计、实施路线图及产品交付; 2. 调整行业内部产品产品线,根据公司业务发展战略优化内部产品线,根据公司业务发展提升产品竞争力; 3. 具有供应链、金融、区块链等行业经验者优先; 4. 要求性格外向,有强的沟通协调能力,具备创业精神和全局观

续表

序号	数字经济	岗位名称	学历要求	经验要求	年薪段	紧缺星级	专业要求	岗位类型	岗位描述
10	数字产品服务业	数据架构师	本科	5~10年	20万~30万元	★★★	计算机科学与技术 大数据管理与应用 数据计算及应用	研发型	1. 根据项目需求,作为数据方面的专家参与数据类项目,完成数据工程工作,以数据赋能为核心,一方面完成项目工作,另一方面从项目中总结提炼,为产品研发积累经验并能提出有价值的研发建议; 2. 深入了解客户需求,以数据赋能为核心,一方面完成项目工作,另一方面从项目中总结提炼,为产品研发积累经验并能提出有价值的研发建议; 3. 负责数据平台的技术研究、需求分析、模型设计、架构设计和研发实现; 4. 负责平台数据提取、数据挖掘及数据分析,具有良好的商业敏感度和优秀的数据分析技能; 5. 对大数据量和高并发的性能指标从数据模型和部署等方面给出设计和持续的优化支撑; 6. 负责数据方面有关文档的梳理、编写和完善,制定面向项目和产品的数据设计规范和流程、文档模板及相关文档编写
11	数字产品服务业	模拟芯片设计师	硕士	5~10年	60万元及以上	★★★	微电子科学与工程 电子信息 集成电路设计与集成系统	研发型	1. 设计开发 BCD、CMOS 集成电路,搭建管子级电路原理图,并撰写 IP Spec 与设计报告; 2. 根据电路需求做 AC、DC、Tran 等仿真,并根据仿真结果优化调整电路设计; 3. 根据电路需求调整设计,与版图工程师一起规划合理的 Floorplan,对关键器件或信号提出版图设计指导意见,并检查版图设计; 4. 协助测试工程师设计测试板、规划测试方案、检查分析测试结果; 5. 协助产品工程师规划芯片应用电路,并分析解决客户在使用中碰到的技术问题;

续表

序号	数字经济	岗位名称	学历要求	经验要求	年薪段	紧缺星级	专业要求	岗位类型	岗位描述
									6. 有 BCD 或 CMOS 模拟电路设计经验，熟悉低噪声 OPA/PGA、高精度参考源、ADC/DAC、LDO、Buck/Boost、DCDC、ACDC、Battery Charger、PMU、BMS 等； 7. 有测量类 Sigma Delta ADC/单串或多串 BMS、Cap Touch 8. 熟悉 Virtuoso 等电路输入工等经验者优先
12	数字产品服务业	UE4工程师	本科	3~5年	12万~20万元	★★★	计算机科学与技术 数学 软件工程	研发型	1. 参与公司 UE4 方向相关的产品开发工作，根据设计要求完成功能模块开发； 2. 负责在 UE4 引擎中进行场景编辑，包括地形、模型摆放、关卡制作、设置材质灯光，设置环境、特效等，营造完美的场景； 3. 负责美术资源的收集、整合和备份、优化场景； 4. 熟练使用 UE4 引擎、蓝图脚本开发，掌握 UE4 引擎窗机制、蓝图脚本以及相关程序接口； 5. 掌握 UE4 引擎材质、粒子、后期效果、地形编辑等模块功能，熟练掌握 UE4 场景优化的工作流程及原理
13	数字产品服务业	Node.js工程师	本科	3~5年	20万~30万元	★★★	计算机科学与技术	研发型	1. 负责公司系统后端服务接口开发、维护，根据项目任务计划完成模块设计、软件编码等工作； 2. 熟悉 ES6 特性，熟练使用 Express 或 KOA 进行项目开发，熟悉 Mysql、MongoDB、Redis 等数据库产品，熟悉 Http 协议、Restful API； 3. 具有良好的文档书写能力和代码编写风格以及代码注释习惯，对代码整洁度、可维护性有较高追求；

续表

序号	数字经济	岗位名称	学历要求	经验要求	年薪段	紧缺星级	专业要求	岗位类型	岗位描述
									4. 具备较强的沟通能力,逻辑思维能力,对技术富有钻研精神,认真、踏实、责任心强,乐于分享技术方面的心得;
14	数字产品服务业	图形开发工程师	本科	1~3年	20万~30万元	★★★	计算机科学与技术	研发型	1. 根据软件详细设计进行编码开发,根据开发方案,明确每一个模块的功能,对模块进行开发和维护; 2. 对相关技术进行研究,并根据业务需要进行代码优化,提高迭代效率; 3. 在产品开发过程当中,遇到技术瓶颈的时候需要积极攻克,对现有系统进行完善,制定统一的框架体系以及组件等; 4. 熟练掌握 Java 语言开发,对 SpringBoot、JPA、Hibernate 有较深入的了解; 5. 熟练掌握 MySql、Postgres、Oracle 任一数据库,有性能调优经验者优先; 6. 熟悉 vue、Jquery、ajax 等前端开发框架,熟悉 http+restful 接口开发,有 easyui、leeUI、angular 开发经验者优先;
15	数字产品服务业	互联网运营	本科	5~10年	20万~30万元	★★★	媒体营销、网络新闻与传播、广告学	应用型	1. 负责广告精准投放确定合作渠道,准备投放素材,分析投放效果,对投放结果负责; 2. 根据运营需求,拟订投放计划,估算投放成本,按质发量完成用户导入要求; 3. 根据投放素材制作及优化,提供投放方案及素材优化,实时跟踪投放数据,跟进素材制作及优化效果,结合数据对广告进行优化调整,不断提高点击率、下载转化率,降低投放成本;

续表

序号	数字经济	岗位名称	学历要求	经验要求	年薪段	紧缺星级	专业要求	岗位类型	岗位描述
									4. 负责私域流量管理，完成广告数据统计分析，并多维度全面分析，根据分析结果优化投放策略; 5. 负责私域流量运营策略的制定与实施及运营方案的输出，通过对私域流量数据及用户反馈信息的分析、处理、优化，提升私域流量的运营效率; 6. 监测私域流量的转化，用户等相关指标的变化情况
16	数字产品服务业	供应链产品经理	本科	3~5年	20万~30万元	★★★	计算机科学与技术 工程管理 供应链管理 电子商务	应用型	1. 负责电商平台产品需求调研及管理，根据业务需求对产品功能及模块功能进行优化迭代; 2. 对产品需求、同题等进行收集梳理，完成产品PRD文档和原型设计，持续完善产品功能和体验，配合开发迭代上线; 3. 跨部门沟通协调并跟进产品功能及产品运营过程中的同题，不断优化平台产品与用户体验; 4. 负责产品方案讲产品培训支持，产品相关资料编写; 5. 关注行业动态，竞品动态并能深入分析
17	数字产品服务业	物流规划员	本科	1~3年	7万~12万元	★★★	物流工程 自动化 机械工程	应用型	1. 主导仓储自动化项目的方案设计，包括需求挖掘，数据分析，布局设计，流程设计; 2. 定制整体优化流程，解决客户实质同题，根据不同的生产环节，核算厂内3PL人员、设备、料架等需求

续表

序号	数字经济	岗位名称	学历要求	经验要求	年薪段	紧缺星级	专业要求	岗位类型	岗位描述
									3. 配合销售完成市场开拓,提供售前技术支持,向客户展示方案,解答技术问题; 4. 跟进项目实施,把握实施进度和质量,进行现场物流运行协调; 5. 物流体系建立,包含厂内物流相关流程体系建立; 6. 有大型制造企业仓储物流自动化项目规划设计、实施推广、信息化流程再造工作经验者优先,有立库、多穿车经历实施和 WCS/AGV/WMS 系统联调经验者优先
18	数字产品服务业	无线电工程师	硕士	1年以下	12万~20万元	★★★	电磁场与无线技术 微电子科学与工程	研发型	1. 负责加速器高频系统、大功率微波与射频功率源的总体设计; 2. 负责各类微波无源器件的研发设计以及产品开发过程中微波与射频相关电气设计; 3. 负责产品系统调试,确保产品性能及各项技术指标满足设计需求; 4. 编写产品开发和项目研制过程各阶段技术文件; 5. 熟练掌握至少一种电磁仿真软件,熟练操作示波器、网分、频谱仪等仪器,熟悉放大器、传输线、微波网络、谐振器、分配器、耦合器等相关理论; 6. 具有大功率微波与射频功率源或加速器高频腔体研发相关经验者优先

续表

序号	数字经济	岗位名称	学历要求	经验要求	年薪段	紧缺星级	专业要求	岗位类型	岗位描述
19	数字产品服务业	网络信息安全工程师	本科	3~5年	12万~20万元	★★★	计算机科学与技术 通信工程 信息安全	研发型	1. 按照公司信息安全体系，参与信息系统架构规划，完善安全策略管理； 2. 负责公司网络安全，包含 IP-Guard、防火墙、上网行为管理 IPS 入侵防御系统、SOC 安全中心管理、应用程序防护 WAF 管理等； 3. 负责公司内部安全，包含账号安全，数据泄露，账号分级，补丁更新，漏洞修复，账号权限，账号密码，外接设备管控等； 4. 负责安全产品的非常规问题技术支持，根据业务安全需求，调整安全设备配置，定期对设备安全策略进行梳理、归并、优化，并定期对安全设备进行配置备份、系统升级等； 5. 承担安全项目协调工作，整理安全项目相关文档，组织项目其他安全服务工作； 6. 负责对员工信息安全培训，对相关信息安全制度作出解释
20	数字产品服务业	战略咨询师	本科	3~5年	30万~40万元	★★★	管理学 经济学	管理型	1. 负责行业宏观环境分析，对行业市场空间和趋势进行判断、分析，并进行战略预判，形成市场洞察专题对公司发展趋势，识别影响公司中长期不确定性问题和重大产业机会，输出高质量的专题分析报告，市场洞察和业务设计报告； 2. 洞察产业，研究行业与市场发展趋势，识别影响

续表

序号	数字经济	岗位名称	学历要求	经验要求	年薪段	紧缺星级	专业要求	岗位类型	岗位描述
									3. 通过外部市场和内部业务研究，分析关键问题，揭示潜在风险，推动用户和客户的规模增长和满意度提升； 4. 基于发展需要，不定期开展市场、竞对、用户、客户、伙伴等相关的专项研究，辅助领导做决策，竞对业务模式研点突破，包括相关行业的市场研究、战略、用户、客户需求研究等； 5. 有供应链、工业品、产业互联网行业市场、战略、咨询工作经验者优先

三　2023年中国数字技术应用业人才急需紧缺目录 TOP20

序号	数字技术应用业	岗位名称	学历要求	经验要求	年薪段	紧缺星级	专业要求	岗位类型	岗位描述
1		导航算法工程师	硕士	3～5年	40万～60万元	★★★★★	导航工程 通信工程 自动化 机器人工程	研发类型	1. 基于微波、光学、视觉、惯导等手段，设计高精度室内外复合定位算法和系统，满足建筑机器人毫米级定位精度要求，指导工程师进行系统设计； 2. 建立仿真模型，并进行性能仿真，在软件框图和接口的协助下描述定位算法模块，并完成定位算法模块的软件实现；

续表

序号	数字经济	岗位名称	学历要求	经验要求	年薪段	紧缺星级	专业要求	岗位类型	岗位描述
									3. 根据实测结果,对定位算法、滤波器参数等进行优化改进,提高导航定位性能; 4. 熟悉惯性导航系统,组合导航算法,尤其对RTK高精度定位算法有着深入研究; 5. 熟悉室内定位,如UWB、BT/Wi-Fi等,熟悉MATLAB和C/C++语言;熟悉Linux环境下软件开发者优先
2	数字技术应用业	区域负责人	本科	5~10年	30万~40万元	★★★★	经济学 管理学 国际贸易	管理型	1. 精通销售业务及流程,熟悉相关法律法规; 2. 有较强的团队搭建能力,领导能力; 3. 有较强的市场分析能力、沟通协调能力及应变能力; 4. 熟悉当地市场环境,具有大中型企业营销工作经验,管理工作经验
3	数字技术应用业	基站工程师	本科	3~5年	30万~40万元	★★★★	计算机科学与技术 通信工程 电子信息	研发型	1. 负责V2X/RSU/OBU协议栈设计与开发、集成与调试,协助V2X整体功能交付; 2. 配合项目开发进度,完成实车测试,按时发布软件版本; 3. 熟悉V2X消息层协议,熟练掌握C语言、C++语言,熟练掌握TCP/IP、CAN等网络通信协议,有丰富的嵌入式Linux软件开发经验; 4. 具备良好的沟通能力、团队协作能力、自驱能力、责任心及执行力。

续表

序号	数字经济	岗位名称	学历要求	经验要求	年薪段	紧缺星级	专业要求	岗位类型	岗位描述
4	数字技术应用业	光通信工程师	本科	3~5年	30万~40万元	★★★★	光学工程 机电工程 测控技术与仪器 电子信息 信号与信息处理	研发型	1. 负责公司光学生物、环境、液体、气体传感器相关研究开发（有光学 pH、溶氧、浊度传感器开发经验者优先）； 2. 负责相关传感器参数采集系统开发，完成原理图、器件选型及功能实现； 3. 跟踪相关行业传感器技术趋势，选择最优技术方案、负责传感器材料、结构、工艺方案实现； 4. 与公司硬件和软件研发团队配合，完成传感器的性能优化，包括传感器的信号采集、处理和传输等，设计制定相关传感器检测方案，完成相关开发验证工作； 5. 具备模拟电路设计能力，熟练应用电子元器件； 6. 有良好的团队合作精神和积极的工作态度，对电子技术有浓厚的兴趣，实际动手能力强，热爱开发工作。
5	数字技术应用业	数字后端工程师	本科	5~10年	60万及以上	★★★★★	微电子科学与工程 集成电路设计与集成系统 通信工程 电子信息	研发型	1. 协助前端设计完成数字部分的面积优化，功耗分析，时序分析及版图规划； 2. 实现芯片规划及布局，顶层设计到模块划分，负责完成从 Netlist 到 GDS 的物理实现； 3. 负责完成数字部分的面积优化，功耗分析，时序分析及项目收敛，负责开发、维护数字后端设计的相关 Flow； 4. 熟悉从 RTL 代码到 GDS 版图的物理设计全流程，具有丰富的功耗分析及时序分析收敛能力和经验； 5. 具有较强的自我驱动能力，抗压能力及沟通能力

续表

序号	数字经济	岗位名称	学历要求	经验要求	年薪段	紧缺星级	专业要求	岗位类型	岗位描述
6	数字技术应用业	游戏制作人	本科	5~10年	30万~40万元	★★★★	计算机科学与技术 数学 电子信息	应用型	1. 负责搭建产品主体框架及细节设定，负责产品系统策划案、配置文件等相关文档的撰写及更新； 2. 负责游戏功能的设计、开发及跟进，能充分调动并配合程序及美术等相关人员快捷高效地完成开发工作； 3. 关注游戏开发的每个细节，追求高品质画面、音效、UI设计、AI设计，游戏性等； 4. 游戏经验丰富，对MMO类产品有足够的见解和认知； 5. 具有良好的逻辑思维能力及学习能力，有2款或以上完整项目开发经验者优先，有MMO类页游开发经验者优先
7	数字技术应用业	机器人算法工程师	硕士	3~5年	30万~40万元	★★★★	机器人工程 计算机科学与技术 自动化 人工智能	研发型	1. 负责机器人环境感知（包括但不限于摄像头、超声波雷达）算法的研发和产品落地； 2. 根据产品应用场景和项目开发周期，制定合理的、可行的视觉算法设计方案； 3. 负责机器视觉算法的研发，包括目标检测、分割、定位、跟踪和多传感器融合等，负责视觉算法与硬件接口协议处理，实现视觉功能的工程化落地； 4. 在产品设计开发过程中，持续探索、优化和改进视觉算法系统，负责视觉算法相关技术文档编制； 5. 有一定数学功底，熟悉数学运算，有一定的跨平台知识，熟悉数据结构、Linux操作系统，有一定的软件编程、嵌入式编程开发经历； 6. 熟练掌握C、C++、Python等至少一种常用编程语言，以及Pytorch、Caffe、TF等至少一种主流的深度学习框架

续表

序号	数字经济	岗位名称	学历要求	经验要求	年薪段	紧缺星级	专业要求	岗位类型	岗位描述
8	数字技术应用业	语音识别工程师	本科	1~3年	40万~60万元	★★★★	计算机科学与技术 软件工程 人工智能	研发型	1. 负责自然语言相关系统搭建和研发（包含但不限于 NLU、NLG、阅读理解、意图识别、情感分析、热点事件挖掘、对话系统、知识图谱等）；2. 对 NLP 领域最新研究成果进行实践，并将其转换为工程成果；3. 负责语音对话系统平台搭建和研发工作，包括语音平台和技能平台的系统研发工作；4. 负责语音产品的架构设计和研发工作，与语音助手、智能问答等，与产品、测试进行密切沟通配合，根据需求设计技术方案；5. 有知识图谱应用在智能对话经验者优先，具备自然语言处理等算法应用落地经验，如问答系统等，具备相关工程平台建设经验；6. 熟练使用 Python 编程开发语言，熟悉性能分析和优化等，具备实际中大型项目开发经验
9	数字技术应用业	用户研究经理	本科	5~10年	20万~30万元	★★★	市场营销 统计学 数据计算及应用 经济学 人类学 社会学 心理学	应用型	1. 了解新产品开发和品牌营销的相关活动，通过定量定性等消费者调研产品挖掘产品魅力属性、消费者价值、消费者融点等信息，支撑协助新产品开发和品牌营销的业务决策；2. 针对行业主要发友商及标杆开展产品、卖点、业务模式及发展趋势的竞争分析，总结竞争报告；3. 参与制定研究建设流程和标准，输出研究效率，提升研究效率；4. 有优秀的英语听说读写能力，掌握各种定性和定量调研技术，特别是在战略、品牌、新产品开发和定性方面

序号	数字经济	岗位名称	学历要求	经验要求	年薪段	紧缺星级	专业要求	岗位类型	岗位描述
10	数字技术应用业	集成电路IC设计师	硕士	3~5年	40万~60万元	★★★★	集成电路设计与集成系统/电子信息	研发型	1. 参与制定完整且具有竞争力的 soc 芯片和 block level dft 方案，提升覆盖率，并优化测试电路，优化测试成本，降低测试功耗； 2. 完成 dft 电路设计，包括 scan、mbist、bscan、模拟 ip 的测试电路； 3. 完成 dft 模式的时序约束，协助完成模式的时序收敛，完成 dft 电路的功能验证并解决各种相关的仿真问题； 4. 设计并验证各种 high coverage 的 dft 测试 pattern 和功能 pattern，参与芯片 bring-up 调试以及 ate bringup； 5. 参与芯片的良率提升以及故障分析主持过至少一款大型 soc 芯片的 dft 回片测试成功； 6. 精通 dft 电路结构，包括 scan、mbist、bscan，掌握各种 dft 设计工具的使用； 7. 有扎实的数字电路理论基础，精通 asic 设计和验证，有较强的 rtl 和门级电路 debug 技能以及丰富的 formal 和 sta 经历
11	数字技术应用业	汽车电子工程师	本科	3~5年	20万~30万元	★★★★	智能车辆工程/电子信息/交通设备与控制工程/自动化/软件工程	研发型	1. 负责无人驾驶纯电动纯电动整车项目整车控制系统开发设计工作，负责整车控制系统功能方案制定、开发文档编写与评审； 2. 负责无人驾驶纯电动车三电控制系统设计与样车搭建调试，整车控制器硬件及外围低压电气系统零部件设计开发；

续表

序号	数字经济	岗位名称	学历要求	经验要求	年薪段	紧缺星级	专业要求	岗位类型	岗位描述
									3. 负责与系统供应商的技术交流,方案的确认和开发工作的监督,整车高压系统、低压系统上电控制逻辑与整车控制策略制定; 4. 根据不同车辆业务需求制定车身控制器、高压配电盒、低压配电盒详细技术指标,配合无人驾驶团队完成车辆无人驾驶系统的搭建; 5. 具有系统设计、软硬件设计,电控产品开发工作经验者优先
12	数字技术应用业	数字金融推荐算法工程师	本科	1~3年	40万~60万元	★★★★	计算机科学与技术 统计学	研发型	1. 对行为数据进行特征工程挖掘,信用相关指标、金融领域数据建模,建模、优化,多种数据源的评估、清洗、整合; 2. 深入挖掘和分析海量数据,得出重要的业务结论,能够独立建立和测试大数据金融业务模型,并协助完成模型优化和机器学习算法更新; 3. 通过主动学习的数据分析来帮助业务方发掘进产品和业务,实践数据智能,研究机器学习算法在不同业务场景下的应用,开发具有原创性的算法; 4. 配合项目计划,负责客户驻场合作建模项目,完成客户需求的任务; 5. 有算法和机器学习基础,逻辑性强,理解常见经典模型; 6. 分析和编程能力强,逻辑思维强,有金融类建模工作经验,或 Kaggle、Topcoder、Codeforces 排名者优先

续表

序号	数字经济	岗位名称	学历要求	经验要求	年薪段	紧缺星级	专业要求	岗位类型	岗位描述
13	数字技术应用业	模拟芯片设计师	硕士	3~5年	40万~60万元	★★★★	微电子科学与工程 电子信息 集成电路设计与集成系统	研发型	1. 负责模拟IC研发，根据项目定义，制定相关功能模块架构和关键参数； 2. 独立负责相关模拟电路的设计和仿真验证，协助版图工程师版图设计，明确版图设计需求； 3. 参与项目产品测试验证相关方案设计，完成相应文档的撰写； 4. 深刻理解CMOS和BCD工艺，熟悉基本器件结构和工艺流程，能够熟练使用集成电路开发EDA软件； 5. 能独立设计基本的带隙基准、运放、比较器、振荡器等
14	数字技术应用业	通信研发工程师	本科	3~5年	20万~30万元	★★★★	电子信息工程 通信工程 计算机科学与技术	研发型	1. 熟悉终端产品2G/3G/4G/5G（GSM/WCDMA/LTE/NR）搜网注册基本流程及IMS注册流程； 2. 对常用的3GPP、NAS、RRC、SIM等相关协议了解，具备终端协议一致性（GCF）问题分析能力； 3. 熟悉SIM卡业务知识，了解标准STK相关AT命令，清楚代码的流程或修改过部分代码； 4. 熟悉短信业务（普通短信、IMS短信），对常用短信的格式了解，熟悉CS域下语音通话、补充业务、DTMF、USSD、Ecall功能； 5. 熟悉数据业务上网流程，熟悉数据业务知识，有数据通路、速率性能问题分析（数据传输）经验； 6. 熟悉CSFB、VOLTE通话、UT补充业务流程，了解SIP/SDP/RTP/RTCP/XCAP/HTTP协议等，熟练使用协议相关基本AT命令，有AT功能开发经验； 7. 了解平台基本代码架构，会使用QXDM/HIDS等工具，熟悉基本无线通信基本原理及3GPP/3

续表

序号	数字经济	岗位名称	学历要求	经验要求	年薪段	紧缺星级	专业要求	岗位类型	岗位描述
15	数字技术应用业	数字前端工程师	硕士	5~10年	60万元及以上	★★★	计算机科学与技术 微电子科学与工程 材料物理 集成电路设计与集成系统	研发型	1. 熟练掌握 Synopsys SDC/Synthesis/Formal/STA 工具和流程,具有较强的环境建立能力; 2. 有 PowerPro/PowerArtist/PTPX 等 power 分析优化实际经验,对 DCG 综合优化与后端一致性、STA signoff 有实际经验者优先; 3. 对 Memory Compiler 工具熟悉者优先,对 CLP/VC-LP 等 low power check 工具熟悉者优先; 4. 具有较丰富的 16nm 及以下制程 AS
16	数字技术应用业	云计算工程师	本科	1~3年	40万~60万元	★★★	网络工程 信息工程	研发型	1. 负责云平台安全架构设计和优化,负责产互安全能力的规划、实施、支撑; 2. 负责安全事件的分析及处理,负责组织安全应急预案的制定和演练,确保业务可用性和连续性的保障能力; 3. 负责安全体系的建设,包括安全规章制度的制定、实施细则、安全审批流程的制定工作; 4. 负责系统、平台的安全漏洞确定及整改工作,精通安全协议,熟悉网络、实施、维护经验者优先; 5. 熟悉国家等级保护体系要求,有等级保护体系咨询、评测经验者优先; 6. 熟悉代码缺陷,做到安全审计,具有云端安全攻防和渗透测试等技术

续表

序号	数字经济	岗位名称	学历要求	经验要求	年薪段	紧缺星级	专业要求	岗位类型	岗位描述
17	数字技术应用业	数据架构师	本科	5~10年	30万~40万元	★★★★	计算机科学与技术 大数据管理与应用 数据计算及应用	研发型	1. 能够带领技术人员基于 Hadoop/Spark/Storm/Kafka/Elasticsearch 等平台进行海量数据应用系统功能开发；2. 负责数据中台整体架构设计和实现，编写核心功能代码和技术文档；3. 对未来的技术架构具有前瞻性和规划能力，根据业界的发展趋势给结合公司业务场景给出数据平台的发展路标；4. 负责数据平台的创新探索工作，持续优化平台架构和代码逻辑，保持平台架构的先进性和实用性；5. 对研发过程中的同题进行分析和总结，且不断通过技术革新、架构优化，研发流程改造以提升研发效率；6. 具有扎实的 Java 编程基础，熟练掌握 JVM、多线程、分布式系统、缓存、Web 开发等相关领域技术；
18	数字技术应用业	FPGA 开发工程师	本科	3~5年	40万~60万元	★★★★	电子信息工程 通信工程 自动化 计算机科学与技术	研发型	1. 参与 FPGA/芯片的系统设计，负责 FPGA 模块的详细设计（含软件、硬件接口）设计，负责 FPGA 模块的编码和仿真验证；2. 负责 FPGA 模块的时序和资源优化，协助硬件、软件进行调试；3. 熟悉 FPGA 设计方法，熟练掌握 Verilog 开发语言，熟悉 Xilinx 和 Altera 开发平台，能熟练调用和使用相关 IPcore 完成功能设计；

续表

序号	数字经济	岗位名称	学历要求	经验要求	年薪段	紧缺星级	专业要求	岗位类型	岗位描述
									4. 熟悉 FPGA 设计和仿真工具的使用,能独立完成仿真平台搭建和功能仿真,了解仿真覆盖率分析; 5. 理解时序优化,了解常用的时序收敛方法,精通网络体系结构,嵌入式 SoC 等中一种或多种知识点佳,以太网相关协议标准,高速接口标准,高速更佳; 6. 具有良好的编程习惯,能够建立编码规范,并按照规范进行代码编写
19	数字技术应用业	搜索算法工程师	本科	3~5 年	30 万~40 万元	★★★	计算机科学与技术　通信工程　数学	研发型	1. 提供业务定制化解决方案,建设贴合业务需求的基础服务能力,以及对应业务需求的定制化数据生产服务; 2. 构建公司级 LBS 大数据能力,挖掘公司自身数据价值优势,形成地图和业务的有效循环; 3. 不断优化地图终端体验,提升用户消费决策效率; 4. 负责用户 query 分析,query 改写,语义理解等方面的研发工作,及相关 NLP 任务如文本分类,实体识别等的迭代优化; 5. 负责搜索排序算法的研发和调优,特别是关注出行,配送等不同业务下的场景差异,提升业务转化; 6. 基于地图搜索及公司内其他用户行为大数据,应用机器学习,深度学习等算法,进行数据分析

续表

序号	数字经济	岗位名称	学历要求	经验要求	年薪段	紧缺星级	专业要求	岗位类型	岗位描述
20	数字技术应用业	风控算法工程师	本科	3~5年	40万~60万元	★★★	数学 统计学 金融工程 计算机科学与技术 软件工程	研发型	1. 负责各类模型前期数据准备、清洗、变量衍生，持续开发优化各类风控类模型，负责部署并跟踪应用成效；2. 监控各类模型的运行情况，定期提供监控报表，进行数据分析，发现风险，参与信用风险控制；3. 负责结合业务发展情况，进行风险、欺诈风险整体信用风险控制点，参与风控系统设计优化；4. 能熟练运用SQL，熟悉Python、R或者SAS等建模工具，有建模、策略分析、反欺诈、数据挖掘经验者优先，有消费金融同业或互联网零售信贷业务的风控经验熟练者优先

四　2023年中国数字要素驱动业人才急需紧缺目录 TOP20

序号	数字经济	岗位名称	学历要求	经验要求	年薪段	紧缺星级	专业要求	岗位类型	岗位描述
1	数字要素驱动业	通信研发工程师	本科	5~10年	30万~40万元	★★★★	电子信息 通信工程 计算机科学与技术	研发型	1. 参与通信类信息安全产品方案设计、原理论证，负责组建开发团队，组织产品开发、内测；2. 能撰写相关技术文档，配合其他团队实现产品整体调联测；

续表

序号	数字经济	岗位名称	学历要求	经验要求	年薪段	紧缺星级	专业要求	岗位类型	岗位描述
									3. 精通通信工程原理，熟悉调制解调，信道编解码原理，具有扎实的数电、模电等电子专业知识； 4. 熟练使用 AD 等绘图软件，熟悉 7 号信令、PBX、IVR、CT，具有电话程控交换机开发经验者优先； 5. 熟悉 C/C++语言
2	数字要素驱动业	模拟芯片设计师	硕士	3~5 年	40 万~60 万元	★★★	微电子科学与工程 电子信息 集成电路设计与集成系统	研发型	1. 设计开发 BCD、CMOS 集成电路，搭建管子级电路原理图，并撰写 IP Spec 与设计报告； 2. 根据电路需求做 AC/DC/Tran 等仿真，并根据仿真结果优化调整电路设计； 3. 根据电路需求与版图工程师一起规划合理的 Floorplan，对关键器件或信号提出版图设计指导意见，并检查版图设计； 4. 协助测试工程师设计测试板、规划测试芯片应用电路，并分析解决客户使用中碰到的技术问题； 5. 有 BCD 或 CMOS 模拟电路设计经验
3	数字要素驱动业	首席技术官	本科	10 年以上	60 万元及以上	★★★★	互联网金融 计算机科学与技术 软件工程	应用型	1. 根据公司发展战略要求，负责公司产品技术规划与管理工作，负责整体技术系统（平台、数据库、应用架构、客户端、商户端软件等）发展规划、设计与实现； 2. 负责组织并指导技术人员在整体架构下开展系统研发、测试工作，协调项目开发或实施的各个环节，确保各开发项目按进度计划实施；

续表

序号	数字经济	岗位名称	学历要求	经验要求	年薪段	紧缺星级	专业要求	岗位类型	岗位描述
									3. 负责支付平台、卡券积分开放平台技术方向，技术规划与运筹实施，为公司业务发展提供全面的技术保障； 4. 研究决策平台技术发展路线，规划公司产品技术架构，负责平台产品技术的选型与搭建、程序开发及技术攻坚； 5. 建立规范、高效的部门管理体系并优化完善，实现效率不断提升，完成团队梯队化建设、培养及管理； 6. 参与讨论公司战略并负责根据决策要求精准进行技术落地实施和技术实现
4	数字要素驱动业	嵌入式软件开发工程师	本科	3~5年	20万~30万元	★★★	电子信息 自动化 计算机科学与技术	研发型	1. 基于单片机系统构架设计并开发，使用各类开发软件进行电路图及PCB板的设计； 2. 控制电路和检测电路的设计、制作与调试，具备较好的数字电路和模拟电路基础； 3. 具备单片机系统STM32的设计与编程控制能力（C语言），能熟练使用常见电路设计开发软件，能阅读相关英文资料，好的英语基础，能阅读相关技术英文资料； 4. 有较好的团队合作与沟通能力，热爱研发工作
5	数字要素驱动业	代表处负责人	本科	5~10年	30万~40万元	★★★	市场营销 管理学 经济学	管理型	1. 贯彻执行公司总体战略部署，完成公司经营目标，做好系统集成营销工作的组织、策划、推广，通过制定科学有效的市场营销策略，做大系统集成业务；

续表

序号	数字经济	岗位名称	学历要求	经验要求	年薪段	紧缺星级	专业要求	岗位类型	岗位描述
									2. 根据分解的年度目标和市场指标,充分调动市场资源并结合公司实际情况积极推动工作,确保目标实现; 3. 积极推进跟踪项目落地,包括前期市场调研、方案(商务、技术)撰写、招投标资料撰写、项目汇报、商务谈判等,以及相关人员的沟通与公关、项目实施过程中的商务协调等; 4. 负责执行公司各系统集成领域发展战略,维系与政府、行业、客户等相关机构的关系,并对项目相关资源进行整合,保障重大项目具体落地; 5. 建立和开拓项目对接的客户资源,项目或资源人拜访以及项目对拓进项目合作伙伴资源,并促进项目合作的达成,建立广泛的生态合作伙伴资源
6	数字要素驱动业	数据库开发工程师	本科	5~10年	30万~40万元	★★★	计算机科学与技术 大数据管理与应用 数据科学与大数据技术	研发型	1. 参与数据库或大数据分析平台关键技术研究和实现,参与数据库的架构设计、自动化运维,容灾方案、云平台建设等研发工作; 2. 参与大数据计算引擎、存储系统的架构设计、产品化等研发工作; 3. 熟练掌握 Java/C++语言中的一种、熟悉 SQL 语言,熟悉 Linux 平台,有良好的操作系统、数据结构和算法功底; 4. 熟悉 spark、hadoop 等技术,熟悉编译器技术、分布式系统设计或优先

续表

序号	数字经济	岗位名称	学历要求	经验要求	年薪段	紧缺星级	专业要求	岗位类型	岗位描述
7	数字要素驱动业	驱动开发工程师	本科	3~5年	30万~40万元	★★★★	计算机科学与技术 电子信息工程 通信工程	研发型	1. 负责 BIOS 的需求分析与方案设计,负责 BIOS 的开发或移植工作,组织 BIOS 的验证方案; 2. 与测试、硬件等部门一起进行产品的验证、测试,故障定位和修复,撰写 BIOS 相关技术文档及量产后产品 BIOS 维护; 3. 精通 BIOS 架构,熟悉 AMI Aptio 架构、C 语言,有主板 UEFI BIOS 开发设计经验; 4. 熟悉 PC 业界的各种规格,如 PCIE、ACPI、USB 等,有良好的英语读写能力,能熟练阅读英文技术文档
8	数字要素驱动业	集成电路 IC 设计师	硕士	1年以下	30万~40万元	★★★★	微电子科学与工程 集成电路设计与集成系统 通信工程	研发型	1. 从事基带/SoC/MAC/低功耗/AI/RISC-V 等相关模块开发,基于项目需求,确定设计方案,并负责 RTL 实现; 2. 协助 EDA 验证,参与 FPGA 验证等,STA 检查等,撰写文档,协助软件人员 debug 模块问题; 3. 具有扎实的数字电路理论基础,精通 Verilog 语言,熟练 ASIC 设计流程及 EDA 工具; 4. 参与 SOC 模块 RTL 设计和 IP 集成,参与芯片级系统设计,包括时钟/复位,低功耗,总线设计等; 5. 配合验证/测试人员完成网表交付,包含验证、系统级验证,支持前端工程师,完成网表交付,包含解决问题; 6. 支持驱动开发和问题解决,以及文档编写;

续表

序号	数字经济	岗位名称	学历要求	经验要求	年薪段	紧缺星级	专业要求	岗位类型	岗位描述
9	数字要素驱动业	数据架构师	本科	5~10年	30万~40万元	★★★	计算机科学与技术、数据科学与大数据技术	研发型	1. 根据项目需求，作为数据类的专家参与数据类项目，完成数据工程工作，以数据工程为核心，解决相关数据问题；2. 深入了解客户需求，一方面从项目中总结赋能，为产品研发积累经验并能提出有价值的研发建议；3. 负责数据平台的技术研究、需求分析、模型设计、架构设计和研发实现；4. 负责平台数据提取、数据挖掘及数据分析，具有良好的商业敏感度和优秀的数据分析技能；5. 对大数据量和高并发开发的性能指标从数据模型和部署等方面给出设计和持续的优化支撑；6. 负责数据方面有关文档的梳理、编写和完善，制定面向项目&产品的数据设计规范和流程、文档模板及进行相关文档编写
10	数字要素驱动业	法务总监	本科	5~10年	30万~40万元	★★★	法律	应用型	1. 建立与完善公司法律管理体系、架构、制度与流程，起草、审阅公司各类业务合同及法律合同文书，建立和完善合同签订、履行、管理等各项流程和体系；2. 参与公司投融资等项目，参与拟定相关协议，规避运营风险，为员工举办知识产权法等相关培训，保证公司合法合规运营；3. 建立健全公司内控体系，包括廉洁诚信建设、业务相关稽查等工作，处理其他日常各类法律问题或突发事件；

续表

序号	数字经济	岗位名称	学历要求	经验要求	年薪段	紧缺星级	专业要求	岗位类型	岗位描述
									4. 熟悉公司法务架构，有丰富的风险防范、内控与合规经验； 5. 逻辑清晰，有良好的解决问题能力，注重细节，能够上手实操具体事务协作与管理能力，良好的团队协作与管理能力，注重细节，能够上手实操具体事务方案
11	数字要素驱动业	摩托车工程师	本科	5~10年	30万~40万元	★★★★★	车辆工程 电子信息 自动化 通信工程 信号处理	研发型	1. 负责模态、NTF、VTF、ATF以及TPA试验评价，负责NVH问题产生机理和要因分析，制定测试分析计划和对策方案； 2. 负责协助和推进专业部门落实对策方案，试验设备使用；完善整车NVH试验方面的试验标准、试验设备使用规范； 3. 负责对标车NVH试验和NVH试验数据库建设、负责NVH试验所需的试验设备器材及辅助设备的导入，以及试验设备的维护及整车项目NVH性能达成； 4. 掌握NVH基本理论知识，熟悉整车NVH开发调校流程，掌握模态、NTF、VTF、ATF以及TPA试验评价方法； 5. 熟练掌握信号处理的原理和方法，掌握振动噪声测试软件及设备的使用； 6. 具有驾照并有实际驾驶能力。

续表

序号	数字经济	岗位名称	学历要求	经验要求	年薪段	紧缺星级	专业要求	岗位类型	岗位描述
12	数字要素驱动业	电池工程师	本科	1~3年	40万~60万元	★★★	电化学 材料工程 电气及自动化	研发型	1. 负责大功率电源软件开发,参与产品开发任务书的技术再分解和任务分解; 2. 根据开发任务书,执行开发设计计划,负责电力电子控制相关软件部分的算法设计与代码开发; 3. 申请相关软件料号,和负责完成电力电子验证、测试工作; 4. 编写调试文档,项目文档质量记录以及其他有关文档,配合生产工艺部门,协助完成产品生产工艺开发; 5. 参与编制产品开发任务书和产品交付资料
13	数字要素驱动业	机器视觉工程师	硕士	5~10年	20万~30万元	★★★	计算机科学与技术 人工智能 电子信息 自动化 应用数学	研发型	1. 负责开发基于深度学习的高性能图像与视频处理算法,以应用于智能视频分析、视频内容理解、异常行为检测、视频场景图生成等方面; 2. 根据项目要求,提出、验证并实现算法模型,负责根据人工智能产品需求解决项目开发过程中的技术问题; 3. 独立负责技术平台的架构、开发方案的设计、应用与实现; 4. 对CNN、3D-CNN、LSTM等方法有深入理解和研究,对计算机视觉相关的机器学习、调参、样本扩充增强、损失函数设计、防过拟合等基本的训练技术手段的认识与理解; 5. 熟悉深度学习优化、深度学习等有完整的认识与理解.

续表

序号	数字经济	岗位名称	学历要求	经验要求	年薪段	紧缺星级	专业要求	岗位类型	岗位描述
14	数字要素驱动业	智能汽车用户体验经理	本科	5~10年	40万~60万元	★★★★	工业设计 环境设计 交互设计 心理学 智能汽车工程	应用型	1. 具有国际化视野，根据公司战略阶段性制定"用户体验+"实施方案，基于公司现有产品寻找新增长点，提升现有OEM用户满意度，挖掘潜在需求，建立黏性； 2. 寻找智能座舱的全新用户体验基于现有产品（含AR HUD）新产品，逐步建立完善体验指标体系并且力争推广为行业标准，用户视觉体验设计领域具有相关行业经验积累，建立产品创新生态圈； 3. 在用户体验设计与设计领域具有相关行业经验积累（含快消品、消费电子、互联网、计算机、人工智能、元宇宙、AR/VR等）； 4. 熟悉掌握各种咨询研究方法（专家访谈、焦点小组、定量/定性、Studio、创新Workshop等）且具有独立执行能力； 5. 具备较强客户管理、项目管理能力
15	数字要素驱动业	FPGA开发工程师（医疗超声系统）	本科	1年以下	30万~40万元	★★★	智能医学工程 电子信息 计算机科学与技术 通信工程 自动化	研发型	1. 有Xilinx FPGA/ZYNQ外设接口驱动逻辑以及超声成像扫描控制逻辑设计能力； 2. 与硬件工程师协作完成超声影像系统的软硬件联合调试； 3. 负责编写设计开发过程的技术文档、产品说明与专利等规范化文档的撰写； 4. 精通System Verilog Verilog HDL，熟悉Xilinx或Altera设计软件的使用；

续表

序号	数字经济	岗位名称	学历要求	经验要求	年薪段	紧缺星级	专业要求	岗位类型	岗位描述
									5. 具有 SPI_I2C_UART 等通用通信协议设计经验,熟悉 PCIe_JESD204B 等高速通信接口,具有数字信号处理相关算法,具有数字信号处理的 FPGA 设计实践经验; 6. 具有完整系统的逻辑设计经验,能够独当一面并具备逻辑架构能力者优先,具有医疗超声影像系统 FPGA 逻辑设计经验者优先
16	数字要素驱动业	金融风控师	本科	3~5年	20万~30万元	★★★	互联网金融 经济学	应用型	1. 统筹全行信用风管理,负责实分行全面风险管理,承担分行信用风险管理,包括贷后风险分类管理和统计,公司客户信用评级,贷后管理等; 2. 负责分行操作风险管理,负责公司客户信用评级管理; 3. 负责公司金融业务资产保全、化解、盘活、处置、核销等; 4. 具有良好的团队管理能力、沟通协调能力
17	数字要素驱动业	失效分析工程师（FA）	本科	5~10年	20万~30万元	★★★	光电信息科学与工程 通信工程 自动化 机械电子工程	研发型	1. 支撑通信产品的电器件选型、可靠性评估、失效分析、来料质量控制,供应商认证和稽核、器件归一化和标准化等工作; 2. 负责通信产品开发过程中的可靠性建模、可靠性预计、FMEA 等分析工作,支撑产品的可靠性设计实现、审查、评价以及优化工作;

续表

序号	数字经济	岗位名称	学历要求	经验要求	年薪段	紧缺星级	专业要求	岗位类型	岗位描述
									3. 负责通信产品的环境与可靠性试验方案制定和执行工作，负责环境与可靠性实验数据分析和实验结果评价与反馈，协助试验问题分析和验证； 4. 负责收集和整理解答客户关于产品可靠性的问题，参与产品现场运行问题的分析和解答； 5. 有光器件（包括光器件和光无源器件）的可靠性应用、器件失效分析和可靠性测试工作经验者优先。
18	数字要素驱动业	算法工程师	本科	1年以下	30万~40万元	★★★	数学 计算机科学与技术 软件工程	研发型	1. 负责挖掘用户应用行为特征、用户交易行为特征，建立用户画像及各业务场景用户标签体系； 2. 负责挖掘分析门店维度、用户群行为特征，门店商品交易行为特征等，建立门店画像及门店营销标签，实现门店自动化营销； 3. 负责研发用户端 feed 流内容推荐算法，智能个性化商品与内容推荐算法； 4. 负责研发供应链端智能选品策略、销量预测、自动订货等，负责研发业务团队解决方案并落地； 5. 通过算法技术能力，辅助开拓业务场景，支持业务高效决策； 6. 负责紧跟随业务需求变化，进行算法方案持续优化迭代。

续表

序号	数字经济	岗位名称	学历要求	经验要求	年薪段	紧缺星级	专业要求	岗位类型	岗位描述
19	数字要素驱动业	数据开发工程师	本科	3~5年	20万~30万元	★★★	计算机科学与技术 数据科学与大数据技术	研发型	1. 深入理解业务,对业务服务流程进行清晰,合理的抽象和建模,保障高质量高效的数据服务及底层数据架构的稳定性,扩展性等;2. 构建离线和实时大数据架构体系,制定标准和规范,确保得到有效的执行;3. 优化系统架构,提升服务的性能和稳定性,提升研发质量和效率;4. 对大数据行业和技术发展有思考和见解,熟悉hadoop/hive/flink/ES等大数据生态技术栈,具备良好的数据敏感度,具备海量数据开发和调优的能力;5. 负责过大型数据平台和数据仓库设计,具有扎实的大数据和数据仓库的理论功底,熟悉Java,Python等开发语言中的一种或几种;6. 思维逻辑清晰,有良好的自驱力,沟通能力和解决问题能力。
20	数字要素驱动业	电气工程师	本科	3~5年	7万~12万元	★★★	电气工程 电气工程自动化 机械工程	应用型	1. 对所辖区域电气设备常规应用熟悉,做好合理化建议的项目设计,编制撰写技改项目方案;2. 根据上级领导,部门或项目要求进行技术支持服务,负责工程项目的具体业务流程与组织实施;3. 监督所辖区域电气人员完成职责范围内的各项工作任务,并加强对电气班组工作的协调,以及同其他部门间的协调,沟通;4. 对所辖区域内电气保运工作分配,并负责区域内电气设备的管理和人身安全管理工作;

续表

序号	数字经济	岗位名称	学历要求	经验要求	年薪段	紧缺星级	专业要求	岗位类型	岗位描述
									5. 对所辖区域内的电气设备负责，严格按照电气标准进行点检、巡检，制定维修标准，编制材料计划、巡检计划、检修计划，管理检修工程，编制材料计划及维修费用的预估算； 6. 负责做好所辖区域生产过程中电气设备的管理工作，制定电气设备的各种技术操作规程，检修规程和安全规程，确保电气设备的正常运行。

五　2022年中国数字化效率提升业人才急需紧缺目录 TOP20

序号	数字经济	岗位名称	学历要求	经验要求	年薪段	紧缺星级	专业要求	岗位类型	岗位描述
1	数字化效率提升业	副总经理	本科	10年以上	60万元及以上	★★★★	自动化 电气工程 电子信息 软件工程	管理型	1. 根据公司战略规划，负责工业软件产品总体规划、业务方向与路线图制定，与管理团队共同制定产品发展战略； 2. 领导团队进行目标行业调研，重点客户访谈，竞品分析，识别和提炼工业软件核心竞争力； 3. 把握工业软件发展趋势，时刻紧盯行业动态，保证产品领先性，带领产品团队复盘等分析产品设计、项目管理复盘等复盘各环节工作，并对最终产品成败兜底；

续表

序号	数字经济	岗位名称	学历要求	经验要求	年薪段	紧缺星级	专业要求	岗位类型	岗位描述
									4. 与研发团队紧密协作,参与产品设计与技术方案讨论,确保项目的交付最终质量; 5. 负责后期工业软件技术支持与培训,负责工业软件伙伴生态系统建设、推广和商业运作
2	数字化效率提升业	语音识别工程师	本科	1~3年	60万元及以上	★★★★	数学与应用数学/电子信息工程/计算机科学与技术	研发型	1. 负责 AI 语音、CV 的深度学习推理框架在手机端的研发(如算子优化、性能优化、框架自定义开发); 2. 根据业务场景,与算法团队配合,将其他场景的 AI 算法在手机上进行工程落地; 3. 对深度学习神经网络在手机端的工程落地(CPU,GPU,DSP,NPU 其中之一)有相关开发经验; 4. 对 MTK 平台的推理框架(如 TFLite、NeuroPilot)在各芯片上(CPU,DSP)算子定制、性能优化有一定经验
3	数字化效率提升业	模拟芯片设计师	硕士	1年以下	30万~40万元	★★★★	微电子科学与工程/电子信息/集成电路设计与集成系统	研发型	1. 根据应用需求,参与制定产品规范、架构设计,指标接口定义,完成设计文档,确定测试方案,撰写相关专利; 2. 负责以下方向其一规划关键技术并设计实现:①高速高精度 ADC、DAC 设计;②DC-DC 或 LDO 设计;③LNA、电流放大器,运算放大器设计;④超低功动 PLL & clock 分布设计; 3. 协助版图工程师检查版图布局布线,协助测试工程师定义测试规格,调试及应用;

续表

序号	数字经济	岗位名称	学历要求	经验要求	年薪段	紧缺星级	专业要求	岗位类型	岗位描述
4	数字化效率提升业	架构师	本科	5~10年	30万~40万元	★★★★★	计算机科学与技术	研发型	4. 精通 Cadence Virtuoso、ADS、HSPICE、PSPICE 等 EDA 软件，有丰富的模拟电路设计经验，能独立完成模块设计及仿真； 5. 熟悉 CMOS、BCD 工艺等，根据项目需求，确认技术方案，编写概要设计文档 1. 负责公司系统及核心产品的架构设计、研发工作，解决研发过程中的难点问题； 2. 负责核心组件代码的编写，负责第三方组件及代码质量审核，承担从业务向技术转换的桥梁作用； 3. 负责组织技术研究和攻关工作，指导业务进行培训，指导开发人员； 4. 识别软件技术发展方向，提供技术发展路线建议，为打造软件核心竞争力赋能； 5. 重大技术进行业务分层规划，并推动落地，制订中长期研发软件技术体系达成，促进软件体验产品落地，形成产品和技术层面的竞争力； 6. 牵引研发团队技术达标和产品落地，形成产品和技术层面的竞争力； 7. 参照技术规划流程，组织软件内部技术规划评审
5	数字化效率提升业	副院长	本科	10年以上	40万~60万元	★★★★★	智能医学工程 医学	管理型	1. 领导和协调全院医疗、业务及行政等工作，制订医院工作计划，按期检查、总结工作，并向领导小组汇报； 2. 科学管理医院，统筹各项工作，不断提高管理水平和医疗质量，降低医疗成本，提高工作效率和效益；

续表

序号	数字经济	岗位名称	学历要求	经验要求	年薪段	紧缺星级	专业要求	岗位类型	岗位描述
									3. 教育职工树立全心全意为病人服务的思想,努力改善服务态度,提高服务质量,建立具有良好职业道德素质的职工队伍; 4. 督促检查医院各项规章制度和技术操作规程的执行,严防差错事故的发生; 5. 在集团领导指示下搞好医院发展建设工作,有医疗机构数字化转型经验者优先
6	数字化效率提升业	首席人力资源官	本科	10年以上	20万~30万元	★★★	人力资源管理 行政管理 工商管理	应用型	1. 明确公司人力资源目标和总体方案,向总经理、董事长提供有关人力资源战略,组织建设方面的建议,并致力于提高公司的综合管理水平; 2. 制定公司人力资源管理的方针、政策和制度,组织制定公司人力资源发展的长期规划、中期规划和年度计划,并监督各项计划的实施; 3. 塑造、维护、发展和传播企业文化; 4. 研究、设计人力资源管理模式(包含招聘、绩效、培训、薪酬及员工发展等体系的全面建设)、制定和完善人力资源管理和行政管理类制度; 5. 组织制定员工招聘、聘任、调动、考核、晋升、奖惩、职称和技术等级评定等人事管理的方针、政策、规章和标准,并监督执行; 6. 协调和指导本部门和各用人部门人才招聘、员工培训、绩效考评、薪酬等工作的进行,确保公司人力资源的合理使用

续表

序号	数字经济	岗位名称	学历要求	经验要求	年薪段	紧缺星级	专业要求	岗位类型	岗位描述
7	数字化效率提升业	Java工程师	硕士	5~10年	12万~20万元	★★★★	计算机科学与技术 软件工程 通信工程	研发型	1. 有扎实的java基础知识，熟悉IO、多线程、集合、JVM调优等； 2. 掌握J2EE的相关知识，熟悉基于J2EE的Web开发流程，良好的代码编码规范，熟练使用常见的设计模式，熟悉面向对象分析与设计； 3. 熟练使用Spring、Spring MVC、Spring Boot、MyBatis、Hibernate等主流开源框架； 4. 熟练使用Oracle、SQL Server、Mysql、redis等数据
8	数字化效率提升业	无人机工程师	硕士	5~10年	12万~20万元	★★★★	无人驾驶航空器系统工程 机械设计制造及其自动化 电子信息、计算机科学与技术 通信工程	研发型	1. 负责无人机的开发和管理，以及无人机各种模式的测试优化； 2. 负责编写产品资料及产品交付培训和客户跟踪维护； 3. 有无人机开发经验，掌握无人机开发、组装、调试、检测、装配原理，具有一定的无人机开发、组装、调试、维护能力； 4. 掌握机器人运动学和动力学算法，有机迹规划、插补算法、小线段过渡算法开发经验者优先； 5. 有机器人控制经验者优先，对新知识充满热情，思维灵活，动手能力及执行能力强，有良好的沟通能力
9	数字化效率提升业	自动驾驶算法工程师	博士	1年以下	40万~60万元	★★★★	自动化 机械电子工程 车辆工程 软件工程	研发型	1. 负责自动驾驶解决方案中的路径规划、决策算法开发； 2. 负责决策规划算法的设计、仿真与实车调试、标定，负责决策规划模块的需求文档、详细设计文档，单元测试文档等规范的制定与修订；

续表

序号	数字经济	岗位名称	学历要求	经验要求	年薪段	紧缺星级	专业要求	岗位类型	岗位描述
									3. 对接上下游团队,从整个系统角度设计合适的决策规划模块;协同其他模块进行调试、测试,编写相关技术文档; 4. 负责相关算法的前沿技术调研,扩充技术储备; 5. 熟悉常见路径规划算法,例如 A*、D*、RRT等,精通路径规划、运动控制、避障等至少一个技术方向,有实际落地项目经验; 6. 熟练使用 C/C++、CMake、git,对 C++11 及之后版本有一定了解,熟悉 Classic/Adaptive AUTOSAR
10	数字化效率提升业	PCB工程师	本科	3~5年	20万~30万元	★★★	电力电子 自动控制 电气工程 工业自动化	研发型	1. 负责 PCB 板 Layout 标准制定、维护及更新,负责板级 SI/PI 仿真设计分析优化,确保 PCB 高频性能,规避电源完整性问题、EMI、EMC 等电磁问题; 2. 负责跟踪 PCB 从制板到来料直至成品各量产过程中所有 PCB 相关问题的分析与解决,产品立项预研至量产的 PCB 支持,评估其可行性及设计方案与供应商沟通工艺制程可行性、可量产性等; 3. 负责 PCB 失效问题分析与解决,SMT 问题跟踪解决,负责指导电子工程师对板、走线,并对工作输出进行审核确认; 4. 熟悉 PCB 加工工艺,熟悉板级电源完整性分析优化方法,规避电源 SI/PI 仿真设计分析,EMI、EMC 等电磁问题的解决方法

续表

序号	数字经济	岗位名称	学历要求	经验要求	年薪段	紧缺星级	专业要求	岗位类型	岗位描述
11	数字化效率提升业	机器人算法工程师	硕士	3~5年	20万~30万元	★★★	机器人工程 计算机科学与技术 自动化 人工智能	研发型	1. 负责机器人环境感知（包括但不限于摄像头、超声波雷达）算法的研发和产品落地； 2. 根据产品应用场景和项目开发周期，制定合理的、可行的视觉算法设计方案； 3. 负责机器视觉算法的研发，包括目标检测、分割、定位、跟踪和多传感器融合等，负责视觉功能的工程化落地； 4. 在产品设计开发过程中，持续探索、优化和改进视觉算法系统，负责视觉算法相关技术文档编制； 5. 有一定数学功底，熟悉数据结构、Linux操作系统，有一定的跨平台编程、嵌入式编程开发经历； 6. 熟练掌握C/C++/Python等至少一种常用编程语言，以及Pytorch/Caffe/TF等至少一种主流的深度学习框架
12	数字化效率提升业	计算机辅助药物设计	硕士	1~3年	20万~30万元	★★★	计算机科学与技术 药学	研发型	1. 应用以分子模拟方法为核心的计算机药物设计计算软件进行药物靶点分子探索及疾病相关靶点设计； 2. 与药物研发团队紧密合作，以特定性疾病相关细胞信号通路为目标进行靶向性药物分子研究； 3. 从靶点建模运算出发，对靶点研究靶点合成药物性分子机制，分子动力学设计，利用虚拟筛选、统计学方法、数值方法进行分子动力学模拟等方法进行基于靶结构的药物分子筛选、选择性、代谢稳定性、毒性等药效学及药物代谢动力学方面的结构优化；

续表

序号	数字经济	岗位名称	学历要求	经验要求	年薪段	紧缺星级	专业要求	岗位类型	岗位描述
									4. 协助算法团队评估软件和计算方法,利于先进的计算技术,建设 CADD 相关流程; 5. 熟悉分子动力学模拟的算法操作流程
13	数字化效率提升业	半导体设备工程师	本科	5~10年	12万~20万元	★★★★	电气工程 电子信息 自动化	研发型	1. 提供客户技术支持工作,半导体设备安装、系统升级、Troubleshooting 等; 2. 公司内部技术支持,数据分析、问题反馈,配合研发人员对现有设备改造,提高设备利用率及使用寿命; 3. 具有半导体设备装机、维护改造经验,EPI 外延或 CVD 设备经验; 4. 具备基本的机械、电气相关知识,能对基本 Gas panel,电路图进行分析; 5. 有基本软件通信连接知识者优先,有半导体工艺知识者优先; 6. 良好的解决问题能力、沟通能力、团队精神,积极的学习态度、英语能力强
14	数字化效率提升业	智能化设计师	本科	5~10年	12万~20万元	★★★★	智慧建筑与建造 建筑电气与智能化 自动化	研发型	1. 熟练掌握智能化工程项目的设计与验收规范及基本技术、产品技术指标,清楚掌握智能化工程项目的实施过程; 2. 负责 OT&IT 的整体规划,包括系统架构、软件平台、网络 & 数据安全; 3. 主导并参与 OT&IT 系统的 FAT/SAT 的工作,确保系统功能满足工艺和设计需求,配合本专业参与 OT&IT 系统的验证工作,并提供专业的技术支持;

续表

序号	数字经济	岗位名称	学历要求	经验要求	年薪段	紧缺星级	专业要求	岗位类型	岗位描述
									4. 根据上级安排，完成新员工或其他自控工程师的自控系统技能培训工作，支持设备中自动化系统部分提供专业的意见，参与URS审核、FS/HDS/SDS等设计审文件审核，参与FAT/SAT验证工作； 5. 支持设备中自动化系统部分的优化改造，提高研发、生产效率和设备稳定性； 6. 熟悉智能建筑各个系统，了解主流自动化厂家（如艾默生、霍尼韦尔、罗克韦尔、西门子、施耐德）的工控类
15	数字化效率提升业	视频工程师	本科	3~5年	30万~40万元	★★★	计算机科学与技术 图像处理 信号处理	研发型	1. 根据产品需求和技术规划，负责音频、视频相关的功能需求评审，技术方案设计和实现； 2. 负责音频降噪、音画质调优、视频压缩和传输、流媒体传输、播放调优相关的技术攻坚、功能体验优化，保证公司产品的竞争力处于同行处于的先进水平； 3. 负责视频相关新技术新算法的跟踪，并规划新技术在公司软硬件产品的应用，使得公司产品竞争力得到长足的提升； 4. 根据产品需求评估，负责新产品的镜头、Sensor、SoC的选型和相关设计工作，负责音频相关技术沉淀和对同事的技能培训，提升团队的整体研发能力； 5. 具备一定的光学和图像处理知识，掌握音频、视频处理的基本原理和相关协议标准，包括颜色空间，H.264/265编解码，码流封装技术（如flv、ts、mp4）

续表

序号	数字经济	岗位名称	学历要求	经验要求	年薪段	紧缺星级	专业要求	岗位类型	岗位描述
16	数字化效率提升业	安全性能工程师	本科	3~5年	20万~30万元	★★★★	安全工程、自动化、电气工程及其自动化、电子信息	研发型	1. 作为产品安全工程师,负责推动公司工控领域驱动器,控制器产品的应用场景开发及推广; 2. 深入客户现场,了解产品的系统应用场景,开展安全风险评估活动; 3. 根据客户探访或者安全风险评估结果,发掘系统运行安全方面的危险和安全痛点; 4. 组织公司各方资源开展安全风险评估的原因分析,形成系统安全解决方案并推动开发功能落地,负责业务技术平台的积累和搭建,深入解读相关国际国内安全标准及规范; 5. 整理项目相关的技术文件,提供与成功案例相关的项目信息整理及分享; 6. 熟悉工业机械安全,熟悉 ISO12100 标准,具有工业机械设备安全风险评估经验者优先,熟悉工业自动化领域故障树分析(FTA)理论和实操经验
17	数字化效率提升业	农业自动化设计工程师	本科	5~10年	12万~20万元	★★★★	农业智能装备工程、农业机械化及其自动化	研发型	1. 负责自动化系统开发及优化,包括 PLC、触摸屏的编制,养殖场自动运输、自动化及养殖设备; 2. 负责自动化系统方案制定、样机开发及测试,设计,材料选型,控制原理图及接线图; 3. 负责推广实施阶段的技术支持,负责自动化及物联网系统标准技术文件及培训文件的编制,并定期组织培训; 4. 对设计项目进行改进提升,实现功能优化,降低成本; 5. 熟练使用办公及 CAD 绘图 ,PLC 编程软件

续表

序号	数字经济	岗位名称	学历要求	经验要求	年薪段	紧缺星级	专业要求	岗位类型	岗位描述
18	数字化效率提升业	副校长	本科	10年以上	30万~40万元	★★★	经济学 管理学 教育学	管理型	1. 制定和实施在线教育公司战略、计划、预算，确定公司业务的经营战略； 2. 负责组织在线课程工作，整合内外教育资源，打造立教育品牌打造等工作，教育教育公司核心竞争力； 3. 组织在线教育项目的策划、投资、融资、建设及运营管理工作，发掘在线教育市场机会，制定年度业绩目标及经营发展方案，实现公司经营管理目标； 4. 监督、整制公司经营目标的整个实施过程，对经营结果负责； 5. 擅长在线教育项目的开发、投资及运营管理
19	数字化效率提升业	生物技术员	硕士	1~3年	12万~20万元	★★★★	生命科学 心理学 生物医学工程 认知神经科学 计算机科学与技术	研发型	1. 人类或模式动物的认知行为/成像电生理实验设计，数据采集、分析； 2. 负责课题组实验平台日常管理，协助指导与参与课题组研究生研究课题； 3. 参与项目申请材料编写，课题相关科学课题； 4. 具有认知、心理、人工智能相关学科知识，神经相关学科知识，或包括数学在内的人工智能相关学科知识，或神经电生理知识，或脑功能知识； 5. 具备在原学科领域独立开展科研工作的能力，热爱科研事业，有较强的进取精神，能独立完成工作和有一定的组织能力； 6. 具有良好的英语阅读、写作和交流能力，能够独立总结和撰写文章

续表

序号	数字经济	岗位名称	学历要求	经验要求	年薪段	紧缺星级	专业要求	岗位类型	岗位描述
20	数字化效率提升业	临床数据分析	硕士	3～5年	30万～40万元	★★★	生物统计学 应用统计学 流行病与卫生统计学 概率论与数理统计	研发型	1. 参与临床试验设计、方案撰写，确定使用的统计方法并进行样本量计算； 2. 负责病人随机和药物编盲，负责撰写统计分析计划并生成图表模板，实施统计分析和验证跟客户进行沟通； 3. 撰写统计分析报告，代表统计部门跟客户进行沟通； 4. 具备较强的专业知识和技能，中英文书写能力，有临床试验统计师经验者优先

图书在版编目（CIP）数据

中国数字经济人才发展报告 . 2024 ／ 中国重庆数字
经济人才市场管委会，中国重庆人力资源服务产业发展研
究院，中国长江经济带发展研究院主编 . --北京：社会
科学文献出版社，2024. 11. --ISBN 978-7-5228-4098-7

Ⅰ . F492

中国国家版本馆 CIP 数据核字第 2024BA4622 号

中国数字经济人才发展报告（2024）

主　　编／中国重庆数字经济人才市场管委会
　　　　　中国重庆人力资源服务产业发展研究院
　　　　　中国长江经济带发展研究院

出 版 人／冀祥德
责任编辑／陈晴钰
责任印制／王京美

出　　版／社会科学文献出版社（010）59367127
　　　　　地址：北京市北三环中路甲 29 号院华龙大厦　邮编：100029
　　　　　网址：www.ssap.com.cn
发　　行／社会科学文献出版社（010）59367028
印　　装／三河市龙林印务有限公司

规　　格／开　本：787mm×1092mm　1/16
　　　　　印　张：31.5　字　数：474 千字
版　　次／2024 年 11 月第 1 版　2024 年 11 月第 1 次印刷
书　　号／ISBN 978-7-5228-4098-7
定　　价／158.00 元